KB140136

조선건국의 기틀을 세운 역사인물

柳寬

조선의 청백리
류관

柳寬

조선건국의 기틀을 세운 역사인물

조선의 청백리
류관

20세손(世孫) 덕화(德和) 류정수(柳定秀) 엮음

류관(柳寬, 1346~1433)

본관은 문화(文化)이며 자(字) 경부(敬夫), 호(號) 하정(夏亭), 초명관(觀), 초자(初字) 몽사(夢思), 시호 문간(文簡). 고려 명종 때의 문신 공권(公權)의 7세손이며, 삼사판관(三司判官) 안택(安澤)의 아들이다. 1371년(공민왕 20) 문과에 급제하여 전리정랑(典理正郎)·전교부령(典校副令)·성균관(成均館) 사예(司藝)·사헌부(司憲府) 중승(中丞)을 역임하였다. 1392년 조선이 개창되자 개국원종공신에 책록(策錄)되어 신왕조에 참여하였고, 1397년(태조 6) 좌산기상시(左散騎常侍)·대사성, 이어 형조전서·이조전서 등을 지냈다. 1400년(정종 2) 강원도관찰사로 나갔다가 전라도관찰사로 옮겼다. 1401년(태종 1) 대사헌이 되어 불교를 배척하는 상소를 올렸고, 이어 간관을 탄핵하였다는 이유로 파직되어 문화에 유배되었다. 그 후 사면되어 1406년 공안부판사(恭安府判事)로 정조사(正朝使)가 되어 명(明)나라에 다녀왔다. 1409년 예문관(藝文館) 대제학(大提學)으로 춘추관지사(春秋館知事)를 겸하여, 이듬해『태조실록』의 편찬에 참여하였다. 1418년(세종 즉위) 다시 예문관 대제학으로 경연지사(經筵知事)를 겸하였고, 1420년 궤장(几杖)을 내려받았다. 1423년 다시 춘추관지사를 겸하고, 6월 20일에 우의정에 올라 정도전(鄭道傳) 등이 편찬한『고려사』를 고쳐 편찬하라는 명령을 받고 이듬해 개수작업을 완료하였다. 1426년 의정부(議政府) 우의정(右議政)으로 치사(致仕)하였다. 성품이 소탈하고 청렴결백(淸廉潔白)하여 황희(黃喜)·허조(許稠) 또는 맹사성(孟思誠)과 함께 세종대의 대표적인 청백리(淸白吏)로 꼽혔다. 평생 학문에 힘써 경사(經史)에 밝고 시문(詩文)에 능했다. 유품(遺品) 각대(角帶)가 전한다. 시호(諡號)는 문간(文簡)이다. 황해도 문화(文化)에 있는 정계서원(程溪書院)에 제향(祭享)되었다. 문집『夏亭遺集(하정유집)』,『夏亭集(하정집)』이 전한다.

△ 하정(夏亭) 류관(柳寬) 영정(影幀)
서울시 중구 필동 3가 15번지 문화빌딩 5층 봉안

유품(遺品)

△ 각대(角帶)

1406년(조선 태종 6) 음력 10월에 하정사(賀正使)로 중국 방문 시 영락황제(永樂皇帝)로부터 받은 것으로 '合格'이라고 쓰여 있음.

△ 『하정집(夏亭集)』과 『하정유집(夏亭遺集)』

왼쪽부터 『하정집(夏亭集)』 원본(原本) 1권·2권, 세 번째 『하정선생 유집(夏亭先生遺集)』은 번역본이고, 네 번째가 『夏亭先生遺集』 원본이다.

묘(墓)와 재실(齋室)

△ 하정 류관과 부인 광주안씨 묘(墓)
경기도 양평군 강하면 동호1리 간촌마을 산 157번지
경기도지방문화재(京畿道地方文化財) 제62호

△ 재실(齋室) 모성재(慕省齋)
묘하(墓下)에 있음.

재실(齋室) 편액(扁額)

경기도 양평군 강하면 동호리 157번지 있는 모성재(慕省齋) 편액(扁額)이다. 이 재실 이름은 『論語(논어)』에 증자(曾子)가 말한 삼성장(三省章)에 이르러 세 번이나 반복영탄(反復詠嘆)한 사실에서 유래한다.

"남에게 최선을 다했는가(爲人謀而不忠乎), 친구를 사귀면서 믿음을 지켰는가(與朋友交而不信乎), 배운 것을 제대로 익혔는가(傳不習乎)를 살피라"는 것이 삼성(三省)이다.

△ 구(舊) 신도비(神道碑) 묘하(墓下)에 있음.
신석우(申錫愚) 글, 김홍집(金弘集) 서(書), 박용대(朴容大) 전(篆)

신도비(神道碑)

△ 묘하(墓下) 신도비(神道碑)
경기도 양평군 강하면 동호1리 산 157
류응렬(柳應烈) 서(書), 서기 1976년 세움.

△ 신도비(神道碑)
전라남도 영암군 신북면 모산리(후손 집성촌)
김정록(金正祿) 서(書), 서기 1980년에 세움.

우산각 터(雨傘閣址)

△ 우산각 터(雨傘閣址)
서울시 종로구 숭인동 5번지
서울시 지하철 4호선 창신역 6번 출구 부근

현재 묘비(墓碑)

△ 경기도 양평군 강하면 동호 1리 간촌마을 산
157번지 묘역(墓域)

조선국(朝鮮國) 대광보국(大匡輔國) 숭록대부(崇祿大夫) 우의정(右議政)
증시(贈諡) 문간공(文簡公) 문화(文化) 류관지묘(柳寬之墓)
배(配) 광릉군부인(廣陵郡夫人) 광주안씨(廣州安氏) 부좌(祔左)

구(舊) 묘갈(墓碣)

조선국(朝鮮國) 우의정(右議政) 문간공(文簡
公) 류관(柳寬) 묘(墓)
배(配) 광릉군부인(廣陵郡夫人) 광주안씨(廣
州安氏) 부좌(祔左)

조선국(朝鮮國) 우의정(右議政) 증시(贈諡)
문간공(文簡公) 류공지묘(柳公之墓)

△ 경기도 양평군 강하면 동호1리 간촌마을 157번지 묘역(墓域)

우산각어린이공원

△ 우산각어린이공원
서울특별시 동대문구 신설동 109-4번지(동대문도서관 앞)

표석(表石)

△ 경기도 문화재 표석(경기도 기념물 제62호)

비우당(庇雨堂)

△ 비우당(庇雨堂) : 겨우 비를 가릴 수 있는 집이라는 뜻)
지봉로 19길 : 종로구 동숭동 낙산공원 내

조선 태조 때부터 세종 때까지 35년간 벼슬을 지낸 류관(柳寬 : 1346~1433)의 집으로 청백리(淸白吏)였던 그는 장마 때 지붕이 새서 방 안에서 우산을 받쳤다고 한다. 뒤에 류관의 외(外) 6대손이자 실학자인 이수광(李睟光 : 1563~1628)이 이 집에서 조선 최초의 백과사전인 『芝峯類說(지봉유설)』을 집필했다.

류관(柳寬) → 류계문(柳季聞) → 류권(柳睠) → 류종손(柳終孫) → 류오(柳塢) → 류오(柳塢) 사위 이희검(李希儉) → 이수광(李睟光) → 성구(聖求)·민구(敏求)

비우당(庇雨堂) 옛터 비(碑)

△ 비우당(庇雨堂) 옛터
지봉로 19길 : 종로구 동숭동 낙산공원 내 芝峰先生庇雨堂
옛터(서기 1995년 12월 9일 기념비 제막)

동원비우당기

지봉 이수광 지음

나의 집은 흥인문 밖 낙봉(駱峯) 동쪽에 있다. 적산(商山)의 한 자
락이 남으로 뻗어 고개를 숙인 듯 지봉(芝峯)이 있고 그 위에 수
십 명이 앉을 만한 넓은 바위와 십(十)여 그루의 소나무가 비스듬
히 있다. 서봉정(棲鳳亭) 아래 백여 묘(畝)의 동원(東園)이 그윽하
게 펼쳐져 있는데 이곳에 청백(淸白)으로 이름을 떨친 류관(柳寬)
정승이 초가삼간을 짓고 사셨다. 비가 오면 우산으로 빗물을 피하
고 살았다는 일화가 지금까지 전해온다. 이분이 나의 외가 오(五)
대 할아버님이다. 아버님이 이 집을 조금 넓혔는데 집이 소박하다
고 누차 말하면 우산에 비하면 너무 사치스럽다고 대답하여 듣는
이들이 감복하였다. 나는 이 집을 짓고 비우당(庇雨堂)이라고 하
였다. 비바람을 겨우 막겠다는 뜻이다. 우산을 받고 살아오신 조
상의 유풍(遺風)을 이어간다는 뜻도 그 속에 담겨 있다.

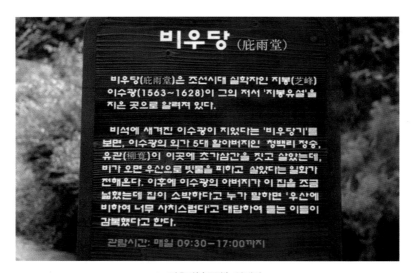

△ 비우당(庇雨堂) 안내판
비우당(庇雨堂) 지봉로 19길 : 종로구 동숭동 낙산공원 내

△ 비우당 다리

서울시 동대문구 신설동 100번지와 성동구 상왕십리동 12번지 사이 청계천에 있는 다리이다.

　조선 세종 때 정승을 지낸 대표적인 청백리로 알려진 하정(夏亭) 류관(柳寬)께서 지금의 숭인동(崇仁洞)에 사셨으니, 장마철에 일산(日傘)을 펴고 비를 근근이 가리며 살 정도로 청빈(淸貧)하였는데, 그의 청렴함은 비가 오는 날에도 방 안에서 우산을 받쳐 들고 비를 피했을 정도라 하니 그의 집을 雨傘閣(우산각) 또는 雨傘亭(우산정)이라 하였다. 조선 후기 실학자인 지봉(芝峯) 이수광(李睟光)이 이곳에 작은 집을 짓고 당호를 '庇雨堂(비우당)'이라고 하여 청빈한 삶의 중요성을 알렸다고 한다. 비우당교는 이 집 이름에서 유래되었다. 청계천의 22개 중 가장 긴 다리이며, 폭 26.5m, 길이 44.6m로 서기 2005년 9월 30일 (주)현대건설에 의해 준공되었다.

△ 하정로

△ 양미골의 옛 연자방아가 있었던 자리
경기도 파주군 파평면 덕천리 양미골 뒷산

△ 연자방아
경기도 파주군 파평면 덕천리 양미골
풍주군부인 이씨와 경상도관찰사 이희가 사용하였다는 연자방아

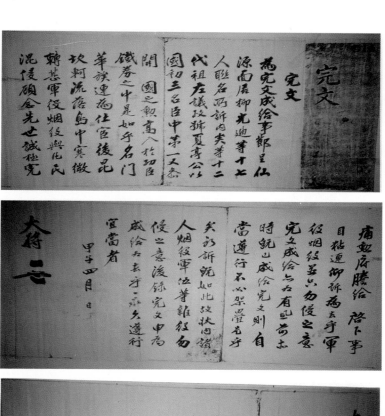

完文

完文

為完文成給事郞呈仙
源面辰柳光迪等十七
人聯名呈訴內矣等十二
代祖左議政辭夏壽公以
國初三名臣中第一人泰
開　國之勳高人於初臣
鐵券之中是如乎名門
華族連爲仕宦後昆
坎軻流落島中寒微
轉甚軍役烟役與此民
混侵顧念先士誠惶兢

庸虹序膝給　啓下事
目粘連御訴爲去乎軍
役烟役若此勿侵之意
完文成給爲乎有乙苷去
時就山成給完文則自
當遵行不必架疊名乎
矣亦訴說如此政狀內諸
人烟役軍伍等雖經百
侵之意後錄完文申爲
成給去乎亦永遵行
宣當者
甲午四月　日

大將　手決

大將　手決

後
柳春芳　柳景曄
柳春根　柳景俊
柳浩元　柳雲來
柳光迪　柳枝扶
柳惠祚　柳景得
柳過章　柳景春
柳長得　柳仁端
柳儀得　柳景仁
柳哲得　柳仁呂
合給捌人

△ 완문(完文)
경기도 강화군 선원면 신정리 완문

△ 보물 제147호 영남루(嶺南樓)
경상남도 밀양시 내일동 39번지

　밀양(密陽) 남천강(南川江) 옆 아동산(衙東山)에 자리한 영남루(嶺南樓)는 진주(晉州) 촉석루(矗石樓), 평양(平壤)의 부벽루(浮碧樓)와 함께 우리나라 3대 명루(名樓)이며, 우리나라 최고의 누각 중 하나로 칭송받는 영남루는 강물 위 높은 절벽에 자리하여 멋진 풍경을 보여준다. 영남루 아래 밀양강변에는 아랑낭자(阿娘娘子)의 전설을 간직한 '아랑사당(阿娘祠堂)'이 있다.

　영남루는 촉석루, 울산 태화루(太和樓)와 함께 조선시대 영남 3루였으며, '밀양 영남루', '진주 촉석루', '남원 광한루(廣寒樓)', '삼척 죽서루(竹棲樓)'는 예로부터 전해오는 우리나라 명루이다. 류관(柳寬) 선조님이 56세 때인 서기 1403년(태종 3) 5월 4일에 부임하여 같은 해 12월 11일까지 계림부윤(鷄林府尹)을 역임하던 시절 이곳에서 천(天)글자로 차운(次韻)한 시(詩)가 전한다.

△ 하정공 류관 묘역(墓域) 표석(標石)

유훈(遺訓)

吾家長物唯淸白
오 가 장 물 유 청 백

世世相傳無限人
세 세 상 전 무 한 인

우리 가문의 자랑할 것은 오직 청백(淸白)이니,
대대(代代)로 서로 이어 사람들에게 끝없이 전하라.

하정공은 62세(1407년), 조카 사눌(思訥)이 32세 되던 해의 고사(故事)

태종(太宗) 7년(1407) 정해(丁亥) 4월 사눌(思訥)은 이조정랑(吏曹
正郎)으로 재직 중 중시(重試)에 급제 즉시 사헌부(司憲府) 장령
(掌令)에 특제되었을 때 예문관(藝文館) 대제학(大提學) 하정공이
조카 사눌(思訥)과 나눈 시(詩)가 유훈(遺訓)으로 전해 온다.

자손을 가르쳐 말씀하시기를[戒子孫訓]

朋友固有通財之義, 然, 愼勿干索, 可也. 求而不得, 則在我不免有缺
望之心, 在彼亦有愧恨之意, 交情自此而疎矣, 曷若不求之自若乎?

친구 사이에는 실로 재물을 융통하는 의리가 있다고 하지만, 삼가
하여 구하지 않는 것이 좋다. 구하다가 얻지 못하면 나에게는 희망
이 깨어지는 마음을 갖게 됨을 면하지 못하고, 저에게도 또한 부끄
럽고 한탄하는 뜻을 갖게 할 것이다. 그렇게 되고 보면 두 사람의
사귀는 정이 이로부터 멀어질 것이니, 어찌 구하지 않고서 그대로
지내는 것만 같겠는가? 『海東續小學(해동속소학)』에서 인용(引用).

하정(夏亭) 추모(追慕) 시(詩)

비우당(庇雨堂)

지봉(芝峯) 이수광(李睟光) 지음

夏亭遺址洛城隅, 淸白家傳也到吾
하정유지낙성우, 청백가전야도오

安得傘周千萬里, 盡遮天下不霑濡
안득산주천만리, 진차천하불점유

하정(夏亭)의 유지(遺址)가 서울 모퉁이에 있으니,
청백(淸白)한 집[家]이 전하여 나에게 이르렀네.
어떻게 이 우산으로 두루 천만리를 덮어,
천하를 다 가려 물에 흠뻑 젖지 않게 하랴.

※ 『芝峰集(지봉집)』 중 <동원비우당기(東園庇雨堂記)>에 실려
있음.

일러두기[凡例]

1. 이 책은 지금까지 출간되고 연구된 하정공(夏亭公) 류관[柳寬, 1346(충목왕 2)~1433(세종 15)]에 대한 여러 성과물을 바탕으로 하여 일반인이 쉽게 이해할 수 있도록 구성·정리하였다.

2. 한국 인물의 위상을 정립하여야 하는 시대가 도래(到來)하여 역사적 인물은 주체적 입장에서 조명이 필요하다. 하정공이 남긴 자취는 문학·역사·철학 등 인문학을 포함한 다양한 활동 영역을 통하여 발현된다.

3. 시(詩)와 소(疏), 계(啓), 상서(上書), 의(議) 등 종합적인 고구(考究)를 통하여 그의 업적과 사적의 넓이와 깊이를 가늠하여, 한국 문학사에 편입시키는 데에 그 목적이 있다.

4. 이 책의 본문은 한글 사용을 원칙으로 하되, 그 뜻을 분명히 하여야 할 경우에는 한자를 아울러 실었다.

5. 특히 『조선왕조실록』의 하정 관련 기사는 그의 정치활동과 위치를 살필 수 있을 것이며, 그의 업적과 그를 이해하는 데 크게 도움이 될 것이다.

6. 이 책을 서술하는 데 참고한 문헌은 참고문헌(參考文獻)에 밝혀 두었다.

7. 이 책에서 사용된 부호로, 『』는 저서, < >는 소제목, 「」는 논문, 그리고 ''는 주요사항, ""는 대화체나 인용문을 묶을 때, △는 위 그림을 뜻함, ▷는 옆 그림을 뜻함, 〃은 위와 같음을 나타낸다.

머리말

　류관은 고려 충목왕 2년(1346)에 출생하여 조선왕조 세종 15년 (1433) 88세를 일기로 서거하였다. 류관은 공민왕 20년(1371) 과거에 급제하여 88세 우의정 치사(致仕)까지 관직을 무려 60년간, 그 가운데 우의정을 3년 역임한 분이다.

　류관에 대하여는 선초삼청(鮮初三淸)이라 하여 방촌(厖村) 황희(黃喜), 경암(敬菴) 허조(許稠), 그리고 하정(夏亭) 류관(柳寬)이며, 여말선초(麗末鮮初)의 청백삼승(淸白三丞)이라 세칭(世稱)되신 영의정 방촌(厖村) 황희(黃喜), 좌의정 고불(古佛) 맹사성(孟思誠), 하정(夏亭) 류관(柳寬)이다. 류관이 과연 어떤 분인지 상세히 아는 사람은 그리 많지 않으며, 서울특별시에서 서기 2009년도에 '하정청백리상(夏亭淸白吏賞)'을 제정하여 알려진 것 같다. 다행히도 문화류씨하정공파고양공종중에서 『夏亭先生遺集(하정선생유집)』을 1996년도에 류종현(柳宗鉉)이 번역(飜譯)하여 펴내었고 경북대학교 문헌정보학 남권희(南權熙) 교수의 「柳觀, 辛克敬, 鄭津 朝鮮開國原從功臣 錄券연구」라는 논문이 2005년 『嶺南學』지(誌) 457~527쪽에 실려 후손의 한 사람으로 정말 고마움을 감출 수 없다. 청백리(淸白吏) 정승으로 유명(有名)하고 시호(諡號)가 문간공(文簡公)이요, 자(字)가 경부(敬夫)인 하정(夏亭)

류관(柳寬)의 생애를 한눈에 살펴볼 수 있도록 쉽고 체계적으로 정리한 자료집『조선의 청백리 류관(柳寬)』을 발간하게 됨을 매우 기쁘게 생각한다.

　고려 말기에서 조선 초기의 문신(文臣)으로 고려 공민왕·우왕·창왕·공양왕 4대와 조선 태조·정종·태종·세종 4대, 그래서 8대(代) 왕을 모신 관료이며, 황해도 문화현 묵방동(墨坊洞)에서 태어난 류관은 문화(文化)류씨의 시조인 류차달(柳車達)의 13세손으로 고려 명종(明宗)때 명신(名臣)인 류공권(柳公權)의 7세손으로 1371년(공민왕 20) 문과에 급제하여 이후 요직(要職)을 두루 역임하였으며, 인권과 인간의 도리를 중시한 공명정대(公明正大)한 판관(判官)이었으며, 검약과 절제를 실천한 재상(宰相)이었다. 정도전이 편찬한『고려사』를 개수(改修)한 것을 세종대왕의 명(命)을 받아 청향당(淸香堂) 윤회(尹淮)와 함께『讎校高麗史(수교고려사)』를 개찬(改撰)하여 집현전(集賢殿)에 비치하였으나 끝내 간행되지 못하고 일실(逸失)되어, 전하는 것은 서문(序文)만『世宗實錄(세종실록)』에 전하고 있다.『太祖實錄(태조실록)』편찬에 정이오(鄭以吾)·변계량(卞季良)과 함께 참여하였다. 초대 집현전 대제학(大提學)을 역임하였다. 황해도 신천군(信川郡) 문화면에 있는 정계서원(程溪書院)에 배향(配享)되었으나 흥선대원군의 명(命)에 의하여 서원이 훼철(毁撤)되어 후손의 한 사람으로 안타까운 마음 비길 데가 없다. 문간(文簡)이란 시호(諡號)를 받았으나, 6대조인 공권(公權)께서 문간(文簡)이란 시호를 받았으므로 사용을 꺼리어 하정(夏亭)이란 아호(雅號)를 사용하게 된 연유이다.

학문(學問)은 쉽고 문장(文章)은 간략(簡略)하면서도 무명이나 명주처럼 질박(質朴)하고 담담(淡淡)하고 도(道)는 공명정대(公明正大)하며 빛나고 덕(德)은 따스한 봄바람 같고 상서로운 구름과 같다.

조선조 건국(建國)의 틀을 마련하고 정치, 사회, 학문, 문화, 제도에 깊은 영향을 주었으며, 민족사관(民族史觀) 등 모든 분야에 적극 참여하여 개혁(改革)을 주도(主導); 국가 안정에 큰 공덕(功德)을 남기었다. 세종의 치적은 따지고 보면 그 이면에 류관과 같은 명재상이 있었기 때문에 가능했던 것이고, 세종과 같은 성군(聖君)의 명덕(明德)이 있었기에 류관은 국가 원로(元老)로서의 탁월한 역량을 발휘할 수 있는 기회를 가졌던 것이다. 청사(靑史)에 기리 빛나는 위민(爲民)의 어진 정사를 베풀고 찬란한 문화의 꽃을 피우고 결실을 맺었던 것이다. 그의 이러한 장구(長久) 불멸(不滅)의 위대한 공적(功績)에도 불구하고 변변한 연구 논문조차 없다시피 한 것이 현실이다. 경제발전에 치중한 나머지 선현(先賢)에 대하여 관심을 기울이는 이가 적었던 것이다.

서울특별시에서 2009년부터 서울특별시와 25개 자치구의 6급 이하 공무원 중 청렴 결백성 및 헌신 봉사성·공사생활의 건전성·건전 사회 기풍에 기여한 직원을 선발하여 '하정청백리상'을 수여하고 있으며, 원주시에서 '강원감영문화제'를 실시하고 있어 하정 류관의 '비우사상(庇雨思想)'을 매년 되돌아볼 수 있는 장(場)은 마련되어 있다.

그런데 우리 겨레는 만년의 장구(長久)한 역사를 자랑하는 문화민족이다. 우리가 우리의 문화와 민족의 얼과 빛을 찾아보는 데는 두 가지의 방법이 있을 수 있다. 그 하나는 우리의 조상들이 남긴 작품인 유물 등을 상세히 살펴보는 방법이고, 또 하나는 인물을 전제로 생애와 정신 또는 사상을 정리하고 밝혀보는 일이다. 여기서의 방법은 후자(後者)에 배속(配屬)한다. 우리의 역사에 빛을 남긴 인물들의 행적을 세밀하게 그리고 통렬하게 추적하여야 한다. 그들이 살다간 그 삶의 치열한 행로들은 분명 오늘을 살아가는 우리들에게 무언가 분명한 메시지를 전달하여 줄 것이기 때문이다. 아무쪼록 이 책을 통하여 모든 독자들이 '청백리(淸白吏) 정승 류관'에 대하여 보다 많은 이해와 친밀감을 가질 수 있게 되기를 기원하면서 부족하나마 류관(柳寬) 선조님의 생애를 한 권의 책으로 엮어 발간하는 것은 매우 의미 있는 일이라 자부한다. 문헌으로는 『조선왕조실록』 중 태조·정종·태종·세종실록에 큰 비중을 두었다. 편집(編輯)하고 보니 소루(疏漏) 빈약(貧弱)함에 괴한(愧汗)을 금(禁)하지 못하는 바이지만 그런대로 다소(多少)라도 참고(參考)가 된다면 생각 밖의 영광(榮光)이라 생각되고, 앞으로 더욱 정진(精進)하여 미심(未審)하고 모호(模糊)한 점(點)을 밝히고자 몸과 맘을 다하겠다. 이 자료로 하여 맑고 밝은 훌륭한 연구업적이 나오기를 고대(苦待)하고 역사적인 기록물이 되어 크게 기여하게 되길 바라면서 두서(頭緖)없는 졸필(拙筆)을 거둔다. 감히 부족함을 느끼면서 강호(江湖)의 모든 분들 앞에 이 책을 편집(編輯)하게 되었다. 여러분들의 많은 질책(叱責)과 편달(鞭撻)이 있기를 바란다. 『牧隱 李穡의 學問과 學脈』과 『朝鮮初葉名賢集選』을 구매할 수 있게 한 안정철 오복서점 사장과 『조선왕조실록』 CD-ROM을 전하여 준 윤한수 남문서점 사장에게도 이 자리를 빌려 감사함을 표하며, 출판 시장이 어려운 중에도 선뜻 출판해주신 (주)한국학술정보 여러 실무자의 노고에도 깊은 감사의 말씀을 드린다.

이 작은 책자(冊子)는 필자 개인의 소견(所見)만을 바탕으로 한 것이 아님은 물론이다. 지금까지 발표된 선학(先學) 제현(諸賢)들의 업적을 정리한 것에 지나지 않는다. 숨은 자료들이 남아 있을 것으로 생각된다. 찾아지는 대로 보완하고 추록할 것을 약속드린다. 많은 질정(叱正)이 있기를 진심(眞心)으로 환영한다.

2014년 4월 16일
수원(水原) 매봉산 아래 묘묘단(妙玅壇)에서 류정수(柳定秀)

차 례

제1부

류관(柳寬)의 가계(家系)

1. 문화(文化) 명문가의 후손

고려의 5대 귀족(貴族)이 있는데 우봉최씨(牛峰崔氏), 인천이씨(仁川李氏), 경주김씨(慶州金氏), 연안차씨(延安車氏), 문화류씨(文化柳氏)이다.

우봉최씨는 최충헌(崔忠獻)·최우(崔瑀)·최의(崔竩)·최항(崔沆)의 4대(代) 무신정권(武臣政權)이었다.

최의는 점차 심복 중 류능(柳能)·선인열(宣仁烈)·최양백만을 총애하여 신임하고 가병 지휘관 김인준(金仁俊)과 대사성(大司成) 류경(柳璥) 등을 멀리함으로써 정치적으로 소외시켰다. 이에 불만을 품은 김인준과 대사성(大司成) 류경(柳璥)은 신의군(神義軍) 장교들과 함께 모의하여 반최의연대세력(反崔竩連帶勢力)을 형성하였고 서기 1258년 3월에 무오정변(戊午政變)을 일으켜 최의를 살해하였다. 이로써 4대 60여 년간에 걸친 최씨무신정권이 붕괴되었고 형식적으로나마 왕정(王政)이 복고되었다.

인천이씨(仁川李氏)는 문종(文宗) 때 이자연(李子淵)의 딸 셋이 문종의 왕비(王妃)가 되었고, 예종(睿宗) 때 이자겸(李資謙)의 딸 하나는 예종(睿宗)의 왕비(王妃)가 되었고, 두 딸은 인종(仁宗)의 왕비(王妃)가 되었으나 이자겸의 난(亂)으로 가세(家勢)가 기울어졌다.

경주김씨(慶州金氏)는 인종(仁宗) 때 『삼국사기(三國史記)』·『예종실록(睿宗實錄)』·『인종실록(仁宗實錄)』를 짓고, 묘청(妙淸) 서경파(西京派) 반란군을 토벌한 김부식(金富軾), 강릉김씨(江陵金氏) 김인존(金仁存)은 유학자(儒學者)로 유명(有名)하다.

파평윤씨(坡平尹氏)는 여진정벌에 큰 공을 세운 윤관(尹瓘) 대원수(大元帥)로 9주(州)를 차지하는 국토(國土) 확장(擴張)을 하였다.

안산김씨(安山金氏)는 현종(玄宗) 때 김은부(金殷傅)의 셋 딸이 현종(玄宗) 왕비(王妃)가 되었다. 해주최씨(海州崔氏)는 최충(崔沖)이 해동공자(海東孔子)로 사학(私學)을 융성(隆盛)시켰다.

연안차씨(延安車氏)는 헌원(軒轅) 황제(黃帝)의 후손인 사신갑(似辛甲)께서 고조선(古朝鮮) 때 평양 일토산(一土山) 아래에 살면서 성(姓)을 왕씨(王氏)로 하고 이름은 조명(祖明)이라 하였다. 고조선 말 그의 후손 왕몽(王蒙)이 기자조선 준왕(準王)의 모함을 받아, 일곱째 아들 림(琳)과 함께 지리산(智異山)으로 들어가 숨어서 살게 되었다. 이때 왕몽(王蒙)은 자손번창을 위하여 기도(祈禱)를 하였더니, 꿈속에 지리산 신(神)이 나타나서 말하기를 "왕(王)씨를 사용하니 멸문(滅門)의 화(禍)를 입는 것이니, 왕(王)에서 좌우(左右)에 한 획(劃)을 그어 밭 전(田)씨가 되고, 다시 두미(頭尾) 한 획(劃)을 이루니 잔나비 신(申)이 되고, 거기에 천지(天地) 두 획(劃)을 더하여 수레 차(車)이니 차(車)로 성씨를 삼으라" 하여 신라(新羅) 차씨(車氏)가 되었다. 이유로 왕씨 성자(王氏 姓字)를 전자(田字)·신자(申字)·차자(車字) 차례로 고쳐 성(姓)을 하고 이름은 무일(無一)이라 하였다.

신라 시조 박혁거세가 경주에 도읍을 정하고 나라를 세울 때 차무일(車無一)께서 공훈(功勳)으로 시중(侍中)벼슬에 오르고 왕으로부터 차씨 성을 받게 되어 시조(始祖)가 되었다.

차무일의 32세손(世孫)인 건신 또는 건갑(建申 또는 建甲)께서 신라 39대 소성왕(昭聖王) 때 승상(丞相)벼슬에 있었는데 소성왕께서 태자를 잘 보살펴 달라는 유언을 남겼다. 승상께서 왕의 유언에 따라

12세로 보위(寶位)에 오르신 애장왕(哀莊王)을 보필하시다가 아들 승색(承穡)에게 다시 왕을 보필할 것을 부탁하고 별세하시니 왕께서 왕례(王禮)로써 기장(機張) 만화동(萬化洞)에 예장(禮葬)하게 하였다. 이때부터 차릉(車陵)이라 칭하게 되었으며 기장현(機長縣)도 차성(車城)이라 불렀다. 또 신위(神位)도 소성왕 종묘(宗廟)에 배향하였다. 그 후 왕의 숙부인 김언승(金彦昇)이 반역하여 왕위를 빼앗아 스스로 헌덕왕(憲德王)이라 하였다.

차승색(車承穡)께서는 충성심에서 아들 차공숙(車恭叔)과 더불어 헌덕왕(憲德王)을 암살하려다 누설되어 아들을 데리고 황해도 구월산으로 피신, 조모(祖母)의 익원양씨(益原楊氏) 성(姓)인 양(楊)씨와 뜻이 같은 류씨(柳氏)로 바꾸고서, 이름을 백(栢)으로 하고, 아들은 숙(叔)으로 개명(改名)하고 살았다. 둘째 아들 차공도(車恭道)는 강남으로 피신, 구성(舊姓)인 왕씨(王氏)로 복성(復姓)을 하였는데 이분이 고려태조 왕건(王建)의 증조부이신 원덕대왕(元德大王)이시다. 이러한 인연으로 차씨는 고려건국에 큰 공을 세웠고 고려조 때 차씨는 귀족대우를 받았다.

고려 태조 왕건께서 후삼국을 통일할 때 류씨(柳氏) 6세(世)인 류해(柳海)께서 장정을 수송하여 통일에 기여하였으므로 삼한통합(三韓統合) 벽상2등(壁上二等) 공신에 봉(封)하고 '차달(車達)'이라는 이름을 내렸다. 큰아들 차효전(車孝全)은 통일에 필요한 군량미를 헌납하였기에 개국 수공자로 대광백(大匡伯)의 벼슬이 제수되었으며 연안군(延安君)으로 칭하였다.

연안에 식읍천호(食邑千戶)도 받으시고 차씨의 옛 홍열(弘烈)을 승습(承襲)하게 하고 종적을 연안(延安)으로 하니 연안차씨 득관조(得

貫祖)가 되었고 둘째 아들 효금(孝金)은 유주류씨(儒州柳氏)[고려 고종 때 문화류씨(文化柳氏)]로 되었다. 이때부터 두 형제분이 차씨와 류씨로 분성(分姓)되었다. 차문은 신라·고려조에 수많은 문무장상(文武將相)이 대를 이어 배출된 명문 집안이다.

우리나라에서 류씨(柳氏)로서 정사(正史)나 야사(野史)[1]에 처음 실려 있는 것은 『고려사(高麗史)』·『동국여지승람(東國輿地勝覽)』이며, 『고려사』<열전(列傳)>의 문간공(文簡公) 류공권(柳公權)의 주(註)에 "공(公)의 6세조(世祖) 차달(車達)은 고려(高麗) 태조(太祖)의 개국(開國)을 도와 삼한공신(三韓功臣)으로 관직(官職)은 대승(大丞)이었다"고 하였다.

문화류씨(文化柳氏)는 정당문학(政堂文學)[2]과 참지정사(叅知政事) 판예부사(判禮部事) 등을 역임하고 문장과 글씨로 명성을 떨친 류공권(柳公權, 1132~1196)은 자(字)는 정평(正平)이며, 고려 명종(明宗) 때 활약한 분이며, 그의 손자 류경(柳璥, 1211~1289)은 고종(高宗) 때 문과에 급제, 대사성(大司成)에 올랐다. 당시는 최씨무인정권기(崔氏武人政權期)로서 최의(崔竩)가 정권을 잡고 있었다. 서기 1258년(고종 45) 류경(柳璥)은 김인준(金仁俊) 등과 협력, 최의(崔竩)를 제거하고 왕권을 회복시켜 나라의 힘을 임금에게 돌린 위대한 인물이었고, 고종 46년 기미(己未, 1259)에 위사공신(衛社功臣)에 오르고, 이듬해 나라에서는 유주(儒州)[3]를 그의 고향(故鄕)이라 하여 문화(文化)

---

1) 야사(野史)의 기록이 얼마나 사실에 부합(符合)하느냐는 신중한 판단이 요망한다. 야사의 기록은 시인(是認)도 부인(否認)도 하지 않는 '이의전의(以疑傳疑)'의 자세로 받아들이는 것이 가장 올바른 태도라고 할 수 있다.

2) 정당문학(政堂文學) : 정부의 최고기관인 중서문하성(中書門下省)의 종2품 벼슬이름.

3) 유주(儒州) : 황해도(黃海道) 구월산(九月山) 남쪽의 옛 지명(地名).

로 바꾸고 현(縣)으로 승격시켜 보답을 표시하였다. 정권을 왕(王)에게 돌렸다. 이 공으로 상장군(上將軍)에 올랐으며 문하시랑(門下侍郎) 중서문하성(中書門下省) 평장사(平章事) 등을 역임했다. 1270년 삼별초(三別抄)의 난(亂)이 일어났을 때, 강화도에서 반란군에게 잡혔으나 극적으로 탈출했다. 평장사판병부사(平章事判兵部使), 첨의시랑찬성(僉議侍郎贊成), 첨의중찬(僉議中贊) 등을 역임했다.

류경(柳璥)은 몽고가 고려를 침입하고, 고려가 원(元)에 항복하여 그 지배를 받게 된 고종(高宗), 원종(元宗)조에 걸친 시기에 활동한 재상이다.

문장(文章)이 뛰어나 신종(神宗)·희종(熙宗)·강종(康宗)·고종(高宗) 등 4대의 실록 편찬에 참여했으며 이존비(李尊庇), 안향(安珦) 등 많은 학자가 문하에서 배출되었다.

류승(柳陞)은 류경(柳璥)의 아들로 충렬왕 17년 고려에 침입해온 합단적(哈丹賊)을 격퇴, 지밀직사사(知密直司事)가 되고 뒤에 도첨의참리(都僉議叅理)에 이르렀다. 통례문(通禮門)에 오래 종사하면서 조정의 의례(儀禮)에 자세한 해설을 붙인 『신의(新儀)』를 편찬했다.

『동국여지승람』의 황해도(黃海道) 문화현(文化縣)의 인물편(人物篇)에 "류차달(柳車達)은 고려 태조가 남방(南方)을 정벌할 때 수레를 많이 내어 군량(軍糧)을 공급함으로써 그 공(功)으로 대승(大丞)을 제수(除授)함과 아울러 삼한(三韓) 공신(功臣)으로 사호(賜號)하였다"고 하였으며, 그의 아들 좌윤(左尹) 효금(孝金)이 일찍이 구월산(九月山)을 노닐다가 대호(大虎)를 만나 그 입 속에 걸려있던 비녀를 빼줌으로써 그 음덕(蔭德)으로 "자손이 대대(代代)로 경상(卿相)이 되리라"고 산신(山神)이 현몽(現夢)하였다는 이야기가 실려 있고, 또한 좌윤공의 5세손 문간공(文簡公) 공권(公權) 이하(以下) 여러 대(代)의 사행(事行)이 훌륭히 기록되어 있다.

이렇듯 류씨는 고려 개국 이후 조선(朝鮮)을 거쳐 지금에 이르기까지 천여 년 동안 많은 이름난 정승과 훌륭한 학자(學者)·충신(忠臣)·효자(孝子)·열녀(烈女)·공신(功臣)·문과(文科) 및 무과(武科) 급제자가 끊임없이 배출(輩出)되어 국가와 휴척(休戚)을 함께 한 명벌(名閥)로서, 예부터 삼한갑족(三韓甲族)이요 고려 5대 귀족이요 문간공파(文簡公派)는 한국 8대(大) 이름난 가문(家門)[4] 중에 7번째로 명문(名門)으로 일컬어져 왔다.

초간(草間) 권문해(權文海)가 지은 『大東韻府群玉(대동운부군옥)』에는 동한(東韓) 명벌(名閥) 20성(姓) 중에 류씨를 9위(位)에 넣고 있으며, 우암(尤庵) 송시열(宋時烈)이 쓴 이천부사 류공경소 묘갈명(利川府使 柳公景紹墓碣銘)』에는 "문화류씨는 규조(圭組=관직官職)가 성황(盛況)하여 다른 씨족이 바라지 못하였다" 하였으며, 익익재(翼

---

4) 한국 8대(大) 이름난 가문(家門) : 한국의 명벌이라 함은 고려와 조선조에 이르기까지 양조에 걸쳐 장기간에 지속적으로 상신(相臣)과 문형(文衡)을 많이 배출한 문장을 우리나라 최고의 명벌로 규정하여 한국의 8대 명벌로 선정하였다.

순위	성씨	문중	상신			영상	좌상	우상	문형	왕비	지속기간
			고려	조선	합						
1위	남양홍씨	충평공계	9	8	17	5	2	1	3	4	천 년간 지속 (토홍계 제외)
2위	청주한씨	장절공계	3	12	15	7	2	3		5	700년간 지속
3위	파평윤씨	문숙공계	4	11	15	4	2	5	1	5	600년간 지속
4위	안동권씨	문정공계	4	9	13	5	1	3	1	1	600년간 지속
5위	광산김씨	사계공계	4	6	10	3	3		7	1	800년간 지속
6위	경주이씨	백사공계	2	8	10	4	3	1	1		900년간 지속
7위	문화류씨	문간공계	3	7	10	2	3	2			500년간 지속
8위	여흥민씨	관찰사계	2	9	11		4	5	1	4	900년간 지속

翼齋) 홍봉한(洪鳳漢) 등(等)이 지은 『증보문헌비고(增補文獻備考)』에
는 "고려(高麗) 사인(士人)에 족망상고(族望相高)5)로 류(柳)·최(崔)·
김(金)·이(李) 4성6)이 귀종(貴種)이라" 하여 고려 4대 명족(名族) 중
에 류씨를 으뜸으로 꼽았다. 그리고 이긍익(李肯翊)은 『연려실기술
(燃藜室記述)』에서 "우리나라 족보(族譜)의 효시(嚆矢)는 가정(嘉靖)
연간(年間)에 간행한 『문화류씨세보(文化柳氏世譜)』라" 하였다. 그뿐
만 아니라 명(明)나라 학사(學士) 우신행(于愼行)은 "동국의 류씨는
진(晋)나라의 왕씨(王氏)·사씨(謝氏)와 당(唐)나라의 최씨(崔氏)·노
씨(盧氏)에 내리지 않는다"고 하였으니 국내외를 막론하고 류씨의 성
망(聲望)7)은 얼마나 울연(蔚然)8)하였던가를 짐작(斟酌)할 수 있겠다.
현존하는 최고(最古)의 족보는 문화류씨의 『영락보(永樂譜)』이나 전
하지 않고 두 번째 족보인 1476년 발간의 『안동권씨세보』곧 『성화보
(成化譜)』가 현존하는 최고의 족보이며, 1562년 간행된 10책의 문화
류씨의 두 번째 족보 『가정보(嘉靖譜)』 10권은 현존하다.

---

5) 족망상고(族望相高) : 일족(一族)의 좋은 평판이 비교적 높은 것.

6) 문화류씨(文化柳氏)·우봉최씨(牛峰崔氏)·경주김씨(慶州金氏)·인주이씨(仁州李氏).

7) 성망(聲望) : 명성과 덕망. 좋은 평판.

8) 울연(蔚然) : 풀과 나무가 매우 무성한 모양. 크게 성하다. 학식이 많아 깊이를 알 수 없는 형용;
세력이 커서 무시할 수 없는 모양.

2. 문화류씨와 문화(文化) 지명(地名)

단군(檀君) 때에는 당장경(唐藏京 : 황해도 구월산 밑에 단군의 네 아들이 도읍을 정했던 곳으로 추정)이었다.

고구려 때는 궁홀현(弓忽縣) 또는 궁올현(弓兀縣)으로 불렸다. 서기 757년(신라 경덕왕 16)에 궐구현(闕口縣)으로 이름을 고치고, 중반군(重盤郡 : 載寧)의 관할이 되었다. 서기 940년(고려 태조 23)에 유주(儒州)로 개칭하였다가 서기 1018년(현종 9)에 풍주(豊州)로 다시 바뀌었으며, 서기 1106년(예종 1)에 감무(監務)가 파견되었다. 서기 1259년(고종 46)에 문화현(文化縣)으로 승격된 이래 조선시대에도 유지되었다. 고려 성종(成宗, 제6대 왕 재위기간 981~997년)이 시령(始寧)이라는 별호(別號)를 내리었다. 또한 문성(文城)이란 별호가 있었다. 서기 1895년(고종 32) 지방제도 개정으로 해주부(海州府) 문화군(文化郡)이 되었다. 서기 1896년 황해도(黃海道)로 이속되었으나 서기 1909년에 문화군은 신천군(信川郡)으로 폐합되면서 문화면(文化面)으로 축소되었다.

대한민국 건국(建國) 후 서기 1952년에는 삼천군(三泉郡)이 신설(新設)되면서 절반 정도가 삼천군에 속(屬)하게 되었다.

3. 문화류씨 시조 류차달(柳車達)

시조(始祖) 류차달의 처음 이름은 류해(柳海)이며 자(字)는 응통(應通), 호(號)는 아사(鵝沙)로 서기 880년[신라 말 헌강왕(憲康王) 6년 경자(庚子)] 8월 28일 진시(辰時)[9]에 유주(儒州), 지금의 황해도 신천군 문화면 묵방동(墨坊洞)에서 태어났다.

류차달은 후삼국 시대 유주의 대부호(大富豪)로 왕건(王建)이 후백제를 정벌하는 데 군량미와 수레를 조달해 큰 공(功)을 세워 벽상공신(壁上功臣) 2등[10]에 봉하여졌고 대승(大丞)이라는 벼슬을 받았다. 후손들이 류차달을 대승공(大丞公)으로 칭(稱)하는 것은 여기서 비롯되었다.

류차달의 세거지인 유주는 북한의 5대 명산의 하나인 구월산(九月山) 자락에 자리 잡고 있다. 유주는 단군조선의 두 번째 도읍지인 백악(白岳)이 있던 곳으로 전하여지는 유서 깊은 지역이다. 우리 민족의 시조인 단군왕검(檀君王儉)은 처음 장당경(藏唐京)[11]에 도읍하였다가 한족(漢族)에 밀려 평양(平壤)으로 도읍을 옮겼다가 아사달(阿

---

9) 조선 순조(純祖) 신묘(辛卯) 서기 1831년에 간행된 『文化柳氏(문화류씨) 祗候使公派譜(지후사공파보)』에 의하면, "대승공께서 신라(新羅) 헌강왕(憲康王) 6년(서기 880) 8월 28일 진시생(辰時生)이라 하고 사주(四柱)는 경자년(庚子年) 을유월(乙酉月) 무술일(戊戌日), 병진시(丙辰時)이라"고 하였다.

10) 고려 개국공신 중 1등공신은 최응(崔凝)・홍유(洪儒)・배현경(裵玄慶)・신숭겸(申崇謙)・복지겸(卜智謙) 등 5명이고, 2등공신은 류차달과 함께 유금필(庾黔弼)・김선평(金宣平)・장길(張吉)・이도(李棹)・함규(咸規)・왕규(王規)・김선궁(金宣弓)・홍규(洪規)・왕희순(王希順)・김훤술(金萱述)・윤신달(尹莘達)・박윤웅(朴允雄) 등 12명이다.

11) 당장경(唐莊京) 『삼국유사(三國遺事)』에는 장당경(藏唐京)으로 되어 있고, 허목(許穆)의 『미수기언(眉叟記言)』과 퇴경당(退耕堂) 권상로(權相老)가 편찬한 『한국지명연혁고』 등에 당장경(唐藏京)으로 실려 있다.

斯達[12]로 가서 신(神)이 되었다. 고려 때부터 이곳에 있어 온 삼성당(三聖堂)을 삼성사(三聖祠)로 개명하고 환인(桓因), 환웅(桓雄), 단군(檀君) 3위(位)를 모시고 향사(享祀)한 것은 이러한 이유에서다.

태조 왕건은 삼한통일의 위업을 달성한 지 4년 뒤인 태조 23년(서기 940)에 신흥사(新興寺)를 중수하면서 공신당(功臣堂)을 설치하고 이들 17명의 공신의 화상(畵像)을 동벽(東壁)과 서벽(西壁)에 그리고 왕이 참석한 가운데 복을 비는 무차대회(無遮大會)를 열었다. 이 사례를 통하여 왕건이 대승공을 포함한 이들 17명의 개국 1·2등 공신이 개국과 삼한통일 과정에서 가장 중요한 역할을 한 것으로 평가하였음을 알 수 있다. 왕건의 사성(賜姓), 사명(賜名) 정책에 따라 우리나라 성씨제도의 골격이 잡혔는데 많은 성씨의 시조가 고려 초기에 활동하였던 인물을 시조로 삼는 것도 바로 이 때문이다. 류차달의 경우 이미 류(柳)씨 성(姓)을 갖고 있었기에 사명(賜名)만 이루어진 것이다.

황해도의 8명당[13]의 하나인 금구몰니혈(金龜沒泥穴)[14] 또는 금반사치혈(金盤死雉穴)[15]에 모셔져 있다.

---

12) 아사달(阿斯達) : 단군(檀君) 왕검(王儉)이 옮긴 도읍지. 궁홀산(弓忽山) 또는 금미달(今彌達)이라고도 함.

13) 1. 구월(九月) 류문화(柳文化), 2. 나치 김상산(金尙山), 3. 수월(水月) 민여흥(閔驪興), 4. 광편 신평산(申平山), 5. 톤미 오해주(吳海州), 범산(梵山) 안순흥(安順興), 7. 걸능 조백천(趙白川), 8. 은률 박반남(朴潘南).

14) 금구몰니혈(金龜沒泥穴) : 감여학(堪輿學) 용어(用語)로서 금(金) 거북이가 진흙 속으로 숨는 모양. 낮은 땅이나 논밭 깊숙한 곳에 위치한다는 몰니혈(沒泥穴)은 천평혈(天平穴)이라고도 하는데 주산(主山)에서 출맥(出脈)한 용(龍)이 행룡(行龍)하다가 갑자기 평지의 밭이나 논으로 숨어들어 땅속 은맥(隱脈)으로 전진하다 물을 만나 행룡을 멈추고 혈(穴)을 결지(結地)하는 것이다. "증산(甑山) 강일순(姜一淳) 선생이 월곡(月谷) 차경석(車京石) 종장(宗丈)께 '네 선조(先祖)의 뫼 구월산 금반사치(金盤死雉)의 기운을 옮겨 오리라' 하고 차경석으로 하여금 춤추게 하고 박공우(朴公又)로 하여금 북을 치게 하였다"라고 『大巡典經(대순전경)』에 실려 있으나 통설(通說)은 사치괘벽형(死雉掛壁形)이라고도 한다.

15) 금반사치혈(金盤死雉穴) : 감여학(堪輿學) 용어(用語)로서 금 쟁반에 죽은 꿩의 혈(穴).

△ 대승공(大丞公) 류차달(柳車達)의 묘(墓)

　금구몰니혈(金龜沒泥穴)이라고 나말여초(羅末麗初) 도선국사(道詵
國師)의 비시(秘詩)가 『지리보감(地理寶鑑)』 안에 전하여 여기에 신
는다. 구월산(九月山)16)의 대승공 류차달(柳車達) 묘소는 조선 8명
당17)의 하나이다.

---

16) 구월산(九月山) : 황해남도 은율군, 삼천군, 안악군, 은천군에 걸쳐 있는 산이다. 궁홀산, 증산
(甑山), 아사달산, 삼위산(三危山)이라고도 한다. 구월산맥의 일부에 속한다. 산의 이름은 태음
력의 9월에서 유래되었는데 특별하게 이 달 중에 아름답게 보이기 때문이다. 주요 봉우리들은
주가봉・단군봉・인황봉 등 909개 봉(峯)이라 전해지는 수많은 봉우리로 이루어져 있으며, 최
고봉은 사황봉으로 954m이다. 명승 및 유적은 산중에는 용연폭포를 비롯하여 수많은 폭포가
있고 부연(釜淵)・마연(馬淵)・요연(腰淵) 등 산수의 절경과 7년 왕가뭄에도 마르지 않는다는
석담(石潭)・고요연(高腰淵) 등이 있다. 또 신라 때 발견되었다는 달천 온천이 있으며, 또 신라
애장왕 때 창건했다는 패엽사(貝葉寺)를 비롯하여 월정사・흥률사・낙산사・달마사 등 많은
절이 있다. 최고봉 사황봉(思皇峰)에는 과거 황해도 5대 산성의 하나이며 둘레가 4km에 달하는
9월산성의 옛터가 있다. 옛날에는 군기와 군량을 보관하는 창고가 있었다. 그밖에 유명한 청자
기를 굽던 고려 요지(窯地)와 아름다운 오경루(五更樓)가 있다.
17) 8명당 : 일지(一指) 승(僧)의 제자 일이승(一耳僧)이 조선의 명혈(名穴)을 말했는데, 조선의 갑지
(甲地)는 금강산 정혈로서 상제봉조혈(上帝奉朝穴)이요. 1. 묘향산 정혈(正穴), 2. 황해도 구월산
정혈, 3. 태백산 정혈, 4. 덕유산 정혈, 5. 계룡산 정혈, 6. 지리산 반야봉 정혈, 7. 지리산 천황
봉 정혈, 8. 광양 백운산 정혈.

〈대승공(大丞公) 류릉(柳陵) 비시(秘詩)〉

九月山頭得一龍
구월산두득일룡

구월산(九月山) 위에 하나의 용(龍)을 얻었으니,

社隍臺下獻丹忠
사황대하헌단충

사황대(社隍臺) 아래 참된 마음에서 우러나는 충성을 받쳤네.

三澤月印銀魚白
삼택월인은어백

세 못의 달빛이 비추어 도루묵[銀魚]이 희고,

五嶽秋深錦土紅
오악추심금토홍

오악(五嶽)[18]에 가을이 깊어 금수강산(錦繡江山)이 붉은 빛을 내네.

---

18) 오악(五嶽) : 동쪽의 금강산, 서쪽의 묘향산, 남쪽의 지리산, 북쪽의 백두산, 중앙의 삼각산을 뜻함.

申抱靈巖種萬祿

신포영암종만록

신령스런 바위를 펴서 안고 많은 복[祿]을 심었으니,

乾引神水格三公

건인신수격삼공

건방(乾方)[19]에서 신수(神水)를 끌어당기니 삼정승(三政丞)의 격
(格)이네.

誰知海口平平野

수지해구평평야

바다 어귀 높낮이가 없이 널찍하고 판판한 들을 누가 알겠는가?

曳尾金龜沒泥中

예미금구몰니중

쇠 거북이가 진흙 속으로 들어가는 사이에 꼬리가 끌리네.

후삼국(後三國)시대에 궁예(弓裔)의 신하 왕건(王建)이 신망을 얻

---

19) 건방(乾方) : <민속> 서북쪽. [같은 말] 1. 팔방(八方)의 하나, 2. 이십사방위의 하나.

어 천하를 통일코자 후백제(後百濟)의 신검(神劍)을 정벌하려 할 즈
음 군량이 부족하여 난처한 지경에 빠져 있었다. 이때 공께서 수레를
많이 내어 군량(軍糧)을 보급함으로써 왕건이 삼국을 통일하고 고려
(高麗)를 건국, 태조(太祖)가 되었다.

이에 태조께서 공에게 삼한공신(三韓功臣)[20]에 봉함과 아울러 대승
(大丞)의 관작을 내리고, '차운달량(車運達糧) 또는 이차위달(以車爲達)'[21]
의 뜻을 취하여 차달(車達)이라 사명(賜名)하였다.[22] 대승이란 9품계,
16등급 중 3품, 5등급이었다.

배위 김씨(金氏)는 신라 태부 알지(太傅 閼智)의 후손 균(稇)의 따
님으로 2남을 두어 효전(孝全)은 대광백(大匡伯)에 추봉되고, 효금(孝
金)은 좌윤(佐尹)을 지내었다.

공의 묘소는 황해도 구월산맥(九月山脈)[23] 구월산 사황봉(思皇峯)
남록(南麓) 아사봉(阿斯峯, 해발 667m) 아래 비산(飛山, 해발 583m)
기슭 인좌(寅坐) 신향(申向)[24]에 모셔져 석의(石儀)가 갖추어 있고,
묘소 아래 재실(齋室) 경사루(敬思樓)가 있었는데 서기 1950~1953년

---

20) 고려가 후삼국을 통일한 뒤 서기 940년에 신흥사(新興寺)를 중수(重修)하고 이곳에 공신당(功
臣堂)을 세워 공신당 벽(壁)에 삼한공신(三韓功臣)의 모습을 그려 넣었다. 벽에 그린 삼한공신
이라 하여 삼한벽상공신(三韓壁上功臣)이라 부르게 되었다.

21) 수레를 운반하여 식량을 조달함, 또는 수레로써 통달하게 되다.

22) 차달(車達)의 사명을 받았다고 나오는 것이 갑자보(1864년)이다. 흥률사 기록(글 안에 1356년
기록이라 쓰여 있음)은 태조가 '류차달'의 이름을 내렸다(因其錫名柳車達)라고 되어 있다.

23) 구월산맥(九月山脈) : 황해남도 북부 대동강 어귀에서 북쪽으로 뻗어 있는 산맥. 길이 60km, 평
균높이 360m. 제일 높은 봉우리는 구월산의 사황봉(954m)이며, 이 밖에도 북부에는 아사봉
(687m)·저일봉(455m),   오봉(五峰,   859m)·묵산(墨山,   658m)·구왕산(求王山,   458m)·삼봉
(615m)·달마산(576m)·까치산(594m) 등이 있다. 주요 기반암인 화강암을 비롯해 화강편마암·
대리암으로 이루어졌고 오랜 풍식작용에 의해 생긴 기암절벽·골짜기·폭포 등의 명소와 온천
이 많다. 이 산맥은 온대북부식물과 온대남부식물 분포의 중간지대에 놓여 있어 식물종이 풍부
하며 소나무·참나무·잣나무·단풍나무 등이 자란다.

24) 인좌(寅坐) 신향(申向) : [명사] <민속> 묏자리나 집터 따위가 인방(寅方)을 등지고 신방(申
方)을 바라보는 방향. 동북쪽을 등지고 서남쪽을 바라보는 방향이다.

민족(民族) 동란(動亂)때 소실(燒失)되고 현재는 없다.

조선시대에는 일찍이 5명당이니 8명당이니 하는 말이 있었다. 예컨대 나주의 반남박씨 시조묘, 합천의 야천(冶川) 박소(朴紹) 선생(先生) 묘를 비롯하여, 황해도 구월산의 문화류씨(文化柳氏)묘, 부산 동래 화지산의 동래정씨(東萊鄭氏)묘, 경남 창녕 왕산의 창녕성씨(昌寧成氏)묘, 경북 고령의 고령신씨(高靈申氏)묘, 경기 양주군 주내면의 풍양조씨(豊壤趙氏)묘 등이 그것이다.

명당(明堂)소리를 듣는 묘(墓)란 자손이 번성하여 석학거유(碩學巨儒)와 고관대작(高官大爵) 청백리(淸白吏) 등을 많이 배출한 것을 말한다.

△ 대승공(大丞公) 재실(齋室)인 경사루(敬思樓)

〈고려개국통합삼한익찬공신(高麗開國統合三韓翊贊功臣) 책훈(策勳) 조서(詔書)〉

고려 태조(太祖) 천수(天授)[25] 원년(元年) 무인(戊寅)년[26] 8월 신미해(辛未亥)일 왕(王)이 조서(詔書)를 내려 이르기를,

"시대를 향도(嚮導)하기에 알맞은 기발(奇拔)한 계략(計略)을 운용하여 개세(蓋世)의 높은 공훈(功勳)을 세운 이에게는 땅을 베어 식읍(食邑)으로 봉(封)하고 높은 위계(位階)와 관작(官爵)을 주어 포상하는 것은 백대(百代)의 떳떳한 전장(典章)이며 천고(千古)의 뚜렷한 규례(規例)이다. 내가 출신과 재주와 식견[才識]이 모두 변변하지 못한 터에 여러 동지(同志)의 바라는 바에 힘입어 새 나라의 왕위(王位)에 오르게 되었다. 횡포(橫暴)한 구왕조의 인물을 폐출(廢黜)하는 혁명(革命)의 과정에서 나에게 충신(忠臣)의 절개(節槪)를 오로지 바쳐온 이에게는 마땅히 상포(賞褒)를 시행하여 그 훈로(勳勞)를 포장(褒奬)하여야 하는데 그 등급에는 차(差)가 있겠다. 내가 공(公) 등(等)과 더불어 이룬 과업이 생민(生民)을 '도탄(塗炭)'에서 구하기 위한 부득이(不得已)한 의거(義擧)였다'고 할지라도 (구왕조의) 신하로서의 절의(節義)는 마침내 지킬 수 없었으니, 이번 혁명을 공(功)으로 본다는 것은 나로서는 어찌 부끄럽지 않겠는가? 그러나 공(功)이 있는데도 포상(褒賞)하지 아니함은 장래(將來)를 권장(勸奬)하는 도리(道理)가 아니므로 오늘의 상(賞)을 마련한 것이니 공(公) 등(等)은 나의 뜻을 분명하게 알기 바란다.

---

25) 천수(天授) : 고려 시대 태조 왕건(王建)의 재임시기의 연호(年號)이다.
26) 무인(戊寅)년 : 서기 918년.

高麗太祖天授元年戊寅八月辛亥詔曰人臣運佐時之奇略樹盖世之高勳者錫之以分茅祚土褒之以峻秩崇班是百代之常典千古之宏規也朕出自側微才識庸下誠資群望克踐洪基當其廢暴主之時竭忠臣之節者宜行賞賚以奬勳勞等給有差朕與公等欲救生民未能終守臣節以此爲功豈無慙德然而有功不賞無以勸將來故有今日之賞公等明知朕意."

〈통합삼한익찬공신질(統合三韓翊贊功臣秩)〉

1등(一等) 5인(人) 최응(崔凝)·홍유(洪儒)·배현경(裵玄慶)·신숭겸(申崇謙)·복지겸(卜智謙)

2등(二等) 12인(人) 유금필(庾黔弼)·김선평(金宣平)·장길(張吉)·류차달(柳車達)·이도(李棹)·함규(咸規)·김선궁(金宣弓)·홍규(洪規)·왕희순(王希順)·김훤술(金萱述)·윤신달(尹莘達)·박윤웅(朴允雄)

3등(三等) 10인(人) 왕식렴(王式廉)·진평(秦評)·견권(堅權)·박희술(朴述希)·능식(能寔)·권신(權愼)·염상(廉湘)·김락(金樂)·연주(連珠)·마란(馬煖)

4등(四等) 2인(人) 김홍술(金洪述)·박수경(朴守卿)

태사(太師)라는 관작(官爵)은 태부(太傅) 태보(太保)와 더불어 삼공(三公)의 예우를 받는 직위(職位)였다. 이때 같이 공신(功臣)으로 책훈(策勳)된 인물(人物) 중에는 신숭겸(申崇謙)(평산신씨 시조 平山申

氏始祖), 배현경(裵玄慶)(경주배씨 시조 慶州裵氏始祖), 홍유(洪儒)(의
성홍씨 시조 義城洪氏始祖), 복지겸(卜智謙)(면천복씨 시조 沔川卜氏
始祖) 및 김선평(金宣平)(안동김씨 시조 新安東金氏始祖), 류차달(柳
車達)(문화류씨 시조 文化柳氏始祖), 이도(李棹)(전의이씨 시조 全義
李氏始祖), 장길(張吉)(안동장씨 시조 安東張氏始祖) 등이 있다.

『원파록(源派錄)』에 의하면, 공은 신라 승상(丞相) 색(穡)의 5대손이
요. 월흑산장 보림(月黑山長 普林)의 아들이라 하였고, 또 고려 태조께
서 "구성(舊姓) 차씨(車氏)의 훌륭한 공적을 잊지 못할 것이요. 류씨(柳

氏)로 행세한 지 이미 오세(五世)이니 폐할 수 없을 것이다. 그러니 효전(孝全)으로 차씨(車氏)를 승습토록 하고, 효금(孝金)으로 류씨(柳氏)를 계승(繼承)토록 하라"고 하였다. 이로서 효전은 차(車)씨 시조가 되고, 효금은 류(柳)씨를 계승하게 되었다고 하였다.

『동사(東史)』에 의하면, 고려 태조가 장차 견훤(甄萱)을 치려하는데 군량이 부족함을 걱정하니 장수들이 남방(南方)은 토지가 비옥하여 백성들의 남은 곡식이 많습니다 하였다. 이 때 공께서 "백성들의 곡식을 약탈한다면 어찌 난리를 평정하고 포악(暴惡) 무도(無道)한 적도(敵徒)를 무찌르는 명분이 설 수 있습니까? 저의 집에 비축된 곡식이 있으니 그것으로써 군량의 공급을 돕겠습니다" 하고, 하룻밤 사이에 수레 일천 대(臺)를 만들어 군량을 보급하였다.

구월산에 흥률사(興栗寺)란 절이 있는데, 이는 신라 헌덕왕(憲德王)이 도의선사(道義禪師)로 하여금 자리를 잡아 창건케 한 절이다. 그후 고려 공민왕(恭愍王) 5년 병신(丙申, 1356) 4월 법원선사(法圓禪師)가 중수(重修)하고 조선(朝鮮) 숙종(肅宗) 10년 갑자(甲子)년(1684)에 또 중수되었다.

숙종 갑자년에 중수(重修)할 때에 상량문(上樑文)이 발견되었는데, 이 글은 공민왕(恭愍王) 병신(丙申, 1356)년에 법원선사가 쓴 기록으로서 그 가운데 우리 대승공에 관한 내용을 간추려보면 다음과 같다.

"이 절에 한 신인(神人)이 있었으니 눈썹이 그린 것 같고 머리는 검으며 살결은 눈처럼 희고 마음씨는 해처럼 밝으며 주공(周公)의 뜻과 공자(孔子)의 생각 같아 인의(仁義)의 은혜가 있고 도덕(道德)이 빛났다. 어느 날 정자 아래 의자를 기대고 앉아 있는데 홀연히 청의동자(靑衣童子)가 와서 '왕장군의 진중(陣中)에 군량이 떨어져 전공(戰功)을 이룰지 알 수 없는데 이런 위급한 때를 당하여 한가히 졸고 계십니까?' 하였다. 신인(神人)이 잠을 깨어 내심으로 충절(忠節)을 다할 것을 다짐하고 하룻밤 사이에 수레 천 대(臺)를 제작하여 군량을 실었는데 운전하기가 극히 어려웠다. 이때에 이 절의 부처의 신력(神力)으로 청의(靑衣)와 홍의(紅衣)를 입은 신군 (神軍) 일천여 명을 동구 밖에 출동시켜 잠시에 그들로 하여금 군 량을 운반하여 전공을 크게 세우고, 삼한(三韓)을 통합하게 하니 그 공이 은(殷) 탕왕(湯王) 때 이윤(伊尹)과 주(周) 무왕(武王) 때 여상(呂尙)과 같은지라, 이로 인하여 신인에게 차달이란 이름을 주었다. 이 절의 영험이 아니었다면 왕장군(王將軍)이 삼한 통합 의 대업(大業)을 이루지 못했으리라 하였다."

우리는 흔히 '백두대간'의 정맥을 '태백산맥'이라 하며 이 산맥에 서 가장 구월산(九月山)은 백두산, 묘향산, 금강산, 칠보산, 지리산과 함께 북한의 유명한 산 가운데 하나에 속해 있다.

이런 견지의 문화류씨도 고려국 창국(創國)과 개국(開國)의 공신인 류차달(柳車達)의 정맥이 타 내려와서 류공권을 만들었고, 여기 또 더 내려와 류관(청백리)을 출현시킨 것이다.

사람이나 한 산의 거봉(巨峰)이 만들어지는 것이 그리 간단한 것이 아니다. 거기에는 그만한 기맥(氣脈)이 있어야 하고, 그리고 멀리 가 는 장진력(壯進力)이 있어야 한다.

문화류씨는 조상의 음덕(陰德)을 이어받아 번창한 '문화가문'을 만 들어가고 있다.

4. 좌윤공(左尹公)과 구월산(九月山)의 범

『증보문헌비고(增補文獻備考)』 제48권-제계고 9/부록 씨족 3/류씨

차자(次子) 류효금(柳孝金)[벼슬이 삼사 좌윤(三司左尹)이었다]

『증보문헌비고』 제48권-제계고 9/부록 씨족 3/류씨

류공권의 아들 류언침(柳彦琛)[또는 류언침(柳彦沉)이라고도 하는데, 벼슬이 밀직사사(密直司使)였다]

차자(次子) 류효금(柳孝金)[벼슬이 삼사 좌윤(三司左尹)이었다], 류효금의 5세손 류공권(柳公權)[문과 출신으로 벼슬이 정당문학(政堂文學)이었다. 시호가 문간공(文簡公)이다], 류공권의 아들 류언침(柳彦琛)[또는 류언침(柳彦沉)이라고도 하는데, 벼슬이 동지추밀원사(同知樞密院事)·좌산기상시(左散騎常侍)27)였다].

류효금(柳孝金)은 고려의 창업공신(創業功臣) 대승(大丞) 류차달(柳車達)의 아들로 좌윤(左尹)을 지내었다. 공(公)께서 어느 날 황해도(黃海道) 아사달산(阿斯達山), 지금의 구월산(九月山)에 올라가 놀다가 돌아오는 길에 느닷없이 큰 범[虎]이 나타나 앞을 막으며 잎을 딱 벌리고 눈물을 흘리었다. 공께서 범의 입 안에 흰 물건이 가로 걸려 있는 것을 보고,

"네가 나를 해치지 않는다면 내가 꺼내주겠다"고 하니, 범이 머리를 끄덕이며 허락하는 시늉을 하였다. 공께서 즉시 소매를 걷고 범의 입에 손을 넣어 꺼내니 은비녀이었다. 범이 고개를 끄덕이더니 어디

---

27) 『국역 고려사』 <세가(世家)> 고종(高宗) 13년(1226) 병술(丙戌)년 조(條).

로 가버리고 공께서는 산에서 내려왔다. 그날 밤 꿈에 범이 나타나 "나는 구월산 신령인데 어제 성당리(聖堂里)에 내려갔다가 빈집에 자고 있던 여자를 잡아먹다 너무 급히 먹어 비녀가 목구멍에 걸려 매우 괴롭던 차에 마침 공께서 나를 구원하여 주어 내가 살아났소. 공(公)의 자손은 반드시 대대(代代)로 경상(卿相)이 될 것이오" 하고 사라져 버렸다.

공께서 꿈을 깨어 이상히 여기고 이웃 재령(載寧)고을 성당리로 가보니 마을 가운데 한 집에서 울음소리가 들리었다. 이유를 물으니, 그 집에서 대답하기를 "여자가 빈 집에서 잠을 자다가 범에게 물려간 지 이미 3일이라" 하였다. 또 머리의 장식(粧飾)을 물으니 "머리에 은비녀[銀釵]를 꽂았는데 범이 다 삼켜버렸다"고 대답하였다. 공께서 지난 사실을 자세히 일러주고 집으로 돌아왔다.

배위(配位)는 전하지 않고 1남을 두어 금환(金奐)이니 대장군(大將軍) 중윤(中尹)을 지냈다.

▷ 황해도 신천군 용진면과 은율군 남부면, 일도면에 걸쳐 있는 산. 우리나라 4대 명산 중의 하나로 아사달산(阿斯達山)이라고도 부른다. 높이 해발 945m. 본래 이름은 궁홀산(弓忽山)이었으나, 후에 궐산(闕山)이라 하다가 다시 현재의 이름으로 개칭하였다고 하며, 단군(檀君)이 도읍을 옮긴 후 은퇴한 아사달산(阿斯達山)이 바로 이 산이라는 설(說)이 있다. 환인(桓因)·환웅(桓雄)·단군을 모시는 삼성사(三聖祠)와 단군대·어천석(御天石)·사왕봉(思王峰) 등 단군의 신적(神蹟)이 남아 있다. 고려시대에는 불교의 중심지를 이루어 많은 절과 암자를 세웠다고 한다.

『네이버백과사전』참조.

△ 구월산 일부

△ 황해남도 삼천군 달천종달로 동자구 먹대골
(38o25'22.65"N 125o17'04.77"E)에 위치하고 있음.

인구분포

2000년 통계청이 발표한 결과에 의하면 문화류씨는 87,186가구에 총 284,083명이 있는 것으로 되어 있다.

〈류관 선조의 세계도(世系圖)〉

시조	2세	3세	4세	5세	6세	7세	8세
류차달 柳車達	차효전 車孝全						류언침 柳彦沉
	류효금 柳孝金	류금환 柳金奐	류노일 柳盧一	류보춘 柳寶春	류총 柳寵	류공권 柳公權	류택 柳澤

시조(始祖) 차달(車達) : 삼한통합2등공신(三韓統合壁上二等功臣) 대승(大丞)

2세(世) 효금(孝金) : 좌윤(佐尹)

3세(世) 금환(金奐) : 대장군(大將軍)

4세(世) 노일(盧一) : 검교(檢校) 대장군(大將軍) 행산원(行散員)

5세(世) 보춘(寶春) : 검교(檢校) 소부(少府) 소감(少監)

6세(世) 총(寵) : 검교(檢校) 소부(少府) 소감(少監)

7세(世) 공권(公權) : 정당문학(政堂文學), 참지정사(叅知政事), 판상서예부(判尙書禮部) 시호(諡號) 문간(文簡)

8세(世) 언침(彦沉) : 동지추밀원사(同知樞密院事), 예부(禮部) 상서(尙書), 감문위(監門衛) 섭상장군(攝上將軍)

9세(世) 순(淳) : 밀직사(密直使) 겸(兼) 한림학사(翰林學士), 감문위
(監門衛) 상호군(上護軍)

10세(世) 성비(成庇) : 좌우위(左右衛) 상장군(上將軍), 판예빈시사
(判禮賓寺事), 시호(諡號) 충성(忠誠)

11세(世) 식(湜) : 첨의평리(僉議評理) 상호군(上護軍) 치사(致仕)

12세(世) 안택(安澤) : 삼사(三司) 판관(判官)

조선을 건국한 태조(太祖)는 개혁의 일환으로 전국의 묘(墓)를 없애기 위한 봉산령(封山令 : 산에 접근을 금하는 정책)과 봉산(封山) 정책(벌채를 금하는 정책)을 내려 왕릉(王陵)을 제외한 모든 무덤이 사라지고 말았으니, 조선시대의 역대 임금이 백성들이 소나무를 베지 못하게 하는 금송령(禁松令)을, 임금이 특별히 보호하기 위해 금산(禁山 : 산에 접근을 금함)이나 봉산(封山)으로 인하여 선조(先祖)의 묘(墓)를 실전(失傳)하였고 아직도 찾지 못하는 것이 있다.

하정(夏亭) 류관(柳寬)의 선계(先系)

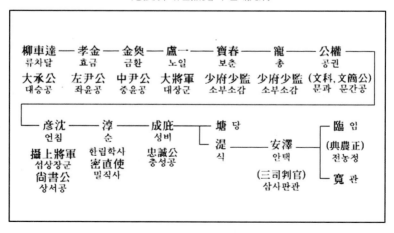

5. 문간공(文簡公) 류공권(柳公權)

1132년(인종 10)~1196년(명종 26)

고려시대의 문신. 본관 유주(儒州 : 문화文化)이며, 자는 정평(正平). 시호(諡號)는 문간(文簡)이다. 고려 개국공신 류차달(柳車達)의 6대손으로 문과 급제하여 청주목(淸州牧)의 서기(書記)로 3년간 있다가 익양부 녹사(翼陽府錄事)를 거쳐, 명종 초에 내시(內侍)로 들어가 사문박사(四門博士)·직사관(直史館)을 겸직하고, 병부낭중(兵部郎中)이 되었다. 1186년(명종 16) 예빈경(禮賓卿)으로 금(金)나라에 가서 만춘절(萬春節)을 축하하였는데, 이때 금나라 사람들로부터 예절을 잘 안다고 칭찬을 받았다. 귀국 후 우부승지(右副承旨)가 되었다가 뒤이어 우산기상시(右散騎常侍)에 이어 한림학사(翰林學士)가 되었고, 1192년에는 지공거(知貢擧)가 되어 진사 29명을 뽑았으며, 동지공거(同知貢擧)가 지주사(知奏事)를 거쳐 1195년에 동지추밀사(同知樞密事)에 오르고 병이 심하여지자 정당문학(正堂文學) 참지정사(叅知政事) 판예부사(判禮部事)에 특임되었다. 이듬해 그가 병이 나서 친척들이 약을 지어 바치자, 죽고 사는 것은 명(命)이 있다고 하면서 물리치고 마시지 않았다. 성품이 청렴하고 관직에 있을 때에는 부지런하였다고 한다. 문장에 뛰어나 시문(詩文)과 서예에 능하여 특히 초서(草書)·예서(隸書)를 잘 썼다.『동문선(東文選)』에 시(詩)가 남아 있고,『해동필원(海東筆苑)』에 필적이 전하며, 글씨로 경기도 용인(龍仁)에 있는 서봉사(端鳳寺)에 있는 현오선사비(玄悟禪師碑)가 있다.[28]

---

28) 참고문헌 :『고려사(高麗史)』·『고려사절요(高麗史節要)』. 출처 : 한국민족문화대백과, 2010, 한국학중앙연구원.

대표적 친필(親筆)로는 『海東筆苑(해동필원)』 및 용인(龍仁) 광교산(光敎山) 서봉사지(瑞峰寺址)에 『현오국사비(玄悟國師碑)』가 있다. 이는 예각을 살린 조형적 배치로 생동감을 주는 서체로서 조맹부(趙孟頫, 1254~1322) 류(類)에 기초를 두고, 탄연(坦然)의 『문수원중수기(文殊院重修記)』, 인종(仁宗)의 『묘향산보현사지기(妙香山普賢寺之記)』와 맥락을 같이한다.

고려시대의 서체(書體)는 무신 집권기까지는 왕희지체(王羲之體)와 구양순체(歐陽詢體)가 유행하였고, 충선왕(忠宣王) 때부터는 조맹부체(趙孟頫體)인 송설체(松雪體)가 유행하여 조선시대까지 계속되었다. 그중 유명한 사람은 류신(柳伸)·탄연(坦然)·최우(崔瑀)·이암(李嵒)·류공권(柳公權)·한수(韓脩) 등이다.

서봉사지 현오국사비(瑞峰寺址玄悟國師碑) 탁본(拓本)

- 소재지 : 경기도 용인시 수지읍 신봉리
- 찬(撰) : 이지명(李知命)
- 서(書) : 류공권(柳公權)
- 연대 : 고려 명종 15년(1185)

비석의 제액(題額)은 [고려국 대화엄 부석사 주지 증시현오국사비명 병서(高麗國大華嚴浮石寺住持贈諡玄悟國師碑銘 幷序)]이다.

비신(碑身)은 높이 1.88m 너비 0.97m의 점판암으로, 화강암의 부석(趺石) 위에 세워졌으며, 이수(螭首)는 없다. 제액(題額)의 글자는 지름 약 8cm의 전서(篆書)이며, 본문은 3.3cm의 해서(楷書)이다.

제액 다음 행문(行文)에 찬자(撰者)와 서자(書者)를 다음과 같이 명기(明記)하였다.

　"朝散大夫左散騎常侍翰林學士寶文閣學士知 制誥兼 太子賓客 賜紫
金魚袋臣 李知命", "入內侍郎將作少監國學直講充史館修撰官兼 太子
中允賜紫金魚袋臣 柳公權" 이 기록을 통해 '서봉사 현오국사탑비'의
본문을 지은 이는 이지명(李知命)이며, 글씨를 쓴 이는 고려 때 초서
(草書)로 유명한 류공권(柳公權)임을 알 수 있다.

　서봉사의 폐사(廢寺) 연대는 분명하지 않으나 병자호란(丙子胡亂)
중(中)인 1637년 1월, 이곳 광교산(光敎山)에서 김준룡(金俊龍) 장군
과 청(淸)나라 군사와의 격전이 있었던 사실과 백자편(白磁片), 와편
(瓦片) 등의 자료로 보아 병자호란으로 폐사가 된 것이 아닌가 추정
된다.

〈현오국사비(玄悟國師碑) 일부(一部)〉

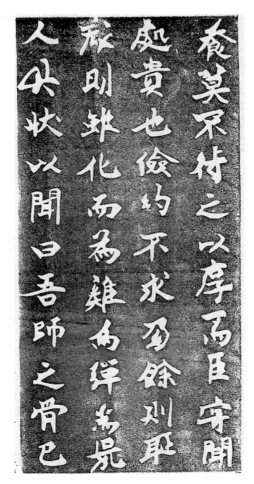

비(碑)의 높이 1.8m, 넓이 90cm 점판암으로 화강암의 부석(趺石) 위에 올려 있고, 양 모서리를 귀 접은 규형(圭形)이다. 제목은 '증시현오국사비명(贈諡玄悟國師碑銘)'이란 8字의 0.97m 길이의 전서(篆書)이고, 본문(本文)은 자경(字徑) 3.3cm의 해서(楷書)이다. 비각(碑閣)은 서기 1979년에 건립, 탑비(塔碑)는 보물 제9호로 지정, 고승(高僧) 현오국사(玄悟國師)의 공덕(功德)을 기념하기 위하여 고려 명종 15년(1175)에 세운 것이다.

△ 경기도 용인시 수지구 신봉리(현 풍덕천 2동)

공(公)의 묘지(墓誌)가 서기 1922년에 중국사람 유승간(劉承幹)이 간행한 『海東金石苑(해동금석원)』에 실려 있는데, 그 형태를 이르기를, "지석의 높이는 1척(尺) 5촌(寸) 3분(分)이요, 넓이는 2척(尺) 7촌(寸) 3分(분)이며, 43행(行)으로 1행(行)에 25자(字), 또는 27자(字)로 같지 않고, 끝에 비어 있는 2행(行)은 정자(正字)로 씌어 있다"고 하였다.

옛 묘지(墓誌)의 명(銘)은 다음과 같다.

〈류공권(柳公權) 지석(誌石) (해석문)〉

공의 휘는 공권(公權)이요, 자는 정평(正平)이요, 성은 류씨(柳氏)니 시령인(始寧人)이라. 증조의 휘는 노일(盧一)이니 검교 대장군(檢校大將軍)이요, 조(祖)의 휘는 보춘(寶春)이니 검교소부 소감(檢校小府少監)이요, 고(考)의 휘는 총(寵)이니 검교 소부소감이요, 비(妣)는 쌍성현대군 이씨(雙城縣大君李氏)이다. 공은 서기 1132년[인종(仁宗) 임자(壬子)]에 생하여 어려서부터 배우기를 좋아하였고 초서(草書)와 예서(隸書)에 능하였다. 서기 1156년[병자(丙子)]에 성균시(成均試)에 합격하고, 서기 1160년[경진(庚辰)]에 문과 을과(乙科)로 합격하니 전례(典例)에 의하여 청주목 서기(淸州牧書記)가 되었다가 익양부 녹사(翼陽府29)綠事)30)가 되었다. 그 진퇴 거동에 법도가 있으니 왕이 이로부터 공의 충정(忠正)하고 다른 마음이 없이 건건(蹇蹇)31)한 대신

---

29) 익양부(翼陽府) : 익양(翼陽) 또는 광산(光山)은 광주(光州)의 별칭이다.

30) 녹사(綠事) : 고려시대 기록에 관련 실무직 벼슬, 하급벼슬.

31) 건건(蹇蹇) : 1. 어려움을 당하여 몹시 괴롭다, 2. 매우 충성스럽다.

(大臣)의 절개(節槪)가 있음을 알았다. 출세의 기회가 실로 여기에서 비롯되었다. 이로부터 해마다 승직(陞職)하여 전중성 내급사(殿中省 內給事), 국학직강(國學直講), 태자사경(太子司經), 군기감(軍器監), 동궁시강학사(東宮侍講學士), 이부시랑(吏部侍郞), 예빈경(禮賓卿), 추밀원 우승선(樞密院右承宣), 판대부사(判大府事), 국자감 대사성(國 子監大司成), 태자찬선대부(太子贊善大夫), 한림학사(翰林學士), 좌산 기상시(左散騎常侍), 지태사(知太事), 지이부사(知吏部事)를 역임했 다. 과장(科場)을 여러 번 관장하여 엄격하고 바르게 하니 과거에 오 른 사람이 다 영준(英俊)이었다. 이때 사람들이 "도리(桃李)32)가 문 (門)에 있다" 하였다. 납언(納言)33) 7년에 "안으로 숨김이 없이 행동 함에 정직함이 있어 조정의 기강과 국가의 체통에 도움이 많이 있으 니 비록 중산보(仲山甫)34)가 왕명을 출납하더라도 더 잘할 수 없다" 고 하였다. 서기 1194년[명종(明宗) 갑인(甲寅)]에 동지추밀원사(同知 樞密院事)에 임명되고 태자빈객(太子賓客)을 겸하였다. 얼마 뒤에 정 당문학 참지정사 판예부사(政堂文學叅知政事判禮部事)에 임명되었 다. 서기 1195년[을묘(乙卯)]에 갑자기 풍질(風疾)에 걸리니 상소하여 퇴직을 요청하였다. 왕이 조칙을 내려 말하기를, "옛 경전에 노숙한 이에게 맡기어 정치를 해야 하고 사람도 노숙한 사람을 구하여야 한 다고 하였으니 어찌 사직을 허락하리요"라고 하며 약을 하사하였다. 그러나 약을 받지 않고 세 번 상소하여 왕의 허락을 얻었다. 그다음 해 서기 1196년[병진(丙辰)] 7월 19일에 자택에서 타계하시니 향년

---

32) 도리(桃李) : 복숭아나 오얏[李]이 유익한 열매를 맺듯이, 양육한 우수한 문하생이 도처에 있
   다는 말이다.
33) 납언(納言) : 군주가 신하의 간언을 받아들임.
34) 중산보(仲山甫) : 주(周)나라 선왕(宣王)을 잘 보필한 명재상.

65세였다. 사대부가 슬퍼하지 않은 이가 없었으며 왕 또한 측은하게 여기었다. 시호를 하사하니 문간(文簡)이었다. 그해 8월 13일에 송림군(松林郡) 서산 남쪽 기슭에 안장하였다. 부인은 회도군부인(懷道郡夫人) 손씨(孫氏)니 대부주부(大府主簿) 각(珏)의 딸이다. 명(銘)은 다음과 같다.

문장은 족히 도를 관통하였고,
사업(事業)은 족히 때를 구제함이 있도다.
벼슬자리[位]는 재상에 오르고,
덕(德)은 원구(元龜)[35]가 되었도다.
임금은 옛 일을 생각하여 뒤에 포상을 두터이 하였도다.
공께서 인도(人道)를 다하였으니 이에 무엇을 더 말하겠는가?
일대(一代)의 으뜸가는 스승[宗師]이요, 모든 사람[萬人]의 선망(羨望)이로다.
태산(泰山)이 이미 무너졌으니 사람들은 장차 그 누구를 우러러 볼까?
백세(百世)[36] 뒤에도 송백(松柏)이 푸르고 푸르니 오직 공(公)의 묘(墓)이니,
혹시라도 훼상(毀傷)하지 말지어다.

有文章足以貫道, 有事業足以濟時.

---

35) 원구(元龜) : 나라의 우두머리. 중산보(仲山甫) : 중국 서주(西周) 선왕(宣王)의 중흥의 일을 도와준 어진 신하.
36) 백세(百世) : 오랜 세월이 지남.

位登宰輔德爲元龜, 天子念舊後有褒嘉.
公於人道其又何加, 一代之宗萬夫之望.
泰山其頹人將安仰, 百世之後松柏蒼蒼.
是惟公之墓無或毀傷.

　1912년에 류공권(柳公權, 1132~1196)의 지석(誌石)[37]이 발견되어 류공권의 상세한 이력과 선계가 확인되었다. 이 지석에 따르면 류공권의 부친 류총(柳寵)과 조부 류보춘(柳寶春)은 검교[38] 소부소감(檢校小府小監)을 지냈고, 증조 류노일(柳盧一)은 검교 대장군(檢校大將軍)을 지냈다. 족보에 따르면 노일은 류차달의 증손이다. 따라서 류공권은 류차달의 6대손이다. 여기서 '검교(檢校)'는 실직(實職)이 아닌 녹을 받는 훈관(勳官)[39]직이다. 출신지를 시령(始寧)으로 하였는데 시령은 유주(儒州)의 바뀐 이름이다. 이로 미루어 류차달 이래 유주의 호족(豪族)으로 세거지에서 여러 대(代)를 이어 오다 류공권 때에 이르러 과거를 통해 중앙 정계에 진출한 것으로 보인다.

　류공권의 모친은 '쌍성현대군 이씨(雙城縣大君李氏)'로 기록되어 있다. 쌍성현은 훗날 몽골에 의해 쌍성총관부가 설치된 화주(和州), 즉 함경남도 영흥(永興)[40]이다. 모친은 쌍성현의 이씨 성을 가진 호족의 딸로 추정된다. 류공권의 부인, 즉 류언침(柳彦沉)의 모친은 회도군부인(懷道郡夫人) 손씨(孫氏)로 대부주부(大府主簿)[41] 손각(孫

---

37) 지석(誌石) : '후에 무덤의 주인(主人)을 쉽게 찾아내도록' 죽은 자의 성명·생사일, 행적(行蹟), 무덤의 좌향(坐向) 등을 적어 무덤 앞에 묻는 판석(板石), 도판(陶板).

38) 검교(檢校) : 고려시대에 임시 증원 시 실무를 보지 않고 이름만 가지고 있게 할 때, 그 벼슬 이름 앞에 붙이는 말.

39) 훈관(勳官) : 작호(爵號)만 있고 직사(職事)는 없던 벼슬.

40) 영흥(永興) : 함경남도 영흥군 군청소재지. 고려 고종(高宗) 때 쌍성현(雙城縣)이라.

珧)의 딸이라고 기록되어 있다. 회도군은 현재 충청남도 공주이다. 류공권의 모친은 지방 호족의 딸이고 부인은 개성 관리의 딸인 사실에서도 류공권 때에 유주에서 서울인 개경으로 올라왔음을 알 수 있다. 류공권이 25세 때 소과인 성균관시에 합격하고 36세에 첫 아들 류언침이 태어난 것으로 보아 개경에서 장가들었을 가능성이 크다. 아무튼 지방 호족이었던 집안이 중앙 정계의 유력한 가문으로 한 단계 비약 발전하게 된 계기는 류공권의 상경(上京)과 과거 합격으로 보아야 할 것이다.

공께서 임금을 호종(扈從)하고 안화사(安和寺)에 가셔서 어제(御製)에 응하여 지은 차운시(次韻詩)와 사직표(辭職表)가 『輿地勝覽(여지승람)』 및 『東文選(동문선)』에 전하고 있으며, 친필(親筆)이 『海東筆苑(해동필원)』 및 용인(龍仁) 광교산(光敎山) 서봉사(瑞鳳寺)에 소재한 현오국사비(玄悟國師碑)에 전하고 있다.

---

41) 대부주부(大府主簿) : 대부는 나라의 재화를 저장하던 곳간[府庫]의 하나이며 주부는 정6품~종8품 사이의 경관(京官) 동반(東班 : 문관)직이다.

제2부

고려조 류관(柳觀)의
생애(生涯)

1. 어린 시절의 류관(柳觀)

『高麗史(고려사)』 1346년 11월

겨울 11월

① 왕이 의봉루(儀鳳樓)에서 팔관악(八關樂)을 관람하였다. 이때에 우부대언(右副代言) 김용겸(金用謙)이 그의 조카인 환관 김용장(金龍藏)으로 인하여 갑자기 왕을 가까이 모시게 되었으며, 또 김용장의 조카인 곽윤정(郭允正) 또한 그 세력에 의뢰하여 대경(大卿)에 제수되었다. 김용겸은 담력이 커서 과감하게 말을 하여 남에게 굽히는 일이 적었는데, 김용겸이 (곽윤정에게 내린) 은총(恩寵)을 질투하여 김용장에게 효유하여 곽윤정을 파직시키고, 또 김용장이 주었던 재물을 빼앗으니, 곽윤정이 감찰사(監察司)에 고소하여 그를 탄핵하였다. 이날 왕이 김용겸에게 입시(入侍)할 것을 명하니, 감찰대부(監察大夫) 이공수(李公遂)가 말하기를, "김용겸은 탄핵을 받은 사람인데도 공공연하게 조정의 반열에 끼어 있으니, 이는 옛 제도가 아닙니다. 청컨대 그를 내보내소서" 하였다. 여러 대언(代言)들이 우선 잠시 보류하여 줄 것을 청하였으나, 왕이 듣지 않고 말하기를, "차라리 대언을 한 사람 줄일지언정, 간언(諫言)은 막고 싶지 않다" 하였다.

② 원나라에서 전 정승 왕후(王煦)를 입조(入朝)하라고 명하였다.

위는 『高麗史(고려사)』 음력 11월 조(條)에 해당하는 역사자료다.

류관은 서기 1346년(고려 충목왕 2) 음력 11월 9일 임자(壬子)(양력 1346년 12월 29일)에 황해도 문화현에서 류안택(柳安澤)과 동래정씨(東萊鄭氏)의 아들로 태어났다. 류관의 집안은 고려 때, 높은 벼슬을 지낸 명문거족(名門巨族)이었다.

정당문학이란 벼슬을 지낸 류공권(柳公權)은 류관의 6대조 할아버지였고, 그의 아버지 류안택은 삼사판관(三司判官)을 지냈고, 죽은 후에 영의정(領議政)으로 추서(追敍)되었다.

이런 집안에서 태어난 류관은 어려서부터 무척 영리했고, 마음씨도 착했다. 이 마음씨 착한 어린이가 뒤에 고려에서 조선 세종 때까지 58년 동안 벼슬자리에 있으면서 백성들을 보살핀 하정(夏亭) 류관(柳寬)이다.

그는 여섯 살 때부터 할아버지에게 『천자문(千字文)』은 물론 『명심보감(明心寶鑑)』·『소학(小學)』·『효경(孝經)』·『주문공가례(朱文公家禮)』를 배웠는데, 어려운 한자를 척척 읽었다.

할아버지는 아침저녁으로 글을 가르쳤고, 사람이 해야 할 일과 하지 않아야 할 일, 세상의 이치 등 많은 것을 알려주었다. 할아버지 말에 따라 부지런히 글을 읽었다. 한번 보거나 들은 것은 잊어버리지 않았다. 얼마 가지 않아 류관은 야은(埜隱) 전녹생(田祿生)과 목은(牧隱) 이색(李穡) 문하(門下)에서 『통감(通鑑)』·『논어(論語)』·『맹자(孟子)』·『중용(中庸)』·『대학(大學)』·『사기(史記)』·『시전(詩傳)』·『서전(書傳)』·『주역(周易)』을 배우고 목은(牧隱) 이색(李穡) 문하(門下)에서 『오음당시(五音唐詩)』·『칠음당시(七音唐詩)』·『고문진보(古文眞寶)』·『근사록(近思錄)』·『성리대전(性理大典)』·『무경칠서(武

經七書)』등을 독파(讀破)하였고, 글만 부지런히 읽은 게 아니라 모든 행동을 책에서 배운 대로 실천에 옮겼으며, 마음씨가 곧고 어질었으며, 행동 또한 바르지 않을 수 없었다.

어려운 처지의 사람을 보고 지나치는 법이 없었다. 류관의 부모님 또한 너그럽고 인정 많아 불쌍한 사람을 보면 항상 돌보아주었다. 아버지는 마음이 곧고, 사리가 분명해 남이 주는 것은 한사코 받지 않고 남에게는 뭐든지 잘 주었다.

높은 벼슬에 있으면서도 거만하거나, 낮은 지위에 있는 벼슬아치를 깔보지 않았다. 아랫사람들이 보면 민망할 정도로 겸손하고 말과 행동이 무거웠다.

이와 같이 인자한 어머니와 마음이 곧고 사리가 분명한 아버지의 깨끗한 생활은 어린 류관에게 많은 영향을 주었다.

그 당시 고려는 여러 가지로 어려운 형편이었다. 몇 년 전에는 북쪽에서 홍건적(紅巾賊)이 일어나 백성을 괴롭히더니, 요즘은 남쪽에 왜구(倭寇)가 나타나 백성을 죽이고 재산을 빼앗아 갔다.

홍건적(紅巾賊) 2차 침입 때 아버지를 죽주(竹州)[지금의 경기도 안성 (安城)]에서 병(病)으로 여의었으니 하정(夏亭)의 나이 15세 때 일이다.

원(元)나라는 고려를 자기들의 마음대로 다스렸으며, 심지어 마음에 들지 않으면 임금까지 바꾸었다.

"학문이란 백성들이 편하게 살도록 하기 위하여서 하는 것이지 자기 한 몸을 편하게 하기 위하여서 하는 것이 아니다. 나라가 어렵고 백성이 괴로울 때일수록 올바른 벼슬아치가 필요한 것이다. 우리 류씨(柳氏) 가문(家門)은 대대로 백성들의 편안을 위하여 살아야 한다는 것이 가풍(家風)처럼 전한다"는 아버지의 말씀을 듣고 학자의 꿈을 접고 성균시(成均試)에 급제하고 26세 때에는 전시(殿試)에 급제하여 비서성(秘書省) 교감(校勘)이란 벼슬에 올랐다.

당시는 홍건적(紅巾賊)은 원(元) 말기 백련교도(白蓮敎徒) 중심 한족(漢族)의 농민 반란군이 쳐들어와서 공민왕이 복주(福州)[안동(安東)]까지 피난하였다. 제1차 침입(공민왕 8, 1359)년에 모거경(毛居敬)이 침입하여 이승경(李承慶)·이방실(李芳實)이 격퇴하였으며, 제2차 침입(공민왕 10, 1361)년에 개경(開京)이 함락, 정세운(鄭世雲)·안우(安祐)·이방실·이성계(李成桂)가 격퇴(擊退)하였다. 홍건적은 원(元)(몽고)이 망할 무렵에 원에 반대하여 일어난 중국민족(한족)이 만든 단체다. 그들이 붉은 수건을 머리에 둘렀기 때문에 홍건(紅巾)(붉은 수건)적이라고 불렀다. 고려 말에 개경(開京)에 쳐들어와 양민을 학살하는 등 나쁜 짓을 저질렀으나 홍건적의 한 사람이었던 주원장(朱元璋)은 대륙에서 원(元)을 몰아내는 데 성공하고 명(明)을 세웠으니 그가 바로 명태조(明太祖) 홍무제(洪武帝)이다. 그러니 홍건적은 원(元)을 망하게 하고 명(明)을 세운 세력이라고 할 수 있다. 고려에서는 홍건적을 막아내며 공을 세운 이성계(李成桂)가 정권을 잡게 되어 조선이 건국되었다. 중국 원(元)나라 말기, 몽고족의 지배를 받고 있던 한인(漢人)들은 점점 더 가혹해지는 몽고 귀족들의 전횡(專橫)과 원나라 황제의 총애를 받고 있던 라마승들의 횡포에 괴로워하고 있었다. 원나라 지배하의 한인들은 원칙적으로 중앙 정부로의 진출이 불가능하였기 때문에, 그들이 선택할 수 있는 방법은 무력 저항(抵抗)뿐이었고 실제 중원 곳곳에서 원(元)에 저항하는 운동이 발생한다. 홍건적의 난은 그중의 하나였다.

허베이 성[河北省]에 본거지를 둔 비밀종교결사 백련교(白蓮敎)의 수장(首長) 한산동(韓山童)은 스스로를 '미륵불(彌勒佛)'이라고 주장하며 각지에서 신도를 확보하며 그 세력을 넓혀가고 있었다. 그러던 중 1351년 황하(黃河)가 크게 범람하자 원나라는 파괴된 관개시설의 수리를 위해 한인들을 대거 징발하였는데, 이에 한산동은 스스로를 송(宋)나라 휘종(徽宗)의 8세손이라 주장하며 반란을 일으켰다. 교주 한산동은 원나라 진압군에 의해 전사(戰死)하였으나 그의 부하 유복통(劉福通)은 한산동의 아들 한임아(韓林兒)를 송국(宋國)의 황제로 내세우고 원나라 타도의 기치를 내세웠다. 이에 호응하여 서수휘(徐壽輝), 곽자흥(郭子興), 주원장(朱元璋) 등을 비롯한 농민들이 잇달아 반란을 일으켰다. 이들 세력은 한때 상도(上都)를 점령하기도 하는 등 화북·화중 일대를 손에 넣었으나, 원나라의 반격으로 큰 타격을 입게 되고, 그들의 추격을 피해 고려를 공격하였으나 이 또한 실패로 돌아가면서 완전히 붕괴되었다. 홍건적 중에서 주원장만이 살아남아 다른 반란세력을 격파하고 1368년 난징[南京]에서 명(明)을 건국하게 된다.

2. 사승(師承)과 교유(交遊)

류관 선조의 스승은 담양전씨(潭陽田氏) 야은(壄隱) 전녹생(田祿生, 1318~1375) 선생이다. 그는 어려서부터 주흥사(周興嗣)의 『천자문(千字文)』, 박세무(朴世茂)·민제인(閔齊仁)의 『동몽선습(童蒙先習)』, 추적(秋適)의 『명심보감(明心寶鑑)』 등으로 한자를 익히고, 『효경(孝經)』과 『소학(小學)』·『통감(通鑑)』 등을 익혀서 기초적 덕성을 기르고, 『논어(論語)』·『맹자(孟子)』·『중용(中庸)』·『대학(大學)』·『시경(詩經)』·『서경(書經)』·『주역(周易)』·『예기(禮記)』·『춘추(春秋)』 사서오경(四書五經) 공부과정을 거쳤다. 그밖에 사마천(司馬遷)의 『사기(史記)』와 주자(朱子)의 『근사록(近思錄)』·『성리대전(性理大全)』 주자의 『주문공가례(朱文公家禮)』·『사례편람(四禮便覽)』 등을 참고하였을 것이다. 류관 선조도 또한 김잠(金潛), 이행(李行), 윤취(尹就), 장지도(張志道), 남재(南在), 정목(鄭穆), 이백유(李伯由), 김약채(金若采)·김약항(金若恒) 형제(兄弟), 그리고 김진양(金震陽), 염정수(廉廷秀), 조서(曹庶), 유창(劉敞) 나중에 이름을 바꾼 유경(劉敬), 허응(許應), 호약해(胡若海) 등과 동문(同門) 수학(修學)하였다. 어학(語學) 교육용으로 『오언당음(五言唐音)』·『칠언당음(七言唐音)』·『고문진보(古文眞寶)』와 『무경칠서(武經七書)』 등을 익혔을 것이다.

고려시대에는 신앙적으로는 불교·정치·사회적 윤리로는 유학(유교)이 발달하였다. 그러다가 고려 후기에 성리학(性理學)이 들어오게 되면서 유학은 한층 발달하고 이런 성리학을 신봉하는 신진사대부들이 조선건국에 참여하면서 조선시대는 성리학이 주요사상이 되고 불교는 산속으로 쫓겨 들어가게 된다.

　류관 선조에게 학문적 영향을 준 학자들을 살펴보면 다음과 같다.

　안향(회암) → 백이정(이재) → 이재현(익재) → 이색(목은) 지공거 →
류관(하정)

　전녹생(야은) 동지공거 → 류관(하정)

　전귀생(뇌은) → 류관(하정)

　류관 선조의 학문적 계보를 정리하여 보면 다음과 같다.

　회재(晦齋) 안유(安裕) → 이재(彛齋) 백이정(白頤正) → 익재(益齋)
이제현(李齊賢) → 목은(牧隱) 이색(李穡) → 하정(夏亭) 류관(柳寬)

　야은(壄隱) 전녹생(田祿生) → 하정(夏亭) 류관(柳寬)

　뇌은(耒隱) 전귀생(田貴生) → 류관(하정) 순(順)으로 학문적 사승
(師承) 관계가 형성되었다.

　류관 선조에게 학문적 영향을 준 학자들을 살펴보면 다음과 같다.

1) 하정(夏亭) 류관(柳寬) 선조의 스승[師傅] 전녹생(田祿生)

1318(충숙왕 5년)~1375(우왕 원년)

　고려의 문신(文臣). 본관은 담양(潭陽). 자(字)는 맹경(孟耕). 호(號)
는 야은(壄隱). 담양군(潭陽君) 득시(得時)의 6세손이요, 첨의중찬(僉
議中贊) 인열(仁烈)의 손자요, 첨의사인(僉議舍人)을 역임하고 행(行)
봉조랑(奉朝郎) 지영주사(知榮州事)로 봉익대부(奉翊大夫) 동지밀직
사사(同知密直司事)에 증직(贈職)된 희경(希慶)의 아들이며, 어머니
는 웅신서씨(熊神徐氏)로 성윤(成允)의 따님이다. 전씨(田氏)는 중국
(中國) 제(齊)나라 종실(宗室)의 후예(後裔)로 전해진다. 담양전씨(潭

陽田氏)의 시조(始祖) 전득시(田得時)는 고려(高麗) 때 담양(潭陽)에 오랫동안 살아온 향리의 아들이다. 그는 현량과(賢良科)로 천거되어 의종 때 좌복야(左僕射), 참지정사(叅知政事) 등을 역임하고 담양군(潭陽君)에 봉(封)해졌고, 담양(潭陽)을 식읍(食邑)으로 받아 본관(本貫)으로 삼고 세계(世系)를 이어오고 있다고 한다. 조부(祖父)는 판사복시사(判司僕寺事)를 지낸 전영(田永)이다. 자품(資稟)이 명철(明哲)하고 8세(1325년)에 「분송시(盆松詩)」란 명작(名作)을 짓고 충혜왕(忠惠王) 때 급제하여 제주사록(濟州司錄)을 지낸 후 전교(典校)·교감(校勘)이 되었고, 1350년(충정왕 2) 정동성(征東省)의 향시(鄉試)에 합격하였다. 1347년(충목왕 3) 정치도감(整治都監)의 교감으로서 좌랑 서호(徐浩)와 함께 기황후(奇皇后)의 친척 동생인 기삼만(奇三萬)의 포악무도(暴惡無道)한 죄를 다스렸는데, 그가 옥사(獄死)하였으므로 옥에 갇혔다가 곧 풀려났다. 1357년(공민왕 6)에 기거사인(起居舍人)으로서 우간의 이색(李穡), 우사간 이보림(李寶林), 좌사간 정추(鄭樞) 등과 함께 염철별감(鹽鐵別監)의 폐단을 논해 그의 파견을 금하도록 했으나 허락되지 않았다. 사간(司諫) 이보림(李寶林), 정추(鄭樞) 등과 함께 극론(極論)의 글을 올려 염철별감의 폐습(弊習)을 역설(力說)하였으나 이미 결정된 것이니 고칠 수가 없다는 좌시중(左侍中) 염제신(廉悌臣)의 의견으로 결정되었다. 1361(공민왕 10)년에 전라도안렴사(全羅道安廉使)가 되어 왜구(倭寇)의 방어책(防禦策)을 진주(陳奏)하였고, 홍건적(紅巾賊)의 난(亂)에 임금의 피난길에 선생이 시어사(侍御使)로서 임금을 호종(扈從)하였다. 1362년에도 임금을 시종(侍從)하여 청주(清州) 공북루(拱北樓)에서 문신(文臣)들과 시(詩)를 화진(和進)하였고, 1363년에 전리총랑(典理摠郎)으로 호종

공(扈從功) 2등(等)에 훈록(勳錄)되었다. 그 뒤 벼슬을 여러 번 옮겨 좌상시(左常侍)가 되고, 1364년에 감찰대부(監察大夫)가 되었고, 1365년에는 밀직제학(密直提學)으로 계림윤(鷄林尹)이 되었으며 1366년에 개성부사(開城府事), 1367년에 경상도도순문사(慶尙道都巡問使)로 합포(合浦)에 있을 때 『고문진보(古文眞寶)』를 우리나라에서 최초(最初)로 간행(刊行)하였다. 1371년에는 사헌부(司憲府) 대사헌(大司憲)에 오르고 1371년에는 이색이 지공거(知貢擧)가 되고, 그는 동지공거(同知貢擧)가 되어 진사를 선발하였다. 1373년에 서북면 도순문사로서 충혜왕의 얼자(孼子)라고 칭하던 석기(釋器)가 이안(李安)·정보(鄭寶) 등과 어울려 반역을 꾀했다는 명목으로 체포해 목을 베었다. 1373년에 정당문학(政堂文學)으로 강녕부원대군(江寧府院大君 : 禑王)의 사부(師傅)가 되었다. 1375년(우왕 1)에는 경연(經筵)의 사부(師傅)가 되었고, 문하평리(門下評理)로 있을 때 간관(諫官) 이첨(李詹)·전백영(田伯英) 등을 인솔(引率)하고 임금에게 나아가 이인임(李仁任)이 명(明)을 배반(背叛)하고 원(元)에 아부(阿附)하는 죄(罪)를 탄핵(彈劾)하다가 친원(親元) 세력(勢力)에 밀려 최영과 지윤을 시켜 국문하게 하였다. 이들의 말이 박상충(朴尙衷)과 전녹생에게 관련되므로 최영이 이들을 국문(鞫問)하고 귀양을 보냈는데, 모두 가던 도중 죽었다. 추화찬화보리공신(推化贊化輔理功臣)의 호(號)를 받았다. 작품은 시 10수, 비답(批答 : 왕을 위해 지은 글) 1편(篇), 주(奏) 1편(篇), 소(疏) 2편(篇)이 있다. 우리나라에서는 존화양이(尊華攘夷)라는 유학적(儒學的) 차원(次元)의 의리(義理)를 실천(實踐)한 것이다. 이 사실(事實)이 『고려사(高麗史)』에 기록되어 있다. 특히 담양(潭陽)의 집터에다 향교(鄕校)를 짓게 한 것은 지금까지 그 고장에 유명(有名)한 미담(美談)으로 전하고 있다. 그리하여 담양 향교문(潭陽鄕校門) 밖에 삼은선생유허각(三隱先生遺墟閣)을 1899년에 건립하고 1677년(숙종 3)에 장흥(長興)의 감호사(鑑湖祠)는 1740년에, 담양의 월산사(月山祠)는 1840년, 홍성(洪城)의 구산사(龜山祠)는 1858년, 울진(蔚珍)의 경문사(景文祠)는 1942년, 옥구(沃溝)의 삼양사(三陽祠)는 1946년에 각각(各各) 봉안(奉安) 향사(享祀)하고 있으며, 유집(遺集)으로 『야은유고(埜隱逸稿)』[42]와 『삼은합고(三隱合稿)』[43]가 있다. 묘소는 경기도 장단군(長湍郡) 서면(西面) 고군화천곡(古郡華泉谷) 경좌(庚坐)라 전(傳)하고 있다.

13대손(代孫) 만영(萬榮)이 가장(家狀)을 찬술(撰述)하였고, 방후손(傍後孫) 병마절도사(兵馬節度使) 일상(日祥)이 경묘(景廟) 무오(戊午)년 1738년에 유고(遺稿) 2책(冊)을 간행(刊行)하였다. 조선 후기에 그의 후손들이 여러 문헌에서 시편과 관계되는 글들을 모아 『埜隱先生逸稿(야은선생일고)』[44] 6권 2책을 내었다.

배위(配位)는 월성최씨(月城崔氏)니 성균관(成均館) 대사성(大司成)을 역임한 농은(農隱) 해(瀣)의 따님이다.

---

42) 『야은일고(埜隱逸稿)』: 전록생(田祿生)의 문집. 6권 2책. 전록생의 시문집(詩文集)을 그가 죽은 지 340여 년 후인 1730년(영조 6)에 후손인 전만영(田萬英)이 여러 문집에 나오는 시편과 관계되는 글들을 모아 편집·간행한 것이다. 『埜隱先生文集』 서울 : 신일북스, 251쪽, 담양전씨벽제종친회, 저자 : 전수금(田壽錦), 2010년 발행.

43) 『삼은합고(三隱合稿)』: 고려 말의 문신 야은(埜隱) 전녹생(田祿生)과 그 아우 뇌은(耒隱) 전귀생(田貴生), 경은(耕隱) 전조생(田祖生) 등 세 사람의 시문(詩文)을 모은 책으로 전녹생의 16대손 간재(艮齋) 전우(田愚)가 수집하여 1890년(고종 27)에 간행한 시문을 모은 책으로 활자본. 4권 2책. 국립중앙도서관·규장각도서. 『(국역) 삼은합고』를 전경진(田慶鎭)이 편집(編輯)하여 418쪽, 발행사항 서울 : 潭陽田氏大宗會, 2005년 발행.

44) 『埜隱先生逸稿(야은선생일고)』: 고려 말기 사람 야은(埜隱) 전록생(田祿生)의 시문집. 6권 2책. 그가 죽은 지 340여 년 후인 1730년(영조 6)에 후손인 전만영(田萬英)이 『십구사략보(十九史略補)』, 『고려사(高麗史)』, 『동국통감(東國通鑑)』, 『동국사략(東國史略)』 등 모두 48종의 책에서 전녹생의 시문(詩文)을 수집하고, 또한 집에 있던 여러 가지 문서를 첨가하여 편찬했다. 여러 문집에 나오는 시편과 관계되는 글들을 모아 편집·간행한 것이다.

슬하(膝下)에 3남(男)을 두었으니 맏아들은 화(和)요, 둘째 아들은
항(恒)이요, 셋째 아들은 옥(沃)이다.

2) 류관(柳寬) 선조(先祖)의 스승[師傅]
뇌은(耒隱) 전귀생(田貴生)[45]

(?~1417). 첨의사인(僉議舍人) 전희경(田希慶)의 둘째 아들이고
어머니는 웅신서씨(熊神徐氏) 성윤(成允)의 따님이다. 두문동(杜門洞)
72현(賢)의 한 사람으로 문장가이다. 여말(麗末) 담양(潭陽) 담양전씨
(潭陽田氏) 삼은(三隱) 가운데 한 사람이다. 세상에서 칭송하는 삼형
제 모두 학식과 덕망이 높아 사람들로부터 존경을 받았다. 야은(埜隱)
전녹생(田祿生)의 아우이며 경은(耕隱) 전조생(田祖生)의 형(兄)이다.
자(字)는 중경(仲耕), 고려 때 현량과(賢良科)에 급제하여 삼사(三司)
좌윤(左尹 : 從3品), 밀직제학(密直提學 : 正3品)을 역임하였다. 시호
(諡號)는 문혜(文惠)이다. 여말(麗末)에 국사가 날로 그릇됨을 보고
고려가 기울어지자 조선의 신하가 되지 않으려고 불사이군(不事二君)
의 지조를 지켜 조천관(朝天冠)[46]을 집에 걸어놓고 폐양립(蔽陽笠)[47]
을 쓰고 부조현(不朝峴)에 올라가 각기(各其) 망복(罔僕)[48]의 뜻을 말
하기를, "깊은 산에 들어가서 농사를 지으면 누가 알겠는가? 백이
(伯夷)와 숙제(叔齊)는 어떤 사람이기에 일찍이 절개를 지키다가 죽

---

45) 『하정선생행적(夏亭先生行蹟)』 가운데 "先生自少經學其淵源有自來矣. 以野隱耒隱兩先生爲師表
以龜齊草屋菅齊諸先生爲師友(出野隱文集)." 野야는 야(埜)가 옳음.

46) 조천관(朝天冠) : 조정(朝廷)에서 임금을 뵈올 때 쓰는 갓.

47) 폐양립(蔽陽笠) : 패랑이로서 천한 사람이나 부모상 등에 쓰는 대쪽으로 만든 갓의 한 종류.

48) 망복(罔僕): 신하 노릇을 하지 않음.

었는가?[深入於山耕者誰知, 夷齊彼何人 曾于西山餓斃]"라고 말하고 관대(冠帶)를 풀어 걸고 패랭이를 쓰고 망국(亡國)의 신하(臣下)를 자처(自處)하고서, 광덕산(廣德山)에 골짜기로 들어갔다가 고려가 망하고 조선이 건국되자 개성(開城) 광덕산에 들어가 자정(自靖)[49]하다가 조선 태조가 우상(右相) 좌상(左相)으로 두터이 대접하여 불러도 받지 않고 가족을 거느리고 남쪽으로 달아나 선산(善山) 가정산(檟亭山) 아래에 숨어 살았다. 조선 태조는 조영무(趙英茂)에게 명하여 가서 달래게 하였으나 나오지 않으니 또 예조판서(禮曹判書) 김약수(金若水)에게 명하여 와서 돈독(敦篤)히 깨우치며 이르기를, "만일 오지 않으면 집안이 망할 것이다"고 하거늘 부득이 농민의 옷차림으로 들어가 왕을 뵈니 왕이 손목을 잡고 이르기를, "나의 벗이 왔는가? 본지 오래구려! 그대의 머리는 희지 않았네. 나와 함께 과방(科榜)에 올라 길이 조정(朝廷)에 출입하였으니 그 정(情)이 형제와 같으며, 적장(敵將) 아지발도(阿只拔都)를 정벌할 때 한 몸이 되어 공(功)을 이루었으니 어찌 그 인연을 돌아보지 않으리오?" 하니 선생이 대답하기를, "충신은 두 임금을 섬기지 않고, 열녀는 지아비를 고치지 않거늘 내가 마땅히 남을 속이겠습니까?" 하니, 좌우의 신하들이 죽이고자 하거늘 왕이 제지하며 이르기를, "옛날 주(周)나라 무왕(武王)은 이제(夷齊)를 죽이지 않았고, 한(漢)나라 무제(武帝)는 엄자릉(嚴子陵)을 벗으로 대우하였기에 후세에 어진 임금이라 칭송하였다. 지금 어찌 충현(忠賢)의 선비를 해하겠는가?" 하며 공전(公田) 9백결(結)을 하사하였지만 받지 않았다.[50] 결국 절해고도(絶海孤島)인 벽란진(碧

---

49) 자정(自靖) : 자기의 뜻을 세워 남에게 흔들림을 보이지 않고 행동함.

50) 성인록(成仁錄) : 목판본. 1책 20장. 규장각도서. 조선 중기의 문신·학자 윤두수(尹斗壽 : 1533~1601)

瀾津)에서 배로 홍주(洪州) 어청도(於靑島)로 들어가 자취를 감추었으니 그의 말년(末年)은 아무도 모른다. 시호(諡號)는 문혜(文惠)이다. 『松都不朝峴七十二賢言志錄(송도부조현칠십이현언지록)』[51]에 기재된 명단에 의하면 조의생(曺義生)·임선미(林先味)·고천상(高天祥)·전귀생(田貴生)·이숭인(李崇仁)·이맹운(李孟芸)·류순(柳珣)·전조생(田祖生)·이반계(李攀桂)·구홍(具鴻)·우현보(禹玄寶) 등 20인(人)은 각각 자신의 뜻을 밝혔고, 나머지 52인(人)은 그저 그 뜻을 따른 것으로 되어 있다.

16대손인 간재(艮齋) 전우(田愚)가 간행한 『삼은합고(三隱合稿)』에 「뇌은선생실기(耒隱先生實紀)」와 시(詩) 2수(首)와 부록에 제서기술(諸書記述)·가장(家狀) 등이 수록되어 있고, 『松京誌(송경지)』에 의하면 전귀생과 함께 절의(節義)를 지킨 여말(麗末) 유신(儒臣)들로는 길재(吉再), 민보문(閔普文), 채귀하(蔡貴河), 구홍(具鴻), 이맹예(李孟藝), 박담(朴湛), 김충한(金沖漢), 민안부(閔安富), 박문수(朴門壽), 조창(趙狷) 등이 있다고 한다.

담양전씨(潭陽田氏) 가문에서는 삼형제가 성품이 곧고 결백해 두 임금을 섬기지 않은 충신(忠臣)으로 알려졌고, 학식과 덕망(德望)이 높아 사람들로부터 존경을 받았고, 이들을 은(殷)나라 삼인(三仁)[52]으로 추존했다. 이들은 고려가 망하자 두 임금을 섬기지 않는다 하여

가 원(元)나라에 저항하다 처형된 송(宋)나라의 충신 문천상(文天祥)과 고려 말의 충신 정몽주(鄭夢周)의 충절을 기리기 위하여 쓴 책.

51) 『松都不朝峴七十二賢言志錄(송도부조현칠십이현언지록)』: 불분권(不分卷) 1책. 필사본. 저자 및 간행 연대 등은 자세하지 않으며, 일명 언지록이라 한다. 규장각 도서에 있다. 고려가 망하고 조선이 개국되었을 때 고려의 유신(儒臣) 72인(人)이 절의를 지켜 은둔 생활을 하면서 조선 왕조에서 벼슬하지 않은 내용을 기록한 책.

52) 삼인(三仁) : 은(殷) 나라 말기에 활동했던 미자(微子)·기자(箕子)·비간(比干) 등의 세 사람을 합하여 부르는 말.

두문동(杜門洞)에 들어가 수절(守節)하여 두문동 3현(賢)이라 불린다.

배위(配位)는 기계윤씨(杞溪尹氏)이니 기계군(杞溪君) 화걸(華傑)의 따님으로 아들 하나를 두었으니 이름은 한(漢)이요 벼슬은 중낭장(中郎將)이며 손(孫)은 무(畝)이니 소윤(小尹)이다.

1740년(영조 16)에 영조(英祖)가 송도(松都)로 행차(行次)하여 두문동칠십이현(杜門洞七十二賢)[53]의 단(壇)을 세워주었으며, 그중 한 사람으로 제사를 지냈으며, 자손을 등용하였다.

경북 울진(蔚珍)군 죽변읍(竹邊邑) 봉평리(鳳坪里) 경문사(景文祠)와 반정재(泮亭齋)와 전북 옥구(沃溝)군 옥구읍 오곡리(五谷里)의 삼양사(三陽祠)와 치동서원(淄東書院) 그리고 개성(開城) 두문동서원(杜門洞書院)에 모셔 있다. 충청남도 홍성(洪城)군 구항(龜項)면 내현(內峴)리 273-1번지에 있는 구산사(龜山祠)는 담양전씨(潭陽田氏)의 삼은(三隱)으로 불리는 야은(埜隱) 전녹생(田祿生), 뇌은(耒隱) 전귀생(田貴生), 경은(耕隱) 전조생(田租生) 삼형제의 위패를 모시고 있는 사당으로 매년 음력 10월 1일에 제향하고 있다.

3) 류관(柳寬) 선조(先祖)의 스승[師傅]
목은(牧隱) 이색(李穡)
1328(충숙왕 15)~1396(태조 5)

고려 말기의 학자·문인(文人)·문신(文臣). 본관은 한산(韓山). 자(字)는 영숙(潁叔), 호(號)는 목은(牧隱). 삼은(三隱)의 한 사람이다. 찬

---

53) 두문동 72현(賢) : 고려가 멸망하고 조선이 건국되자 끝까지 출사(出仕)하지 않고 충절을 지킨 고려의 유신(儒臣) 72인(人).

성사 곡(穀)의 아들로 이제현(李齊賢)의 문인(門人)이다. 1341년(충혜왕 복위 2)에 진사(進士)가 되고, 1348년(충목왕 4) 원(元)나라에 가서 국자감(國子監)의 생원(生員)이 되어 성리학을 연구하였다. 1351년(충정왕 3) 아버지의 상(喪)을 당하여 귀국, 1352년(공민왕 1) 전제(田制)의 개혁, 국방계획, 교육의 진흥, 불교의 억제 등 당면한 여러 정책의 시정개혁에 관한 건의문(建議文)을 올렸다. 1353년 향시(鄕試)와 정동행성(征東行省)의 향시(鄕試)에 1등(장원)으로 급제하였고 1354년 서장관(書狀官)이 되어 원나라에 가서 제과(制科)의 회시(會試)에 1등, 전시(殿試)에 2등(차석)으로 급제, 원나라에서 응봉 한림문자 승사랑동지제고 겸 국사원편수관(鷹峯翰林文字承事郎同知制誥兼國史院編修官)을 지내고 귀국하여 전리정랑 겸 사관 편수관지제교 겸 예문응교(典理正郎兼史館編修官知製敎兼藝文應敎)·중서사인(中書舍人) 등을 역임하였다. 이듬해 원나라에 가서 한림원(翰林院)에 등용되었으며 1356년 귀국하여 이부시랑 한림직학사 겸 사관편수관 지제교 겸 병부낭중(史部侍郎翰林直學士兼史館編修官知製敎兼兵部郎中)이 되어 인사행정을 주관하고 개혁을 건의하여 정방(政房)을 폐지하게 하였다. 1357년 우간의대부(右諫議大夫)가 되어 유학에 의거한 삼년상(三年喪)제도를 건의, 시행하도록 하였다. 이어 추밀원우부승선(樞密院右副承宣)·지공부사(知工部事)·지예부사(知禮部事) 등을 지내고, 1361년 홍건적(紅巾賊)의 침입으로 왕이 남행(南行)할 때 호종(扈從)하여 1등공신이 되었다. 그 뒤 좌승선(左承宣)·지병부사(知兵部事)·우대언(右代言)·지군부사사(知軍簿司事)·동지춘추관사(同知春秋館事)·보문각(寶文閣)과 예문관(藝文舘)의 대제학(大提學) 및 판개성부사(判開城府事) 등을 지냈다.

1367년 대사성이 되어 국학(國學)의 중영(重營)과 더불어 성균관(成均舘)의 학칙(學則)을 새로 제정하고 김구용(金九容)·정몽주(鄭夢周)·이숭인(李崇仁) 등을 학관으로 채용하여 신유학54)의 보급과 성리학의 발전에 공헌하였다. 1373년 한산군(韓山君)에 봉하여 이듬해 예문관대제학(藝文舘大提學)·지춘추관사 겸 성균관대사성(知春秋舘事兼成均舘大司成)에 임명되었으나 병으로 사퇴하였다. 1375년(우왕 1) 왕의 요청으로 다시 벼슬에 나아가 정당문학(政堂文學)·판삼사사(判三司事)를 역임하였고 1377년에 추충보절동덕찬화공신(推忠保節同德贊化功臣)의 호를 받고 우왕의 사부(師傅)가 되었다. 1388년 철령위문제(鐵嶺衛問題)가 일어나자 화평(和平)을 주장하였다. 1389년(공양왕 1) 위화도회군(威化島回軍)으로 우왕(禑王)이 강화(江華)로 쫓겨나자 조민수(曺敏修)와 함께 창왕(昌王)을 옹립(擁立), 즉위(卽位)하게 하고, 판문하부사(判門下府事)가 되어 명(明)나라에 사신으로 가서 창왕의 입조(入朝)와 명(明)나라의 고려(高麗)에 대한 감국(監國)을 주청하여 이성계(李成桂) 일파의 세력을 억제하려 하였다. 이해에 이성계 일파가 세력을 잡게 되자 오사충(吳思忠)의 상소로 장단(長湍)에 유배(流配), 이듬해 함창(咸昌)으로 이배(移配)되었다가 이초(彝初)의 옥(獄)에 연루되어 청주(淸州)의 옥(獄)에 갇혔으나 수재(水災)로 함창에 안치(安置)되었다. 1391년(공양왕 3)에 석방되어 한산부원군(韓山府院君)에 봉하여졌으나 1392년 정몽주가 피살되자 이에 관련하여 금주(衿州)55)로 추방되었다가 여흥(驪興)56)·장흥(長

---

54) 신유학(新儒學) : 주자학(朱子學)·정주학(程朱學)·성리학(性理學)의 이칭(異稱).
55) 금주(衿州) : 현재 서울시 금천구(衿川區) 시흥(始興).
56) 여흥(驪興) : 현재 경기도(京畿道) 여주(驪州).

興) 등지로 유배된 뒤 석방되었다. 조선 개국 후 인재를 아낀 태조(太祖)가 1395년(태조 4)에 한산백(韓山伯)에 책봉되었으나 사양(辭讓), 이성계의 출사(出仕) 종용이 있었으나 끝내 고사(固辭)하고 이듬해 여강(驪江)으로 가던 도중에 죽었다. 그는 원(元)·명(明) 교체기에 있어서 천명(天命)이 명나라로 돌아갔다고 보고 친명정책을 지지하였고 고려(高麗) 말(末) 신유학의 수용과 척불론(斥佛論)의 대두 상황에서 유교의 입장에서 불교를 이해하고자 하였다. 즉, 불교를 하나의 역사적 소산으로 보고 유·불의 융합을 통한 태조 왕건(王建) 때의 중흥을 주장하였으며, 불교의 폐단시정을 목적으로 하는 척불론을 강조하였다. 따라서 도첩제(度牒制)를 실시하여 승려의 수를 제한하는 등 억불정책에 의한 점진적 개혁에 의하여 불교폐단 방지를 이루고자 하였다. 정방(政房) 폐지(廢止), 3년상을 제도화하고, 김구용(金九容)·정몽주(鄭夢周) 등과 강론(講論), 성리학 발전에 공헌하였다. 위화도회군(威化島回軍) 후 창(昌)을 즉위시켜 이성계(李成桂)를 억제하려 하였다. 한편 세상이 다스려지는 것과 혼란스러워지는 것을 성인(聖人)의 출현 여부로 판단하는 인간중심, 즉 성인·호걸 중심의 존왕주의적(尊王主義約)인 유교역사관을 가지고 역사서술에 임하였다. 아울러 권근(權近)·김종직(金宗直)·변계량(卞季良) 등을 그의 문하에서 배출하여 조선성리학의 주류(主流)를 이루게 하였다. 그는 스승 이제현(李齊賢)과 쌍벽(雙璧)을 이루는 대문장가(大文章家)였다. "문장이 우유유여(優遊有餘)[57]하고, 혼후무애(渾厚無涯)[58]하며 변화무쌍하면서도 인의(仁義)에 근본을 두었다"는 평(評)을 얻었다. 그의

---

57) 우유유여(優遊有餘) : 넉넉하여 여유가 있음.
58) 혼후무애(渾厚無涯) : 합하여 두텁고 가[涯]가 없음.

문학은 조선 중엽까지 200여 년간의 문풍(文風)을 지배하였고, 그리고 그의 문학에 대한 그 시기 문인들의 존경이 대단해서 동국(東國) 문장의 으뜸으로 삼기도 했다. 그러나 김택영(金澤榮)은 그의 글이 어록체(語錄體)가 끼어들어 진실한 고문(古文)이 못 되며, 한문학 사상 오랫동안 병폐(病弊)를 끼쳤다고 비평(批評)한 바 있다. 시(詩)에 있어서도 34권이나 되는 많은 양(量)의 시를 남기고 있다. 그 소재 면에서도 인사(人事)·풍물(風物)·자연에 걸쳐 매우 광범위하고, 특히 어떤 상황에서 느낀 감정, 시사적(時事的)인 것, 민생(民生)에 관한 것까지 취급하고 있다. 그리고 그의 시적 특징은 정지상(鄭知常)이 염일(艶逸)한 데 비하여 웅호(雄豪)하다. 정지상의 작품 <송인(送人)>과 그의 작품 <부벽루>는 꾸밈이 없으면서도 힘찬 기운이 넘치는 작품이다. 장단의 임강서원(臨江書院), 청주의 신항서원(莘巷書院), 한산의 문헌서원(文獻書院), 영해(寧海)의 단산서원(丹山書院) 등에서 제향을 한다. 시호는 문정(文靖)이다. 저서에 『목은문고(牧隱文藁)』와 『목은시고(牧隱詩藁)』 등이 있다. 『청구영언(靑丘永言)』에 다음 시조 한 수가 전한다.

"백설(白雪)의 자진 골에 구루미 머흐레라, 반가온 매화(梅流) 어 곳에 픠엿고, 석양에 홀로 셔 이셔 갈 곳 몰라 노라."

『목은집(牧隱集)』[59] 안의 구나행(驅儺行)[60]은 백미(白眉)로 높이

---

59)『목은집(牧隱集)』: 고려 말에서 조선 초기까지의 학자·정치가인 이색(李穡)의 시문집. 55권 24 책. 목판본.

60) 구나행(驅儺行): 칠언 고시(七言古詩). 『목은집(牧隱集)』 권21에 수록되어 있다. 당시 의식(儀式)으로 행해진 구나행위(驅儺行爲)를 보고 지은 작품.

평가(評價)된다. 이색목은영당(李穡牧隱影堂)[61]과 경북 영덕군 영해면 괴시리 생가지 목은관 앞에 목은 이색(李穡)의 백옥동상이 있다.

4) 야은(埜隱) 전녹생(田祿生) 문하(門下)에서 동문(同門) 수학(受學)한 분들

○ 김잠(金潛)

계축(癸丑)[62] 정동시(征東試)로서 중종(中宗) 때 과거가 생겨 지극히 영명(靈明)하여 빛났으며, 자은도(慈恩島)에서 배가 부서져 엄사(渰死)[63]하다.

○ 이행(李行)

자(字) 주도(周道)이고 호(號)는 기우자(騎牛子)로 본관이 여주(驪州), 임자(壬子)년(1432)에 졸(卒)하니 82세였다. 벼슬은 예문관(藝文館) 대제학(大提學)에 이르고, 시호(諡號)는 문절(文節), 문장(文章)으로서 일컫다. 태재(泰齋) 류방선(柳方善) 상시(上詩) 가로되, "少日才名機入洛(소일재명기입락),[64] 晚年身世李歸盤(만년신세이귀반),[65] 젊

---

61) 목은이색영당 : 충청북도 청주시 상당구 주성동. 목은(牧隱) 이색(李穡)의 영정(影幀)을 봉안(奉安)한 사당(祠堂)으로 1710년에 창건, 1979년에 중건(重建)됐었다. 현재 영당은 1987년 보수(補修)된 것으로 홑처마 맞배지붕 목조기와 건물이다.

62) 계축(癸丑) : 고려 충선왕 5년(1313).

63) 엄사(渰死) : [명사] 물에 빠져 죽음. [같은 말] 익사(溺死).

64) 機入洛(기입락) : 육기(陸機)가 서울(낙양)에 들어옴으로 봄. 진(晉)나라의 저명한 문학가인 육기(陸機)가 아우 육운(陸雲)과 함께 낙양(洛陽)에 들어가서[入洛] 사공(司空)으로 있던 장화(張華)를 찾아가자, 장화가 한 번 보고는 기특하게 여겨 오래 사귄 사람처럼 예우하며 제공(諸公)에게 천거했던 고사(故事)가 전한다. 출처 : 『三國志』 <吳書> 陸遜傳, 陸抗 註.

65) 李歸盤(이귀반) : '이원(李愿)이 반곡(盤谷)에 들어가 은거함'으로 봄. 한유(韓愈)의 <送李愿歸盤谷序(송이원귀반곡서)>에 나오는, 친구인 이원(李愿) 태항산(太行山) 남쪽 반곡(盤谷)에 은거하러 들어간 것에 비유(比喩).

은 시절 뛰어난 재주와 명성(名聲)은 육기(陸機)가 서울[낙양(洛陽)]
에 듦[입락(入洛)]이요[명성(名聲)이 자자(藉藉)함], 만년의 신세(身
世)는 이원(李愿)이 반곡(盤谷)에 돌아감이네[은거(隱居)하였네].” 문
집이 있어 세상에 돌아다닌다. 아들 적(逖)은 제학(提學)을 지냈다.

○ 윤취(尹就)

본관은 파평(坡平), 벼슬은 지밀직사사(知密直司事)·집현전(集賢
殿) 대제학(大提學)에 이르고, 아들 교(校)는 부사(府使)를 지냈다.

○ 장지도(張志道)

본관은 지례(知禮), 벼슬은 지의주사(知宜州事) 벼슬을 사직하고
향리(鄕里)로 돌아갔다. 자제(子弟)를 가르치기를 게으르지 않았다.
윤은보(尹殷保)·서척(徐陟)이 스승으로 섬겼다.

○ 남재(南在)

자(字)는 경지(敬之), 호(號) 구정(龜亭), 초명(初名)은 겸(謙). 조선
태조(太祖)께서 잠저(潛邸)에 있을 때 오래전부터 사귀어 온 친구. 벼
슬은 개국공신(開國功臣) 의정부(議政府) 영의정(領議政)에 이르고,
의령부원군(宜寧府院君). 시호(諡號)는 충경(忠景), 태조(太祖) 묘정
(廟廷)에 배향(配享), 11대손 학명(鶴鳴)이 비로소 유고(遺稿)를 찬집
(纂輯)하여 집에 소장하였다. 아들 경문(景文)은 병조(兵曹) 의랑(議
郞)을 지냈다.

○ 정목(鄭穆)

신우(辛禑) 병진(丙辰)(1376) 문하성(門下省) 사인(舍人)으로 이인임(李仁任)을 탄핵(彈劾)하여 제거(除去)하다.

○ 이백유(李伯由)

초명(初名)은 재(才), 벼슬은 개국공신(開國功臣)으로 병조(兵曹) 전서(典書), 완성군(完城君), 시호(諡號) 양후(良厚), 목은(牧隱) 이공(李公) 시(詩)에 이르기를, "完山李氏名伯由(완산이씨명백유), 父子孝情有餘裕(부자효정유여유) 전주이씨(全州李氏)에 이름은 백유(伯由), 부자(父子)의 효성(孝誠)의 뜻은 여유(餘裕)가 있네" 하였다.

○ 김약채(金若采)

본관은 광주(光州), 벼슬은 도관찰사(都觀察使)에 이르고, 성품이 강개(慷慨)하여 강어(强禦)를 두려워하지 않았다. 일찍 간의대부(諫議大夫)가 되고 임견미(林堅味)·염흥방(廉興邦)을 꺾었다. 조반(趙胖)을 사면(赦免)하였고, 골경(骨鯁)66)의 바람이 있었다. 아들 문(問)은 검열(檢閱)을 지냈다.

○ 류관(柳寬)

자(字)는 경부(敬夫), 호(號)는 하정(夏亭), 초명(初名)은 관(觀), 본관은 문화(文化), 조선 태조(太祖)가 한양(漢陽)에 도읍(都邑)을 정하는 것을 도왔고, 보상(輔相)67) 30년에 졸(卒)하자 세종(世宗)께서 곡

---

66) 골경(骨鯁) : 짐승과 물고기의 뼈.

67) 보상(輔相): [명사] 대신을 거느리며 임금을 도와 나라를 다스림. 또는 그런 사람.

(哭)하고 저자[市場]를 그만두게 하셨다. 벼슬은 의정부(議政府) 좌의
정(左議政)68)에 이르고, 시호(諡號)는 문간(文簡), 청백(淸白)으로서
알려지다. 가르침을 게을리하지 않았다. 학도(學徒)가 심히 성(盛)하
였다. 문집(文集)이 세상에 발행되다. 아들 맹문(孟聞)·계문(季聞) 모
두 판서(判書)이다.

○ 김약항(金若恒)

김약채(金若采)의 아우이다. 벼슬은 광산군(光山君)에 이르고, 공
(公)이 고려 왕조(王朝)의 집의(執義)가 되고 태조(太祖)가 개국(開國)
할 초기(初期) 때 추대(推戴)한 신하이다. 건의(建議)의 모략에 유혹
(誘惑)이 있었으나 공(公)이 수절(守節)하고 불응(不應), 뒤에 찬성사
(贊成事)를 증(贈)하고 그 자손을 기록하다.

○ 김진양(金震陽)

호(號)는 초옥자(草屋子), 일찍 정동(征東) 향시(鄕試)에 적중하여
상시(常侍)를 역임하였으며, 임신(壬申)년69)에 이도은(李陶隱)70) 등
많은 사람을 폐(廢)하게 하다. 문(文)이 『東文選(동문선)』에 실려 있다.

○ 염정수(廉廷秀)

자(字)는 민망(民望), 호(號)는 훤정(萱庭), 곡성부원군(曲城府院君)
제신(悌臣)의 아들. 동정(東亭) 염흥방(廉興邦)의 아우. 벼슬은 우문관

---

68) 우의정(右議政)이 옳다.

69) 임신(壬申)년 : 서기 1392년. 조선(朝鮮) 태조(太祖) 등극(登極)년.

70) 이도은(李陶隱) : 이숭인(李崇仁).

(右文舘) 대제학(大提學). 문집이 있어 세상에 돌아다님.

○ 조서(曹庶)

본관은 인산(仁山), 일찍 사신(使臣)을 받들고 대명(大明)에 들어갔
다. 금치(金齒)에 유(流)하고, 뒤에 환국(還國)하여 벼슬이 예조(禮曹)
참의(參議)에 이르고, 시(詩)가『東文選(동문선)』에 실려 있다.

○ 유창(劉敞)

초명(初名)은 경(敬), 본관은 강릉(江陵), 계축(癸丑)(1433)년에 졸
(卒)하다. 벼슬은 개국공신(開國功臣), 옥천부원군(玉川府院君), 시호
(諡號)는 문희(文僖).

○ 허응(許應)

어느 곳에는 응(膺)으로 실려 있다. 본관은 양천(陽川), 벼슬은 사
헌부(司憲府) 대사헌(大司憲)에 이르고, 시호(諡號)는 경혜(景惠).

5) 절동해래사(浙東偕來使)

절동성(浙東省) 뗏목 타고 만리(萬里)를 함께 온 사신(使臣).

○ 호약해(胡若海)

공민왕(恭愍王) 계묘(癸卯)(1363)에 선생(先生)이 절동(浙東)에 수
학(修學) 초빙(招聘) 갑진(甲辰)(1364)년에 비로소 명주(明州)로 돌아
왔다. 사도방국(司徒方國)에서 보배로운 공(公)을 파견(派遣)하여 함

께하였다. 을사(乙巳)(1365)년 완수하고 돌아갔다. 한때 모든 현인(賢人)인 익재(益齋) 이공(李公)·포은(圃隱) 정공(鄭公)·원공(元公) 송수(松壽), 이공(李公) 존오(存吾)·정공(鄭公) 도전(道傳) 모두 시(詩)를 보냈다. 즉, 공(公)이 대개 또한 사신을 어질게 받들었다.

『埜隱逸稿(야은일고)』 卷6 434~435쪽을 한글로 번역(飜譯)하여 인용(引用)함.

6) 목은(牧隱) 이색(李穡)의 문하(門下)에서 동문(同門) 수학(受学)한 분들

이색(李穡) 문생(門生)[71]

이름	과거 합격 연대	주요관직	전거(典據)	비고(備考)/ 생몰년
윤소종 (尹紹宗)	공민왕 14년	좌상시(左常侍), 예의(禮儀) 판서(判書) 〈조(朝)〉 병조(兵曹) 전서(典書), 동지춘추관사(同知春秋館事)	『太祖實錄(태조실록)』권(卷)4, 태조(太祖) 2년 9월 졸기(卒記)	공양왕(恭讓王) 원년 대사성(大司成)/ 1345(충목왕 1)~ 1393(태조 2)
하륜 (河崙)	공민왕 14년	성균관(成均館) 대사성(大司成), 전리판서(典理判書), 동지밀직사사(同知密直司事)	『太宗實錄(태종실록)』 권 32, 태종(太宗) 16년 11월 졸기(卒記)	조선 초기 여러 차례 지공거(知貢擧)/ 1347(충목왕 3)~1416 (태종 16)
노숭 (盧嵩)	공민왕 14년	대사헌(大司憲), 지밀직사사(知密直司事) 〈조(朝)〉지의정부사(知議政府事), 참찬의정부사(㕘贊議政府事)	『太宗實錄(태종실록)』 권 28, 태종(太宗) 14년 8월 갑진(甲辰)	우왕(禑王) 때 간관(諫官)으로 이름을 떨침/ 1337(충숙왕 복위 6) ~1414(태종 14)
맹희도 (孟希道)	공민왕 14년	어사대부(御史大夫), 수문전(修文殿) 제학(提學), 한성(漢城) 좌윤(左尹)	『陽村集(양촌집)』 권 17, 증맹선생시권서(贈孟先生詩卷序)	맹사성(孟思誠) 부(父)/ ?~?

71) 『牧隱 李穡의 學問과 學脈』, 申千湜(신천식) 著(저), 모두 495쪽, 一潮閣(일조각), 1998年 4月 30日 第1版 1刷 發行, 196쪽에서 인용.

조호 (趙瑚)	공민왕 14년	밀직사(密直使), 〈조(朝)〉 예 문관(藝文館) 대제학(大提學), 참찬의정부사(參贊議政府事)	『高麗史(고려사)』 및 『朝鮮王朝實錄 (조선왕조실록)』	조선 건국 후 강회백 (姜淮伯)·이숭인(李崇 仁) 등 고려의 옛 신하 들과 결당(結黨)을 모 의한 결당모란(結黨謀 亂)의 죄로 직첩을 빼 앗기고 유배(流配)/ 미상~1410년(태종 10)
이첨 (李詹)	공민왕 17년	사헌부(司憲府) 집의(執義), 성균관(成均館) 대사성(大司 成), 지신사(知申事), 〈조(朝)〉 이조(吏曹) 전서(典書), 지의 정부사(知議政府事)	『雙梅堂先生文集 (쌍매당선생문집)』 연보(年譜)	공양왕 때 성균관(成均 館) 대사성(大司成)/ 1345(충목왕 1)~ 1405(태종 5)
류백유 (柳伯濡)	공민왕 18년	좌헌납(左獻納), 판내부시 사(判內府寺事), 판전의시 사(判典儀寺事)	『高麗史(고려사)』 권 45, 공양왕(恭 讓王) 3년 7월	류백순(柳伯珣)의 형(兄)/ 생몰년 미상
권근 (權近)	공민왕 18년	성균관(成均館) 대사성(大司 成), 예의(禮儀) 판서(判書), 밀 직부사(密直副使), 지신사(知 申事), 〈조(朝)〉 사헌부(司憲 府) 대사헌(大司憲), 의정부 (議政府) 찬성(贊成)	『太宗實錄(태종실 록)』 권 17, 태종 (太宗) 9년 2월 졸 기(卒記)	고려(高麗)와 조선(朝 鮮) 초기에 대사성(大 司成)과 고시관(考試官) 역임 1352년(공민왕 1)~ 1409년(태종 9)
장덕양 (張德良)	공민왕 18년	평양윤(平壤尹), 한성(漢城) 판윤(判尹), 〈조(朝)〉 성균 관(成均館) 대사성(大司成)	『遁村集(둔촌집)』 권2, 送漢陽府尹張 德良(송한양장부윤 덕양)	조선 초기에 성균관(成 均館) 대사성(大司成)과 고시관(考試官)을 역임/ 생몰년 미상
서견 (徐甄)	공민왕 18년	사헌부(司憲府) 장령(掌令)	『高麗史(고려사)』 권 46, 공양왕(恭 讓王) 3년 12월	여러 간관들이 함께 조준, 정도전, 남은의 죄상을 밝히었는데, 정 몽주가 죽임을 당하게 되자 일당으로 지목되 어 귀양을 갔음/ 생몰년 미상
박분 (朴賁)	공민왕 18년	상산사록(商山司錄), 〈조(朝)〉 검교(檢校) 공조(工曹) 참의 (參議), 성균관(成均館) 사성 (司成) 상산(商山) : 지금의 상주 (尙州)	『太宗實錄(태종실 록)』 권 26, 태종 (太宗) 13년 10월 甲子(갑자) 『冶隱集年譜(야은 집연보)』	길재(吉再)의 은사(恩師) 박분(朴賁)의 아문(衙 門)에 나아가서 『논어 (論語)』와 『맹자(孟子)』 를 사사(師事) 받음/ 미상~1417년(태종 17)
강은 (姜隱)	공민왕 18년	사헌부(司憲府) 장령(掌令), 밀직부사(密直副使)	『牧隱文藁(목은문 고)』 권 10, 지현설 (之顯說)	조선 건국 후 벼슬을 주어도 나서서 하지 아 니함.

이지 (李至)	공민왕 18년	한성윤(漢城尹), 상의(商議) 밀직(密直) 제학(提學), 〈조 (朝)〉 대사헌(大司憲), 판한 성부사(判漢城府事)	『高麗史(고려사)』 및 『朝鮮王朝實錄 (조선왕조실록)』	고려 말기 성균관(成均 館) 대사성(大司成)
배중륜 (裵仲倫)	공민왕 18년	전리총랑(典理摠郎), 〈조(朝)〉 호조(戶曹) 전서(典書)	『世宗實錄(세종실 록)』 권 28, 世宗 7 년 4월 己未(기미)	조선 건국 후 벼슬을 주어도 나서서 하지 아 니함. 정종(定宗) 때 벼슬살 이를 함.
김약채 (金若采)	공민왕 20년	사헌부(司憲府) 대사헌(大司 憲), 충청도관찰사 1400년(정종 2) 문하부좌 산기(門下府左散騎)로 있을 때에는 훈친(勳親)들에게 사 병을 허여하는 제도를 없애 고, 병권을 모두 중앙에 집 중시키자고 역설하여 단행함.	金若采壇庭碑銘(김 약채단정비명)	김약항(金若恒)의 형(兄)/ 생몰년 미상
조서 (曹庶)	공민왕 20년	부윤(府尹) 〈조(朝)〉 예조 (禮曹) 참판(叅判) 태조 때 『洪範大全(홍범대 전)』을 써 올려 나라의 규 범을 바로잡고, 태종 때 왕 명으로 명(明)나라에 가서 명제(明帝)로부터 도해배 (桃亥盃)를 하사받음.	『太宗實錄(태종실 록)』 권 6, 태종(太 宗) 3년 8월 壬申 (임신)	1398년(태조 7) 명나라 에 사신으로 가서 황제 를 만나서 공물(供物) 을 줄여줄 것을 요청하 였다가 참소를 당해 수 년간 금치국(金齒國)에 유배됨.
조견 (趙狷)	공민왕 20년	영남안렴사(嶺南安廉使), 감문위(監門衛) 상장군(上 將軍) 〈조(朝)〉 충청도도절 제사 겸 수군도절제사, 판 우군도총제부사(判右軍都 摠制府事)	『世宗實錄(세종실 록)』 권 28, 세종 (世宗) 7년 5월 壬 申(임신)	조선 개국공신/ 1351년(충정왕 3)~ 1425년(세종 7)

『儒家淵源錄(유가연원록)』 4-2 牧隱 李穡(1328~1396) 門人, 983~984쪽.

이름	과거합격연대	주요관직	전거(典據)	비고(備考)
문래 (文萊)		증(贈) 좌찬성(左贊成)		문익점(文益漸)의 손자 간의대부(諫議大夫) 중 실(中實)의 아들
문평 (文苹)		덕(德)을 숨기고 벼슬 을 주어도 나서서 하 지 아니함.		문익점(文益漸)의 손자 문하시중(門下侍中) 중 진(中晉)의 아들
박은 (朴訔)	공민왕 11년 (1362)	〈조(朝)〉 검교(檢校) 참 찬(參贊), 우의정 겸 수 문전대제학, 좌의정 겸 이조판서		초명(初名) 실(實) 선생(先生)의 생질 (甥姪)
박상도 (朴尙度)				
백의 (白誼)		간의대부(諫議大夫, 정4품), 병마절제사(兵 馬節制使, 정3품)		
변계량 (卞季良)	1385년 문과급제	예문관(藝文館) 응교 (應敎), 수문전(修文殿) 제학(提學), 의정부(議 政府) 참찬(參贊), 대 제학(大提學)	『고려사』, 『춘정 집(春亭集)』, 『태 종실록』,『화산별 곡(花山別曲)』	【저서·작품】『政府 相規說(정부상규설)』, 『國朝寶鑑(국조보감)』, 『春亭集(춘정집)』,〈華 山別曲(화산별곡)〉, 〈太行太上王謚册文(태 행태상왕시책문)〉,〈文 廟碑文(문묘비문)〉, 〈樂天亭記(낙천정기)〉, 〈獻陵志文(헌릉지문)〉, 『太祖實錄(태조실록)』, 『高麗史(고려사)』
원천석 (元天錫)		국자감(國子監) 진사 (進士)	원주(原州) 칠봉서 원(七峯書院) 배향 (配享)	1330년(고려 충숙왕 17)〜?
이명성 (李明誠)		감찰어사(監察御使), 적성감무(積城監務)	1490년(성종 21) 충 절사(忠節祠; 충청 남도 공주시 월송 동 명탄서원이라고 도 함)에 이명덕과 함께 배향	조선이 건국한 뒤 절개 를 지켜 출사하지 않은 두문동 72현(賢)의 한 사람/ ?〜?

성명	과거합격 연대	주요관직	전거(典據)	비고 (備考)
진계백 (秦季伯)		공민왕 때 찬성사(고려 문하부의 정2품 부총리급)를 역임	신돈(辛旽)을 축출한 후에도 권신 간 알력이 심하여 관직을 사임하고 제주도에 들어와 애월에 은거하였다. 그러나 2년 후인 공민왕 23년(1374) 7월에 목호의 난이 일어나 8월에 최영(崔瑩)이 이를 토벌하였다. 이때 최영이 진계백에게 귀경을 권유하였으나 국정의 혼란과 불의가 만연함을 한탄하면서 그대로 남으니 이가 제주의 진씨(秦氏) 입도조(入道祖)임.	제주도 신우면 납읍리를 비롯하여 애월면 한림읍 등지에 집중 세거함.
최용수 (崔龍壽)			호(號) 괴정(槐亭)	
최원도 (崔元道)	충목왕 3년(1347)에 문과에 급제	공민왕 때 대사간 (大司諫)	『담양삼강록』, 둔촌 이집(1314~1387)의 『遁村雜詠(둔촌잡영)』, 『慵齋叢話(용재총화)』	
이의 (李誼)		감사(監司) 사헌부(司憲府) 대사헌(大司憲)	『安東權氏成化譜』19쪽, 『文化柳氏嘉靖譜』308쪽, 532쪽	
이종학 (李種學)	1376년(우왕 2) 문과에 동진사로 급제	장흥고사(長興庫使), 밀직사지신사(密直司知申事), 우대언(右代言), 첨서밀직사사(簽書密直司事), 동지공거(同知貢擧)	『麟齋遺稿(인재유고)』『高麗史(고려사)』 『高麗史節要(고려사절요)』 『太祖實錄(태조실록)』 하륜(河崙)의 『浩亭集(호정집)』	선생의 둘째 아들/ 1361(공민왕 10)~1392 (태조 1)

---

72) 『전고대방(典故大方)』: 조선 말기의 학자 강효석(姜斆錫)이 단군(檀君)에서 시작하여 한국 역대 인물에 대한 전거(典據)를 밝힌 일종의 인명사전으로 우리나라 고대로부터 근세에 이르는 각종의 참고자료를 수집하여 편찬, 간행한 책. [내용] 4권 1책. 활자본. 1924년에 한양서원(漢陽書院)에서 간행되었다.

〈함께 등과(登科)한 사람들〉

고려 공민왕(恭愍王) 20년(1371)의 신해방(辛亥榜) 문과 목록
전체 합격자 비율(11.57%)

인명	자(字)	호(號)	생몰년	본관	합격등급
김잠 (金潛)			? ~ ?	미상 (未詳)	을과(乙科) 1[장원(壯元)]위
오의 (吳毅)			? ~ ?	미상 (未詳)	을과(乙科) 2위
박원소 (朴元素)			? ~ ?	미상 (未詳)	을과(乙科) 3위
김도 (金道)			? ~ ?	미상 (未詳)	병과(丙科) 1위
박하 (朴遐)			? ~ ?	미상 (未詳)	병과(丙科) 2위
김백영 (金伯英)			? ~ ?	경산 (慶山)	병과(丙科) 3위
민조 (閔玼)			? ~ ?	미상 (未詳)	병과(丙科) 4위
이행 (李行)	주도 (周道)	기우자 (騎牛子)	1352 ~ 1432	여주 (驪州)	병과(丙科) 5위
윤취 (尹就)	정순 (正順)		? ~ ?	파평 (坡平)	병과(丙科) 6위
이유 (李濡)			? ~ ?	미상 (未詳)	병과(丙科) 7위
조견 (趙狷)			? ~ ?	평양 (平壤)	병과(丙科) 8위
이성절 (李成節)			? ~ ?	미상 (未詳)	동진사(同進士) 1위
장지도 (張志道)			? ~ ?	지례 (知禮)	동진사(同進士) 2위
최윤번 (崔允藩)			? ~ ?	미상 (未詳)	동진사(同進士) 3위
김경업 (金敬業)			? ~ ?	미상 (未詳)	동진사(同進士) 4위
정목 (鄭穆)			? ~ ?	동래 (東萊)	동진사(同進士) 5위

남겸 (南謙)	경지 (敬之)	구정 (龜亭)	1351 ~ ?	의령 (宜寧)	동진사(同進士) 6위
이재 (李才)			? ~ ?	전주 (全州)	동진사(同進士) 7위
김약채 (金若采)			? ~ ?	광산 (光山)	동진사(同進士) 8위
류관 (柳觀)	경부 (敬夫)	하정 (夏亭)	1346 ~ 1433	문화 (文化)	동진사(同進士) 9위
김약항 (金若恒)			? ~ ?	광산 (光山)	동진사(同進士) 10위
왕강 (王康)			? ~ ?	개성 (開城)	동진사(同進士) 11위
김진양 (金震陽)	자정 (子靜)	초옥자 (草屋子)	? ~ ?	경주 (慶州)	동진사(同進士) 12위
염정수 (廉廷秀)	민망 (民望)	훤정 (萱庭)	? ~ ?	곡성 (曲城)	동진사(同進士) 13위
정사오 (鄭思吾)			? ~ ?	미상 (未詳)	동진사(同進士) 14위
조서 (曹庶)			? ~ ?	자산 (慈山)	동진사(同進士) 15위
유경 (劉敬)			? ~ ?	강릉 (江陵)	동진사(同進士) 16위
박문뢰 (朴文賚)			? ~ ?	미상 (未詳)	동진사(同進士) 17위
허응 (許應)			? ~ ?	양천 (陽川)	동진사(同進士) 18위
전빈 (全賓)			? ~ ?	정선 (旌善)	동진사(同進士) 19위
문익부 (文益孚)			? ~ ?	단성 (丹城)	동진사(同進士) 20위
안치중 (安致中)			? ~ ?	미상 (未詳)	동진사(同進士) 21위
최식 (崔寔)			? ~ ?	경주 (慶州)	동진사(同進士) 22위

3. 벼슬길에 나아가다

공민왕 20년(1371)에 전시(殿試)에 급제하여 초직(初職)으로 비서성(秘書省) 교감(校勘)에 제수(除授)되고, 공민왕 21년(1372) 27세에 상서(尙書) 주부(主簿)를 역임(歷任)하고, 공민왕 22년(1373)에 춘추관(春秋舘)의 검열(檢閱)에서 12월에 수찬(修撰)·공봉(供奉)을 역임하였고, 공민왕 23년(1374) 29세에 예문관(藝文舘)에 공봉(供奉)을 이어서 역임하고, 우왕(禑王) 원년(元年) 30세에 북부령(北部令) 겸(兼) 성균관(成均舘) 진덕박사(進德博士)를 역임하다가 11월에 선무랑(宣武郞) 전객시승(典客寺丞)을 역임하고, 우왕 2년(1376)에 31세에 예의랑(禮儀郞)으로 10월에 비어대(緋魚袋)를 내려받았다. 우왕 3년(1377) 32세에 판도사(版圖司) 좌랑(佐郞)을 역임하고, 우왕 4년(1378) 33세에 전보도감(典寶都監) 판관(判官)으로 자금어대(紫金魚袋)를 내려받았다. 우왕 6년(1380) 35세에 통직랑(通直郞) 전의시승(典儀寺丞)을 역임하고 우왕 7년 36세에 예의정랑(禮儀正郞)을 역임하고, 우왕 8년(1381) 37세에 전리정랑(典理正郞)을 역임하고, 우왕 9년(1382) 38세에 봉선대부(奉善大夫) 소부(少府) 소윤(少尹)을 역임, 우왕 11년(1385) 40세에 전교부령(典校副令)을 역임하고, 우왕 13년(1387) 42세에 외직(外職)인 중현대부(中顯大夫) 지봉주사(知鳳州事)(봉산군수)가 되어 청렴(淸廉)으로 백성을 다스려 풍성(豐盛)한 치적(治績)을 남긴 후 임기(任期)를 마치고 내직(內職)으로 올 때 모든 백성들의 칭송(稱頌)을 받으며 아쉬움 속에 임지(任地)를 떠났다.

창왕(昌王) 원년(元年) 44세에 봉상대부(奉常大夫) 성균관(成均舘)

사예(司藝) 보문각(寶文閣) 직제학(直提學)을 역임하다.

공양왕(恭讓王) 원년(1390) 45세에 전농부정(典農副正) 겸(兼) 성균관(成均舘) 직강(直講)을 거쳐 지제교(知製敎)를 역임하고, 공양왕 2년(1391) 46세에 전농정(典農正) 겸(兼) 경력사(經歷司) 경력(經歷)을 역임하였다.

4. 군민(郡民)을 위한 봉산군수

서기 1387년(고려 우왕 13년) 42세에 황해도(黃海道) 봉산(鳳山) 군수(郡守)로 발령(發令)이 나서 근무하게 되었다.

배고픈 사람에게 먹을 것을 걱정하는 한편, 농사철을 피하여 그가 처음으로 시작한 일은 개울 곳곳에 보(洑)를 막는 것이었다.

"하늘에서 비가 내리기만 기다리지 말고, 스스로 가물 때를 위하여 물을 모아 두어야 할 것이다."

류관은 이방(吏房)·호방(戶房)·예방(禮房)·병방(兵房)·공방(工房) 등과 함께 직접 마을을 돌아다니며 농부들이 보(洑) 막는 일에 참여하도록 하였다.

처음에는 고을 사람들이 귀찮아하였다. 하늘에서 내리는 비만 믿고 농사를 짓는 것으로 알고 살던 그들에게 보를 막아 물을 모은다는 것은 꿈에도 생각하여 보지 않았기 때문이다.

"보를 막자는 건 여러분을 조금이라도 더 잘살게 하기 위하여서 입니다." 류관은 보(洑)의 필요성을 농민들에게 자세히 설명하여 주었다. 그의 자세한 설명을 듣고서야 농민들은 알았다는 듯이 고개를 끄덕였다.

"사또 어른은 굶주린 백성들을 친형제처럼 보살펴주신 분이 아닌가."

농부들은 너도나도 지게에 삽과 팽이, 그리고 삼태기를 지고 보막이 하는 곳으로 갔다. 봉산 고을에 있는 개울 여기저기에 보가 막아졌다. 보에는 얼마 가지 않아 물이 가득 고이였다.

보리·밀·마늘 수확을 마치고 모내기를 할 때가 되었다. 날씨가 몹시 가물었다. 이웃 고을에 사는 농부들은 물이 없어서 모를 심지 못하면 또 흉년이 든다는 것은 누구나 잘 알고 있어서 근심걱정이 이만저만 아니었다. 그러나 봉산(鳳山) 고을은 달랐다. 보에 물이 가득하였기 때문에 별다른 걱정 없이 모내기를 할 수 있었다.

"모두가 현명(賢明)하신 사또 어른 덕택(德澤)이야."

새로 부임(赴任)한 사또를 침이 마르고 숨이 차도록 칭찬을 아끼지 않았다.

가을이 되자, 봉산 고을 농부들은 풍년가(豐年歌)를 부르며 춤을 덩실덩실 추었다.

겨울이 지나고 이른 봄이 찾아왔다. 류관은 이번에는 농부들로 하여금 산에 나무를 심도록 하였다.

"나무를 베기만 해서는 안 됩니다. 산에 나무가 많아야 가뭄과 홍수가 들지 않는 법이오. 나무를 한 그루를 베면 반드시 한 그루씩 묘목(苗木)을 심도록 하시오."

류관의 말을 듣자, 농부들은 산에 나무 심는 일에 앞을 다투어 나섰다. 노인과 부녀자는 물론이고 어린 아이들까지 데리고 산에다가 묘목(苗木)을 심었다.

이제는 누가 억지로 시키는 것이 아니라 사또가 말하면 나머지 일은 백성들이 알아서 척척 하였다.

류관은 여기서 그치지 않았다. 길을 넓히고, 다리를 놓게 하였다. 산기슭 곡식을 심을 만한 곳은 밭도 일구고 논도 만들게 하였다. 날이 갈수록 봉산고을에 사는 사람들의 생활은 조금씩 나아지기 시작하였다.

고을 백성들은 류관이 언제까지나 자기들 곁에 있기를 바랐다. 그러나 벼슬아치란 한곳에 오래 있을 수가 없었다.

<table>
<tr><td>

수령칠사(守令七事)

수령의 업무수행을 국가가 잘 관리할 수 있도록 하고 수령의 임무와 평가방식을 정하여 그 역할을 강화하기 위하여 만들어졌다. 1375년(고려 우왕 1) 원나라의 제도를 본떠 전야벽(田野闢), 부역균(賦役均), 호구증(戶口增), 도적식(盜賊息), 사송간(詞訟簡) 등의 수령5사를 정하였다. 이 규정은 관찰사가 항목별로 수령의 실적을 평가하는 방식으로 조선 초기까지 사용되어 오다가 1406년(태종 6)에 7사로 항목이 늘어났다.

7사의 내용은 빈민과 노약자를 구호하는 존심인서(存心仁恕), 비용절약에 관한 행기염근(行己廉謹), 명령의 준행과 전파상황을 보는 봉행조령(奉行條令), 제언과 식목을 관리하고 농사를 장려하는 권과농상(勸課農桑), 교육에 관계된 수명학교(修明學校), 공부(貢賦)와 군역(軍役)에 관한 부역균평(賦役均平), 노비소송을 비롯한 잡송처리에 관한 결송명윤(決訟明允) 등이다.

이 규정은 1483년(성종 14)에 다시 바뀌었는데, 그 내용은 농상성(農桑盛), 호구증(戶口增), 학교흥(學校興), 군정수(軍政修), 부역균(賦役均), 사송간(詞訟簡), 간활식(奸猾息)으로 『경국대전』〈이전(吏典)〉 고과조(考課條)에 실려 있다. 수령7사는 수령의 근무성적을 가늠하는 평가기준이었으나 15세기 말 무렵부터 관찰사의 조사가 형식적이 되면서 본래의 의미를 잃게 되었다.

</td></tr>
</table>

마침내 류관도 나라의 명(命)에 따라 성균관(成均館) 사예(司藝)로 부임하기 위하여 봉산 고을을 떠날 때가 되었다.

"사또, 사또께서 가시면 저희들은 누굴 의지하고 살아야 합니까?"

소식을 들은 많은 군민(郡民)들이 찾아와 떠나려는 류관의 옷소매를 붙잡고 매달렸다.

"자, 여러분! 내 말을 잘 들으시오. 내가 잘하여서가 아니라, 여러분이 부지런히 일하고 이웃과 힘을 합쳐서 일을 하였기 때문에 살기가 좀 나아진 것뿐이오. 앞으로도 더욱 부지런히 일하며, 덕(德)으로 이웃을 사랑하고, 노인이나 질병이 있는 사람들이나 형편이 어려운 사람을 서로 돕는다면 여러분은 지금보다 훨씬 잘 살 수가 있을 것입니다. 부디 건강들 하시오.”

떠나는 류관이나 보내는 고을 사람들이나 모두 눈가에 이슬이 맺혔다.

고을 사람들은 떠나는 류관을 바라보며 발길을 돌릴 줄 몰랐다. 벼슬자리에 오른 뒤, 처음으로 외직(外職)인 봉산고을을 맡아 다스리다 나라의 명령을 받고 떠나는 류관 역시 걸음이 무겁기는 마찬가지였다.

조선시대 수령이 지방을 통치함에 있어서 힘써야 할 일곱 가지 사항. 『경국대전(經國大典)』〈이전(吏典)〉 고과조(考課條)에 제시한 수령(守令)의 역할(役割)은
① 농상성(農桑盛)—농업과 양잠(養蠶)을 장려(獎勵)한다(농업장려).
② 호구증(戶口增)—민생안정으로 후구를 늘린다(호구의 확보).
③ 학교흥(學校興)—교육을 장려한다(교육의 진흥).
④ 군정수(軍政修)—군역을 바르게 부과한다(군정의 안정).
⑤ 부역균(賦役均)—부역을 고르게 부과한다(부역의 균등).
⑥ 사송간(詞訟簡)—소송은 제대로 빨리 처리한다(소송의 간결).
⑦ 간활식(奸猾息)—아전 등의 부정과 횡포를 없앤다(치안 확보).

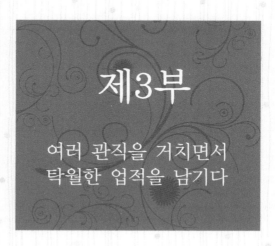

제3부

여러 관직을 거치면서
탁월한 업적을 남기다

제1절 하정(夏亭)의 관직생활

1. 관직(官職) 약사(略史)

하정은 58년 동안 대부분을 관직생활로 보냈다. 81세로 의정부 우의정을 치사(致仕)할 할까지 58년간을 역임하였다. 조선시대 들어와 그가 개국공신(開國功臣)이 됨으로써 지위와 명예를 보장받을 수 있었다. 그동안 여러 가지 문제로 오해를 받아 좌천(左遷), 귀양 등 파란을 겪기도 하였다. 여기서는 그의 과거 합격과 관직에의 진퇴를 누구나 알아보기 쉽게 일람표(一覽表)를 만들어 참조하게 하였다.

왕조	나이	관직	사건
고려 공민왕 18년	24		성균시(成均試)에 합격
공민왕 20년	26	비서성(秘書省) 교감(校勘)(정9품)	전시(殿試)에 급제
공민왕 21년	27	상서(尚書) 주부(主簿)(종6품)	
공민왕 22년	28	춘추관 검열(정9품), 12월에 수찬(修撰)(정7품)·공봉(供奉)(정7품)	
공민왕 23년	29	예문관 공봉(정7품)	
우왕 원년	30	북부령 겸 진덕박사(정8품), 11월에 선무랑 전객시승(종6품)	
우왕 2년	31	예의(禮儀) 총랑(摠郎)(정5품)	10월 비어대(緋魚袋)를 받음.
우왕 3년	32	판도도감(版圖都監) 좌랑(佐郎)(정6품)	
우왕 4년	33	전보도감 판관(종5품)	자금어대(紫金魚袋)를 받음.
우왕 6년	35	통직랑 전의시승(典儀寺丞)(종6품)	
우왕 7년	36	예의정랑(禮儀正郎)(정6품)	
우왕 8년	37	전리정랑(典理正郎)(정6품)	
우왕 9년	38	봉선대부(奉善大夫) 소부(少府) 소감(少監)	
우왕 11년	40	전교부령(典校副令)	

우왕 13년	42	중현대부(中顯大夫) 지봉주사(知鳳州事)	청렴으로 군민을 다스려 풍성(豊盛)한 치적으로 군민의 칭송을 받음.
창왕 원년	44	봉상대부(奉常大夫) 성균관(成均館) 사예(司藝), 보문각(寶文閣) 직제학(直提學)	
공양왕 2년	45	전농부정(典農副正) 겸 성균관 직강(直講)	지제교(知製敎)로서 6월 문과고시관이 되어 이조(李慥) 등 33인을 선발
공양왕 3년	46	전농정(典農正) 겸 경력사(經歷司) 경력(經歷)	
조선 태조 원년	47	봉정대부(奉正大夫) 내사사인(內史舍人) 지제교(知製敎)	개국원종훈(開國原從勳)에 책록, 사개국원종공신사전(賜開國原從功臣謝箋), 『대학연의(大學演義)』를 진강(進講)
태조 2년	48	병조(兵曹) 의랑(議郎), 지제교, 세자우필선(世子右弼善)	
태조 3년	49	중훈대부(中訓大夫) 사헌부(司憲府) 중승(中丞)	논무악정도소(論母岳定都疏)
태조 5년	51	판교서(判校書)	문과고시관(文科考試官)으로 김익정(金益精) 등 33명을 선발
태조 6년	52	통정대부(通政大夫) 성균관(成均館) 대사성(大司成) 세자우보덕(世子右輔德) 겸(兼) 예문관(藝文館)·춘추관(春秋館) 편수관(編修官), 좌산기상시(左散騎常侍), 보문각(寶文閣) 직제학(直提學)	간관(諫官)으로서 대소신료들의 3년상(喪) 실시를 건의
태조 7년	53	가선대부(嘉善大夫) 형조전서(刑曹典書) 겸(兼) 보문각(寶文閣) 직제학(直提學), 경연시강관(經筵侍講官)	청물허기복소(請勿許起復疏)가 있음. 청휼형소(請恤刑疏)가 있음. ① 엄정한 법의 집행 ② 중죄인이 돈을 내고 속죄(贖罪)받는 제도 개선 ③ 유능한 관리가 법을 담당할 것 등을 상언(上言) 12월 29일 사건처리 7가지 실수로 양천사(良賤事)로 사헌부(司憲府)의 탄핵(彈劾)을 받아 형조전서에서 파직을 당함.

정종 원년	54	이조전서(吏曹典書), 집현전(集賢殿) 직학사(直學士), 경연시강관(經筵侍講官) 5월에 중추원부사(中樞院副使), 도평의사사(都評議司使), 보문각(寶文閣) 학사(學士), 지경연사(知經筵事)	조례상정도감(條例詳定都監)의 판사(判事)
정종 2년	55	가정대부(嘉靖大夫) 2월 13일에 강원도(江原道) 도관찰사(都觀察使)	
태종 원년	56	2월 15일에 사헌부(司憲府) 대사헌(大司憲) 7월 13일 승녕부윤(承寧府尹)	윤(閏) 3월 22일에 사태승도파오교양종소(沙汰僧徒罷五敎兩宗疏)를 올려, 불교를 이론적으로 비판하고 오교(五敎)·양종(兩宗)을 혁파할 것을 건의 4월 19일에 청행포폐소(請行布幣疏) 관(官)에서 사용하는 저화(楮貨)를 폐지하고 민간에서 널리 사용하고 있는 베[布]를 유통하여 백성들을 위한 경제정책을 건의하였고, 또한 베의 규격을 통일함으로써 가격의 혼란을 막을 것을 건의 5월 10일에 동악(動樂) 연음(宴飮) 등을 금하는 등 국가의 예제(禮制) 질서를 조선조적인 것, 홍무체제(洪武體制)로 바로 잡을 것을 건의 청제탄일조하소(請除誕日朝賀疏)가 있음. 가뭄[旱魃]이 심함. 상서(上書)하여 음악을 폐하고 죄수(罪囚)들을 잘 다스리며, 궁핍(窮乏)한 사람들을 진휼(賑恤)할 것을 건의(建議) 7월 8일에 문하부(門下府) 탄핵(彈劾)으로 파직(罷職)
태종 3년	58	5월 4일에 가선대부(嘉善大夫) 계림부윤(鷄林府尹)	12월 11일에 국가(國家) 중대사(重大事) 곧 변란(變亂)을 즉시 보고(報告)하지 않은 죄(罪)로 고향인 문화(文化)로 귀양.

태종 5년	60	7월 8일에 전라도(全羅道) 도관찰사(都觀察使)	
태종 6년	61	윤(閏) 7월 13일에 예문관(藝文館) 대제학(大提學), 지경연(知經筵), 춘추관사(春秋館事), 세자좌부빈객(世子左副賓客) 8월 11일에 판공안부사(判恭安府事) 8월 19일에 세자빈객(世子賓客) 해임(解任), 9월 26일에 세자좌부빈객(世子左副賓客)	10월 8일에 우군(右軍) 총제(摠制) 성석인(成石因)과 하정사(賀正使)로 명(明)나라에 감.
태종 7년	63	6월 13일 형조판서(刑曹判書)로 6월 21일에 판공안부사(判恭安府事)	4월 15일 귀국
태종 8년	63	예문관(藝文館) 대제학(大提學), 개성부부유후(開城府副留後) 뒤에 개성사유후(開城司留後)	
태종 9년	64	3월 22일에 병서습독제조(兵書習讀提調) 8월 25일에 지춘추관사(知春秋館事)	하륜(河崙) 등과 『태조실록(太祖實錄)』을 편찬하면서 그 편목(編目)과 시기(時期) 등을 논함.
태종 11년	66	예문관(藝文館) 대제학(大提學)	
태종 14년	69	2월 25일 사헌부(司憲府) 대사헌(大司憲), 5월 19일에 변정도감(辨正都監) 제조(提調)	청징유처취처소(請懲有妻娶妻疏) 및 청병주현인리(請并州縣人吏)와 청분선교이종소(請分禪教二宗疏)가 있음. 양처(兩妻), 삼처(三妻) 등 다처제(多妻制)의 폐단(弊端), 가족제(家族制) 상속제(相續制) 등을 유교적 예제(禮制)에 맞도록 정비할 것을 건의 ① 임내(任內)의 정비 등 지방제도의 개편 ② 분열된 불교의 종문(宗門)을 줄일 것, 승과(僧科) 시행(施行)의 개선책 등을 건의
태종 15년	70	5월 17일에 의정부(議政府) 참찬(參贊), 11월 7일에 검교(檢校) 의정부(議政府) 찬성(贊成)	
태종 18년	73	6월 5일에 예문관(藝文館) 대제학(大提學), 세자좌빈객(世子左賓客) 8월 11일에 예문관(藝文館) 대제학(大提學), 지경연사(知經筵事)	

세종 1년	74	12월 7일에 판중군도총제부사(判中軍都摠制府事)	예문관(藝文館) 대제학(大提學)으로 문과(文科) 고시관(考試官)으로 조상치(曺尙治) 등 33명을 선발(選拔)함. 4월 12일에 의정부(議政府) 찬성사(贊成事) 9월 20일에 의정부 참찬 변계량(卞季良)과 『고려사(高麗史)』 개수(改修)에 착수(着手)
세종 3년	76	예문관(藝文館) 대제학(大提學) 겸 지춘추관사(知春秋館事)	『고려사(高麗史)』를 개수(改修)하면서 ·역사란 것이 만세(萬世)의 귀감(龜鑑)·이라는 역사의식을 확고히 함. 예문관(藝文館) 대제학(大提學)으로 1월 19일에 궤장(几杖)을 하사(下賜)받고 1월 23일에 감사의 글을 올림. 지춘추관사(知春秋館事)로 1월 30일에 변계량과 함께 『고려사(高麗史)』를 교정하여 헌상(獻上)함.
세종 4년	77	10월 28일에 의정부(議政府) 찬성사(贊成事)	
세종 5년	78	3월 15일 예문관 대제학 12월 29일에 지춘추관사(知春秋館事)	12월 29일에 지춘추관사(知春秋館事)로 동지춘추관사(同知春秋館事) 윤회(尹淮)와 『고려사(高麗史)』 개수(改修)에 착수(着手)함.
세종 6년	79	의정부(議政府) 찬성(贊成), 6월 20일에 의정부(議政府) 우의정(右議政)	의정부 찬성으로 5월 12일에 사직(辭職)을 청(請)하는 글을 올렸으나 윤허하지 않음. 6월 20일에 우의정(右議政)에 오름. 8월 11일에 윤회(尹淮)와 『고려사(高麗史)』를 교정하여 올림. 11월 9일에 초구(貂裘 : 담비의 가죽으로 만든 옷) 한 벌을 내려받음.

세종 7년	80	의정부(議政府) 우의정(右議政)	좌의정(左議政) 이원(李原), 그리고 호조판서(戶曹判書) 안순(安純)의 집에 모여 풍악(風樂)을 잡히며 술을 마셔 가뭄으로 근심하는 중(中)에 지각(知覺) 있는 사람들의 비웃음을 삼. 7월 9일에 가뭄[旱災]이 발생하고 노쇠(老衰)하다는 이유로 사직(辭職) 청(請)하는 글을 올렸으나, 윤허하지 않음 7월 11일에 안장(鞍裝)을 갖춘 말 1필(疋)을 받음. 8월 25일에 족손(族孫) 이익박(李益朴)의 직첩(職牒)을 돌려주기를 청하여 윤허하심. 9월 27일에 사헌부(司憲府)에서 계(啓)하였으나 ·본디 성품이 깨끗하고 검소하여 벌이를 구하는 일이 없었고, 구사(丘史)는 3번으로 나누어 교대로 거느리고 다녔으므로· 임금이 듣고 곧 묻지 말도록 명(命)함.
세종 8년	81	의정부(議政府) 우의정(右議政) 치사(致仕)	1월 15일에 81세로 우의정(右議政)에 치사(致仕)시키고 조연(趙涓)을 임명(任命)하고, 1월 18일에 임금께서 봉급을 제4과(종2품의 녹봉)를 이조(吏曹)와 호조(戶曹)에 명함. 4월 13일에 셋째아들 계문(季聞)이 충청도 관찰사로 임명됨에, 이름이 혼동하기 쉬우므로 계청(啓請)에 의하여 관(寬)으로 고침. 치사(致仕)하고도 관록(官祿)을 받는 것을 부끄럽게 여겨 매달 1회씩 조정에 나가 정책을 건의할 수 있도록 청함 10월 8일 노루 한 마리를 내려받음.

세종 9년	82		영돈녕(領敦寧)으로 치사(致仕)한 권홍(權弘)과 함께 매월 초하룻날에 문안(問安)할 수 있게 해달라는 글을 올림.
세종 10년	83		2월 13일에 진(鎭)의 북위(北衛) 각품(各品)과 대장(隊長)·대부(隊副)를 더 설치(設置)할 것을 아룀. 6월 14일에 문화현(文化縣) 구월산(九月山)에 있는 삼성사(三聖祠) 의혹(疑惑)을 없애주기를 상서(上書)함.
세종 11년	85		8월 24일에 3월 3일 삼짇날과 9월 9일 중양절(重陽節)을 영절(令節)로 정하여 즐겁게 놀게 할 것을 상소함. 9월 11일에 술과 풍악(風樂)을 내려주신 것에 감사의 글을 올림.
세종 14년	87		9월 30일에 노루 한 마리를 하사(下賜)받음. 직(職)에 충실하지 못하여 환수(還收)된 셋째아들의 직첩(職牒)을 돌려주기를 청함.
세종 15년	88	문간(文簡)	1월 19일에 중국 및 고례(古禮)에 따라 나이 들어 치사(致仕)한 원로(元老)들을 위하여 기영회(耆英會)를 만들 것을 요청하였으나 대신(大臣) 및 왕의 반대로 무산(霧散)됨. 5월 7일에 서거(逝去)하니 3일 동안 조회(朝會)와 저재市場)를 정지하고 치조(致弔)하고 관(官)에서 장사(葬事)를 다스림 시호(諡號)는 문간(文簡)이라 하였는데, 학문을 부지런히 하고 묻기를 좋아하는 것을 문(文)이라 하였고, 덕(德)을 한결같이 닦고 게을리하지 않는 것이 간(簡)이다. 7월 12일에 사관(史官)이 졸기(卒記)를 써 평소 청렴한 생활과 올바른 관직생활을 높이 평가하고 사제(賜祭)함.

			4월 15일 상정소(詳定所)에 명령하여 부의(賻儀)함. 호조(戶曹)에 전지(傳旨)하여 추급(追給)함.
세종 17년			

2. 관직자(官職者)로서의 의식(意識)과 실천방향

류관은 26세에 비서성(秘書省) 교감(校勘)으로서 관직에 취임한 후 1433년(세종 15) 원임대신으로 88세에 죽을 때까지 58여 년간 공직생활을 하였다. 그간 청요직(淸要職)과 의정부 우의정 등 고관을 역임하면서 다방면에 걸쳐 활동하였다. 위의 관력을 중심으로 그의 활동상과 의식을 요약하면 다음과 같다.

① 유교적 예제(禮制) 질서를 정착시키는 데 노력하였다. 그는 유교경전 및 역사에 박통(博通)하였다. 이러한 유교적 지식을 통하여서 불교를 이론적으로 비판하거나 오교(五敎) 양종(兩宗)의 정비 등 이단에 대하여 철저히 배척하는 태도를 보였다. 반면 그는 대소신료들의 삼년상의 실시를 주장하는 등 모든 의례와 의식을 요약하면 다음과 같다.

절차에 『주자가례(朱子家禮)』의 적용을 주장하는 유교를 조기에 정착시키는 데 앞장섰다. 뿐만 아니라 처첩제(妻妾制)와 같은 가족제(家族制), 상속제(相續制)의 개편을 통하여 구시대적 요소를 제거하는 데 힘썼다. 요컨대 그는 여말선초(麗末鮮初)의 유불교체라는 과도기적 상황에서 사상의 혼란을 방지하고 유교이념으로 국론을 통일하는 데 앞장선 인물이었던 것이다.

② 법질서의 확립, 그리고 민생의 안정을 강조하고 실천하였다. 류

관의 관련한 법과 관계된 직책을 행한 것이 특히 많다. 그는 엄정한 법의 집행 그리고 돈으로 죄를 사(赦)하는 제도의 맹점 등을 신랄히 비판하고 유능한 인재가 법을 맡아 처리할 것을 주장하였다. 또한 그는 화폐수단으로서 민간에 널리 유통하는 포(布)를 관(官)에서도 공식화시켜 민생의 편안함을 도모하고자 하였으며, 베[布]의 규격을 통일함으로써 민생의 안정을 도모할 것을 주장하였다.

③ 역사(歷史)란 만세(萬世)의 귀감(龜鑑)이란 확고한 역사의식을 가지고 있었다. 예문관 대제학으로서 『고려사(高麗史)』개수(改修)에 참여하면서 춘추(春秋)에 따라 재이(災異) 등을 모두 기록하였다. 이 같은 태도는 그가 확고한 유학자 관료임을 표명한 것으로서 확고한 유교적 역사관을 가지고 있었음을 뜻한다.

제2절 정치활동 및 외교활동

1. 정치활동(政治活動)

　류관(柳觀)은 사헌부(司憲府) 대사헌(大司憲)을 역임하면서 두드러진 언론 활동을 전개(展開)하였다. 사헌부 관원에 임명되는 사람들은 바른 말과 곧은 기개를 자랑하면서도 재주와 식견이 있는 사람들이었다. 이는 언론활동을 중요시한 까닭이다. 더욱이 사헌부 수장인 대사헌은 그 명망(名望)이 사방(四方)의 의표(儀表)가 되고 백관(百官)을 바로잡으며 서무(庶務)를 진작(振作)시킬 수 있는 사람이어야 하였다.[73] 이와 같은 사람이라야 천하의 이해(利害), 백성의 휴척(休戚), 백관(百官) 폐치(廢置), 이속(吏屬)의 출척(黜陟)[74] 등을 감찰(監察)하여 국왕에게 핵문(劾文)하여 올릴 수 있기 때문이다. 역임하면서 류관이 다룬 사안(事案)은 대략 생전(生前) 143건(件)으로 『朝鮮王朝實錄(조선왕조실록)』에 나타나는데, 그 가운데 54건이 인사(人事)(37.7%)와 관련된 내용이며, 사법(司法)-법제(法制), 금융(金融)-화폐(貨幣), 윤리(倫理), 행정(行政)-지방행정(地方行政), 사상(思想) 그 외에 역사(歷史), 왕실(王室)의식(儀式), 풍속(風俗) 등이다. 왕실(王室)은 51건(件), 역사(歷史)는 23건(件), 정론(政論)은 17건(件), 사법(司法)은 19건(件), 행정(行政)은 11건(件), 외교 10건(件), 사상(思想)은 9건(件), 풍속(風俗)은 7건(件), 군사(軍事)는 6건, 과학(科學)은 5건

---

73) 최승희(崔承熙), 1976, 『朝鮮初期 言官・言論研究』, 서울대 韓國文化研究所 참조.
74) 출척(黜陟) : 못된 사람은 내쫓고 착한 사람을 뽑아 씀.

(件), 출판(出版)은 4건(件), 신분(身分)은 3건, 변란(變亂)은 3건, 재정(財政)이 3건, 어문학(語文學)은 3건, 농업(農業)은 2건, 금융(金融)은 2건, 교육(教育)은 2건, 윤리(倫理)는 2건, 의생활(衣生活)은 2건(件), 식생활(食生活)은 2건, 건설(建設)은 2건, 물가(物價)는 1건, 교통(交通)은 1건이다.

이것을 표(表)로 정리하면 다음과 같다.

연	월	일	상소(上疏) 내용	관직	구분
태조 4년			한양(漢陽)으로 수도(首都)를 정하자	사헌부 중승 (中丞)	왕실-행행(行幸) 사상-토속신앙 (土俗信仰)
태조 7년	4월	21일	형률의 적용이 엄정하게 시행되도록 하자	형조(刑曹) 전서(典書)	사법 (司法)
태조 7년	2월	1일	중신(重臣) 외에는 기복(起復)을 쉬 허락하지 말 것을 건의하다	간관(諫官)	인사 (人事)
태종 1년	3월	22일	승려의 수를 줄이고 오교(五教)·양종(兩宗)을 없앨 것을 건의하다	대사헌 (大司憲)	사상 (思想)
	4월	19일	포폐(布幣)의 통용을 건의하였으나, 허락하지 않다	대사헌 (大司憲)	금융 (金融)
	5월	10일	풍악(風樂)과 연음(宴飲)의 금지 등에 관한 상서(上書)의 글	대사헌 (大司憲)	사상 (思想)
태종 14년	6월	20일	선처(先妻)와 후처(後妻)의 자식들이 적자(嫡子)를 주장하는 문제의 판결기준을 정하다	대사헌 (大司憲)	윤리 (倫理)
	7월	4일	주(州) 임내(任內)의 본 고을에 병합(併合) 방안과 선종(禪宗)·교종(教宗)의 승려 선발 방법을 승인하다	대사헌 (大司憲)	행정(行政)- 사상(思想)
세종 2년	1월	29일	고을 수령은 백성을 사랑하여 각박한 짓을 하지 말 것을 건의하다	예문관 대제학 (大提學)	정론 (政論)

태종(太宗) 15년(1415) 6월 25일(경인)조(條)에 육조(六曹)에서 각사가 진언(陳言)한 내용 가운데 시행할 만한 사안(事案)을 33건(件)

올렸는데, 그 가운데 참찬(叅贊) 류관(柳觀)이 "경기(京畿)에는 각품
(各品)의 과전(科田)은, 빌건대 소재지 관사(官司)로 하여금 답험(踏
驗)하게 한 뒤에 조세(租稅)를 거두소서" 하였는데, 위 조항을 의논하
여 결론을 얻기를, "진언한 내용에 의하여 소재지 관사(官司)에 손실
(損失) 답험(踏驗)의 첩자(帖子)를 만들어주어, 전객(佃客)75)이 경작
한 전지(田地)의 손(損)이 10분(分)의 8에 이른 것은 조세의 수납을
면제하여, 민생(民生)을 후하게 하고, 공전(公田)도 또한 이 예(例)에
의하소서"76) 하였다.

전(箋)은 다음 표(表)로 정리하면 다음과 같다.

연	월	일	글[箋]의 내용	관직	구분
태조 3년	10월		개국원종훈(開國原從勳)을 내려주신 것에 대한 감사의 글	사헌부 중승 (中丞)	왕실(王室)– 사급(賜給)
세종 3년	1월	23일	궤장(几杖)을 하사(下賜)받은 것에 대한 감사의 글	예문관 대제학	왕실(王室)– 사급(賜給)
세종 6년	5월	12일	사직(辭職)을 청(請)하였지만, 윤허 (允許)하지 않음.	의정부 찬성	인사(人事)– 임면(任免)
세종 7년	7월	9일	가뭄으로 인하여 사직하기를 청(請) 하였으나, 윤허하지 않음.	의정부 우의정	인사(人事)– 임면(任免)

태종 1년 7월 8일(을미)조(條)에는 문하부(門下府) 탄핵(彈劾)으로
사헌부(司憲府) 대사헌(大司憲) 류관(柳觀)과 잡단(雜端)77) 김효손(金
孝孫)78) 등을 파직(罷職)하다. "처음에 류관 등이 좌습유(左拾遺)79)

---

75) 전객(佃客) : 토지에서 거두어들이는 조세수취권인 수조권(收租權)이 행사되던 토지의 소유자.

76) 태종 29권 15년 6월 25일 (경인) 2번째 기사 / 육조에서 각사가 진언한 내용 중 시행할 만한
사안 33건을 올리다. 국사편찬위원회.

77) 잡단(雜端) : 고려시대에 관리들의 규찰기관인 사헌대(司憲臺)에 속한 종5품 관직.

78) 김효손(金孝孫, 1373~1429) : 조선 전기의 문신이다. 원활한 해상 운송을 위해 충청도 태안(泰
安) 일대의 지형도(地形圖)를 작성하고, 별사전(別賜田) 지급의 중지를 건의하여 시행시키는 등

정안지(鄭安止)[80)가 환관(宦官)[81) 박문실(朴文實)[82)에게 왕명(王命)을 욕되게 하였다고 탄핵하였는데, 좌산기(左散騎) 류기(柳沂) 등이, 관가 김효손 등이 풍헌관(風憲官)[83)으로서 환자(宦者)가 간관(諫官)을 능욕(凌辱)하는 것을 보고도 대수롭지 않게 여기어 묻지도 않고, 도리어 정안지(鄭安止)를 탄핵한 까닭을 핵문(劾問)[84)하였기 때문에 파직한 것이다"라고 실려 있다.

상서(上書)는 다음 표(表)와 같다.

연	월	일	상서(上書)의 내용	관직	구분
세종 10년	6월	14일	단군(檀君)이 도읍한 곳을 찾아내어 의혹을 없애주기를 상서하여 청(請)함.	의정부 우의정 치사	역사–사상
세종 11년	8월	24일	3월 3일과 9월 9일을 영절(令節)로 정한 후 즐겁게 놀게 할 것을 상소함.	의정부 우의정 치사	풍속(風俗)
세종 11년	9월	11일	술과 풍악(風樂)을 내린 것에 감사하다는 글을 올림.	의정부 우의정 치사	왕실(王室)– 사급(賜給)
세종 15년	1월	19일	옛 제도(制度)에 의하여 기영회(耆英會)를 만들 것을 아룀.	의정부 우의정 치사	풍속(風俗)

2. 외교활동(外交活動)

외교적인 면에서도 활발한 활동을 전개하였다. 태종(太宗) 6년(서

많은 업적을 남겼다.

79) 좌습유(左拾遺) : 고려·조선시대의 관직. 고려시대는 내사문하성(內史門下省)에서 간쟁(諫諍)을 맡아보던 관직으로 목종 때 종5품의 낭사(郎舍)로, 정원은 1명이었다.

80) 정안지(鄭安止, ?~1421) : 조선 전기 문신(文臣).

81) 환관(宦官) : 거세(去勢)된 남자로서 궁중에서 벼슬을 하거나 유력자 밑에서 사역되던 자.

82) 박문실(朴文實) : 호군(護軍)과 승녕부(承寧府) 주부(主簿)를 지냄.

83) 풍헌관(風憲官) : 사헌부에 소속된 관리.

84) 핵문(劾問) : 죄상(罪狀)을 따져 물음.

기 1406) 10월 8일에는 예문관(藝文館) 대제학(大提學)·지경연(知經筵)·춘추관사(春秋舘事)·세자좌부빈객(世子左副賓客) 겸(兼) 판공안부사(判恭安府事)로 우군(右軍) 총제(摠制) 성석린(成石因)85)·안노생(安魯生)86)과 함께 명(明)나라에 신정(新正) 하례(賀禮)하기 위하여 하정사(賀正使)87)로 파견되어 경사(京師)88)에 이르러 영락(永樂) 황제(皇帝)로부터 합격(合格)이란 글이 새겨진 각대(角帶)를 받아 갖고 돌아왔다. 태종(太宗) 7년 4월 15일에 광연루(廣延樓)89)에 술자리를 베풀었는데, 노한(盧閈)90)은 장차 경사(京師)에 조회(朝會)하게 되므로, 특별히 위로한 것이다.91) 여기서 조선과 명나라와의 관계는 종속관계도 아니고 대등한 관계도 아니었다. 어떻든 세공(歲貢)이란 명목으로 금과 은을 보냈고, 이를 감당하기 어려워 태종 9년에는 토산

---

85) 성석인(成石因, ?~1414)(태종 14) : 고려 말 조선 초의 문신. 본관은 창녕(昌寧). 초명은 석인(石珚)이었으나 국왕의 휘(諱)를 피하여 석인(石因)으로 개명하였다. 자는 자유(自由), 호는 상곡(桑谷). 조선 개국 후 예조판서, 대제학, 강원도관찰사, 충청도관찰사, 우군총제, 대사헌, 우정승, 형조·호조의 판서 등을 지냈다.

86) 안노생(安魯生, ?~?) : 고려 말 조선 초의 문신. 본관 죽산. 호 춘곡(春谷), 문집으로 『이재집(頤齋集)』이 있다 하나 전하지 않다.

87) 정조사(正朝使) : 조선시대 신년 축하를 위해 중국으로 보낸 수석사신(首席使臣). 하정사(賀正使)라고도 한다. 해마다 3번씩 정기적으로 보내는 사신 중의 하나로서 2품 이상의 관원을 뽑아 보내는데, 동지(冬至)에 보내는 동지사(冬至使)가 동지와 정월이 가까운 관계로 정조사를 겸하였다. 구성인원은 부사(副使)·서장관(書狀官)·종사관(從事官)·통사(通事 : 통역)·감원(監員)·사자관(寫字官)·서원(書員)·압마관(押馬官) 등 수행원 40명을 거느리고 일정한 공물(貢物 : 朝貢)을 헌납, 그 대가로 회사품(回賜品)을 받았으며 베이징[北京]의 회동관(會同館)에 유숙하였다. 참고문헌 『대전회통(大典會通)』.

88) 경사(京師) : [명사] 같은 말 : 중국의 서울.

89) 광연루(廣延樓) : 1406인 태종 6년 4월에는 후원(後苑)에 광연루가 건립, 4월 2일(무오) 태종 17년 정유(1417) 광연루에 단청, 태조는 1408년 5월 24일 창덕궁 광연루 별전에서 74세로 승하(昇遐), 5월 18일(무인) 태종 11년 신묘(1411) 평양에 있는 태조의 진영을 모사하기 위해 광연루에 봉안하다.

90) 노한(盧閈, 1376~1443) : 본관(本貫)은 교하(交河). 자(字)는 유린(有隣). 호(號)는 효사당(孝思堂). 조선 전기의 문신. 좌부승지(左副承旨), 한성부윤(漢城府尹) 등의 벼슬을 지냈다. 처남 민무구(閔無咎) 형제의 사건에 연루되어 파직되었다가 무죄로 복직되어 대사헌, 우의정 등을 지냈다. 시호 공숙(恭肅).

91) 『朝鮮王朝實錄(조선왕조실록)』 태종 7년 4월 15일(기해)조(條) 참조(參照).

물을 보낸 후 받아주지 않았으며, 그 뒤 세종 11년에는 금·은 대신에 소나 말로서 공물(貢物)하며 그 이후에는 3년에 한번 조공(朝貢)하라고 하였으나 이쪽의 실리를 얻기 위하여 정기적으로 명나라에 사신을 보낸 것이다. 그런 가운데 정기적으로 보낸 사절(使節)은 건국(建國) 초부터 원단(元旦)에 보낸 정조사(正朝使), 명나라 황제의 탄신일에 보내는 성절사(聖節使), 황후(皇后)의 탄신일에 보내는 천추사(千秋使), 동지에 보내는 동지사(冬至使), 그리고 호의에 대한 인사로서 보내는 사은사(謝恩使), 통고(通告) 시(時)에 보내는 주청사(奏請使), 명(明)의 경사(慶事)에 보내는 진하사(進賀使) 등 사안(事案)에 따라서 사절의 명칭이 정하여져 있었고, 이러한 사절의 일행은 대체로 서사(書使-정사正使), 부사(副使) 등 40여 명이 포함되었다. 반대로 명나라에서 반조사(頒詔使) 등의 사절이 파견되면 조선에서는 2품 이상의 관원으로서 문명(文名)과 덕망을 갖춘 사람이 원접사(遠接使)로 의주(義州)에 파견되었는데, 초기에는 왕이 직접 문무백관(文武百官)을 거느리고 한양 서쪽에 나아가서 맞아들였을 만큼 명나라 사절을 정중하게, 정성을 다하여서 맞이하였다. 이러한 사절에 대한 부담은 더욱 높아졌으며 이에 따라 그들의 요구에 따라 처녀와 환관(宦官)을 보내기까지 하였다.

세종 6년(1424) 3월 22일에 영의정 류정현(柳廷顯)[92]·좌의정 이원(李原)[93]·판서   권진(權軫)[94]·조말생(趙末生)[95]·허조(許稠)[96]·이

---

92) 류정현(柳廷顯, 1355~1426) : 고려 말·조선 초의 문신. 본관(本貫)은 문화(文化). 자(字)는 여명(汝明). 호(號)는 월정(月亭). 공양왕 때 좌대언이 되었으나, 유배되었다가 조선이 건국되자 풀려나왔다. 1416년 좌의정을 거쳐 영의정에 올랐다. 세종 때에 중외구임법을 시행하여 좋은 성과를 올렸다. 1419년(세종 1) 쓰시마섬[對馬島] 정벌 때 삼군도통사로 활약하였다. 시호 정숙(貞肅).

93) 이원(李原, 1368~1429) : 본관은 고성(固城). 자 차산(次山). 호 용헌(容軒). 시호 양헌(襄憲). 고

지강(李之剛)97) · 참찬(參贊) 탁신(卓愼)98) · 참찬 목진공(睦進恭)99) · 이명덕(李明德)100) 등과 함께 당시 찬성(贊成)으로 상소(上疏)하기를, "권희달(權希達)101)이 중국에 사신으로 갔다가 돌아오는 노상에서 잔인(殘忍) 포학(暴虐)하고 탐오(貪汚) 무치(無恥)한 죄가 진실로 작지 아니하고, 진헌(進獻)하는 마필(馬匹)에 대하여 망령되게도 똥을 싣고 다니던 것이라 하였고, 또 명(明)나라 조정에서 팔뚝을 걷어붙이고 주먹을 쥐어 종관(從官)을 때리려 한 것과, 또 사연(賜宴) 때에

려 말 서법의 일가를 이룬 행촌(杏村) 이암(李嵒)의 손자이며 밀직부사 이강(李岡)의 아들이다. 매형인 양촌(陽村) 권근(權近)에게서 글을 배웠고 1415년 이조판서에 이어 대사헌 · 병조판서 · 의정부 참찬(參贊) · 찬성사를 거쳐 세종이 즉위하자 우의정에 발탁되었고 1422년(세종 4) 좌의정에 올랐으나 1426년 많은 노비를 불법으로 차지했다는 사헌부의 탄핵을 받고 여산(礪山)에 귀양가 병사하였다. 문집에『용헌집(容軒集)』,『철성연방집(鐵城聯芳集)』등이 있다. 1790년(정조 14)에 경상도 청도의 명계서원(明溪書院)에 배향되었다가 1836년(헌종 3)에 안동의 명호서원(明湖書院)으로 옮겨졌다.

94) 권진(權軫, 1357~1435) : 1357(공민왕 6)~1435(세종 17). 조선 전기의 문신. 본관 안동. 호 독수와(獨樹窩). 1431년 우의정에 올랐다가, 1433년에 치사(致仕)하였다. 시호 문경(文景).

95) 조말생(趙末生, 1370~1447) : 조선 초기의 문신이다. 본관은 양주(楊州)이고 자는 근초(謹初) · 평중(平仲), 호는 사곡(社谷) · 화산(華山)이다. 정몽주(鄭夢周)의 제자인 성리학자 조용(趙庸)의 문인(門人)으로 글씨에도 뛰어났다. 함길도관찰사로 부임해서는 여진족 방어에 힘썼고, 경상 · 전라 · 충청 3도의 도순문사로 나가서는 축성 사업을 벌였다. 시호는 문강(文剛)이다.

96) 허조(許稠, 1369~1439) : 본관은 하양(河陽)이다. 자는 중통(仲通)이고, 호는 경암(敬庵)이며, 시호는 문경(文敬)이다. 조선 초 신하로 태조 · 정종 · 태종 · 세종의 네 임금을 섬기며 법전을 편수하고 예악제도를 정비하였다. 청백리로 명망이 있었다.

97) 이지강(李之剛, 1363~1427) : 고려 말 · 조선 전기의 문신. 본관 광주(廣州). 자 중잠(仲潛). 우왕 때 문과에 급제, 조선 개국 후 문과 중시에 급제했다. 예조 우참의, 예문관 제학, 한성부윤을 거쳐, 판서 · 참판 · 의정부 참찬 겸 대사헌을 지냈다. 시호 문숙(文肅).

98) 탁신(卓愼, 1367~1426) : 고려 말 · 조선 초의 문신. 본관 광주(光州). 자 자기(子幾) · 겸부(謙夫) · 계부(係夫). 호 죽정(竹亭). 집의(執義)를 거쳐 전농시정(典農寺正) · 성균관사성(成均館司成) 등을 지냈고 이조참판 · 예문관제학 · 의정부참찬 등을 역임하였다. 시호 문정(文貞). 경학(經學)에 정통하였고 무예 · 음률(音律)에도 능하였다.

99) 목진공(睦進恭, ?~?) : 본관은 사천(泗川)이며, 조선 초기의 문신으로 부평부사(富平副使) 등을 지냈다. 개간으로 수전(水田)이 450결(結)에서 1,000결로 늘어남으로써 농업에 크게 기여하였다.

100) 이명덕(李明德, 1373~1444) : 조선 전기의 문신으로 본관 공주(公州). 자(字) 신지(新之). 호(號) 사봉(沙峰). 1396년 식년문과에 합격하여 감찰(監察) · 장령(掌令) · 집의(執義) 등을 역임하였다. 1419년 세종의 명으로 비인(庇仁)과 해주에 침입한 왜적을 소탕하고 대마도를 공격할 계획을 세워 이종무(李從茂)가 대마도를 정벌하도록 하였다. 시호 공숙(恭肅).

101) 신인손(辛引孫)은 도총제(都摠制) 권희달(權希達)을 따라 명나라에 다녀왔다.

큰소리로 욕하고 꾸짖었다 하오니, 신(臣) 등(等)은 그윽이 생각하건대, 전하(殿下)께서 지성으로 명나라를 섬기어 매양 말을 보낼 때면 반드시 먼저 신(臣) 등(等)을 시켜 두세 번 선택하여 친히 보신 뒤에야 떠나게 하였는데, 권희달이 여러 해 종사(從事)하였으니 어찌 전하의 말을 가려 뽑는 정성이 이와 같이 지극함을 알지 못하였겠습니까? 그런데 도리어 말[言]을 만들어 스스로 본국을 훼손시켰으며, 감히 광패(狂悖)[102]한 행동을 하여 중국에 웃음거리가 되게 하고 우리 조정에 누(累)를 입혔으니, 그 불충(不忠) 불경(不敬)한 죄는 죽어도 남음이 있습니다. 또 이종무·박실·이종선·정효문·변이 등(等)은 권희달의 죄를 친히 보고 들었을 것이니, 복명하던 날에 바로 계문(啓聞)하여 국법으로 처단하게 하였어야 마땅할 것이거늘, 일행(一行)의 사정(私情)으로 대체(大體)를 돌보지 아니하고 즉시 계문하지 아니하였다가, 한확(韓確)의 말을 듣고서 사세가 어찌할 수 없게 된 뒤에야 겨우 계주(啓奏)한 것도 그 죄를 실상대로 다 말하지 아니하였으니, 그 죄 또한 크며, 종사관(從事官) 조현수·강속·김생·임종의·송성립·신백온·장약수·김희복·이연·배온·김귀룡·허원상·김척·박분·전인귀 등도 불충한 말을 듣고도 은폐(隱蔽)하여 계주하지 아니한 죄가 똑같으니, 사헌부(司憲府)가 청한 율(律)에 의하여 뒷사람을 징계하시면, 공도(公道)에 다행할 일입니다" 하여 권희달은 장(杖) 1백에, 유(流) 3천 리(千里)로 진도(珍島)에 보내고, 이종무·박실·이종선·정효문·변이는 직첩(職牒)을 거두어들인 후 외방(外方)으로 부처(付處)하고, 조현수는 전죄(前罪)까지 합치어서 장(杖) 1

---

102) 광패(狂悖) : '광패하다(미친 사람처럼 말과 행동이 사납고 막되다)'의 어근(語根).

백에, 도(徒) 3년에 처하고, 김생·강속은 각각 장(杖) 90에 처하고, 임종 등은 논죄하지 말라고 상(上)께서 명(命)하였다.[103]

『조선왕조실록』 세종 6년(1424) 6월 24일(정묘)조(條)에는 우의정(右議政) 류관(柳觀)·형조(刑曹) 판서(判書) 권진(權軫)에게 명하여 벽제(碧蹄)에 나아가 사신을 맞이하게 하였다. 세종 6년 6월 25일(무진)조(條)에는 류관·권진이 벽제(碧蹄)에서 돌아와 아뢰기를, "사신(使臣) 왕현(王賢)이 말하기를, '상주(喪主) 한확(韓確)[104]은 길복(吉服)으로 성문 밖으로 나와 명(命)을 맞이하는 것이 마땅하다' 합니다" 하니, 임금이 곧 예조 좌랑(禮曹佐郞) 옥고(玉古)[105]를 보내어 왕현(王賢)에게 말하기를, "옛 예법(禮法)을 상고(詳考)하니 '상주(喪主)가 사제(賜祭)를 당하면 상복(喪服) 차림으로 제집 문 밖에 나와서 재배하고 명(命)을 맞이한다' 하였고, 우리나라에서 그전부터 행하는 전례(典禮)도 또한 그러합니다. 지금 길복(吉服)으로 성문 밖에 나가서 명을 맞이하는 것이 <예법에> 어찌 되겠습니까" 하니, 왕현이, "이 일에 무슨 의심입니까. 조정에서 행하는 것은 전례입니다. 사제(賜祭)하려는 집이 만약 황성(皇城) 안에 있다면 상주가 제집 문 밖에서 명을 맞이할 것입니다. 그러나 제소(帝所)로부터 명을 받들고 멀리 와서 치전(致奠)하니, 장차 나의 집에 올 것이라 하여 편안하게 앉아 있을 수는 없을 것입니다" 하였다.

---

103) 『조선왕조실록』 세종 6년 3월 22일(무술)조(條) 참조(參照).

104) 한확(韓確, 1403~1456) : 조선 전기의 문신. 자(字)는 자유(子柔). 호(號)는 간이재(簡易齋). 누이가 명(明)나라 성조(成祖)의 여비(麗妃)가 되자 명나라에 가서 광록시소경(光祿寺少卿)이라는 벼슬을 하사받았다. 계유정난 때 수양대군을 도와 정난공신 1등에 책록되고 서성부원군에 봉해지고, 우의정에 올랐다. 명나라에 가서 세조의 왕위찬탈을 양위(讓位)라고 설득시켰다. 시호(諡號)는 양절(襄節).

105) 옥고(玉古) : 과거에 올랐고 벼슬이 사헌부 장령에 이르다.

세종 6년(1424) 10월 8일(기유)에는 주서(注書) 이승손(李承孫)이 황해도 안성참(安城站)에서 돌아와, 곽존중(郭存中)이 사신(使臣)과 문답한 서장(書狀)을 받쳤다. 그 서장에 이르기를, "사신 유경(劉景)이 곽존중에게 말하기를, '전하가 이미 원 재상(元 宰相)을 보냈고, 이제 또 그대를 보내어 문안하니, 그 마음가짐이 지극하다. 속히 길을 떠나려고 하니, 맡아가지고 온 일을 속히 말하라' 하므로, 곽존중이 말하기를, '9월 초 1일 사신 왕현(王賢)을 호송한 지삼등현사(知三登縣事) 박득년(朴得年)이 요동에서 (황태자의) 영유(令諭)를 기록하여 돌아왔다. 전하는 대행 황제(大行皇帝)가 돌아갔다는 말을 듣고 여러 신하를 거느리고 곡하여 상례를 거행하고, 애통한 마음을 이기지 못하여 바로 진향·진위 두 사신을 보냈으며, 본월 15일에 자문 뇌진관(咨文賚進官) 조충좌(趙忠佐)가 요동에서 돌아옴으로 인하여, 다시 황제가 즉위(卽位)하였다는 소식을 듣고, 또 하등극사(賀登極使)를 보냈는데, 중로(中路)에서 대인(大人)의 말을 듣고 모두 떠나지 못하고 머물러 있다. 신자(臣子)로서 군부(君父)의 상을 들었으므로 정의(情意)가 박절하여 듣는 대로 사신을 보낼 것이요, 차마 늦추지 못할 것이다. 세 사신이 이미 발정(發程)하였으니, 청컨대 먼저 들여보내고, 조칙(詔勅)을 열어 본 뒤에 다시 감격한다는 뜻으로 특별히 한 사신을 보내는 것이 두 가지 다 옳은가 한다' 하니, 경(卿)이 이르기를, '황제의 성지(聖旨)에 조선은 비록 외국이나, 글을 읽고 친교를 맺을 나라이니, 조칙(詔勅) 두 사신이 일시에 발행한다 할지라도, 조선 경내에 들어가서는 각기 따로 갔다 오라고 하였다. 진향(進香)·진위(陳慰)의 절차는 전일에 이미 말하였으며, 세 사신의 가고 머무르는 것은 마음대로 하라' 하고, 바로 나와 말[馬]에 올랐다. 부사(副使) 진선(陳善)은 이르기를, '우리들이 조정의 예를 무엇이고 모르는 것이 있는가. 이미 진향·진위사를 보내고, 또 사람을 보내어 주문(奏聞)하면, 어찌 중첩된 일이 아닌가. 우리들이 돌아가서 이 일을 아뢰면, 왕현이 요동에서 어찌 무사할 수 있는가.' 곽존중이 말하기를, '요동 <지방의> 대소 신민들이 모두 소의(素衣) 소찬(素饌)하고 있는 것을 박득년이 친히 본 일이요, 또 반포한 영유(令諭)106)를 등초하여 왔으므로, 본국에서도 알게 된 것이다. 전자에 북방을 평정한 일과 상서로운 일들도 모두 요동에서 듣고 사신을 보내어 진하한 전례가 있다' 하니, 진선이 이르기를, '길흉(吉凶)에는 완급(緩急)이 있다. 해야 할 일을 하지 아니하고, 하지 아니할 일을 하는 것은 모두 예가 아니다. 조선은 글을 읽어서 예를 아는 나라이니 예는 적중하여야 하고 지나친 것은 옳지 못한 것이다.' 곽존중이 말하기를, '그대의 말이 옳은 것 같으나 그르다. 황제의 빈천(殯天)하였음을 듣고, 신자(臣子)의 지극한 정으로 바로 진향·진위사를 보내는 것이 나의 의견으로는 적중하다고 생각한다.' 사신이 이르기를, '그대의 말도 또한 옳은 것 같으나 그르다. 세 사신의 가고 머무르는 것은 마음대로 하라' 고 하고, 바로 나와 말[馬]에 올랐다" 하였다.

임금이 영돈녕(領敦寧) 류정현(柳廷顯)·좌의정 이원(李原)·우의정 류관(柳觀)·찬성 황희(黃喜)·대제학 변계량(卞季良)·이조판서 허조(許稠)·참찬 탁신(卓愼)·예조판서 신상(申商)·형조참판 하연(河演)·호조참판 목진공(睦進恭)을 불러 의논하게 하고, 바로 봉상윤(奉常尹) 정여(鄭旅)를 보내어 상제(喪制)와 영칙의(迎勅儀)를 사신

---

106) 영유(令諭) : 명령(命令)하여 타이름.

에게 묻게 하였다.

세종 7년(1425) 5월 14일(계미)에 우의정(右議政) 류관(柳觀)과 참찬(參贊) 이지강(李之剛)을 보내어 사신(使臣)을 벽제역(碧蹄驛)에서 맞이하였다.

세종 7년 11월 1일(병신)에는 악차(幄次)[107]에서 술잔치를 베풀고 이원(李原) 등이 북경(北京)에서 돌아옴을 위로하였다. 효령대군 이보·경녕군 이인·영돈녕 류정현·우의정 류관·청평부원군 이백강(李伯剛)·한평부원군 조연(趙涓)·평양부원군 조대림(趙大臨)·병조판서 조말생·지돈녕 이담·지신사 곽존중·대언 조종생·김맹성·김자(金赭)·이대(李臺)·정흠지 등이 연회(宴會)에 입시(入侍)하여 종일토록 한껏 즐긴 후 파(罷)하였다.

성리학적인 가치인 효(孝)와 충(忠)을 계승하여 과거에 급제한 후 관직에 나아가서는 공평(公平)·염근(廉謹)한 자세로서 이를 그대로 실천하였던 것이다. 문화류씨 하정공 가문의 가학(家學)으로서 계승되어졌으며, 그 후손(後孫)인 약재(約齋) 상운(尙運)과 만암(晩菴) 봉휘(鳳輝)의 부자(父子) 정승(政丞)과 부국안민(富國安民)의 길을 연구한 『迂書(우서)』를 지은 농암(聾巖) 수원(壽垣)과 평생을 야인(野人)으로 학문에 전념, 실사구시(實事求是)의 학풍(學風)이 시작되는 맹아기(萌芽期)에 실학(實學)을 학문으로서의 위치에 세워놓고 『磻溪隨錄(반계수록)』을 지은 반계(磻溪) 형원(馨遠)으로 전통이 이어져 오고 있다.

---

107) 악차(幄次) : [명사] [역사] 임금이 거둥할 때에 잠깐 머무를 수 있도록 장막을 둘러친 곳.

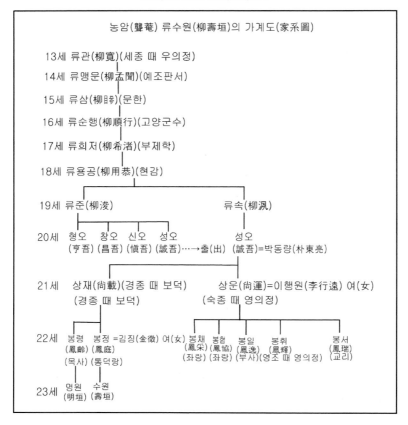

농암(聾菴) 류수원(柳壽垣)의 가계도(家系圖)

13세 류관(柳寬)(세종 때 우의정)

14세 류맹문(柳孟聞)(예조판서)

15세 류삼(柳㐩)(문한)

16세 류순행(柳順行)(고양군수)

17세 류희저(柳希渚)(부제학)

18세 류용공(柳用恭)(현감)

19세 류준(柳浚)   류속(柳洬)

20세 형오 창오 신오 성오   성오
     (亨吾)(昌吾)(愼吾)(誠吾)…→출(出) (誠吾)=박동량(朴東亮)

21세   상재(尙載)(경종 때 보덕)   상운(尙運)=이행원(李行遠) 여(女)
       (경종 때 보덕)   (숙종 때 영의정)

22세 봉령 봉정 =김징(金徵) 여(女) 봉채 봉협 봉일 봉휘   봉서
     (鳳齡)(鳳庭)   (鳳采)(鳳協)(鳳逸)(鳳輝)   (鳳瑞)
     (목사)(통덕랑)   (좌랑)(좌랑)(부사)(영조 때 영의정)(교리)

23세 명원 수원
     (明垣)(壽垣)

3. 하정(夏亭) 류관(柳寬)의 수난(受難)

① 하정(夏亭)이 태조 7년(1398) 12월 29일에 형조(刑曹) 최고 자리인 형조(刑曹) 전서(典書)(정2품)가 되어 근무 중인 때이다. 형조전서는 지금의 법무부 장관쯤 되는 자리이다. 사건 처리에 7가지 실수를 범하여 강사덕(姜思德)과 의랑(議郞) 노상(盧湘)과 함께 사헌부(司憲

府), 지금의 검찰청(檢察廳) 쯤 되는 곳에서 탄핵(彈劾)하여 파직(罷職)을 당하였다.

첫째, 양민(良民)이니 천민(賤民)이니 하는 일로서 3품관 윤심(尹諶)을 함부로 가두고 신문(訊問)하지 않았고,

둘째, 잡아 가둔 지 여러 날 만에야 직첩(職牒)을 회수(回收)하고자 하여 속여서 신문(訊問)하였고,

셋째, 윤심의 죄상(罪狀)은 사문(私門)에 공초(供招)를 받아 몽롱(朦朧)[108]하게 신문(訊問)하였고,

넷째, 3개월 동안이나 잡아 가두었다가 아무런 이유도 없이 놓아 보냈고,

다섯째, 이미 놓아 내보냈는데 아무런 이유도 없이 도로 가두었으며,

여섯째, 이달 25일의 감옥(監獄)의 죄수(罪囚)를 10월 초 3일 죄수(罪囚)로써 시행하였고,

일곱째, 지금 추운 시기(時期)에 죄수의 판결이 지체된 것이 45명인데도, 작은 죄(罪)에 이르기까지 혹은 10개월, 혹은 7개월이 되어도 판결이 나지 않아서 지체되게 하였다.

직첩(職牒)을 회수(回收)하고 형틀에 의거(依據)하여 시행할 것을 건의(建議)하였으나 임금께서는 다만 파직(罷職)만 시켰다.

② 하정(夏亭)이 태종 1년(1401) 7월 8일에 사헌부(司憲府) 최고 자리인 대사헌(大司憲)(종2품)이 되어 근무 중이었다. 문하부(門下府)의 탄핵(彈劾)으로 잡단(雜端) 김효손(金孝孫)과 함께 파직을 당하였다.

---

108) 몽롱(朦朧) : 몽롱(朦朧)하다의 어근(語根). 의식이 흐리멍덩하다.

처음에 류관(柳觀) 등(等)이 "좌습유(左拾遺) 정안지(鄭安止)가 환관(宦官) 박문실(朴文實)에게 왕명(王命)을 욕(辱)되게 하였다"고 탄핵(彈劾)하였는데 좌산기(左散騎) 류기(柳沂) 등이, 류관(柳觀)과 효손(孝孫) 등이 풍헌관(風憲官)[109]으로서 환자(宦者)가 간관(諫官)을 능욕(凌辱)하는 것을 보고도 대수롭지 않게 여기어 묻지도 않고 도리어 안지(安止)를 탄핵(彈劾)한 까닭을 핵문(劾問)하였기 때문에 파직(罷職)을 당하였다.

③ 류관(柳觀)이 태종 3년(1403) 12월 11일에 계림(鷄林) 부윤(府尹)[지금의 경주시장(慶州市長)쯤 되는 자리이다]으로, 국가 중대(重大)한 일을 보고(報告)아니한 죄(罪)로 순금사(巡禁司)에 가두었다가 황해도 문화(文化)로 귀양을 가다.

계림(鷄林) 기관(記官) 주인(朱仁) 등 세 사람이 모의(謀議)에 참여하였는데, 부윤((府尹) 류관(柳觀)이 이를 금(禁)하였는데, 이를 임금께 보고(報告)하지 않고 뒤에 상경(上京)하여 스스로 변명(辨明)하였으나 '종사(宗社)에 관계되는 일을 즉시 상고(上告)하지 않았다'는 이유였다.

④ 류관(柳觀)이 태종 14년 7월 8일에 사헌부(司憲府) 대사헌(大司憲)으로 재직 중이었는데, 지난 태종 14년(1414) 6월 23일에 회안군(懷安君)과 내통(內通)하였다고 방간(芳幹)의 종 석구지(石仇知)와 이양우(李良祐)의 근수(根隨) 홍의(洪義) 등을 신문(訊問)하였으나 그날 류관(柳觀)은 병(病)으로 칭(稱)하고 나오질 않았다. 동년 7월 1일에 명(命)에 의하여 직사(職司)에 나왔다.

---

109) 풍헌관(風憲官) : 사헌부에 소속된 관리.

태종 28권, 14년(1414) 갑오(甲午) 7월 2일(계유)

사헌부 대사헌 류관(柳觀) 등이 상소(上疏)하였다. 상소의 대략은
이러하였다.

"이양우(李良祐)가 회안군(懷安君)과 서로 내통(內通)한 것은 그
흔적이 드러났습니다. 그러나 지난번에 신 등이 그 사유를 국문
(鞫問)하도록 청하였으나 유윤(兪允)110)을 받지 못하였습니다. 얼
마 아니 되어서 외방에 거주하도록 명하시므로 신 등은 이양우의
죄가 유폄(流貶)하는 데 그칠 것이 아니라고 말하였습니다. 근일
에 이양우를 부르고, 육조에 명하는 홍의(洪義) 등을 다시 문초하
게 하여, 이양우의 죄를 면제하였는데, 그렇게 한다면 전일에 국
문(鞫問)한 시말은 모두 허위가 되는 것입니다. 이것이 신 등이 석
고대죄(席藁待罪)111)하고 감히 출사(出仕)하지 못한 까닭입니다.
이제 전하가 신(臣) 등(等)의 죄를 용서하여 주시어 일을 보기를
전과 같이 하나, 신 등의 좁은 마음에는 적이 부끄러움이 있습니
다. 금고(禁錮)한 사람을 감히 서로 통하지 못하는 것은 고금의 저
령(著令)112)인데, 이양우가 어찌 이를 알지 못하였겠습니까? 그가
사람을 시켜서 서로 통한 것은 아무런 생각이 없이 한 것이 아닙
니다. 전하가 이에 사건을 모의한 흔적이 나타나지 않았다고 이르
시고 이양우를 소환하여 궁금(宮禁)에 평일과 다름없이 출입합니
다. 전하가 건곤(乾坤)의 아량으로 굳이 포용하는 것이라고 그윽
이 생각합니다마는, 그러나 자손에게 교훈을 보이고 장래에 법을
내려 주는 뜻에는 좋지 않습니다. 만약 친척을 친애하는 은의(恩
誼)로써 형벌을 가할 수 없다면, 그 고신(告身)을 거두고 바닷가로
내쫓아서 죽을 때까지 소환하지 않는 것이 은의와 의리에 있어서
양쪽으로 온전하다고 이를 만할 것입니다."

---

110) 유윤(兪允) : 승낙(承諾)함. 허락(許諾)함.
111) 석고대죄(席藁待罪) : 죄를 지은 죄인이 죄를 자책(自責)하여 거적을 깔고 엎드려 처벌을 기다림.
112) 저령(著令) : 밝게 나타나 있는 법령.

임금이 읽어 보고 말하였다.

> "정적(情迹)이 이미 드러난 죄를 내가 용서한 것이 얼마나 되느
> 냐? 죄가 의심스러우면 오로지 가볍게 형벌하는 것은 나에게서 시
> 작된 것이 아니다. 경(卿)들은 용렬하게 고집부리지 말고 나의 덕
> (德)을 보필하라."

태종 14년(1414) 7월 8일(기묘)에 대간(臺諫)들을 외방(外方)에 부
처(付處)하는데 다만 류관(柳觀)은 원종공신(原從功臣)이라 하여 면
제(免除)시켜 주었다.

4. 유림(儒林)의 종사(宗師)인 대학자

공(公)은 남달리 두뇌가 총명하여 한 번 읽으면 평생을 두고 잊지
않으며, 밤중에 글을 읽으면서도 오직 백성을 위하였다. 44세에 고려
창왕(昌王) 원년 보문각(寶文閣) 직제학(直提學)을 시작으로 조선조
에 들어와서 수문전(修文殿) 및 예문관(藝文舘) 대제학(大提學)을 20
여 년간 체임하시고 경연(經筵) 및 세자시강원(世子侍講院)에서도 다
년간 학식과 인격을 가르친 대학자였다. 세종 2년에 창설한 집현전
(集賢殿)의 초대 대제학을 역임하면서 훈민정음(한글)의 정리의 이정
표(里程標) 기틀을 마련하시었으며, 임금이 학문을 닦기 위하여 학식
과 덕망이 높은 신하를 궁중(宮中)으로 불러 경적(經籍)과 사서(史書)
를 논의하던 경연(經筵) 시강관(侍講官)을 다년간 지내셨으며, 세종
께서 대제학 류관을 가리켜, "류관은 순유(醇儒)[113]하여 덕망(德望)이

---

113) 순유(醇儒) : [명사] 결백하고 정직한 유교의 선비.

있다"고 말씀하셨으며 또한 "공(公)은 인격과 학식이 당대(當代)의 신하 가운데 으뜸이요, 정자(程子)와 주자(朱子) 그리고 반고(班固)와 사마천(司馬遷)을 능가한 크나큰 스승이었다" 하였다. 그리하여 공(公)의 문전(門前)에는 항시 배우겠다는 학도(學徒)들이 문전성시(門前成市)를 이루었으니 공(公)의 높으신 학덕을 배우겠다는 이들이었다. 또 류관보다 20년이나 연하(年下)이지만 13세 때부터 책을 끼고 학궁(學宮)에 나가서 류관에게 배웠고 근세조선에서는 같이 국사편수업무에 종사한 바도 있는 춘정(春亭) 변계량(卞季良)은 '제하정류정승시권(題夏亭柳政丞詩卷)'에서 류관의 학문과 인격 등에 대하여 직접 보고들은 사실을 시구로 표현하기도 했다.

> 옛날에 내 나이 13세 되었을 때[昔年年十三]
> 겨드랑이 책 끼고 태학에 다니었지[挾冊遊學宮]
> 마음에는 경전을 빠짐없이 다 읽고[志欲討墳典]
> 기어코 결실을 맺겠다고 다짐하였지[成始期成終]
> 비로소 하정공을 찾아가 알현하고[始謁夏亭公]
> 예의를 갖추어 가르침을 받았었지[磬折趨下風]
> 사서를 낱낱이 꿰뚫고 계시는데[諸史實貫穿]
> 그 누가 강단에서 우위를 다투겠나[講席誰爭功]
> 면밀하고 자상하게 후진들을 이끌어서[諄諄誘後進]
> 만물이 단비에 젖듯이 하시었지[俾化時雨中]
> 예상이나 하였으리. 수십 년이 지나서[何期數十載]
> 제자들의 모임에 참석하게 될 줄을[得陪趨會同]
> 술 들고 시 읊을 때마다 함께하니[觴詠動輒共]
> 서쪽과 동쪽으로 나누기를 바라겠나[肯分西與東]
> 겸손하여 내 의견만 내세우지 않으시고[謙恭不苟異]
> 마음에는 행신을 가다듬는 것뿐이지[秉心惟飭躬]
> 신명은 정직한 사람을 돕는지라[神明佑正直]
> 선비들이 모두들 대기(大器)로 추앙했지[縉紳推恢洪]
> 이 몸이 한림원 하관으로 있을 때에[翰苑忝下寮]

날마다 성실한 질문을 받았었지[每承叩悾悾]
사서를 편찬할 때 한 글자도 삼가고[修史謹一字]
시험을 관장하면 인재를 안 놓쳤지[掌試看群空]
위공(衛公)[114]과 비슷한 참다운 어른이고[衛公眞長者]
분양(汾陽)[115]과 견주는 대가의 늙은이일래[汾陽大家翁]
은하수 저 위에 드높이 올라 앉아[卓登霄漢上]
연기로 뒤덮인 세상을 굽어보네[俯視煙塵濛]
그런데도 특별히 형재[116] 시에 화답하니[特和亨齋詩]
그 풍류 어쩌면 그리도 웅장한지[風致一何雄]
하찮은 이 후생이 애써서 화답하며[鯫生强賡韻]
맹수도 때려잡는 필치라고 말하였소[敢道如搏熊]
팔순의 나이에도 여전히 건강하니[八旬尙强健]
그 풍채 제공을 능가하고 남았었지[風彩凌諸公]
온화한 말씀은 봄날처럼 포근하고[溫言發春陽]
굳건한 의기는 겨울을 무시하네[意氣欺玄冬]

『춘정집(春亭集)』 제1권에서 인용(引用)

해석을 하면 '류관은 학문에 있어서 특히 사학(史學)에 정통하고 면밀하여 모든 사학을 꿰뚫는 것같이 알며 역사를 편수하는 데 있어서는 한 글자의 가감(加減)에도 조심하였다'는 것이다. 그리고 후진들을 가르칠 때는 강요하는 것이 아니라 순연(純然)으로 유도(誘導)하여 봄비에 젖어드는 것 같이 하여 온화한 말은 봄볕처럼 따사롭고 면대(面對)하여 말하자면 그지없이 조용하였다. 또 팔순이 넘어서도 강건하고 풍채가 좋으며 연령과 함께 덕성도 확립되어 외물이 침범할

114) 위공(衛公) : 춘추 시대 위(衛) 나라 임금. 강숙(康叔)의 8대 손자. 이름은 화(和). 강숙이 하던 정사를 그대로 닦아 백성을 화합하여 모이게 했고, 주(周) 나라를 도와주기도 하였는데, 그가 지은 '억(抑)' 시가 『시경』 대아(大雅)에 실려 있음.

115) 곽자의(郭子儀) : <인명> Guo Ziyi, Kuo Tzu-i., 697~781. 중국 산시성[陝西省] 출생. 중국 당(唐)나라 중기의 무장(武將).

116) 형재(亨齋) : 이직(李稷, 1362~1431). 고려 말 조선 초의 문신. 이성계를 도와 조선 개국에 공헌했고, 제2차 왕자의 난에 방원을 도왔다. 주자소를 설치, 동활자 계미자를 만들었다. 성산부원군으로 진봉되었다. 세종 때 영의정, 좌의정을 지냈다. 문집 『형재시집』이 있다.

수 없었다. 따라서 임금은 특별한 우대를 하고 선비들은 모두 추존하였다는 것이다. 학자요 인격자인 류관의 일면을 사실 그대로 적은 것으로 보인다.

대학자 류관의 연보(年譜)

연령	연대(年代)	직책(職責)		기타
44세	1389년(창왕 원년)	보문각 직제학	경연 및 세자시강원	
48세	1393년(태조 2)		세자우필선	
52세	1397년(태조 6)	보문각 직제학	세자우보덕 예문(藝文) 춘추(春秋)의 편수관	
53세	1398년(태조 7)	보문각 직제학	경연 시강관	
54세	1399년(정종 원년)	집현전 직학사 보문각 학사	경연 시강관 동지 경연사	
61세	1406년(태종 6)	예문관 대제학	지경연 춘추관사	세자좌부빈객
63세	1409년(태종 9)	〃	지경연춘추관사	
66세	1411년(태종 11)	춘추지관사		『태조실록(太祖實錄)』 15권 편찬에 참여
69세	1414년(태종 14)	보문각 직제학		
70세	1415년(태종 15)	수문전 대제학		
73세	1418년(태종18)	예문관 대제학	세자좌빈객	지경연사
74세	1419년(세종 원년)	〃	지경연춘추관사	
76세	1420년(세종 3)	초대 집현전 대제학	지경연춘추관사, 세자좌빈객	변계량(卞季良)과 함께 『고려사(高麗史)』를 개수(改修)함.
78세	1423년(세종 5)	예문관 대제학	지춘추관사	윤회(尹淮)와 함께 『고려사(高麗史)』를 개수(改修)함.
20여 년간 체임(遞任)				

『조선왕조실록(朝鮮王朝實錄)』에서 발췌(拔萃)함.

5. 문과 고시관으로 인재 선발(選拔)

류관이 고시관으로 배출한 문과생

과거 합격 연대	전거	배출한 인재
공양왕 2년 6월	『하정유집』 연보	문하평리(門下評理) 성석인(成石因)이 동지공거(同知貢擧), 평리(評理) 조준(趙浚)이 동지거(同知擧), 시관으로 이조(李慥) 등 33인 선발
태조 5년(1396)	조선왕조실록	지공거(知貢擧)는 문하부(門下府) 우정승(右政丞) 조준(趙浚), 동지공거(同知貢擧)는 판삼사사(判三司事) 정도전(鄭道傳) 고시관(考試官) 우승지(右承旨) 정탁(鄭擢)·좌산기(左散騎) 이황(李滉), 대사성(大司成) 함부림(咸傅霖)·판교서(判校書) 류관(柳觀)·사헌부(司憲府) 중승(中丞) 이원(李原)·성균관(成均館) 제주(祭酒) 장덕량(張德良)·전부(典簿) 강사경(姜思敬) 고시관으로 김익정(金益精) 등 33인 선발
세종 1년(1419) 4월	조선왕조실록	고시관으로 조상치(曹尙治) 등 33인 선발
세종 5년(1423) 3월	조선왕조실록	고시관으로 정즙(鄭楫) 등 32명 선발
세종 5년(1422) 5월	조선왕조실록	고시관으로 잡과(雜科)를 관장(管掌) 시행
합계(合計)		131명

① 공양왕(恭讓王) 2년의 고려문과 목록

공양왕(恭讓王) 2년(1390) 경오방(庚午榜)에 6월에 이조(李慥) 등 33인(人)을 뽑다.

공양왕(恭讓王) 2년의 고려문과 목록
전체 합격률(88.89%) 32명

인명	자	호	생몰년	본관	합격등급
이조 (李慥)			?~1411	덕산 (德山)	을과(乙科) 1[壯元]위
신상 (申商)			? ~ ?	은풍 (殷豊)	을과(乙科) 2위
이합 (李合)			? ~ ?	경주 (慶州)	을과(乙科) 3위
정수홍 (鄭守弘)	의백(毅伯)	풍천(楓川)	? ~ ?	동래 (東萊)	병과(丙科) 1위

허조 (許稠)	중통(仲通)	경암(敬菴)	? ~ ?	하양 (河陽)	병과(丙科) 2위
박강생 (朴剛生)	유지(柔之)	나산(蘿山)/ 경수(耕叟)	1369 ~ ?	밀양 (密陽)	병과(丙科) 3위
김가진 (金可珍)			? ~ ?	미상 (未詳)	병과(丙科) 4위
이적 (李逖)	평로(平虜)		? ~ ?	여주 (驪州)	병과(丙科) 5위
김종의 (金宗義)			? ~ ?	미상 (未詳)	병과(丙科) 6위
피자휴 (皮子休)			? ~ ?	단양 (丹陽)	병과(丙科) 7위
정촌 (鄭忖)			? ~ ?	미상 (未詳)	동진사(同進士) 1위
류직 (柳直)			? ~ ?	미상 (未詳)	동진사(同進士) 2위
윤수태 (尹壽台)			? ~ ?	미상 (未詳)	동진사(同進士) 3위
정효복 (鄭孝復)			? ~ ?	미상 (未詳)	동진사(同進士) 4위
김이 (金邇)			? ~ ?	미상 (未詳)	동진사(同進士) 5위
이경 (李經)			? ~ ?	미상 (未詳)	동진사(同進士) 6위
장이 (張弛)			? ~ ?	미상 (未詳)	동진사(同進士) 7위
노인복 (魯仁復)	정지(正之)	이무당 (二無堂)	1373~1432	강화 (江華)	동진사(同進士) 8위
오일덕 (吳一德)			? ~ ?	미상 (未詳)	동진사(同進士) 9위
홍로 (洪魯)			? ~ ?	부계 (缶溪)	동진사(同進士) 10위
이자징 (李子澄)			? ~ ?	미상 (未詳)	동진사(同進士) 11위
최윤 (崔潤)			? ~ ?	미상 (未詳)	동진사(同進士) 12위
이간 (李簡)			? ~ ?	미상 (未詳)	동진사(同進士) 13위
강려 (康慮)			? ~ ?	신천 (信川)	동진사(同進士) 14위

김분 (金汾)			? ~ ?	강진 (康津)	동진사(同進士) 15위
최항 (崔沆)			? ~ ?	미상 (未詳)	동진사(同進士) 16위
최이 (崔伊)			? ~ ?	미상 (未詳)	동진사(同進士) 17위
김유생 (金有生)			? ~ ?	미상 (未詳)	동진사(同進士) 18위
임서균 (林栖筠)			? ~ ?	미상 (未詳)	동진사(同進士) 19위
임빙 (任聘)			? ~ ?	미상 (未詳)	동진사(同進士) 20위
김언장 (金彦璋)			? ~ ?	미상 (未詳)	동진사(同進士) 21위
김효공 (金孝恭)			? ~ ?	미상 (未詳)	동진사(同進士) 22위

  문하평리(門下評理) 성석린(成石因)께서 동지공거(同知貢擧), 평리
(評理) 조준(趙浚)께서 동지거(同知擧)였으며, 고시관(考試官), 대독관
(代讀官), 독권관(讀卷官) 등이 있었을 것으로 추정, 지공거와 동지공
거는 1명이었던 것으로 보이고, 고시관 등은 여러 명이었다.

  ② 51세. 병자(丙子)년. 1396년(태조 5) 3월 16일에 정도전(鄭道傳)
이 고시관으로 임명되었을 때 몇 번 사양하였으나, 태조(太祖)가 허
락하지 않았다. 문과(文科) 지공거(知貢擧)는 문하부(門下府) 우정승
(右政丞) 조준(趙浚), 동지공거(同知貢擧)는 판삼사사(判三司事) 정도
전(鄭道傳) 고시관(考試官) 우승지(右承旨) 정탁(鄭擢)·좌산기(左散
騎) 이황(李滉), 대사성(大司成) 함부림(咸溥霖)·판교서(判校書) 류관
(柳觀)·사헌부(司憲府) 중승(中丞) 이원(李原)·성균관(成均館) 제주
(祭酒) 장덕량(張德良)·전부(典簿) 강사경(姜思敬) 등(等) 7명이다.

모두 고려 문과출신자이다. 김익정(金益精) 등(等) 33인(人)을 가려 뽑았다.

전시(殿試)는 5월 초하루(丁巳)에 근정전(勤政殿)에서 실시하였다.

왕대년	태조(太祖) 5년
시험일	1396년 5월 1일
합격자 발표일	1396년 5월 1일
시험종류	식년시(式年試)
시험명	병자 5년방(丙子五年榜)
시험장소	경복궁(景福宮) 근정전(勤政殿)
시험관	지공거(知貢擧) 문하좌정승(門下左政丞) 조준(趙浚) 갑인(甲寅) 급제 동지공거(同知貢擧) 판삼사사(判三司事) 정도전(鄭道傳) 임인(壬寅) 급제 고시관(考試官) 우승지(右承旨) 정탁(鄭擢) 임술(壬戌) 급제 고시관(考試官) 좌산기(左散騎) 이황(李滉) 병진(丙辰) 급제 고시관(考試官) 대사성(大司成) 함부림(咸傅霖) 을축(乙丑) 급제 고시관(考試官) 판교서(判校書) 류관(柳觀) 신해(辛亥) 급제 고시관(考試官) 사헌중승(司憲中丞) 이원(李原) 을축(乙丑) 급제 고시관(考試官) 성균좨주(成均祭酒) 장덕량(張德良) 기유(己酉) 급제 고시관(考試官) 전부(典簿) 강사경(姜思敬) 갑인(甲寅) 급제
문과장원	장원급제 : 김익정(金益精) 합격인원 : 33명
시험실시 이유	식년시(式年試)임
특이사항	규106본과 규귀본에는 "병자5년방(丙子五年榜)", 장서각본에는 "병자5년방(丙子五年榜)"에 홍무 29년 태조 5년(洪武二十九年太祖五年)이 소자쌍행으로 나오고, 국도본에는 "병자 홍무 29년 식년방(丙子洪武二十九年式年榜)"이라고 나오면서 이 시험이 식년시임을 정확하게 밝히고 있다. 또 시험관 명단은 규106·규귀본, 장서각본에 나오는데, 장서각본은 특이하게 말미에 명단이 나온다. 모두 다 고려문과 출신으로 이름 다음에 급제년 간지가 나온다. 태조실록에 임금이 근정전에 앉아서 고시관 조준과 정도전이 뽑은 조유인(曹由仁) 등 33인을 시험보이고, 김익정(金益精)을 1등으로 삼았다고 나옴.
출전방목명	『국조문과방목(國朝文科榜目)』, 『국조방목(國朝榜目)』
참고문헌	국립중앙도서관 소장 『국조방목(國朝榜目)』[한고朝26-47(1-13)]-[국도본] 규장각 소장 『국조문과방목(國朝文科榜目)』[奎106-v.1-8](태학사)-[규106본] 규장각 소장 『국조방목(國朝榜目)』[奎貴11655-v.1-12](국회도서관)-[규귀본] 장서각 소장 『국조방목(國朝榜目)』[K2-3538·K2-3539]-[장서각본] 『태조실록』

병자식년시(丙子式年試) 문과 목록
태조 5년(1396년) 3월 16일(전체 합격률 50%) 33명(名)

인명	자(字)	호(號)	생몰년	본관	합격등위
김익정(金益精)			? ~ ?	안동(安東[舊])	을과(乙科) 1[장원(壯元)]위
이종화(李種華)			? ~ ?	장수(長水)	을과(乙科) 2위
최순(崔洵)			? ~ ?	충주(忠州)	을과(乙科) 3위
이명덕(李明德)			? ~ ?	공주(公州)	병과(丙科) 1위
금유(琴柔)			? ~ ?	봉화(奉化)	병과(丙科) 2위
하연(河演)	연량(淵亮)	경재(警齋)	1356 ~ ?	진양(晉陽)	병과(丙科) 3위
조유인(曹由仁)			? ~ ?	남평(南平)	병과(丙科) 4위
은여림(殷女霖)			? ~ ?	태인(泰仁)	병과(丙科) 5위
곽존중(郭存中)			? ~ ?	청주(淸州)	병과(丙科) 6위
김섭(金涉)		소정(疎亭)	? ~ ?	의성(義城)	병과(丙科) 7위
한이(韓彝)			? ~ ?	부안(扶安)	동진사(同進士) 1위
윤상(尹祥)	실부(實夫)	별동(別洞)	1373 ~ ?	예천(醴泉)	동진사(同進士) 2위
한고(韓皐)			? ~ ?	한양(漢陽)	동진사(同進士) 3위
류의(柳顗)			? ~ ?	문화(文化)	동진사(同進士) 4위
심도원(沈道源)			? ~ ?	부유(富有)	동진사(同進士) 5위
이경생(李敬生)			? ~ ?	미상(未詳)	동진사(同進士) 6위
정조(鄭慥)			? ~ ?	동래(東萊)	동진사(同進士) 7위
김겸(金謙)			? ~ ?	경주(慶州)	동진사(同進士) 8위
정지(鄭墀)			? ~ ?	미상(未詳)	동진사(同進士) 9위
유순도(庾順道)			? ~ ?	무송(茂松)	동진사(同進士) 10위
서윤(徐倫)			? ~ ?	미상(未詳)	동진사(同進士) 11위
김종리(金從理)			? ~ ?	선산(善山)	동진사(同進士) 12위
노이(盧異)			? ~ ?	미상(未詳)	동진사(同進士) 13위
이종(李從)	사의(事疑)		? ~ ?	경주(慶州)	동진사(同進士) 14위
정여(鄭餘)			? ~ ?	미상(未詳)	동진사(同進士) 15위
김재사(金再思)			? ~ ?	미상(未詳)	동진사(同進士) 16위
정재(鄭載)			? ~ ?	미상(未詳)	동진사(同進士) 17위
한승안(韓承顔)			? ~ ?	청주(淸州)	동진사(同進士) 18위

류몽(柳蒙)			? ~ ?	배천(白川)	동진사(同進士) 19위
곽덕연(郭德淵)			? ~ ?	현풍(玄風)	동진사(同進士) 20위
민의생(閔義生)	의지 (宜之)		1379 ~ 1444	여흥(驪興)	동진사(同進士) 21위
윤발(尹發)			? ~ ?	파평(坡平)	동진사(同進士) 22위
조중림(曹仲林)			? ~ ?	창녕(昌寧)	동진사(同進士) 23위

『國朝文科榜目(국조문과방목)』에 시험관 명단이 기록되어 있음.

③ 세종(世宗) 1년(1419) 기해(己亥) 증광시(增廣試) 33인 선발

신왕(新王)의 즉위(卽位)를 경축(慶祝)하는 뜻에서 설행(設行)된 증광시(增廣試)가 3월 27일(辛未)에 실시한 회시(會試)에서 뽑은 노호(盧晧) 등 33명을 대상으로 3월 29일(癸酉)에 전시(殿試)를 실시하였다. 시관(試官)은 대제학(大提學) 류관(柳觀), 참찬(參贊) 변계량(卞季良), 예판(禮判) 허조(許稠), 직학(直學) 성개(成槪) 및 집의(執義) 박관(朴冠). 관장(管掌)하여 장원(壯元)은 조상치(曹尙治) 등 33인(人)을 선발하였다.

회시(會試)는 원래 3월 9일(癸丑)에 실시할 예정이었으나, 이날이 태조(太祖)의 고조(高祖)인 이안사(李安社) 곧 목왕(穆王)의 제삿날과 겹치어 피하여서 실시되었다.

세종 1년(1419년) 증광시(增廣試) 문과 목록
(전체 합격률 6.48%) 33명(名)

인명	자(字)	호(號)	생몰년	본관	합격등위
조상치(曹尙治)			? ~ ?	창녕 (昌寧)	을과(乙科) 1[장원(壯元)]위
성염조(成念祖)	자경 (子敬)		1398 ~ ?	창녕 (昌寧)	을과(乙科) 2위
최만리(崔萬理)	자명 (子明)	강호산인 (江湖散人)	? ~ ?	해주 (海州)	을과(乙科) 3위

김숙자(金叔滋)	자배 (子培)		1389 ~ ?	선산 (善山)	병과(丙科) 1위
장후(張厚)			? ~ ?	수성 (壽城)	병과(丙科) 2위
조윤성(曹允誠)			? ~ ?	창녕 (昌寧)	병과(丙科) 3위
강여중(康汝中)			? ~ ?	신천 (信川)	병과(丙科) 4위
나득강(羅得康)			? ~ ?	나주 (羅州)	병과(丙科) 5위
노호(盧浩)			? ~ ?	안강 (安康)	병과(丙科) 6위
변구상(卞九祥)			? ~ ?	초계 (草溪)	병과(丙科) 7위
설위(薛緯)			? ~ ?	순창 (淳昌)	동진사(同進士) 1위
김황(金滉)			? ~ ?	연안 (延安)	동진사(同進士) 2위
조서안(趙瑞安)			? ~ ?	배천 (白川)	동진사(同進士) 3위
이변(李邊)			1391 ~ ?	덕수 (德水)	동진사(同進士) 4위
성자량(成自諒)			? ~ ?	창녕 (昌寧)	동진사(同進士) 5위
윤수부(尹秀夫)			? ~ ?	미상 (未詳)	동진사(同進士) 6위
이사증(李師曾)			? ~ ?	덕산 (德山)	동진사(同進士) 7위
이효례(李孝禮)			? ~ ?	인천 (仁川)	동진사(同進士) 8위
안수기(安脩己)			? ~ ?	순흥 (順興)	동진사(同進士) 9위
이백첨(李伯瞻)			? ~ ?	고부 (古阜)	동진사(同進士) 10위
변효경(卞孝敬)			? ~ ?	초계 (草溪)	동진사(同進士) 11위
박흡(朴洽)			? ~ ?	미상 (未詳)	동진사(同進士) 12위
정장(鄭奬)			? ~ ?	미상 (未詳)	동진사(同進士) 13위

이선제(李先齊)			? ~ ?	광산 (光山)	동진사(同進士) 14위
오윤명(吳允明)			? ~ ?	미상 (未詳)	동진사(同進士)15위
임종선(任從善)			? ~ ?	장흥 (長興)	동진사(同進士) 16위
김의생(金義生)			? ~ ?	미상 (未詳)	동진사(同進士) 17위
양봉래(梁鳳來)			? ~ ?	제주 (濟州)	동진사(同進士) 18위
안홍기(安鴻起)			? ~ ?	미상 (未詳)	동진사(同進士) 19위
오효문(吳孝文)			? ~ ?	미상 (未詳)	동진사(同進士) 20위
김호(金浩)			? ~ ?	통천 (通川)	동진사(同進士) 21위
이견기(李堅基)	필휴 (匹休)	남정 (楠亭)	1384 ~ 1455	성주 (星州)	동진사(同進士) 22위
최맹하(崔孟河)			? ~ ?	미상 (未詳)	동진사(同進士) 23위

④ 세종 5년(1423) 계묘(癸卯) 식년시(式年試)

문·무과 회시를 개장하다

세종 19권, 5년(1423) 계묘(癸卯) 3월 15일(병신) 3번째 기사

문과(文科)의 회시(會試)를 개장(開場)하였는데, 영춘추관사(領春秋館事) 이원(李原)·지춘추관사(知春秋館事) 류관(柳觀)·예문관제학(藝文館提學) 이수(李隨)·예조참판 정초(鄭招)로 시관(試官)을 삼았다. 무과(武科)의 회시(會試)도 또한 이날에 개장(開場)하였다.

근정전에 나가 친히 문과 과제를 내고, 경회루(慶會樓)로 옮겨 무

과(武科)를 시험하다.

경복궁(景福宮) 근정전(勤政殿)에서 전시(殿試)가 실시된 것은 3월 28일(己酉), 3월 29일(庚戌) 문과(文科) 정즙(鄭楫) 등 32인의 방(榜)을 내어 걸었다. 김시석(金視石)은 회시(會試) 후에 낙제(落第)하는 꿈을 꾸고 전시(殿試)에는 나가지 않는 까닭에 정원수가 차지 못하였다. 무과(武科)에는 배찬(裵瓚) 등 28인이다. 정즙(鄭楫)으로 사재 주부(司宰主簿)를 삼고, 박중림(朴仲林)으로 인수부 승(仁壽府丞)을 삼고, 안완경(安完慶)으로 사재 직장(司宰直長)을 삼고, 배찬(裵瓚)으로 부사직(副司直)을 삼고, 김의지(金義之)로 사복 주부(司僕主簿)를 삼고, 이허(李栩)로 부사직(副司直)을 삼았다. 김시석은 3년 뒤인 세종 8년의 병오(丙午) 식년시(式年試) 문과에 추부(追付)되었고, 이 때문에 병오(丙午) 식년시(式年試) 인원은 34인(人)이었다.

세종 19권, 5년(1423), 계묘(癸卯) 3월 28일(己酉)의 『조선왕조실록』 기록에 의하면, 경복궁(景福宮)에 행차(行次)하여 근정전(勤政殿)에 나아가서 친히 문과(文科)의 과제(科題)를 내었는데, 그 과제(科題)에, "인사(人事)가 아래에서 감동되면, 천도(天道)는 위에서 반응하게 되니 이것은 고금(古今) 자연의 이치이다. 경서(經書)와 사서(史書)를 상고해보건대, 혹은 그 반응이 있기도 하고, 혹은 그 반응이 없기도 하니, 그것이 그렇게 된 이유를 얻어 들을 수 있겠는가. 봉황이 와서 희롱하고, 바다에서 물결이 일어나지 않고, 보정(寶鼎)이 나온 것은 모두 상서(祥瑞)이고, 9년의 홍수와 7년의 가뭄과 부시(罘罳)[117]에 화재(火災)가 난 것은 모두 재이(災異)인 것이다. 이것이 모두 감응(感

---

117) 부시(罘罳) : [명사] 새가 앉지 못하게 하기 위하여 전각(殿閣)의 처마에 둘러치는 철망(鐵網).

應)이 있어서 온 것인지, 감응이 없이 자연히 온 것인지. 창린(蒼麟)·
백록(白鹿)·천서(天書)·지초(芝草) 등은 의심할 만한 상서(祥瑞)인
데, 송(宋)의 진종(眞宗)은 거의 태평 세상을 이루었으나, 조(趙)의 석
륵(石勒)은 마침내 나라가 떨치지 못했으니, 사건은 같은 데도 성함
과 쇠함이 다른 것은 무슨 이유인가. 내가 왕위를 계승한 이후로 태
조·태종의 서업(緖業)의 중대함과 이를 지키기가 어려움을 우러러
생각하여, 만분(萬分)의 일(一)이라도 보답하기를 희망하여, 이른 아
침부터 밤늦게까지 부지런히 한 것이 대개 몇 해가 되었다. 그러나
하늘과 사람의 이치에 어두워, 시행하는 즈음에 그 적당함을 얻지 못
하였다. 금년에 수재(水災)와 한재(旱災)가 서로 잇달아 일어나고, 근
년에 와서는 흉년이 거듭 들어서, 백성들이 고향을 떠나 흩어지게 되
고, 평안도·강원도의 두 도(道)가 더욱 심하니, 이런 일이 오게 된
것은 무슨 까닭인가. 오사(五事)[118]의 실책(失策)이 있었던가. 혹시
교조(敎條)가 사리에 어긋났던가. 혹은 유사(有司)들이 봉행(奉行)할
제 한갓 실속은 없이 형식만 잘 꾸며서 성심으로 백성을 사랑함이 없
었던가. 혹시 백성들이 원망이 있는데도 내가 미처 듣지 못했던가. 재
이(災異)를 변하여 화기(和氣)를 띠게 하는 그 방법은 무엇인가. 흉년
을 구제하는 정사를 강구(講求)하여, 창고를 열어 백성을 구제했는데
도 백성이 굶주린 기색을 면하지 못한 것은 어떤 이유인가. 백성들로
하여금 굶주림으로 울면서 호소함이 없게 하고, 들에는 버려둔 송장
이 없게 하는 방법은 어디 있을까. 평안도와 함길도는 야인(野人)과

118) 오사(五事) : 군주가 주의해야 할 다섯 가지가 있다. 1. 모(貌)-몸가짐이 공손하면 마음은 엄
숙해진다, 2. 언(言)-말씨는 따를 수 있도록 해야 한다. 그러면 잘 다스릴 수 있다, 3. 시(視)-
관찰력이 명확하면 지혜롭게 된다, 4. 청(聽)-청취력은 분명해야 한다. 그러면 계책이 따른다,
5. 사고(思考)-사고력이 예리(銳利)하면 성스럽게 된다.

이웃하여, 여러 번 경보(警報)가 있었으니, 두 도(道)에 저장된 곡식을 만일 흉년 구제하는 데만 다 써버리면, 뜻밖의 변고가 발생하였을 때 장차 무엇으로 군량(軍糧)을 준비하겠는가. 경(經)에, '중(中)과 화(和)를 (사람으로서) 다하면 천지(天地)도 그 자리를 정할 것이며, 만물이 양육(養育)된다'고 하였으니, 이 도리를 다한다면, 재이(災異)도 소멸될 수 있고, 태화(泰和)한 세상도 기약할 수 있을 것인가. 나의 대부(大夫)들은 경술(經術)에 통달하여, 정치하는 본의 대체를 잘 알아서 말을 할 만한 시기를 기다린 지가 오래되었을 것이니, 마음에 있는 것을 다하여 대답하라. 내가 장차 친히 볼 것이다"라고 하였다.

문과(文科) 목록(目錄)
(전체 합격률 6.29%) 32명

인명	자(字)	호(號)	생몰년	본관	합격등급
정즙(鄭楫)			? ~ ?	청주 (淸州)	을과(乙科) 1[壯元]위
박중림(朴仲林)			? ~ ?	순천 (順天)	을과(乙科) 2위
안완경(安完慶)		정암 (貞菴)	? ~ 1453	광주 (廣州)	을과(乙科) 3위
이명겸(李鳴謙)			? ~ ?	벽진 (碧珍)	병과(丙科) 1위
원호(元昊)		무항 (霧巷)	? ~ ?	원주 (原州)	병과(丙科) 2위
이중원(李中元)			? ~ ?	광주 (廣州)	병과(丙科) 3위
김광수(金光粹)			? ~ ?	경주 (慶州)	병과(丙科) 4위
이영문(李榮門)			? ~ ?	전주 (全州)	병과(丙科) 5위
정분(鄭汾)			? ~ ?	해주 (海州)	병과(丙科) 6위

조오(趙珸)			? ~ ?	횡성 (橫城)	병과(丙科) 7위
권칠임(權七臨)			? ~ ?	예천 (醴泉)	동진사(同進士) 1위
조겸(趙謙)			? ~ ?	미상 (未詳)	동진사(同進士) 2위
최암(崔庵)	가거 (可居)		? ~ ?	강릉 (江陵)	동진사(同進士) 3위
안규(安規)			? ~ ?	미상 (未詳)	동진사(同進士) 4위
강자경(康子敬)			? ~ ?	미상 (未詳)	동진사(同進士) 5위
김장(金張)			? ~ ?	상산 (商山)	동진사(同進士) 6위
황보공(皇甫恭)			? ~ ?	영천 (永川)	동진사(同進士) 7위
김하(金何)			? ~ ?	연안 (延安)	동진사(同進士) 8위
안질(安質)			? ~ ?	순흥 (順興)	동진사(同進士) 9위
노상지(盧尙志)			? ~ ?	안강 (安康)	동진사(同進士) 10위
정양(鄭禳)			? ~ ?	진양 (晉陽)	동진사(同進士) 11위
이종의(李從義)			? ~ ?	미상 (未詳)	동진사(同進士) 12위
류종서(柳宗敍)			? ~ ?	고흥 (高興)	동진사(同進士) 13위
김니(金膩)			? ~ ?	미상 (未詳)	동진사(同進士) 14위
최점(崔店)			? ~ ?	강릉 (江陵)	동진사(同進士) 15위
이숭의(李崇義)			? ~ ?	미상 (未詳)	동진사(同進士) 16위
이겸지(李謙之)			? ~ ?	양성 (陽城)	동진사(同進士) 17위
이활(李活)			? ~ ?	인천 (仁川)	동진사(同進士) 18위

장숙(莊叔)			? ~ ?	금천 (衿川)	동진사(同進士) 19위
김신지(金愼之)			? ~ ?	미상 (未詳)	동진사(同進士) 20위
김효분(金孝芬)	덕원 (德源)		? ~ ?	김해 (金海[1])	동진사(同進士) 21위
손사명(孫士明)			? ~ ?	경주 (慶州)	동진사(同進士) 22위

※ 손사명(孫士明)은 『朝鮮時代 文科白書』 상권(上卷)에서는 손사성(孫士晟)으로 실려 있다.

⑤ 예조에서 잡과를 시험보다

세종 20권, 5년(1423), 계묘(癸卯) 5월 15일(갑오) 5번째 기사

잡과(雜科)를 예조(禮曹)에서 시험보였다.

【태백산사고본】 7책 20권 16장 B면

【영인본】 2책 541면

【분류】 인사-선발(選拔)

○ 잡과의 방을 발표하다

세종 20권, 5년(1423) 계묘(癸卯) 5월 17일(병신) 4번째 기사

잡과(雜科)의 방(榜)을 발표하고, 술과 과일을 내렸다.

【태백산사고본】 7책 20권 17장 A면

【영인본】 2책 541면

【분류】 인사-선발(選拔)/왕실-사급(賜給)

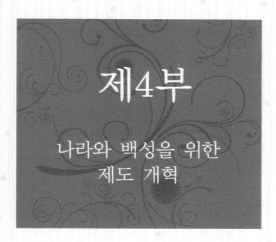

제4부

나라와 백성을 위한
제도 개혁

1. 가족제도 정비

1) 전례(典禮)의 정비

문무백관(文武百官)의 삼년상의 실시, 의례절차에『주자가례(朱子家禮)』의 적용을 주장하였다.

태조 7년(1398) 음력 2월 1일에 사간원(司諫院) 사간(司諫)의 벼슬에 있으면서 부모상에 대한 상례(喪禮)가 제대로 시행되지 않고 있음을 들어 다음과 같이 아뢰었다.

〈청행물허기복소(請行勿許起復疏)〉

"삼년상(三年喪)은 천하의 공통된 상례입니다. 대소(大小) 신료(臣僚)는 현임(現任)과 산관(散官)은 물론하고 3년 상제(喪制)를 마치도록 하시고, 긴요(緊要)한 정무(政務)에 관계가 있는 자(者)만은 상중(喪中)이라도 벼슬자리에 있게 하는 탈정(奪情)119) 기복(起復)120)의법을 따라 쓰소서. 요즘에 와서는 많은 벼슬아치들이 성현(聖賢)의제도에 어그러질 뿐 아니라, 실로 밝은 시대의 성전(盛典)에도 누(累)가 되는 일이라 하지 않을 수 없습니다. 풍속의 박(薄)하여진 것을 바

---

119) 탈정(奪情) : [명사] 복(服)을 입는 효심(孝心)을 빼앗는다는 뜻으로, 부모의 상중(喪中)에 출사(出仕)를 명(命)함.

120) 기복(起復) : [명사] [같은 말] 기복출사(起復出仕)(어버이의 상중에 벼슬자리에 나아감).

로잡기 위하여서 상중(喪中)에 있는 자(者)들은 벼슬길에 나오지 못하도록 하소서. 밝고 밝은 성조(盛朝)에 인재(人材)가 배출(輩出)되어 발탁(拔擢)되기를 기다리는 자(者)들도 적지 아니 합니다."

"이제부터 3년상(三年喪)의 상례(喪禮)로 정(定)하게 하라"는 태종의 명령이 있었다.

유교적(儒敎的) 역사관을 확고히 가진 류관은 이단(異端)[121]을 배척하여 여러 아들에게 이르기를 "내가 죽은 뒤에 불공(佛供)을 하지 말고 일체(一切) 『주문공가례(朱文公家禮)』[122]에 따르되 포혜(脯醯)[123]만은 없애라. 시속(時俗)에서 놀라고 해괴(駭怪)[124]히 여길까 두렵다" 하였다.

태종(太宗) 14년(1414) 음력 6월 6일에 사헌부(司憲府) 대사헌(大司憲)으로 있을 때 처첩제(妻妾制), 상속제(相續制)의 개편(改編)을 통하여 구시대적인 요소를 없앨 것을 상소(上疏)하다.

〈청징유처취처소(請懲有妻娶妻疏)〉

"부부는 인륜의 큰 벼리[大綱]입니다. 고려 말기에 예제(禮制)가 문란(紊亂)[125]하고 기강(紀綱)[126]이 풀어져서 대소(大小) 관원(官員)이

---

121) 이단(異端) : [명사] 1. 자기가 믿는 이외의 도(道). 2. 전통이나 권위에 반항하는 주장이나 이론. 3. =이단자. 4. <종교> 자기가 믿는 종교의 교리에 어긋나는 이론이나 행동 또는 그런 종교.

122) 『주문공가례(朱文公家禮)』 : [명사] <책명> [같은 말] 주자가례(朱子家禮) 중국 명(明)나라 때에 구준(丘濬)이 가례에 관한 주자(朱子)의 학설을 수집하여 만든 책. 주로 관혼상제(冠婚喪祭)의 사례(四禮)에 관한 사항을 담았다.

123) 포혜(脯醯) : [명사] 포육(脯肉)과 식혜(食醯)를 아울러 이르는 말.

124) 해괴(駭怪) : '해괴하다'의 어근(語根). 해괴하다 : [형용사] 크게 놀랄 정도로 매우 괴이하고 야릇하다.

서울과 지방에 두 아내를 아울러 두었습니다. 이로 인하여 자신이 죽은 뒤에 두 아내의 자식들이 서로 적자(嫡子)[127]를 다투다가 드디어는 원수가 되기도 합니다. 쟁송(爭訟)도 갖가지로 일고 있으나 세월이 이미 오래 되어서 혼서(婚書)의 유무(有無)와 성례(成禮)의 여부(與否)를 분간(分揀)하기가 곤란한 형편입니다. 아내가 있는 자(者)가 임의(任意)로 성례(成禮)하고 다시 후처(後妻)를 얻으면 선처(先妻)와 후처(後妻)의 자식은 서로가 적자(嫡子)인데 양반의 자식은 하나같이 후처(後妻)를 첩(妾)이라 일컬음으로 사실을 가리기가 어렵습니다. 바라옵건대 선처(先妻)의 은의(恩義)가 엷고 후처(後妻)는 종신(終身)토록 동거(同居)하여 아내의 길[婦道]에 어그러짐이 없었다면 비록 후처라 하더라도 작첩(爵帖)[128]을 주고 수신전(守信田)[129]과 노비(奴婢)를 나누어 주고, 후처의 자식이 적자를 다투는 경우에는 선후(先後)를 논(論)하지 말고 조사(調查)하여 결정(決定)짓게 하소서. 3처(妻)를 아울러 데리고 산 자(者)라도 그 가운데에 종신(終身)토록 동거하는 자(者)에게 작첩(爵帖)과 전지(田地)·노비를 주면 3처(妻)의 자식이 고르게 분급(分給)할 것입니다."

태종(太宗)은 의견(意見)을 따르라는 하명(下命)이었다.

---

125) 문란(紊亂) : [명사] 도덕, 질서, 규범 따위가 어지러움.

126) 기강(紀綱) : [명사] 규율과 법도를 아울러 이르는 말. '근무 자세', '태도'로 순화.

127) 적자(嫡子) : [명사] 정실(正室)이 낳은 아들.

128) 작첩(爵帖) : [명사] <역사> 작위를 봉(封)하는 사령장(辭令狀).

129) 수신전(守信田) : [명사] <역사> 고려 시대에 과전(科田)을 받던 사람이 죽고 그의 아내가 수절(守節)할 때에 주던 토지(土地). 자식이 있으면 과전의 전부를, 자식이 없으면 그 반(半)을 주었다.

2. 유교이념 국론통일

여말선초(麗末鮮初)의 유불(儒佛) 교체라는 과도기적 상황 속에서 사상의 혼란을 방지하고 유교이념으로 국론을 통일, 태종 1년(1401) 음력 3월 22일에 사헌부(司憲府) 대사헌(大司憲)으로 오교(五敎) 양종(兩宗)의 혁파를 건의하고 상소(上疏)하여 불교를 이론적으로 비판하였다.

〈사태승도파오교양종소(沙汰僧徒罷五敎兩宗疏)〉

"삼가 생각건대, 성상(聖上)께서 날마다 경연(經筵)에 납시어 요순(堯舜)의 다스림과 공맹(孔孟)의 가르침으로 앞에서 강의하시나 불교를 배척하고 성도(聖道)를 옹호하는 논의에는 미치지 못하시니 신(臣)으로서는 적이 의심스럽습니다"라고 하고 인하여 불교가 인륜을 어지럽히고 신라(新羅) 고려(高麗)에서의 높았던 신앙을 극언(極言)하고 오교(五敎)[130] 양종(兩宗)[131]을 파하여 곧 속가(俗家)로 돌려보내어 각기(各其) 본업(本業)에 종사하기를 원하였다. 또 중 외(外)에 제멋대로 머리를 깎는 일이 없게 하여 10년 동안 견지(堅持)하여 확

---

130) 오교(五敎) : [명사] <불교> 신라 불교의 다섯 종파. 열반종(涅槃宗), 남산종(南山宗), 화엄종(華嚴宗), 법상종(法相宗), 법성종(法性宗)이다. 고려불교의 다섯 종파. 자은종(慈恩宗), 화엄종(華嚴宗), 시흥종(始興宗), 중도종(中道宗), 남산종(南山宗).

131) 양종(兩宗) : [명사] <불교> 1. 조계종(曹溪宗)과 천태종(天台宗)을 아울러 이르는 말. 고려 숙종(肅宗) 때에 대각국사(大覺國師) 의천(義天)이 교(敎)·선(禪)의 일치를 주장하여 해동(海東) 천태종(天台宗)을 개창하고 종래의 구산선문(九山禪門)의 선덕종(禪德宗)을 조계종(曹溪宗)이라고 개칭한 데서 유래한다. 2. 교종(敎宗)과 선종(禪宗)을 아울러 이르는 말.

고부동(確固不動)하면 세속에서 모두 허탄(虛誕)[132]하게 된 것을 알게 될 것이다. 그런 뒤에 성인(聖人)의 도(道)로 가르쳐 오랫동안 쌓인 미혹(迷惑)을 제거하면 사람들이 쉽게 따르고 교화(敎化)도 쉽게 이행될 것이다. 효과가 전보다 몇 배 될 것이고 길이 후세에 남는 말이 있을 것이다 하였다."

또 태종(太宗) 14년(1414) 음력 7월 4일에 사헌부(司憲府) 대사헌(大司憲)으로 있을 때 선종(禪宗)·교종(敎宗)의 승려(僧侶) 선발(選拔) 방법을 건의하여 승인받다. 분열된 불교의 종문(宗門)을 줄일 것, 승과(僧科) 시행의 개선책을 건의하다.

"가만히 보건대, 석씨(釋氏)의 도는 선종(禪宗)이 있고 교종(敎宗)이 있는데, 그 승도(僧徒)가 된 자가 정(精)하게 배우지 아니하여서 궁구(窮究)하는 것이 하나의 교리(敎理)에 그치므로, 마침내 그 법통(法統)으로 하여금 분열하게 하여서 종문(宗門)이 많아지니, 국가에서 그 폐단을 깊이 염려하여, 이에 각 종파(宗派)를 병합하고 사사(寺社)[133]도 또한 그 반(半)으로 줄였습니다. 근년에 각 종파에서 초선(抄選)[134]할 때를 당하여 서투르게 배운 무리들을 취하므로, 많으면 70~80명에 이르고 적으면 40~50명에 내려가지 않는데, 요행히 초선(抄選)[135]에 합격하여서 이름을 이롭게 하기를 꾀하고 사사(寺社)에 주재하기를 구하니, 어찌 처음에 법을 세운 뜻이겠습니까? 바라옵건

---

132) 허탄(虛誕) : '허탄하다(거짓되고 미덥지 아니하다)'의 어근(語根).

133) 사사(寺社) : 절.

134) 초선(抄選) : 인재(人材)를 뽑는 일. 원래 의정대신(議政大臣)이 전조당상(銓曹堂上)과 모여서 필요한 인재(人材)를 특별히 뽑는 것을 말하나, 여기에서는 절의 각(各) 종파(宗派)에서 중을 시취(試取)하는 것을 말함.

135) 초선(抄選) : [명사] <역사> 의정대신과 이조당상이 모여서 경연관이나 특정 벼슬의 적임자를 뽑던 일.

대 선종(禪宗)136)·교종(敎宗)137)으로 하여금 각각 하나의 종문(宗門)으로 만들고, 문과 향시(文科鄕試)의 법에 의하여 각도(各道)로 하여금 선종(禪宗)·교종(敎宗) 2학(學)을 두고, 시년(試年)을 당하여 학술(學術)에 정(精)한 자를 뽑아서 승록사(僧錄司)138)에 올리고, 승록사에서 그 초선(抄選)을 다시 고찰한 뒤에 이송(移送)하도록 하소서. 선종(禪宗)·교종(敎宗) 2종(宗)이 그 초선(抄選)하는 수도 30인을 넘지 말게 하고 입선(入選)139)에서는 3분의 1을 취하여서 모람(冒濫)140)된 폐단을 묵은 법의 폐해(弊害)를 없애 버리소서."

육조(六曹)141)에 내려서 의논하니, 상소한 대로 시행하도록 청하였으므로 그대로 따랐다. 다만 선종(禪宗)·교종(敎宗)의 각 종문(宗門)에서는 구초선(舊抄選) 법에 의하여, 그 입격(入格)하는 자(者)의 수(數)를 정하여 시행하였다.

---

136) 선종(禪宗) : [명사] <불교> 참선으로 자신의 본성을 구명하여 깨달음의 묘경(妙境)을 터득하고, 부처의 깨달음을 교설(敎說) 외에 이심전심(以心傳心)으로 중생의 마음에 전하는 것을 종지(宗旨)로 하는 종파. 중국 양(梁)나라 때 인도(印度) 달파대사가 중국에 전하였다. 우리나라에는 신라 중엽에 전해져 구산선문(九山禪門)이 성립되었다.

137) 교종(敎宗) : [명사] <불교> 불교의 종파를 크게 둘로 나누었을 때에, 선(禪)보다 교리를 중시하는 종파.

138) 승록사(僧錄司) : 조선조 초기에 불교에 관한 일을 맡아 보던 관아. 예조(禮曹)에 소속하여 절[寺刹]을 관리하고 중의 도첩(度牒)을 지급하고 승적(僧籍)을 성안하였음. 세종 6년(1424)에 선종(禪宗)·교종(敎宗) 36사(寺)로 통합할 때 승록사를 혁파하고 모든 사무를 선종·교종의 도회소(都會所)로 넘겼음.

139) 입선(入選) : 시취(試取)할 때 최종적으로 입격자(入格者)를 뽑던 일.

140) 모람(冒濫) : [명사] 윗사람에게 버릇없이 함부로 행동함.

141) 육조(六曹) : [명사] <역사> 고려·조선시대에, 국가의 정무(政務)를 나누어 맡아보던 여섯 관부(官府). 이조(吏曹), 호조(戶曹), 예조(禮曹), 병조(兵曹), 형조(刑曹), 공조(工曹)를 이른다.

3. 동악(動樂) 연음(宴飮) 등을 금함

태종(太宗) 1년(1401) 음력 5월 10일에 사헌부(司憲府) 대사헌(大司憲)으로 풍악(風樂)과 연음(宴飮)의 금지(禁止) 등에 관한 상소를 하다.

〈탄일조하소(誕日朝賀疏)〉

사헌부 대사헌(大司憲) 류관(柳觀) 등(等)이 상서(上書)하였는데,

"첫째는 풍악(風樂)을 울리고 연음(宴飮)하는 것을 금할 것, 둘째는 탄일(誕日)에 조하(朝賀)하는 것을 없앨 것, 셋째는 탄일재(誕日齋)와 초례(醮禮)를 행하는 것을 없애자는 것이었다."

임금이 말하기를,

"풍악을 울리는 것을 금하자는 일은 전에 이미 명령이 있었으니, 무얼 다시 말할 것이 있는가? 조하(朝賀)를 없애자는 일은, 우리나라가 한결같이 홍무예제(洪武禮制)[142]를 따르고, 고황제(高皇帝)께서 외국(外國)까지도 모두 조하하게 하였고, 또 옛날 제왕(帝王)으로 당(唐) 태종(太宗) 이외에는 조하를 없앤 이가 있다는 것을 듣지 못하였

---

142) 홍무예제(洪武禮制) : 보물 1079호. 목판본. 1권 1책. 서울 송성문 소장. 이 책은 1381년에 명(明)나라 태조가 종래의 예제(禮制)를 새롭게 하기 위하여 유신들을 시켜 편찬한 국가의 예식집(禮式集)으로 고려 말 이후 조선 세종대에 『국조오례의(國朝五禮儀)』가 만들어질 때까지 한국에서도 국가적 예법의 준칙으로 활용되었다.

다. 잔치하여 즐기[宴樂]는 것은 이미 없었고, 조하(朝賀)는 반드시 제거할 것이 없다. 탄일재(誕日齋)를 제거하자는 일은, 전조(前朝) 때부터 지금까지 나라에서는 기신(忌晨)에, 아래에서는 추천(追薦)[143]·기일(忌日)[144]에 모두 중[僧]들에게 밥을 먹이니, 이런 일들을 모두 금(禁)하여 없앤 연후(然後)에 탄일재를 아울러 없애는 것이 가(可)하다. 어찌 이 한 가지 일에 대해서만 말하는가? 정부에 내려서 의논하여 아뢰라" 하였다.

정부에서 의논하여 청하기를 사헌부(司憲府)에서 올린 글과 같이 하였기 때문에, 탄일재는 정지하여 그만두게 하였다.

---

143) 추천(追薦) : 죽은 사람에게 공덕(功德)을 베풀어 명복(冥福)을 비는 일.
144) 기일(忌日) : [명사] 1. 해마다 돌아오는 제삿날, 2. <민속> 불길(不吉)하다 하여 꺼리는 날.

4. 국가의 제도를 정비

1) 엄정한 법의 집행과 유능한 관리가 법을 담당

○ 태조(太祖) 7년(1398, 무인戊寅) 음력 4월 21일에 형조전서(刑曹
典書)의 벼슬에 있었다.

죄인(罪人)에 대한 고문(拷問)을 옥리(獄吏)들이 함부로 하는 폐단
을 아뢰었다.

형률(刑律)의 적용이 엄정(嚴正)하게 시행되도록 하는 방안(方案)
을 형조(刑曹)에 건의(建議)하다.

태조 7년(1398) 윤(閏) 5월 26일에 임금이 이른 새벽에 근정전(勤政
殿)에 앉았는데 예관(禮官)이 배례(拜禮)하라고 창(唱)하니, 이를 중
지하라고 명하였다.

(1) 아룀[啓]

"형옥(刑獄)의 관리는 인명(人命)을 쥐고 있기 때문에 신중(愼重)하
고 조심하지 않을 수 없습니다. 원래 사람은 타고난 기질에 따라서
강(强)하고 굳세고 과단성(果斷性)이 있기도 하며, 유순(柔順)하고 나
약(懦弱)하고 겁이 많기도 하여, 사람마다 아주 같지가 않습니다. 이
런 까닭에 참으로 도둑질을 하고도 그 매질함을 견디어 마침내 공초
(供招)에 승복(承服)하지 않기도 하며, 무고(誣告)를 당하고도 매질의
고초(苦楚)를 참지 못하여 스스로 거짓 자복(自服)하기도 하니, 사람

의 진실과 거짓을 분별하기란 참으로 어렵습니다. 형리(刑吏)들은 다만 사람을 복죄(服罪)시켰다는 이름을 얻기에만 힘쓰고 사람의 생명이 중한 것임을 돌보지 않고 있습니다. 그리하여 온갖 방법으로 신문하여 피의자의 몸은 막대기 아래에서 죽게 됩니다. 바라옵건대 중앙과 지방의 형리(刑吏)들로 하여금 다만 형벌(刑罰)을 법조문(法條文)에 의거(依據)하여 행하게 하고, 비록 형(刑)을 조문(條文)에 의거하여 고문(拷問)하더라도 하루 안에는 서너 차례의 고문에 지나지 않게 하며, 항상 그 말과 얼굴빛을 분별하고 그 증거(證據)를 증험(證驗)하여 참과 거짓을 밝히게 할 것이며, 함부로 매질을 못하게 하소서."

도당(都堂)145)에 명하여 의논하게 하니, 형조(刑曹)에서 품신(稟申)146)한 것과 같이 하기를 청하였다. 중앙과 지방에 시행하도록 하였다.

○ 세종 2년(1420, 경자庚子) 음력 1월 2일에 예문관(藝文舘) 대제학(大提學) 벼슬에 있었다. 수령(守令)들로 하여금 모두 백성을 사랑할 것을 염두(念頭)에 두고 각박(刻薄)한 짓을 하지 않도록 하소서 하였다.

처음에 임금이 교서(敎書)를 내려 신하들의 진언(進言)을 요구하고, 의정부와 육조(六曹)에 명하여 그들의 언론을 의논하게 하였더니, 이제 그중 시행할 만한 조건을 가려 뽑아 아뢰었는데,

(2) 구언소(求言疏)

1. 예문관 대제학 류관(柳觀) 등이 말하기를,

---

145) 도당(都堂) : [명사] <역사> 의정부(議政府)(조선시대에 둔, 행정부의 최고기관).
146) 품신(稟申) : [명사] 웃어른이나 상사에게 여쭈는 일.

"수령(守令)이 어질고 어질지 못함에, 백성이 잘살게 되고 못살게 되는 문제가 달려 있습니다. 근래에 수령이 대개가 사무 처리하는 것만으로 일을 삼고, 형벌을 엄하게 함으로써 위엄을 세우려 하며, 압박하고 재촉함으로써 일을 거둬 치우는 데만 힘을 쓰고, 백성의 이해에 대하여는 일찍 돌아보고 생각해주지 아니합니다. 백성이 억울함이 있어 하소연하여도 억누르기만 하고, 이것을 풀어주지 아니할 뿐 아니라, 그들에게 매질하며 쫓아내기까지 하고서, 곧 하는 말이, '형벌을 엄하게 하지 않으면 위엄이 서지 아니하며, 다급히 독촉하지 않으면 일을 처리하지 못한다' 하여, 이러한 짓을 하는 자들이 때때로 있습니다. 이로 말미암아 원망과 분노의 기색이 민간에 쌓이어서 평화스러운 기색을 쓸어 없게 합니다. 그런데 감사(監司)는 그러한 사람들을 일처리 잘한다고 생각하여, 성적을 고사할 때에 이를 높은 등급으로 매깁니다. 그러므로 뒤에 그 후임을 맡은 사람도 그대로 본받아 하게 되니, 백성이 어떻게 그의 생활에 안심할 수 있으며, 그들의 원망을 풀어낼 수 있겠습니까. 원컨대 각 도(道)에 명령을 내리셔서 수령들로 하여금 모두 백성을 사랑할 것을 염두에 두고 각박한 짓을 하지 않도록 힘써서 원망에 가득한 공기를 가시게 하옵소서" 하였다.

○ 태조(太祖) 7년[1398, 무인(戊寅)] 음력 4월 21일에 형조전서(刑曹典書)의 벼슬에 있었다.

중죄인(重罪人)이 돈을 내고 속죄(贖罪)받는 제도의 개혁을 건의하였다.

(3) 휼형소(恤刑疏)

형조 전서(刑曹典書) 류관(柳觀) 등(等)이 상언(上言)하였다.

"형옥(刑獄)의 관리는 인명(人命)이 매여 있어서 조심하지 않을 수 없습니다. 옛적에 고요(皐陶)[147]가 사사(士師)가 되었을 때에 전형(典刑)으로 보이고 오형(五刑)[148]을 귀양[流]으로 용서하며, 편(鞭)[149]으로 관형(官刑)을 만들며, 복(扑)[150]으로 교형(教刑)을 만들며, 금(金)으로 속형(贖刑)을 만들었사오니, 대개 형(刑)이란 것은 다스림을 보좌하는 제도이므로 성인(聖人)도 마지못하여 하는 것입니다. 사람이 법을 범한 것이 중하여 오형(五刑)에 들면 그 법으로 죄를 주고, 경(輕)하여 편복(鞭扑)[151]의 형(刑)에 들면 또한 그 법으로 죄를 주며, 혹 중(重)하거나 혹 경(輕)하거나, 정상이 불쌍하고 법에 의심나는 것은 귀양으로 용서하고, 금(金)으로 속죄(贖罪)하거나 하여, 흠휼(欽恤)[152]하는 뜻이 모두 그 사이에 들어 있사오니, 진실로 만세(萬世)에 형(刑)을 쓰는 자의 준칙(準則)이옵니다. 이것으로 본다면 오형(五刑)에 유유(流宥)[153]는 있어도 금속(金贖)은 없었는데, 주 목왕(周穆

---

147) 고요(皐陶) : 요순(堯舜) 때의 현신(賢臣).

148) 오형(五刑) : 이마에 자자(刺字)하는 묵형(墨刑), 코를 베어내는 의형(劓刑), 발을 자르는 월형(刖刑), 생식기를 자르는 궁형(宮刑), 사형(死刑)인 대벽(大辟)의 다섯 가지 형벌.

149) 편(鞭) : 볼기 채.

150) 복(扑) : 종아리 채.

151) 편복(鞭扑) : [명사] 같은 말 : 편달(鞭撻)(종아리나 볼기를 침).

152) 흠휼(欽恤) : [명사] 죄수를 신중하게 심의함.

153) 유유(流宥) : 오형(五刑)의 하나. 유(流)는 보내는데 멀리 떠나가게 하는 것이고, 유(流)는 이곳 저곳으로 옮겨 다니는 귀양살이. 유(宥)는 너그러움이니 무릇 죄가 조금 가벼운 자를 대하는 것이니, 비록 오형에 들어가나 정상(情狀)이 가긍(可矜), 불쌍하고 가엾음)하고, 법에 가히 의심스럽고(법으로 판단하기가 다소 어렵고), 더불어 친척(왕족을 말함)과 귀족과 공로가 있어서

王)154)에 이르러 비로소 오형(五刑)의 속(贖)이 있었으니, 예전 제도가 아닙니다. 후세에 이를 인습하여 마침내 부유한 자는 죄를 면하고 가난한 자는 형(刑)을 받게 하였으니, 대단히 성인(聖人)의 형(刑)을 제정한 본의(本意)가 아닙니다. 대개 사람의 죄가 경(輕)한 데에 들어서 의심스러우면 속(贖)하게 하여 자신(自新)하는 길을 열어 주는 것이 가(可)하옵지만, 중(重)하고 의심스러운 자를 또한 속(贖)하여 준다면 사람이 법을 범하는 것을 경(輕)하게 여기어 장차 그 폐단을 이길 수 없을 것입니다. 원하옵건대 이제부터 사람이 장(杖) 60, 도(徒) 1년 이상의 죄를 범한 자는 비록 정상과 법이 의심스럽더라도 속(贖)을 허락하지 말고, 다만 도(徒)와 유(流)를 써서 용서하되, 그 죄의 경중에 따라서 그 땅의 잇수(里數)를 달리 하여 간궤(奸宄)한 자를 징계하고, 단방(斷放) 이하의 죄를 범한 자도 또한 정상과 법이 의심스러운 연후에야 속(贖)하여 주면 거의 율문(律文)에 어그러지지 않고 예전 제도에 합할 것입니다.

장물(贓物) 계산에 따르는 죄는 율(律)에 상고하면 감수(監守)하는 자가 스스로 도둑질한 자는 장물이 40관(貫)이 되면 극형(極刑)을 당하게 되어 있사온데, 지금 상포(常布) 5필(匹)을 1관(貫)으로 계산하면, 베[布] 2백 필이 40관에 해당하오니, 사람이 베 2백 필을 도둑질하고서 극형을 당하는 것은 대단히 불쌍한 일입니다. 또 곤장 1백을 때릴 자를 베 30필로 속(贖)을 받는다면 형(刑)을 가볍게 하는 잘못이 있사오니, 형을 쓰는 중도가 아닙니다. 비옵건대 상포(常布) 15필로 돈[錢] 1관(貫)에 해당하게 하면 6백 필 이상을 도둑질한 자라야 극형

형벌을 가할 수 없는 자는 이로써 관대하게 함이라.
154) 주목왕(周穆王) : 주(周)나라의 제5대 왕이다. 성은 희(姬). 휘는 만(滿)이다.

에 해당하게 되고, 곤장(棍杖)155) 1백을 때릴 자는 베 90필을 속(贖)
받으면 형(刑)과 속(贖)이 또한 경중의 마땅함을 얻을 것입니다.

또 율(律)에 상고하면 사람이 법을 범하는 것이 지극히 여러 가지
이온데, 율에는 똑바른 조문[正條]이 없는 것이 십상팔구(十常八
九)156)나 되어서, 죄를 처결하는 데에 경중(輕重)을 잃는 것이 이로
말미암아 생기게 되오니 염려하지 않을 수 없습니다. 예전 말에 이르
기를, "땅을 그어서 옥(獄)을 만들더라도 들어가지 않기를 의논하고,
나무를 새기어 아전[吏]을 만들더라도 대(對)하기를 기약하지 않는
다" 하였사오니, 이것은 모두 아전을 미워하기를 심하게 하는 비통한
말입니다. 아전이 형옥(刑獄)으로 출신(出身)하면 군자(君子)가 말하
기를 부끄럽게 여깁니다. 그러므로 옥(獄)을 다스리는 자가 대개는
무식한 사람이 많아서, 율문(律文)을 자세하게 익히 알아서 그 임무
에 당하지 못하옵고, 형(刑)을 맡은 관리가 되어도 또 율문에 유의하
려고 하지 않아서, 무릇 사람의 죄의 출입(出入)과 고하(高下)를 한결
같이 율학(律學)을 한 사람에게 맡기오니, 이것이 율을 적용할 때에
경중(輕重)의 적당함을 참작하지 못하여 마땅히 경하게 할 자는 도리
어 중하게 되고, 마땅히 무겁게 할 자는 혹 가볍게 되는 까닭입니다.
어찌 다만 법률에만 어그러질 뿐이겠습니까? 화기(和氣)를 감상(感
傷)하는 것이 작지 않을 것입니다. 원하옵건대 이제부터 사람이 죄를
범하였으되, 율(律)에 똑바른 조문[正條]이 없는 것은 근사(近似)한
율에 비교하여, 만일 본죄(本罪)는 경(輕)한데 율이 중한 것은 몇 등

---

155) 곤장(棍杖) : [명사] 예전에 죄인의 볼기를 치던 형구, 또는 그 형벌. 버드나무로 넓적하고 길
  게 만들었다.
156) 십상팔구(十常八九) : 열에 여덟아홉은 그러하다는 뜻. 비슷한 말로 십상(十常)이다. 거의 확
  실하게 그렇게 될거라는 뜻으로 쓰이는 우리말이다.

(等)을 감(減)하고, 본죄(本罪)는 중(重)한데 율이 경한 것은 몇 등을 더하여, 모두 계문(啓聞)하여 재가(裁可)를 받은 연후(然後)에 시행하게 하옵고, 이미 시행한 사건은 모두 글에 실어서 세월(歲月)을 쌓으면, 법률이 자연히 글이 되어서, 형벌이 처결하기 어려운 근심이 없을 것입니다."

도당(都堂)157)에 명하여 의논하게 하니, 형조(刑曹)에서 품신(稟申)한 것과 같이 하기를 청하였다.

2) 민생안전 경제정책

관(官)에서 사용하는 저화(楮貨)를 폐지하고 민간에서 널리 사용하고 있는 베[布]를 유통하여 백성들을 위하고, 베[布]의 규격을 통일함으로써 가격의 혼란을 제거하여야 한다.

○ 태종(太宗) 1년(1401) 음력 4월 19일에 사헌부(司憲府) 대사헌(大司憲) 벼슬에 있었다.

포폐(布幣)의 통용을 건의했으나 허락하지 않다.

(1) 청행포폐소(請行布幣疏)

사헌부(司憲府) 대사헌(大司憲) 류관(柳觀) 등이 상소하여 포폐(布

---

157) 도당(都堂) : 조선 초기의 국정 최고 의결 기관. 태조 때 베푼 것으로, 정종 2년(1400)에 의정부(議政府)로 고쳤다.

幣)를 행하기를 청하였으나, 그 소(疏)는 이러하였다.

"신(臣) 등(等)이 엎드려 하비(下批)¹⁵⁸⁾하신 것을 보니, 사섬서(司瞻署)라는 것은 저화(楮貨)를 위하여 설치한 것입니다. 신(臣) 등(等)은 생각하옵건대, 저폐(楮幣)는 관(官)에서 나와서 무궁(無窮)하고, 포필(布匹)은 백성에게서 이루어져 심히 어렵사오니, 저폐로 포필을 대신하는 것이 진실로 나라에 유리하고 백성에게 심히 편리하나, 국가에서 상국(上國)을 섬기기를 심히 공근(恭謹)하게 하는데, 명령을 받지 않고 스스로 행하는 것이 불가하지 않겠습니까? 우리 동방(東方)에서 포필을 쓴 것은 그 유래가 오랩니다. 원컨대 포(布)로 초법(鈔法)을 모방하여 화폐를 만들되, 정오승포(正五升布)¹⁵⁹⁾를 써서 담청색(淡靑色)으로 물을 들이고, 길이는 3척(尺), 너비는 폭(幅)대로 하고 위와 아래를 시치[縫]고, 네 가[邊]에 그림을 그리고, 본서(本署)와 토지(土地)·재곡(財穀)을 맡은 사(司)의 인(印)을 찍어서 그 안[內]을 채우고, 그 글에는 '조선포화(朝鮮布貨)'라 하여, 나라 안에서만 행하게 하고, 길이가 2척(尺), 1척(尺)되는 것도 또한 이 예(例)를 본떠 만들어서, 길이가 3척인 것은 3획(畫)을 그려서 그 값을 조미(糙米)¹⁶⁰⁾ 3두(斗)로 하고, 길이가 2척인 것은 2획을 그려서 그 값을 2두로 하고, 길이가 1척인 것은 1획을 그려서 그 값을 1두로 하면, 백성들이 그 획을 보고 그 값을 알아서, 백 가지 물건을 무역(貿易)하는 데 있어 그 값을 높이고 낮추기가 진실로 어렵지 않을 것입니다. 물건의 값이 우

---

158) 하비(下批) : [명사] <역사> 1. 임금이 종이에 적힌 세 사람의 후보자 가운데 하나를 골라 점을 찍어 벼슬아치를 임명하던 일. 2. 신하가 올린 글을 재가(裁可)할 때 임금이 그 글 끝에 쓴 의견문.

159) 정오승포(正五升布) [정: 오승포] : [명사] <수공> 규격에 맞게 짠 다섯 새의 베.

160) 조미(糙米): 매갈이. 매조미 쌀.

수리[餘零]가 있으면, 중국(中國)의 동전(銅錢)을 겸하여 쓰는 예를 모방하여, 쌀되[米升]로 쓰면, 이것은 본토(本土) 포화(布貨)의 이름이 그대로 있어, 중국의 초(鈔)에 혐의될 것이 없고, 그 이름은 초와는 다르나, 그 쓰임은 초(鈔)와 같고, 종이는 쉽게 해지지마는 포는 오래 보존되니, 그 이익이 훨씬 낫습니다. 무릇 상급(賞給)이 있더라도 또한 모두 이것을 쓰고, 쌀과 콩을 쓰지 않으면, 나라에서는 허비하여 내[費出]는 걱정이 없을 것이고, 1척의 값이 쌀 1두(斗)이면, 백성들이 경편(輕便)161)한 이익을 얻고, 1백 두(斗)의 값을 한 사람이 가지게 되면, 또 소[牛]로 싣고 말[馬]로 싣는 노고를 덜게 됩니다. 포폐(布幣)로 한번 바꾸면 그 이익이 너덧 가지나 되고, 공사(公私)가 겸하여 이로워서 폐단이 없다는 것을 보증할 수 있습니다. 다만 튼튼하게 행하지 못할까 두려울 뿐입니다. 또 일찍이 쓰던 상포(常布)는 금하지 않을 수 없사오니, 월일(月日)로 한(限)하여 백성이 고쳐 짜서 관가(官家)에 바치는 것을 들어주고, 관가에서는 정오승포(正五升布) 1필(匹)에 대하여 3척(尺)짜리 한 단(端), 2척(尺)짜리 두 단, 1척(尺)짜리 다섯 단을 주면 백성은 그 본가(本價)를 잃지 않을 것이고, 관가에서는 그 포(布)를 쓰되, 끊어서 3척(尺)짜리 셋, 2척(尺)짜리 여섯, 1척(尺)짜리 열넷을 만들면, 관가에서는 3배의 이익을 얻을 것입니다. 신(臣) 등(等)의 어리석은 소견(所見)이 이와 같사오니, 엎드려 바라옵건대 성감(聖鑑)이 혹시 채납(採納)할 것이 있거든, 도당(都堂)162)에 내리시어 의논하여 시행하게 하소서." 윤허(允許)하지 않았다.

---

161) 경편(輕便) : [명사] 가볍고 편하거나 손쉽고 편리함.
162) 도당(都堂) : [명사] <역사> 같은 말 : 의정부(議政府)(조선시대에 둔, 행정부의 최고기관).

3) 가뭄[旱魃]대책

음악을 폐하고 죄수(罪囚)들을 잘 다스리며, 궁핍한 사람들을 구휼(救恤)

변정도감(辨正都監)의 노비 송사 처결을 잠정적으로 중지하라고 명하다

태종 14년(1414) 음력 6월 6일에 변정도감(辨正都監) 제조(提調) 겸(兼) 사헌부(司憲府) 대사헌(大司憲) 류관(柳觀) 등(等)이 상소하였는데, 대략(大略)은 이러하였다.

"날이 가물거나 비가 내리는 것은 하늘[天]의 운행(運行)입니다. 9년의 큰물이나, 7년의 가뭄은 요(堯)임금과 탕(湯)임금도 면하지 못한 것입니다. 한기(旱氣)가 몹시 심하여 산천(山川)이 바싹 말라버린 것은 주(周) 선왕(宣王)의 공구수성(恐懼修省)[163]할 바를 보인 것이요, 가뭄이 재앙이 되지 않고 백성이 병들어 죽는 자가 없는 것은 인정(仁政)을 시행함이 본래 민심(民心)에 흡족하여 원망함이 없는 까닭입니다. 삼대(三代: 夏·殷·周) 이후로 역대(歷代)의 임금이 모두 재이(災異)를 만났는데 공구수성(恐懼修省)하지 않음이 없었으니, 혹은 궁인(宮人)을 골라서 내보내고, 혹은 감선(減膳)하고 철악(徹樂)하고, 혹은 죄수들을 잘 다스리고, 혹은 궁핍한 백성들을 진휼(賑恤)하여, 무릇 천심(天心)에 이르는 일을 행하지 않음이 없었습니다. 진실로 먹는 것을 백성은 으뜸으로 여기고 백성은 오로지 나라의 근본(根本)

---

163) 공구수성(恐懼修省) : 놀라고 두려워하여 수양하고 반성함. 『주역(周易)』 경문(經文)-중뢰진괘(重雷震卦-51) 象曰 洊雷ㅣ 震이니 君子ㅣ 以하야 恐懼修省하나니라. 상(象)에 가로되 거듭한 우뢰가 진(震)이니, 군자가 이로써 놀라고 두려워하여 수양하고 반성하느니라.

이니, 좌시(坐視)만 하고 구제하지 않을 수 없습니다. 그윽이 생각하건대, 전하가 대소원인(大小員人)을 불쌍히 생각하여 노비(奴婢)를 쟁송(爭訟)하고 동기(同氣)를 상해하므로, 그 폐단을 개혁하고자 하여 도감(都監)을 세우고 기한을 정하여 결절(決絶)하도록 하였는데, 소송(訴訟)하는 자는 이욕(利慾)에 이끌리어 중외(中外)로 왕래하며, 소와 말에 짐을 싣고 길에 내왕하는 자가 끊임이 없으니, 그 사이에 어찌 원망하는 자가 없겠습니까? 이 일은 비록 가뭄의 이유가 되지는 않지마는 이것이 쌓여서 오래되면 화기(和氣)를 손상하게 될 것입니다. 이제 가뭄의 때를 당해서 오로지 쟁송(爭訟)만을 일삼는 것은 참으로 염려됩니다. 엎드려 바라건대 6, 7월 사이에는 잠시 경외(京外)의 결송(決訟)을 중지하고 8월 보름 이후를 기다려서 다시 하여도, 또한 늦지 않을 것입니다."

임금이 모두 좋다고 하여 받아들이고 명하였다.

"호강(豪强)한 사람이 간사한 꾀로 양인(良人)을 억눌러 천인(賤人)으로 만드는 따위의 일을 변정(辨正)[164]하여 원통함이 기필코 없게 하고, 금년 겨울에는 각각 노비 공문서(奴婢公文書)를 만들어 줄 것을 이미 입법(立法)하였으니, 어찌 갑자기 개혁할 수 있겠는가? 그러나 중외(中外)에서는 변정(辨正)을 잠정적으로 중지하고, 기필코 7월 그믐 때에 다시 청리(聽理)[165]하도록 허락하라."하였다.

---

164) 변정(辨正): 변명(辨明)하여 바로 잡음.
165) 청리(聽理) : [명사] 송사(訟事)를 듣고 심리(審理)함.

5. 역사기록에 참여

1) 『태조실록』 편찬에 참여

태종 9년(1409) 음력 8월 28일에 예문관(藝文舘) 대제학(大提學) 겸 (兼) 지춘추관사(知春秋舘事) 벼슬에 있었다.

영춘추관사(領春秋舘事) 하륜(河崙)에게 『태조실록(太祖實錄)』을 편수(編修)하도록 명하였다. 임금이 하륜(河崙)과 지춘추관사(知春秋舘事) 류관(柳觀)·동지춘추관사(同知春秋舘事) 정이오(鄭以吾)·변 계량(卞季良)을 불러 대궐에 이르니, 중관(中官)이 하륜(河崙)을 인도 하여 안으로 들어갔다. 조금 있다가 중관(中官)이 류관(柳觀) 등에게 전지(傳旨)하기를,

"『태조실록(太祖實錄)』을 진산부원군(晉山府院君)의 지획(指畫)을 들어 편수(編修)해 올리라" 하였다.

하륜이 명령을 받고 나와서 장무사관(掌務史官)을 불러 말하기를,

"임신(壬申)년부터 경진(庚辰)년까지166)의 사관사초(史官史草)를 빨리 수납(收納)하라" 하였다.

류관·변계량이 춘추관(春秋舘)에 모여 편수사목(編修事目)을 의 논하니, 기사관(記事官)이 고(告)하기를,

"예전 사기(史記)를 보건대 모두 3대(代) 후에 이루어졌습니다. 전 조(前朝) 때에 있어서도 역시 그러하였습니다. 『태조실록』을 어찌 오

---

166) 임신(壬申)년부터 경진(庚辰)년까지 : 조선을 건국한 태조(太祖) 1년 임신(壬申)년 서기 1392 년부터 정종(定宗) 2년 경진(庚辰)년 서기 1400년까지.

늘날에 편수할 수 있습니까? 본관(本舘)에서 왜 상소(上疏)하여 정지하기를 청하지 않습니까?" 하니,

류관 등이 말하기를,

"기사관(記事官)이 하는 것이 좋소" 하였다.

2) 『고려사』 개수(改修)에 참여

○ 세종 1년(1419) 9월 20일 임금이 예문관 대제학 류관(柳觀), 의정부 참찬 변계량 등에게 명하여, 정도전(鄭道傳)이 찬수(撰修)한 『고려사』를 개수하게 하였다.

○ 세종 2년(1420) 2월 23일에 류관에게 『고려사』 교정에 대하여 묻다.

정사를 보고 경연에 나아갔다. 임금이 류관(柳觀)에게 『고려사(高麗史)』의 교정하는 일을 물으니, 관이 대답하기를,

"역사(歷史)란 만세(萬世)의 귀감(龜鑑)이 되는 것이온데, 전에 만든 『고려사』에는 재이(災異)에 대한 것을 모두 쓰지 아니하였으므로, 지금은 모두 이를 기록하기로 합니다" 하니,

임금이 말하기를,

"모든 선(善)과 악(惡)을 다 기록하는 것은 뒤의 사람에게 경계하는 것인데, 어찌 재이라 하여 이를 기록하지 아니하랴" 하였다.

○ 세종 3년(1421) 음력 1월 30일에 류관·변계량이 『고려사』를 교정하여 올리다.

이전에 정도전(鄭道傳)이 편찬한『고려사(高麗史)』가 간혹 사신(史臣)이 본래 초(草)한 것과 같지 아니한 곳이 있고, 또 제(制)니, 칙(勅)이니 하는 말과 태자(太子)라고 한 것 등의 유(類)가 참람(僭濫)되고 분수에 넘치는 말이 된다 하여, 류관(柳觀)과 변계량에게 명하여 교정하게 하였더니, 이제 와서 편찬(編纂)이 완성되었으므로 이에 헌상(獻上)하였다.

　○ 세종 5년(1423) 음력 12월 29일(병자)에 지관사 류관·동지 관사 윤회에게『고려사』를 개수(改修)케 하다.

　지관사(知舘事) 류관(柳觀)과 동지관사(同知舘事) 윤회(尹淮)에게 명하여『고려사(高麗史)』를 개수하게 하였다. 처음에 정도전(鄭道傳)·정총(鄭摠) 등이 전조(前朝)[167]의 역사를 편수함에 있어, 이색(李穡)·이인복(李仁復)이 저술한『금경록(金鏡錄)』을 근거로 하여 37권을 편찬하였더니, 정도전이 말하기를,

　"원왕(元王) 이하는 비기어 참람(僭濫)[168]하게 쓴 것이 많다 하여, 즉 종(宗)이라고 일컬은 것을 왕이라 쓰고, 절일(節日)이라고 호칭한 것을 생일(生日)이라 썼으며, 짐(朕)은 나[予]로 쓰고, 조(詔)를 교(敎)라 썼으니, 고친 것이 많아서 그 실상이 인멸된 것이 있고, 또 정운경(鄭云敬)은 도전의 부친으로, 별다른 재능과 덕행도 없었는데도 전(傳)[169]을 지어 드러내고, 정몽주(鄭夢周)·김진양(金震陽)은 충신(忠臣)인 것을 가차 없이 깎고 몰았으며, 오직 자기의 일은 비록 작은 것

---

167) 전조(前朝) : 고려(高麗).
168) 참람(僭濫) : '참람하다(분수에 넘쳐 너무 지나치다)'의 어근(語根).
169) 전(傳) : 전기(傳記).

이라도 반드시 기록하여, 그 옳고 그른 것을 정한 것이 '그네들이' 좋아하고 미워하는 데서 나왔고, 착하다고 한 것과 악하다고 한 것이 예[舊] 역사를 그르쳐 놓았다."

진산군(晉山君) 하륜(河崙)이 이르기를,

"정도전의 마음씨의 바르지 못함이 이와 같이 극심한 지경에 이르렀다" 하고,

조정에 건의하기를,

"옛날 역사에 상고하여 거기에 붙여 쓸 것은 더 써넣고, 없앨 것은 삭제하여야 한다"고 하더니,

그만 이것을 마치지 못하고 돌아갔던 것이다. 무술(戊戌)년170)에 임금이 류관과 변계량에게 명하여 교정(校正)을 가하도록 하니, 류관이 『주자강목(朱子綱目)』171)을 모방하여 편집하려고 하였으나, 변계량이 말하기를,

"『여사(麗史)』가 이미 이인복과 이색과 정도전의 손을 거쳤으니 경솔히 고칠 수는 없다" 하고,

그 편수함에 미쳐서는 옛 그것을 답습하여, 태자(太子)의 태부(太傅)·소부(少傅)·첨사(僉事)를 세자(世子)의 태부·소부·첨사로 하고, 태자비(太子妃)를 세자빈(世子嬪)으로 하며, 제칙(制則)을 교(教)로 하며, 사(赦)를 유(宥)로 하고, 주(奏)를 계(啓)로 하였고, 아직 지주(知奏)는 고치지 않았으나, 자못 당시의 사실을 잃었던 것이다" 하고,

사관(史官) 이선제(李先齊)·양봉래(梁鳳來)·정사(鄭賜)·강신(康愼)·배인(裵寅)·김장(金張) 등이 변계량에게 고(告)하기를,

---

170) 무술(戊戌)년 : 태종 18년, 서기 1418년.
171) 강목(綱目) : 『자치통감강목(資治通鑑綱目)』.

"태자태부(太子太傅) 등의 칭호(稱號)는 당시의 관제(官制)이요, 제(制)·칙(勅)·조(詔)·사(赦)도 당시에 호칭(呼稱)하던 바요, 비록 명분(名分)을 바로잡는다고는 말하지만, 『춘추(春秋)』172)에 교제(郊禘)173)와 대우(大雩)174)를 같이 전하여 '그 후세의' 감계(鑑戒)가 되게 하였으니, 어찌 이를 고쳐서 그 실상을 인멸되게 하겠소" 하니,

변계량이 그렇지 않다 하여, 도리어 이 뜻으로써 윤회에게 고하여 임금에게 주달[轉達]하였다. 임금이 말하기를,

"공자(孔子)의 『춘추(春秋)』 같은 것은 제왕의 권한을 의탁하여 한 왕의 법을 이루었기 때문에, 오(吳)나라와 초(楚)나라가 참람하게 왕(王)으로 일컬은 것은 깎아내려서 자(子)라고 썼고, 성풍(成風)175)의 장사에 천자로서 과람(過濫)한 부의(賻儀)를 했다 하여, 왕(王)이라 이르고 천왕(天王)이라 일컫지 않았으니, 이와 같이 취할 것은 취하고, 삭제할 것은 삭제하며, 빼앗고 주는 것이 성인의 심중(心中)의 재량(裁量)으로부터 나왔는데, 좌씨(左氏)176)가 전(傳)을 지음에 이르러서는, 형(荊)177)나라와 오(吳)나라와 월(越)나라를 한결같이 자기들이 호칭(呼稱)대로 좇아, 왕이라 쓰고 일찍이 고치지 않았으며, 『주자강목(朱子綱目)』 같은 것도 비록 춘추의 필법[書法]을 본받았다 하나, 그 주에는 참람(僭濫)하게 반역한 나라가 명칭을 도절(盜竊)한 것도 또한 그 사실에 인하여 그대로 기록하였으니, 그 기사(記事)의 규례

---

172) 『춘추(春秋)』 : 노(魯)나라 역사.
173) 교체(郊禘) : 천자(天子)가 천지(天地)에 제사(祭祀)지내는 것을 교(郊)라 하고, 조상(祖上)을 하늘에 배(配)하여 제사지내는 것을 체(禘)라 한다.
174) 대우(大雩) : 크게 기우제(祈雨祭)를 지냄.
175) 성풍(成風) : 희공(僖公)의 어머니.
176) 좌씨(左氏) : 좌구명(左丘明).
177) 형(荊) : 초나라의 본 이름.

(規例)상 그렇게 하지 않을 수 없던 것이리라. 오늘 사필(史筆)을 잡는 자가 이에 성인이 취하고 버리신 본지(本旨)를 엿보지 못할 바엔 다만 마땅히 사실에 의거하여 바르게 기록하면, 찬미하고 비난할 것이 스스로 나타나서 족히 후세에 전하고 신빙(信憑)할 수 있을 것이니, 반드시 전대(前代)의 임금을 위하여 그 과실을 엄폐(掩蔽)하려고 경솔히 후일에 와서 고쳐서 그 사실을 인멸(湮滅)케 할 것은 없는 것이다. 그 종(宗)을 고쳐서 왕(王)으로 일컬을 것도 사실에 좇아 기록할 것이며, 묘호(廟號)·시호(諡號)도 그 사실을 인멸하지 말고, 범례(凡例)에 고친 것도 이에 준하여야 할 것이다" 하였다.

변계량이 대궐에 나아가서 아뢰기를,

"정도전이 참람히 비의(比擬)[178]한 것을 고쳤사오나, 정도전 때에 와서 비로소 고친 것이 아닙니다. 익재(益齋) 이제현(李齊賢)과 한산군(韓山君) 이색(李穡)이 종(宗)으로 일컬은 것을 왕(王)으로 썼고, 또 주자(朱子)가 강목(綱目)을 지을 때에, 측천황후(則天皇后)[179]의 연호(年號)를 쓰지 않고서 당(唐) 2년, 3년으로 썼기에, 신(臣)도 또한 위로 주자의 필법을 본받고, 아래로 정도전의 뜻을 본받아, 무릇 참람하게 비의한 일은, '전에 고치지 않은 것도 또한 있는 데 따라 고쳤습니다. 또 이미 고친 바 있는 참람된 일을 다시 쓴다면, 지금 사관(史官)들이 반드시 '이를' 또 본받아 쓸 것이니, 그 사실을 그대로 쓴다는 것은 신(臣)의 생각으로는 타당하지 않은 것으로 압니다" 하니,

임금이 말하기를,

---

178) 비의(比擬) : [명사] 견주어 비교함.

179) 측천황후(則天皇后) : 당(唐)나라 고종(高宗)의 황후(皇后). 고종이 죽자 정권을 잡고 중종(中宗)을 폐하여 국호를 주(周)라고 고치고 2년간 학정(虐政)과 음란(淫亂)을 자행(恣行)하였음.

"경(卿)의 말에는 내 능히 의혹을 풀지 못하겠다. 주자의 강목은 이 책과는 다르다. 『주자강목』은 명분을 바로잡고 사실을 상세히 기록하여, 만대(萬代)의 아래에서도 일성(日星)과 같이 환히 밝은 것이 있으나, 이 글에는 대강(大綱)과 세목(細目)의 구분이 없는데, 그대로 쓰지 않는다면 후세에 무엇으로 연유하여 그 사실을 보고 알겠는가. 경(卿)이 또 말하기를, '익재(益齋)[180]가 처음에 시작한 일'이라고 하니, 내 비록 굳이 옳고 그른 것을 말하지 않겠으나, 옛사람이 이르기를, '앞 사람의 과실을 뒷사람이 쉽게 안다'고 하였거니와, 경(卿)이 말한 것 같이 지금의 사관(史官)이 그것을 보고서 쓸 것이라는 것은, 즉 사실 그대로 쓴다는 말이니, 사실을 사관이 그대로 쓴다 해서 무엇이 해롭겠는가" 하고,

드디어 류관(柳觀)과 윤회(尹淮)에게 명하여, 정도전(鄭道傳)이 고친 것까지도 아울러 모두 구문(舊文)을 따르도록 하였다. 이에 류관이 글을 올려 말하기를,

"삼가 상고하오니, 한(漢)나라와 당(唐)나라・송(宋)나라의 제도에 있어, 서한(西漢) 시대에는 태조 고황제(太祖高皇帝)와 태종 효문 황제(太宗孝文皇帝)와 세종 효무 황제(世宗孝武皇帝)와 중종 효선 황제(中宗孝宣皇帝)만 종(宗)의 존호를 올렸고, 그 나머지는 모두 종으로 일컫지 않았으며, 동한(東漢)에 있어서는 세조 광무 황제(世祖光武皇帝)와 현종 효명 황제(顯宗孝明皇帝)와 숙종 효장 황제(肅宗孝章皇帝)와 목종 효화 황제(穆宗孝和皇帝) 이외에는 또한 종으로 칭호(稱號)하지 않았으며, 당(唐)나라에서는 고조(高祖) 이하로 모두 종으로

---

180) 익재(益齋) : 이제현(李齊賢)의 호(號).

칭호(稱號)하였고, 송(宋)나라에서는 태조 이하로 또한 모두 종으로 칭호(稱號)하였습니다. 전조(前朝)에서 이것을 본받아 태조로부터 내려오면서 또한 모두 종으로 칭호하였으니, 이는 참람한 일입니다. 그러나 혜종(惠宗)·정종(定宗)은 모두 묘호(廟號)이므로, 이번에 혜왕(惠王)·정왕(定王)으로 칭호를 고쳤습니다. 묘호(廟號)로써 시호[諡]를 삼는 것은 그 진실을 잃는 것 같아서, 전조사(前朝史)의 시말(始末)을 상세히 상고하오니, 태조의 시호는 신성대왕(神聖大王)이요, 혜종의 시호는 의공대왕(義恭大王)이었으며, 정종 이하도 모두 시호가 있었습니다. 재위(在位)의 끝나는 해에 이르러서는, 왕이 아무 전(殿)에서 훙(薨)하다 하고, 시호를 올리기를 아무 왕이라 하고, 아무 능(陵)에 장사하고, 묘호는 아무 종(宗)이라 하였던 것입니다. 그러다가 고종(高宗)에 이르러서 원(元)나라 조정에서 추후(追後)해서 충헌왕(忠憲王)이라 시호하였고, 원종(元宗)도 추후해서 충경왕(忠敬王)이라 시호하였으며, 충렬왕(忠烈王)으로부터 그 이하는 모두 원나라 조정의 시호를 받은 것이오니, 비옵건대, 전조사(前朝史)에 있어 태조를 신성왕(神聖王)이라 고치고, 혜종을 고쳐서 의공왕(義恭王)이라 하며, 정종 이하는 모두 본래의 시호로써 아무 왕으로 칭호하면, 거의 사실을 속이는 것이 되지 않을 것이오니, 엎디어 바라건대 하감(下鑑)하시고 재량(裁量) 선택하소서" 하였다.

임금이 또 윤회에게 명하기를,

"전조사에 천변(天變)과 지괴(地怪)를 다 기록하지 않은 것은 다시 실록을 상고(詳考)하여 다 싣도록 하라" 하니,

윤회가 사관들로 하여금 초출(抄出)하여 등사(謄寫)하게 하고, 윤회가 경연에서 강의를 마친 뒤에, 천변(天變)·지괴(地怪)의 단자(單

子)와 지관사(知館事) 신(臣) 류관(柳觀)의 글을 진정(進呈)한다고 한 것을 다 읽어 드리니, 임금이 말하기를,

"이와 같은 미소(微小)한 별(星)의 변동은 기록할 것이 못된다. 고려 실록에 기록되어 있는 천변(天變)과 지괴(地壞)를 정사(正史)에 기록하지 않은 것은, 전례에 의하여 다시 첨가하여 기록하지 말고, 또 그 군왕의 시호는 아울러 실록에 의하여 태조 신성왕·혜종 의공왕이라 하고, 묘호와 시호도 그 사실을 인멸하지 말 것이며, 그 태후·태자와 관제(官制)도 또한 모름지기 고치지 말고, 오직 대사천하(大赦天下)라고 한 곳에는 천하(天下) 두 글자만 고칠 것이요, 또한 천하를 경내(境內)로 고칠 필요는 없는 것이다"라고 하였다.

○ 세종 6년(1424) 음력 8월 11일에 동지춘추관사 윤회가 교정하여 편찬한 『고려사』를 올리다.

교정하여 편찬한 『고려사』를 올렸는데, 그 서문(序文)에 말하기를,

"역사의 법은 예부터 있었다. 당(唐)나라와 우(禹)나라 적부터 이미 그러하였으니, 여러 서책을 살펴보면 가히 알 수 있을 것이다. 열국(列國)의 사관이 각기 그때의 일을 기록하여, 뒤에 편찬 기술하는 자가 상고할 수 있게 되었다. 저 한고조(漢高祖) 같은 이는 관중(關中)에 들어가면서 소하(蕭何)를 시켜서 진(秦)나라의 문적(文籍)을 거두게 하였고, 당(唐)나라 태종은 위에 오르자 위징(魏徵)을 명하여 『수서(隋書)』를 편찬하게 하였으니, 전 세상의 쇠하고 흥한 연고를 거울삼아 뒤 임금의 착하고 악한 것을 본받고 반성하게 함이니, 이른바 나라는 가히 멸망시켜도 역사는 멸망시킬 수 없다는 것이 어찌 참말이 아닌가. 공경히 생각하면 우리 태조께서 개국한 처음에 즉시로 봉

화백(奉化伯) 정도전(鄭道傳)과 서원군(西原君) 정총(鄭摠)에게 명하시어 『고려국사』를 편찬하게 하시니, 이에 각 왕의 『실록』과 검교시중(檢校侍中) 문인공(文仁公) 민지(閔漬)의 『강목(綱目)』과 시중(侍中) 문충공(文忠公) 이제현(李齊賢)의 『사략(史略)』과 시중(侍中) 문정공(文靖公) 이색(李穡)의 『금경록(金鏡錄)』을 채집하여 모아서 편집하여, 좌씨(左氏)의 편년체(編年體)에 모방하여 3년 만에 37권이 성취되었으나, 살펴보건대 그 역사가 잘못된 것이 꽤 많았으니 범례(凡例) 같은 데에 있어 원종(元宗) 이상은 일이 많이 참람(僭濫)되었다 하여 간간이 추후로 개정한 것이 있었더니, 우리 주상 전하께서 총명하시고 학문을 좋아하시어 고전과 서적에 뜻을 두셨으므로, 이에 우의정 신(臣) 류관(柳觀)과 예문관 대제학 신(臣) 변계량(卞季良)과 신(臣) 윤회(尹淮) 등에게 명하시어 거듭 교정하고 개정하여 '그 잘못된 것을 바르게 하라' 하시니, 영락(永樂) 21년[181] 11월 28일에 신(臣) 관(觀)이 말씀을 올리기를, '전조(前朝)에 태조로부터 내려오면서 모두 종(宗)이라 칭한 것은 참람한 일이었으나, 혜종(惠宗)·정종(定宗)이 모두 묘호(廟號)였는데, 이제 새 역사에는 혜왕이라 정왕이라 개칭(改稱)하여 묘호로써 시호(諡號)인 것처럼 만들어 진실을 잃은 것 같사오니, 실록에 따라 태조는 신성왕(神聖王)이라 하고, 혜종은 의공왕(義恭王)이라 하고, 정종 이하도 모두 본래의 시호를 쓰게 하면 거의 사실(事實)을 속이지 않는 것이라 하겠나이다' 하였더니, 이 날에 신(臣) 회(淮)가 경연(經筵)에 입시(入侍)하였을 때에 친히 옥음(玉音)을 받자왔으니, 말씀하기를, '공자의 『춘추(春秋)』는 남면(南面)하는 권

---

181) 영락(永樂) 21년: 세종 5년(1423).

리에 부탁하여 한 임금의 법칙을 이루려고 하였던 까닭으로, 오(吳)·초(楚)에 참람하여 왕이라 한 것을 깎아서 자(子)라 하고, 성풍(成風)을 봉(賵)[182]으로 장사하게 한 것에는 왕을 말할 때 천왕이라 하지 아니하였으니, 붓으로 깎아내리고 빼앗는 것은 성인의 마음에서 재정(裁定)하였으나, 좌씨(左氏)가 전(傳)을 짓는 데 이르러서는 오나라·초나라와 월나라에 한결같이 왕이라 자칭(自稱)한 것을 좇아 왕이라고 써서 일찍이 고친 것이 없었고, 주자(朱子)의 『통감강목(通鑑綱目)』 같은 데에 이르러서는 비록 말하기는 『춘추』의 서법(書法)을 본받았다고 하나, 그 분주(分註)에는 참람하고 거짓된 나라이나 도적질하여 표절(剽竊)한 명호(名號)라도 모두 그 사실대로 좇아 기록하였으니, 어찌 기사(記事)의 범례가 그렇게 하지 않을 수 없었던가 한다. 이제 붓을 잡은 자가 성인(聖人)의 붓으로 깎는 본뜻을 엿보아 알지 못하였은즉, 다만 마땅히 사실에 의거하여 그대로 쓰면, 칭찬하고 깎아내린 것이 자연히 나타나 족히 후세에 믿음을 얻을 수 있는 것이니, 반드시 전대(前代)의 임금을 위하여 그 사실을 엄폐(掩蔽)하려고 경솔히 추후로 고쳐 그 진실을 잃게 할 수 없을지니, 그 종(宗)이라 한 것을 고쳐 왕(王)이라 한 것은 가히 실록에 따라 묘호(廟號)와 시호(諡號)의 사실을 없애지 말라. 범례(凡例)를 고친 것은 이것으로 표준을 삼으라 하시니, 신(臣) 등(等)이 공경하여 명철하신 명령을 받고 드디어 원종(元宗) 이상의 실록을 가지고 새 역사와 비교하여 종(宗)을 고쳐서 왕(王)이라 하였고, 절일(節日)을 생일(生日)이라 하였고, 조서

---

182) 봉(賵) : 성풍(成風)은 노나라 희공(僖公)의 어머니인데, 정실(正室)이 아니었다. 그러나 희공이 오래 왕위에 있으면서 정사를 잘하였다 하여 정실(正室)의 예장(禮葬)인 봉(賵)으로 한 것은 종주국인 주나라 임금의 잘못이므로, 주나라의 임금을 천왕(天王)이라고 쓰지 아니하고 다만 왕이라 써서, 은근히 그의 잘못을 드러낸 것이다.

(詔書)를 교서(敎書)라 하였고, 사(赦)를 유(宥)라 하였고, 태후(太后)를 태비(太妃)라 말하였고, 태자를 세자라 말한 것 같은 유(類)는 다시 당시의 실록 옛 문구(文句)를 좇았으니, 편찬하기를 이미 끝내매, 사적(事跡)이 대강 완전하여 책을 펴면 권(勸)하고 징계(懲戒)하는 것이 분명하게 여기에 있는지라, 신(臣)은 그윽이 생각하건대, 사마자장(司馬子長)이 세상을 초월하는 기개로 석실(石室)의 글을 뒤져서 『사기(史記)』 1백30편(篇)을 편찬하였는데, 누를 것은 누르고, 높일 것은 높이고, 버리고 취하여 스스로 일가(一家)를 이루었으나, 반드시 저소손(褚少孫)이 그 빠진 것을 첨부하고, 사마정(司馬貞)이 그 잘못된 것을 구(救)해 준 뒤에 그 역사가 완비되었으니, 자장(子長)도 오히려 그러하거든, 하물며 그 아래 되는 자로서 어찌 깎아 바르게 하고 잘못을 고칠 자에게 기대함이 없겠는가. 역사를 짓는 것의 어려움과 교열하고 교정하지 않을 수 없는 것이 이와 같으니, 전하의 생각하심이 깊으신지라, 면대(面對)하여 명령하심은 어의(御意)의 독단(獨斷)에서 나왔으니, 명백(明白)하고 정대(正大)함이 보통 천박한 소견(所見)으로는 그 가[涯]와 끝을 측량하지 못할 것이라. 삼가 손을 잡아 머리를 조아리고 붓을 들어 글로 써서 책머리에 실어서, 뒤의 군자로서 이것을 읽는 자에게 고하노니 마땅히 자세하게 생각하라" 하였으니,

동지춘추관사(同知春秋館事) 윤회(尹淮)가 지은 것이다.

3) 춘추(春秋)에 따라 철저하게 재이(災異) 기록

확고한 유학자 관료임을 표현한 것으로서 유교적 역사관을 가지고 있었다.

세종 2년(1420) 2월 23일에 예문관(藝文舘) 대제학(大提學) 벼슬에 있었다.

류관에게 『고려사』 교정에 대하여 묻다.

정사를 보고 경연(經筵)에 나아갔다. 임금이 류관(柳觀)에게 『고려사(高麗史)』의 교정하는 일을 물으니, 관(觀)이 대답하기를,

"역사(歷史)란 만세(萬世)의 귀감(龜鑑)이 되는 것이온데, 전에 만든 『고려사』에는 재이(災異)에 대한 것을 모두 쓰지 아니하였으므로, 지금은 모두 이를 기록하기로 합니다" 하니,

임금이 말하기를,

"모든 선(善)과 악(惡)을 다 기록하는 것은 뒤의 사람에게 경계하는 것인데, 어찌 재이라 하여 이를 기록하지 아니하랴" 하였다.

6. 민족사관 정립을 주장

○ 태종 11년(1411) 10월 5일에 유창 등으로 하여금 종묘(宗廟) 사직(社稷)에 강무하는 것을 고하게 하다.

옥천군(玉川君) 유창(劉敞)·대제학(大提學) 류관(柳觀)을 보내어 종묘(宗廟) 사직(社稷)에 강무(講武)하는 것을 고(告)하고, 겸하여 기청제(祈晴祭)를 행하였다.

○ 세종 7년(1425) 음력 윤(閏) 7월 24일에 의정부(議政府) 우의정(右議政) 벼슬에 있었다.

임금의 병환이 심(甚)하자 대신들이 종묘(宗廟) 사직(社稷)과 산천(山川)에 기도(祈禱)하다.

병조판서 조말생(趙末生)과 이조판서 허조(許稠) 등이 임금의 병환이 심하였다는 것을 듣고 걱정하여, 여러 대언(代言)과 의논하고 종묘(宗廟)와 산천(山川)에 기도하고자 하여, 이조 정랑 김종서(金宗瑞)를 시켜 영돈녕 류정현·영의정 이직·우의정 류관에게 가서 가부(可否)를 물으니,

모두 "기도를 속히 행하는 것이 마땅하다. 이전에도 임금이 병이 있으면 종묘와 산천에만은 기도하였다"고 하고,

지신사(知申事) 곽존중(郭存中)이 말하기를,

"사직은 일국(一國) 토신(土神)의 으뜸인데, 산천에만 기도하고 사직(社稷)에는 기도하지 않는 것은 의리상 부족한 일인가 합니다" 하니,

대신(大臣)들이 모두 옳다 하였다. 이에 금등고사(金縢故事)[183]를

본받아서 길일(吉日)을 가려, 대신과 근시(近侍)가 종묘·사직·소격전(昭格殿)·삼각산(三角山)·백악산(白嶽山)·목멱산(木覓山)·송악산(松嶽山)·개성　덕적도(德積島)·삼성산(三聖山)·감악산(紺嶽山)·양주 서낭당에 기도하였는데, 그 제문에는 "영의정부사(領議政府事) 신(臣)이직 등은……"이라 하였다.

처음에 대신이 부처를 모신 절에도 기도하려고 하였는데, 임금이 이 소문을 듣고 중지시켰다.

○ 세종 10년(1428) 음력 6월 14일에 의정부(議政府) 우의정(右議政)에 치사(致仕)한 류관이 단군이 도읍한 곳을 찾아내어 의혹을 없애주기를 상서하여 청하다.

우의정으로 그대로 치사(致仕)한 류관(柳寬)이 상서(上書)하기를,

"황해도 문화현(文化縣)은 신(臣)의 본향(本鄕)입니다. 스스로 벼슬을 그만두고 본향에 내려온 지가 여러 해 되었는데 여러 부로(父老)들의 말을 듣고 비로소 '이 고을이' 사적(事迹)이 오래인 것을 알았습니다. 구월산(九月山)은 이 현(縣)의 주산(主山)입니다. 단군 조선 때에 있어서는 이름을 아사달산(阿斯達山)이라고 하였고, 신라 때에 이르러 궐산(闕山)이라고 고쳐 불렀습니다. 그때에 문화현을 처음으로 궐구현(闕口縣)이라고 명명하였습니다. 전조(前朝)에 이르러서는 유주감무(儒州監務)로 승격시켰으며, 고종(高宗) 때에 이르러 또 문화현령(文化縣令)으로 승격하였고, 산의 이름의 '산' 자를 느린 소리로

---

183) 금등고사(金縢故事) : 금등(金縢)은 『서경(書經)』의 편명(篇名). 주(周)나라 무왕(武王)의 병이 위독하므로, 주공(周公)이 책서(策書)를 지어서 신(神)에게 고하면서 자신이 대신 죽겠다 하였는데, 그 책서를 금등(金縢)에 갈무리하였다 함.

발음하여 구월산(九月山)이라고 하였다고 합니다. 이 산의 동쪽 재
[嶺]는 높고 크고 길어서 일식(一息)[184] 정도 가야 안악군(安岳郡)에
이르러 끝납니다. 재의 중허리에 신당(神堂)이 있는데 어느 시대에
처음 세웠는지 알지 못합니다. 북쪽 벽에는 단웅천왕(檀雄天王), 동쪽
벽에는 단인천왕(檀因天王), 서쪽 벽에는 단군천왕(檀君天王)을 문화
현 사람들은 삼성당(三聖堂)이라고 항상 부르며, 그 산 아래에 있는
동리를 또한 성당리(聖堂里)라고 일컫습니다. 신당(神堂)의 안팎에는
까마귀와 참새들이 깃들이지 아니하며, 고라니와 사슴도 들어오지 않
습니다. 날씨가 가물 때를 당하여 비를 빌면 다소 응보(應報)를 얻는
다고 합니다. 어떤 이는 말하기를, '단군은 아사달산(阿斯達山)에 들
어가 신선이 되었으니, 아마도 단군의 도읍이 이 산 아래에 있었을
것이다'고 합니다. 삼성당은 지금도 아직 있어서 그 자취를 볼 수가
있으나, 지금은 땅 모양을 살펴보건대, 문화현의 동쪽에 이름을 장장
(藏壯)이라고 하는 땅이 있는데, 부로(父老)들이 전하는 말에 단군의
도읍터라고 합니다. 지금은 증험(證驗)이 될 만한 것은 다만 동서 난
산(東西卵山)이 있을 뿐입니다. 어떤 이는 말하기를, '단군이 왕검성
(王儉城)에 도읍하였으니, 지금 기자묘(箕子廟)가 있는 곳이 바로 그
곳이다'라고 합니다. 신(臣)이 살펴본 바로는, 단군은 요(堯)임금과 같
은 때에 임금이 되었으니, 그때부터 기자(箕子)에 이르기까지는 천여
년이 넘습니다. 어찌 아래로 내려와 기자묘와 합치하여야 한단 말입
니까. 또 어떤 이는 말하기를, '단군은 단목(檀木) 곁에 내려와서 태어
났다 하니, 지금의 삼성(三聖)[185]설은 진실로 믿을 수 없다'고 합니다.

---

184) 일식(一息) : 길이를 셈하는 단위로 길을 가는 사람이 한 번씩 쉴 거리의 뜻으로 30리를 이
   름. [참고어] 일식정(一息程).

그러나 신(臣)이 또 살펴보건대, 태고(太古)의 맨 처음에 혼돈(混沌)이 개벽(開闢)하게 되어, 먼저 하늘이 생기고 뒤에 땅이 생겼으며, 이미 천지(天地)가 있게 된 뒤에는 기(氣)가 화(化)하여 사람이 생기었습니다. 그 뒤로 사람이 생겨나서 모두 형상을 서로 잇게 되었으니, 어찌 '사람이 생긴 지' 수십만 년 뒤의 요임금 때에 다시 기가 화하여 사람이 생겨나는 이치가 있었겠습니까. 그 나무 곁에서 생겼다는 설은 진실로 황당무계(荒唐無稽)[186]한 것입니다. 엎드려 바라옵건대 성감(聖鑑)으로 헤아려 결정하시고, 유사(攸司)[187]에 명하여 도읍한 곳을 찾아내어 그 의혹을 없애게 하소서" 하니,

보류(保留)하여 두라고 명(命)하였다.

---

185) 삼성(三聖) : 환인(桓因)·환웅(桓雄)·단군(檀君).
186) 황당무계(荒唐無稽) : 하는 말이 허황되고 두서(頭緖)가 없음.
187) 유사(攸司) : 그 맡은 관아(官衙).

7. 풍속 제도 정립 주장

○ 세종 11년(1429) 음력 8월 24일에 의정부(議政府) 우의정(右議政)에 치사(致仕)한 류관이 3월 3일과 9월 9일을 영절(令節)로 정한 후 즐겁게 놀게 할 것을 상소하다.

우의정으로서 그대로 치사(致仕)한 류관(柳寬)이 상서(上書)하기를, "삼가 상고하오니, 당(唐)나라 덕종(德宗)이 정원(貞元)[188] 연간(年間)에 조서(詔書)를 내려 말하기를, '2월 1일, 3월 3일, 9월 9일에는 마땅히 문무 관료들을 경치 좋은 곳을 골라 가서 완상(玩賞)하고 즐기게 하여야 하겠다'고 하였습니다. 그때에 사문박사(四門博士) 한유(韓愈)가 <대학생 탄금시(大學生彈琴詩)>의 서문(序文)을 지어 말하기를, '여러 사람들과 더불어 즐기는 것을 즐거움이라고 하고, 즐김에 있어 그 바름을 잃지 않는 것이 또한 즐거움 중에서 가장 으뜸이 되는 것이다. 사방(四方)에는 전쟁하는 무기(武器)와 병혁(兵革)의 소리가 없고, 경도(京都)에는 사람들이 많으며 또한 풍족하다. 천자께서 다스리는 일이 힘들고 어렵다 생각하시와 편안하게 있을 때의 한가(閑暇)를 즐기게 하여, 일찍이 삼영절(三令節)을 두고 공경(公卿)과 여러 유사(有司)[189]에게 조서를 내려 그날에 이르러서는 각기 그의 관속(官屬)을 거느리고 술 마시며 즐기게 하시니, 그 여가를 같이 하여 그 화기(和氣)를 선양(宣揚)하고, 그들의 마음을 감복하게 하여 그

---

188) 정원(貞元) : Zhēnyuán 당 덕종(唐德宗)의 세 번째 연호(年號)로 785. 1~805. 8월의 21년간 사용되었다. [출처 | 한국고전용어사전] 중국 위(魏) 나라 고귀향공(高貴鄕公)의 연호. 용례 [삼국사기] 권제29, 53장 앞쪽.
189) 유사(有司): 어떤 단체의 사무를 맡아 보는 직무.

빛남을 이루게 하기 위한 것이다. 3월의 첫 길일(吉日)은 바로 그때이다. 사업(司業) 무공(武公)이 이때에 대학(大學)의 유관(儒官) 36인(人)을 거느리고 제주(祭酒)의 마루에 벌여 앉아 연회를 열었다. 준(罇)190)과 조(俎)191)가 이미 베풀어지니 술안주는 오직 철에 따른 물품들이다. 술잔이 차례로 돌아가매 드리고 돌려줌이 용의(容儀)가 있다. 풍아(風雅)의 옛 가사(歌詞)를 노래하고 오랑캐의 풍속에서 온 새로운 성률(聲律)을 배척한다. 넓은 옷과 높은 갓으로 행동이 천천하고 위의(威儀)가 있다. 한 유생(儒生)이 있으니 그 풍채가 훤칠하다. 거문고를 안고 와서 섬돌을 지나 마루에 올라 준(罇)과 조(俎)의 남쪽에 앉더니, 순임금[舜帝]의 남풍(南風)을 연주하고 문왕(文王)의 아버지 덕을 선양(宣揚)한 곡조를 계속한다. '그 가락은 편안하고 한가롭고, 즐겁고 광후(廣厚)하며 고명(高明)하였다. 삼대(三代)의 유음(遺音)을 추념(追念)하고 무우(舞雩)192)의 영탄(詠歎)을 가상(嘉賞)하였다가 날이 저물어 물러가니, 다 마음에 만족하여 얻음이 있는 것 같았다'고 하였습니다. 무공(武公)이 이에 가시(歌詩)를 지어 찬미(讚美)하고 속관(屬官)들에게 명하여 다 짓게 하였으며, 사문박사(四門博士) 한유(韓愈)에게 명하여 서(序)를 쓰게 하였던 것입니다. 신(臣)은 또 송(宋)나라 태종(太宗)이 옹희(雍熙) 원년193) 12월에 경사(京師)에 사흘 동안 큰 술잔치[大酺]를 내리고 조서(詔書)하기를, '임금 된 자가

---

190) 준(罇) : [명사] 1. 제사 때에 술이나 명수(明水) 따위를 담는 긴 항아리 모양의 구리 그릇. 충항아리같이 되었는데 그 모양에 따라 희준(犧尊), 상준(象尊), 저준(箸尊), 호준(壺尊), 대준(大尊) 따위가 있다. 2. 질그릇으로 된 옛날 술잔. 3. 술두루미(술을 담는 두루미) 4. 술 단지(목이 짧고 배가 부른 작은 항아리).

191) 조(俎) : 각종 제기를 통틀어 이르는 말. 조(俎)는 고기를 담는 제기(祭器)임.

192) 무우(舞雩) : 기우제(祈雨祭)를 지내는 곳.

193) 서기 983년. 요(遼) 또는 거란(契丹) 성종(聖宗) 통화(統和). 제2대 송태종(宋太宗) 조광의(趙匡義) 옹희(雍熙) 984~987년.

술잔치를 내리고 은혜를 미루어 여러 사람들과 함께 즐기는 것은, 나라가 태평한 성사(盛事)를 표시하여 억조(億兆) 인민의 환심(歡心)을 합하게 하고자 하기 때문인 것이다. 여러 대 이래로 이 일을 오랫동안 폐지한 것은 대체로 많은 변고를 만났기 때문에 옛 법을 거행하지 못한 것이다. 이제 사해(四海)가 하나가 되고 만백성이 편안하고 태평하다. 엄숙한 인사(禋祀)194)는 비로소 끝나고 경사스러운 은택(恩澤)은 고루 시행된다. 마땅히 선비와 서인(庶人)들로 하여금 함께 아름답고 밝은 세상을 경축하게 하고 3일 동안 술잔치를 내려야 하겠다고 하였습니다. 기일(期日)이 되매 황제가 단봉루(丹鳳樓)에 나와서 술잔치를 살피고 시신(侍臣)에게 조서(詔書)를 내려 마시게 하니, 단봉루 앞에서 주작문(朱雀門)에 이르기까지 풍악(風樂)을 베풀고 산거(山車)195)와 한선(旱船)을 만들어 어도(御道)를 왕래하게 하였으며, 또 개봉(開封)의 여러 고을과 여러 군악(軍樂)을 모아 큰길[通衢]에 벌여 있게 하니, 음악이 잡발(雜發)하매 구경꾼이 길거리에 넘치었습니다. 시장의 온갖 물화(物貨)를 길 좌우편에 옮기게 하고, 경기(京畿) 안의 기로(耆老)들을 불러 누(樓) 아래에 벌여 앉게 한 뒤에 술과 음식을 하사하였습니다. 이튿날에 여러 신하들을 위하려 상서성(尙書省)에서 연회(宴會)를 여니 가시(歌詩)와 송부(頌賦)를 올리는 자가 수십 명이나 되었습니다. 고려(高麗)에서는 당(唐)나라의 법을 본받아 3월 3일, 9월 9일을 영절(令節)로 정하고 문무(文武) 대소 관원들과 일반 서민(庶民)에 이르기까지 모두 마음대로 즐기게 하였습니다. 3월 3일은 원야(原野)에서 노니는데 이를 답청(踏靑)이라고 하고, 9월

---

194) 인사(禋祀) : 하늘에 제사하는 제왕의 제사.
195) 산거(山車) : 제례(祭禮) 때 수레 위에 산·바위·인물 등을 꾸며서 끄는 수레.

9일은 산봉우리에 올랐는데 이를 등고(登高)라고 하였습니다. 이것은 태평성시(太平盛時)를 즐기게 하기 위한 것이었습니다. 우리나라의 인정(仁政)이 미치는 곳인 섬 오랑캐는 바다를 건너 와서 보물을 바치고, 산융(山戎)¹⁹⁶)은 가죽옷을 입은 채 조정에 와서 복종합니다. 변방에서는 전쟁하는 소리가 끊어지고 백성들은 피난 다닐 노고가 없어졌습니다. 더군다나 이제는 오곡(五穀)이 모두 풍년이고 온 백성이 함께 즐거워합니다. 태평성세(太平盛世)의 모습은 당나라나 송나라보다 뛰어납니다. 노신(老臣)이 한가하게 살면서 옛 일을 상고하고 지금 일을 징험하여 가만히 말합니다. 오늘이야 말로 선비는 학교에서 노래하고 농부는 들에서 노래하여 태평을 즐겨하기에 알맞은 때입니다. 엎드려 바라건대, 성상(聖上)께서 밝게 살피소서" 하였다.

3월 3일과 9월 9일은 영절(令節)로 하고, 여러 대소 관원들과 중외(中外)의 선비와 백성들로 하여금 각각 그날에는 경치 좋은 곳을 선택하여 즐겁게 놀게 하여 태평한 기상(氣象)을 형용(形容)하도록 윤허(允許)하였다.

○ 세종 15년(1433) 음력 1월 19일에 옛 제도에 의해 기영회(耆英會)를 만들 것에 대해 류관이 아뢰다.

우의정으로 그대로 치사(致仕)한 류관(柳寬)이 아뢰기를,

"당(唐)나라 백거이(白居易)¹⁹⁷)와 송(宋)나라 문언박(文彦博)¹⁹⁸)은

---

196) 산융(山戎) : 흉노(匈奴).

197) 백거이(白居易) : 백낙천(白樂天). [명사] <인명> 백거이의 성(姓)과 자(字)를 함께 이르는 이름.

198) 문언박(文彦博) : [명사] <인명> (1006~1097). 중국 북송 때의 재상(宰相). 자는 관부(寬夫). 장군과 재상을 지내면서 나라에 충성을 다하여 이름을 떨쳤다. 저서에 『노공집(潞公集)』이 있다.

모두 동류들과 더불어 낙중회(洛中會)를 만들었고, 전조(前朝)의 성시(盛時)에 태위(太尉) 최당(崔讜)[199]도 기영회(耆英會)를 만들어, 매양 가절(佳節)을 당하면 술과 시(詩)로 스스로 즐겼는데, 말기(末期)에 이르러 이 일을 이어 행하는 자들은 부처에게 아첨하는 자리를 베풀어 판공(辦供)이라 일컫고 송경예불(誦經禮佛)하여 지금까지 행하기를 마지아니하오니, 성조(聖朝)의 문명한 교화에 누(累)가 되옵니다. 원컨대 옛 제도에 의하여 시직(時職)과 산직(散職) 1, 2품 중에서 나이 70세 이상의 약간 명으로 '기영회(耆英會)'라 일컫고, 성덕(聖德)을 노래하고 읊조리게 하는 것이 늙은 신하의 지극(至極)한 소원(所願)이옵니다" 하였다.

---

199) 최당(崔讜) : [명사] <인명> (1135~1211). 본관 동주(東州), 1171년(명종 1) 전중내급사(殿中內給事)·상서좌승(尙書左丞)·지공거(知貢擧) 등을 지내고, 신종(神宗) 때 수태위 문하시랑 동중서문하 평장사(守太尉門下侍郎同中書門下平章事)에 이르러 치사(致仕)하였다. 벼슬을 사양하고 물러난 후에 친목 도모를 위하여 모인 최선(崔詵)·장자목(張自牧)·백광신(白光臣) 등과 기로회(耆老會) 일명(一名) 치사기로소(致仕耆老所)를 만들어 시주(詩酒)로 소일하여 지상선(地上仙)이라 불리었다. 시호 정안(靖安).

8. 민생안정 정책

○ 태조 1년(1392) 11월 25일에 사헌부(司憲府) 중승(中丞) 류관이 정도론(定都論)을 올렸다.

"예로부터 지금에 이르기까지 중국의 도읍지는 관중(關中)·낙양(洛陽)을 넘지 않았사옵니다. 우리나라는 땅이 매우 좁아 도읍을 정(定)할 만한 곳이 그리 많지 않사옵니다. 오직 개경(開京)과 한양(漢陽)만이 가장 좋은 곳이옵니다. 계룡산(鷄龍山) 밑에 도읍을 정하였을 때 백성들이 모두 걱정한 것은, 형세가 좁고 땅이 몹시 낮으며, 사방의 도로(道路)가 고르지 못하고 또 물길이 먼 까닭이옵니다. 한양의 형세(形勢)·토지(土地)·수로(水路) 등은 개경(開京)과 견줄만하옵니다. 한양(漢陽)으로 도읍을 정하시면 백성들도 크게 기뻐할 것이옵니다."

태조(太祖)임금께서 윤허(允許)하였다.

○ 태종 15년(1415) 음력 6월 25일에 의정부(議政府) 참찬(參贊) 벼슬에 있었다.

육조(六曹)에서 각사(各司)가 진언(陳言)한 내용(內容) 중 시행할 만한 사안 33건(件)을 올리다.

육조에서 시행할 만한 진언사건(陳言事件)을 의논하여 아뢰었으니, 무릇 33조항이었다.

1. 참찬 류관(柳觀)이 진언한 것입니다. "경기(京畿)에 있는 각 품(品)의 과전(科田)은, 빌건대 소재지 관사(官司)로 하여금 답험(踏驗)하게 한 뒤에 조세(租稅)를 거두소서" 하였는데, 위 조항을 의논하여

결론을 얻기를, "진언한 내용에 의하여 소재지 관사(官司)에 손실답험(損實踏驗)²⁰⁰의 첩자(帖字)를 만들어주어, 전객(佃客)²⁰¹이 경작한 전지(田地)의 손(損)이 10분의 8에 이른 것은 조세의 수납을 면제하여, 민생(民生)을 후하게 하고, 공전(公田)도 또한 이 예(例)에 의하소서" 하였습니다.

○ 세종 7년(1425) 음력 5월 9일에 한성부(漢城府)·경시서(京市署)·5부로 하여금 백성의 도박을 엄중히 금지토록 하다.

영돈녕 류정현·영의정부사(領議政府事) 이직(李稷)·좌의정 이원(李原)·우의정 류관(柳觀)·호조판서 안순(安純)·호조참판 목진공(睦進恭) 등을 불러서 돈[錢幣]을 통용하게 할 방책을 의논하는데, 모두 말하기를,

"백성이 원하는 대로 전적으로 따라서, 매 한 푼당 쌀 한 되를 표준으로 하여 시행하자" 하니,

이에 호조(戶曹)에서 계(啓)하기를,

"돈의 가치는 이제부터 백성이 원하는 대로 따라서 매 한 푼에 쌀 한 되로 하고, 위반하는 자는 법률에 의거하여 죄에 처하고, 기타의 물건 값도 역시 여기에 준하여 가감해서 매매하도록 시키소서. 또 동전은 나라의 중한 보배인데, 무식한 무리들이 혹시나 장난으로 인하여 도박하는 자가 있을 것이오니, 한성부(漢城府)와 경시서(京市署)와 5부(部)를 시켜서 살피고 검거하여 엄중히 금지하되, 위반하는 자는 법률에 의거하여 죄를 처단하게 하며, 위에 말한 여러 관청의 살

---

200) 손실답험(損實踏驗) : 전답(田畓)의 곡식이 여물고 여물지 않은 것을 실제로 답사하여 조사하던 일.
201) 전객(佃客) : 소작인(小作人).

피고 검거하는 데 부지런한가, 태만한가 하는 것은 사헌부가 규찰(糾察)하고 심리(審理)하도록 하소서" 하니, 그대로 따랐다.

○ 세종 27년(1425) 음력 8월 26일에 9월 초 1일부터 마되 이하의 곡식 잡물들의 매매를 금하는 영(令)을 정지시키다.

임금이 말하기를,

"전폐(錢幣)는 처음 만들 때부터 백성들의 원망을 들었다. 그러나 국가의 중대한 일이므로 비록 가뭄을 만났을지라도 역시 중지할 수는 없었다. 9월 초 1일부터 마되[斗升] 이하의 매매를 일절 금하기로 한 영(令)은 내가 처음부터 불가하다 하였으나, 대신들이 논의한 것이기 때문에 그대로 따랐던 것인데, 이제 다시 생각해보니 형편상 시행할 수가 없다" 하고,

이에 좌대언 조종생에게 명하여 여러 대신과 논의하게 하였다. 영의정 이직·우의정 류관(柳寬)·찬성 황희·대제학 변계량·예조참판 김자지·형조참판 류영(柳穎) 등이 계(啓)하기를,

"아침저녁 먹을 것 없는 자들이 꼴과 땔나무를 팔아서 살아가는 것은 곡식이 마되를 넘지 못하니, 만약 이 법을 시행하면, 신(臣) 등(等)은 가난한 자가 능히 자력(自力)으로 살아갈 수 없을 것이 염려됩니다. 오늘 분부는 살리기를 좋아하시는 마음에 합당하오니, 곧 교지(教旨)를 내려 9월 초 1일부터 마되 이하의 곡식 잡물들의 매매를 금하는 영(令)을 정지하소서" 하였다.

당초에 겸판호조(兼判戶曹) 류정현(柳廷顯)이 전폐를 많이 이용시키고자 하여 이 논의를 선창(先唱)하였던 것으로, 가난한 백성들의 원망이 많았었는데, 교지(教旨)가 내리니 국민이 모두 기뻐하였다.

9. 행정제도 정비

○ 태종 14년(1414) 음력 7월 4일에 사헌부(司憲府) 대사헌(大司憲) 류관이 건의한 주(州) 임내(任內)의 본 고을에 병합 방안을 승인하다. 사헌부 대사헌 류관(柳觀) 등이 상소(上疏)하였다.

"1. 전조(前朝)에서 주(州)·부(府)·군(君)·현(縣)을 설치하고 또 임내(任內)202)·향(鄕)·소(所)·부곡(部曲)을 두었는데, 한 주(州)에 임내(任內)가 많으면 10여 현(縣)203)에 이르고, 큰 것은 혹은 본 고을의 호수(戶數)보다 많으나, 한두 호장(戶長)이 주관(主管)하므로 그 백성들을 소요(騷擾)스럽게 하여 폐단을 일으킨 것이 어찌 말로 다할 수 있겠습니까? 근년 이래 주현(州縣)에서 병합할 수 있는 것은 병합하고 원리(員吏)를 둘 수 있는 것은 두었으나, 다 없어지지는 않았습니다. 지난번에 전라도 감사 윤향(尹向)이 계문(啓聞)하기를, '무릇 그 도내(道內) 임내(任內)의 인리(人吏)를 모두 앙관(仰官)204)에 합치니, 간활(奸猾)205)의 폐단이 지식(止息)되었습니다'고 하였습니다. 그때 이로 인하여 명령을 내려 각도에서 모두 이 예에 의하여 시행하게 하였습니다. 다른 도(道)의 감사가 이를 능히 몸 받지 않고 마침내 이를 행하지 않아, 임내(任內)의 인리(人吏)들로 하여금 예전처럼 폐단을

---

202) 임내(任內) : 지방의 호장(戶長)이 다스리는 속현(屬縣)을 말하는데, 때에 따라서는 중앙에서 지방관이 파견되어 다스리지 않는 주(州)·부(府)·군(君)·현(縣)에 속한 향(鄕)·소(所)·부곡(部曲) 등을 총칭하기도 함. 어떤 주(州)에는 임내가 10여 현(縣)에 이르는 것도 있었고, 또 큰 것은 본 고을의 호수(戶數)보다 많은 경우도 있었음.

203) 현(縣) : 속현(屬縣).

204) 앙관(仰官) : 소속(所屬) 고을.

205) 간활(奸猾) : '간활하다(간사하고 교활하다)'의 어근(語根).

일으키게 합니다. 빌건대 유사(攸司)에 내리고 이 명령을 다시 밝혀서, 그중 임내(任內)의 인리(人吏)와 노비(奴婢)가 많은 것은 부근 현(縣) 고을 가운데 인물(人物)이 적은 곳에 합치하도록 하소서."

○ 세종 7년(1425) 음력 11월 22일에 승정원에서 사용하는 내전과 첩자(帖字)에 대해 대신들과 논의하다.

좌부대언 김자(金赭)에게 명하여 의정부(議政府)·육조(六曹)에 전교하기를,

"일찍이 부득이한 그때그때의 일로 인하여 승정원으로 하여금 내전(內傳)206)과 첩자(帖字)207)를 사용하게 하였는데, 간사하고 교활한 무리가 혹은 위조하거나 꾸며 붙이는 것이 있을까 두렵다. 지금부터는 내도서(內圖書)와 승정원(承政院)의 인장(印章)을 사용하는 것이 어떨지, 또는 내전(內傳)과 첩자(帖字)를 쓰지 말고 주장관(主掌官)으로 하여금 공문을 내게 하는 것이 어떨지 의견을 말하라" 하였다.

영돈녕(領敦寧) 류정현(柳廷顯)과 우의정 류관(柳寬) 등이 합의(合議)하여 계(啓)하기를,

"도서(圖書)를 사용하는 것은 온당하지 못한 것 같고, 승정원의 인장을 찍는 것도 또한 옳지 않습니다. 그때에 써야 할 것이 말[斗]·되[升]·소금·장(醬)·술·기름과 같은 것이면, 예전대로 승정원이 임시로 첩자를 사용하여 공문을 내고, 돈·곡식·포화(布貨)의 비용 같은 것은 호조(戶曹)에 명령을 내려 시행하게 하며, 내전소식(內傳消

---

206) 내전(內傳) : [명사] <역사> [같은 말] 내전소식(조선시대에 임금이 절차를 거치지 아니하고 명령이나 기별(奇別)을 전하던 일).

207) 첩자(帖字) : [명사] <역사> '帖' 자를 새긴 관인(官印). 체문(帖文)이나 차접에 찍었다.

息)208)은 병조(兵曹)로 하여금 역마(驛馬) (제공을 지시하는) 문서에, '아무개가 아무 일로 내전소식을 받들어 가지고 어느 도(道) 어느 고을에 간다'고 써넣게 하고, 만약 감사가 심부름 보낸 사람이 돌아갈 때에 내전(內傳)을 받아 가지고 간다면, '어느 도(道) 감사(監司)의 하인(下人) 아무개가 내전(內傳)을 받아 가지고 간다'고 써넣는 것으로 항구(恒久)한 법을 삼는다면, 위조와 꾸며 붙이는 폐단이 거의 없어질 것입니다" 하였다.

임금이 말하기를, "알았다" 하였다.

○ 세종 10년(1428) 음력 2월 13일에 경원(慶源)에 목책(木柵)을 설치하고 군졸(軍卒)을 정하여 방호(防護)하게 하며 진(陣)의 대장(隊長)·대부(隊副) 등을 더 설치하게 하다.

병조(兵曹)에서 계(啓)하기를,

"함길도 경차관(敬差官) 송인산(宋仁山)이 본도(本道) 감사(監司)·절제사(節制使)의 방수(防戌)209) 계책에 대하여 말하기를 마땅히 경원(慶源)의 목책(木柵)이 있는 구지(舊地)에 석성(石城)을 고쳐 쌓고, 또한 다갈동(多曷洞) 등지에 사목책(私木柵)을 설치하여 당번군졸(當番軍卒)들로 하여금 무상시(無常時)로 적의 길목인 요해처(要害處)를 순찰하게 하고, 또 적의 길목인 요해지(要害地)의 성(城) 북쪽 4리(里) 가량에 목책을 설치하여 진무(鎭撫)로 하여금 군사를 거느리고 이를 지키게 하고, 또 군사를 어보동동(於甫同洞)에 적당히 수졸(戌卒)210)

---

208) 내전소식(內傳消息) : 궁내에서 보내는 선전소식(宣傳消息). 선전소식은 임금이 각도의 관찰사나 수령에게 무엇을 징구(徵求)할 때에, 승지가 왕지를 받들어 써 보내는 글.

209) 방수(防戌) [명사] 국경(國境)을 지킴.

210) 수졸(戌卒) : [명사] <역사> 변방에서 수자리 서는 군사.

들을 두고, 남라이(南羅耳)의 동쪽 고개에 방호소(防護所)를 더 설치하여 망보고 수호(守護)하게 하는 것이 편리할 것입니다. 무릇 경원(慶源) 경내(境內)에서 황전(荒田)을 개간(開墾)하여 경작하는 사람에게는 마땅히 3년 동안까지는 조세(租稅)를 면제하여 주고, 또 군민(軍民)이 각성(角聲)211)을 익혀 들어서 듣고 그다지 놀라지 않을 것이니, 만약 적변(賊變)이 있을 것 같으면, 신포(信砲)를 사용하여 이를 알릴 것이며, 용성(龍城)의 성(城)에도 마땅히 군인과 민간인이 웅거하는 곳을 구별하여, 민간인의 성은 돌로 쌓고, 군인의 성은 나무로 하여 별도로 쌓는 것이 편리할 것입니다. 이보다 앞서 유방군(留防軍)으로서 1개월마다 경원(慶源)과 용성(龍城)에 각기 정군(正軍) 1백50명을 1년에 한 차례씩 윤번(輪番)212)으로 방어(防禦)하게 하였는데, 그러나 12월부터 2월까지는 눈이 많이 쌓이고 말이 여위어서 적군이 나오지 못하므로 3개월 동안의 유방군(留防軍)은 다만 1백 명으로 하여금 부방(赴防)하게 하여, 각기 50명을 덜어서 또 1번(番)을 만들어 방수(防戍)하게 하여 그들로 하여금 휴식하게 했으므로, 경원(慶源)과 경성(鏡城)의 정군(正軍)이 각기 3백 명이므로, 사변이 없으면 마땅히 2번(番)으로 나누고, 사변이 있으면 번(番)을 합하여 방어(防禦)하게 되었습니다. 구제(舊制)에 함흥진(咸興鎮) 북위(北衛)에는 다만 사직(司直)·사정(司正) 각 2명과 부사정(副司正) 4명과 대장(隊長)·대부(隊副) 합계 60명이었는데, 지금은 마땅히 사직·부사직·사정·부사정 합계 60명과 대장·대부 합계 40명을 더 설치하여, 경원(慶源)에 부방(赴防)한 군졸로서 함흥 이북에 사는 사람으로 제수(除授)하여,

---

211) 각성(角聲) : 뿔로 만든 나팔을 부는 소리.

212) 윤번(輪番) : 차례로 번듦.

도절제사가 자원에 따라 시재(試才)하게 하고, 관찰사(觀察使)에게 이문(移文)하여 계문(啓聞)하게 해서 임명하도록 하고, 각기 그 고을에 군전(軍田)을 주어서 상하번(上下番)으로 나누어 부방(赴防)하게 할 것입니다" 하니,

명하여 정부(政府)·육조(六曹)와 시산(時散) 2품 이상의 관원과 함께 더불어 의논하게 하니, 이직(李稷) 등은 아뢰기를,

"석성(石城)으로 고쳐 쌓을 필요가 없고 마땅히 넓은 목책(木柵)을 더 설치하고, 다갈동(多曷洞) 등지에는 사목책(私木柵)을 설치하여 당번 군졸로 하여금 망보아 수탐(搜探)하게 하고, 경원(慶源) 경내(境內)에서 전지(田地)를 개간한 사람에게는 3년까지 조세(租稅)를 면제해주고, 용성(龍城)에 마땅히 한 성(城)을 크게 쌓아서, 가운데에 한 구(區)를 만들어 군인과 민간인을 구별할 것입니다" 하고,

맹사성(孟思誠) 등은 아뢰기를,

"마땅히 요해지(要害地)에 별도로 목책(木柵)을 설치하여 유방(留防)하게 하고, 군졸(軍卒)을 적당히 정하여 방호(防護)하도록 할 것입니다" 하고,

이맹균(李孟畇) 등은 아뢰기를, "   " 하고,

황희(黃喜) 등은 아뢰기를, "   " 하고,

류관(柳寬) 등은 아뢰기를, "진(鎭)의 북위(北衛) 각품(各品)과 대장(隊長)·대부(隊副)를 마땅히 더 설치할 것입니다" 하니, 모두 그대로 따랐다.

제5부

하정(夏亭) 류관(柳寬)의
일화(逸話)

1. 영락황제(永樂皇帝)와의 삼보시(三步詩)

조선(朝鮮) 태종(太宗) 6년 병술(서기 1406)년 10월에 8일에 자헌대부(資憲大夫) 예문관(藝文館) 대제학(大提學) 지경연(知經筵) 춘추관사(春秋館事), 세자좌부빈객(世子左副賓客) 겸(兼) 판공안부사(判恭安府事)인 류관이 우군(右軍) 총제(摠制) 성석린(成石因)과 함께 하정사(賀正使)로 명(明)나라 경사(京師)에 신정(新正)을 하례(賀禮)하기 위하여 방문(訪問)하였을 때, 영락황제(永樂皇帝)와 세 걸음[三步]을 뛸 때마다 한 수(首)씩 주고받은 삼보시(三步詩)가 전하여지고 있다.

영락황제 → 三更樓下夕陽紅

삼경루하석양홍

삼경루(三更樓) 아래 저녁때의 해가 붉도다.

하정공 → 九月山中春草綠

구월산중춘초록

구월산(九月山) 가운데 봄철의 풀이 푸르도다.

◎ 풀이 : 삼보시란 세 걸음을 걸으며 짓는 시격(詩格)이다. 즉, 낙운성시(落韻成詩)다. 한사람이 시의 안짝[內聯]을 읊으면 상대는 즉시 대구(對句 : 外聯)를 격(格)에 맞게 읊어야 하는 시풍(詩風)이다.

상대방의 지기(智機)와 재치, 시상(詩想), 학식(學識)을 시험해 보기 위하여 쓰는 한시계(漢詩界)의 시속(時俗)이다.

영락제는 조선에서 사신으로 온 류관의 지기(知機)를 다뤄보느라고 조정을 걸으며 삼보시를 선창하였다.

"三更樓下夕陽紅—한밤중에 누대 아래에 석양이 붉구나."

한밤중에 하늘에는 달과 별이 성성한데 저녁노을이 불탄다고 함은 거짓말이다. 있을 수 없는 현상이다(삼경—하룻밤을 다섯으로 나눈 셋째 부분으로 밤 11시부터 새벽 1시까지 임). 류관이 어떻게 대구(對句)를 받는가를 시험해 보고자 한 것이다.

사신 류관은 천황(天皇)의 성시(聖詩)를 받아 즉답의 시를 읊었다.

"九月山中春草綠—구월의 산속에는 봄풀도 푸르구나."

구월산은 계절적으로 가을이며 단풍이 붉게 물들고 낙엽이 지는 계절인데 구월에 산속에 봄풀이 푸르다고 한 것도 거짓말이다. 이렇게 거짓말 시를 거짓말로 삼보(三步) 내(內)에 대구(對句)를 읊었다. 참으로 절묘하고 재치(才致) 있는 구절이다.

영락황제 → 老人山下少年行
　　　　　　노인산하소년행

노인산(老人山) 아래 소년(少年)이 다니네.

하정공 → 白馬江頭黃犢鳴
　　　　　백마강두황독명

백마강(白馬江) 머리에 누런 송아지 운다.

◎ 풀이 : 영락제는 놀란 듯 또 읊는다.

"老人山下少年行—노인산 아래 소년이 노닌다."

노인산에는 노인들이 많이 모여 살거나 놀아 생긴 이름인 것이다. 그런데 노인산에 노인은 없고 소년들이 들뛰며 놀고 있다는 반대의 개념이다.

류관은 이어 대구를 읊는다.

"白馬江頭黃犢鳴—백마강 언덕에 황송아지가 우네"라고 응수했다. 백마강은 백마를 많이 매어두어 생긴 지명인데 백마는 안보이고 오히려 누런 황송아지가 들뛰며 놀고 있다는 멋진 대구이다. 노인산과 백마강은 중국 계림(桂林)에 있는 지명이다(노인산은 중국 계림(桂林) 시내의 북쪽에 있는 산이고 백마강은 중국에 강 이름). 노인산(老人山)과 백마강(白馬江), 소년행(少年行)과 황독명(黃犢鳴)도 대(對)가 좋다.

영락황제 → 杜鵑花笑杜鵑啼

두견화소두견제

두견화(杜鵑花) 꽃은 웃는데 두견(杜鵑)이는 우네.

하정공 → 老姑草靑老姑白

노고초청노고백

할미꽃[老姑草] 풀은 푸른데 할머니는 백발(白髮)이네.

◎ 풀이 : 영락황제는 두견화와 두견새의 이미지에 웃음과 울음으로 주제를 하여 선창(先唱)한다. 이에 류관은 노고초(할미꽃)와 노고(할머니)연인으로 이미지를 하여 대(對)를 했고 꽃은 푸르고 싱그러움과 늙은 할미의 머리틀을 웃음[笑]과 울음[鳴], 청춘[靑]과 노쇠[白]로 응수한 명시(名詩)이다.

그 당시 중국에서 우리나라를 동이(東夷), 오랑캐로 보고 있었으나 판공안부사인 류관(柳寬)의 빈틈없는 현답(賢答)으로 합격(合格)이란 징표인 각대(角帶)를 내려 주시고, 영락황제(永樂皇帝)께서 '조선국왕(朝鮮國王)'이라는 하나는 크고 하나는 작은 국새(國璽)를 두 개 받아 가지고 귀국하니 비로소 그때부터 중국[당시 명(明)]에서 조선(朝鮮)이란 나라를 인정(認定)하였다고 한다.

2. 한강투선(漢江投扇) 이야기

조선시대에도 지금의 국가공무원법과 같은 동류(同類)의 법(法)이 있었다. 이름하여 『이도대경(吏道大經)』이다. 이 법의 중요대목을 훑어보면, ① 국가공무원은 임관된 날로부터 주택을 증축(增築)하거나 종전보다 더 큰 집을 매입할 수 없다, ② 이유(理由) 여하(如何)를 막론하고 국토(國土)를 매입해서는 안 된다 등(等) 공무원의 재산증식을 규제한 부분이 있다. 조선 오백 년 민폐(民弊) 중의 하나가 송덕비(頌德碑)213)와 만인산(萬人傘)214)이라는 제도였다. 방백(方伯) 수령(守令)이 그 고을에 부임하면 제일 먼저 하는 일이 그 고을 유지(有志)들을 충동질하여 송덕비를 세우는 일이요, 만인산을 만들게 하는 일이었다. 그러나 류관(柳寬) 이분은 계림부윤(鷄林府尹), 강원감사(江原監司), 전라감사(全羅監司)를 지냈지만 그 흔한 송덕비나 만인산을 만들게 하기는 고사하고 합죽선(合竹扇) 하나도 챙기지 않은 분이었다. 이분이 전라도관찰사로 있다가 태종(太宗) 6년(1406) 7월에 예문관(藝文館) 대제학(大提學)인 내직(內職)으로 영전(榮轉)되자 부랴부랴 이삿짐을 챙겨 가지고 상경(上京)하는데 때는 삼복(三伏) 중이라 배를 타고 한강(漢江)을 건너는데 자신의 손에 잡고 있는 것이

---

213) 송덕비(頌德碑) : [명사] 공덕(功德)을 기리기 위하여 세운 비.

214) 만인산(萬人傘) : [명사] <역사> 고을 백성들이 선정(善政)을 베푼 수령(守令)에게 그 덕(德)을 기리기 위하여 바치던 물건. 비단으로 만들었고, 모양은 일산(日傘)과 비슷하며, 가장자리에 수령과 유지(有志)들의 이름을 적었다. 선정을 베푼 고을 수령에게 백성들이 그의 이름을 적어 송덕(頌德)의 기념으로 주었던 물건. 일산과 같은 모양에 비단으로 꾸몄음. 모양은 일산(日傘)과 같으며 비단으로 만들었다. 가장자리에 여러 조각의 비단을 늘어뜨려 유지(有志)들의 이름을 적어서 고을을 어질게 다스린 수령방백(守令方伯)에게 주었다.

전라감영(全羅監營)에서 쓰던 합죽선(合竹扇)[215]을 그냥 가지고 온 것을 알고 대경실색(大驚失色)[216]하자 측근(側近)들이 놀라 "대감 어인 일로 놀라십니까?" 하고 물은즉, 류관찰사는 "여보게들 이 합죽선은 전주감영에서 쓰는 공용물(公用物)인데 내가 깜박 잊고 가져왔으니 이런 낭패가 어디 있단 말인가!" 하며 탄식했다. 이 말을 들은 측근들이 "그 정도는 별로 심려(心慮)할 것 없습니다" 하고 안심하라 하니 그는 다시 "아니야, 사람이란 공사(公私)가 분명해야지 이래서는 안 되지" 하며 한강변에 이르러서야 하는 말이 "이 합죽선은 공유물(公有物)인데 부지불각(不知不覺)[217] 중에 그냥 몸에 지니고 왔으니 이는 천부당만부당(千不當萬不當)[218]한 일이다. 내 어찌 공(公)과 사(私)를 혼동한단 말인가?" 하며, 대경실색(大驚失色)하여 이 합죽선을 한강(漢江)에 던져버렸다. 이를 후세(後世)사람들이 관공리(官公吏)의 청렴(淸廉)을 빗대어 '한강투선(漢江投扇)'이라 한다. 세종대왕은 류대감을 청백리(淸白吏)로 녹선(錄選)하고 그 후손들을 음보(蔭補)토록 특명(特命)하였다.

『(신금) 한마음』 1996년 4월 3일(제25호) 발행 <청백리 열전> 전국상호신용금고연합회 14~16쪽 중 14쪽 일부에서 인용(引用).

---

215) 합죽선(合竹扇) : [명사] 얇게 깎은 겉대를 맞붙여서 살을 만든, 접었다 폈다 하게 된 부채.
216) 대경실색(大驚失色) : [명사] 몹시 놀라 얼굴빛이 하얗게 질림≒대경실성.
217) 부지불각(不知不覺) : 알지도 못하고 깨달지도 못함.
218) 천부당만부당(千不當萬不當) : 절대로 마땅치 않음.

3. 호미를 들고 김을 매다

『용재총화(慵齋叢話)』 중에서

성현(成俔, 1439~1504년)[219] 지음

하정(夏亭) 류관(柳寬)은 청렴 검소하여 두어 칸의 초가(草家)에서 지내면서도 태평(太平)이었으나 벼슬이 신하로서는 최고에 이르렀다. 몸가짐을 필부(匹夫)와 같이 하고 사람이 찾아오면 겨울에도 맨발로 짚신을 신고 맞이하였으며, 때로는 호미를 가지고 채마밭을 돌아다니면서도 전혀 피로(疲勞)해하지 않았다.

夏亭柳政丞, 以淸儉自守, 數間茅舍, 處之恰如, 位極人臣, 以行裝似匹夫, 人有來謁者, 則冬月赤足曳草鞋而出見之, 有時持鋤巡菜圃, 不爲勞.

---

219) 성현(成俔, 1439~1504). 조선 성종 때의 문신·학자. 자는 경숙(磬叔). 호는 부휴자(浮休子)·용재(慵齋)·허백당(虛白堂)·국오(菊塢). 대제학(大提學) 등을 지냈고, 『악학궤범』을 편찬하여 음악을 집대성하였다. 저서에 『용재총화』, 『허백당집』 등이 있다.

4. 장마철 집에서 우산을 쓰고 비를 피하다

『필원잡기(筆苑雜記)』 중에서

서거정(徐居正, 1420~1488년)[220] 지음

일찍이 장마가 한 달 남짓 계속되어 집에 새는 빗발이 삼대처럼 쏟아짐에 공(公)이 손수 우산(雨傘)을 받쳐 들고 비를 가리면서 부인(夫人)을 돌아보며 말하기를, "우산이 없는 집에서는 이 장마를 어떻게 견디겠는가?" 하니, 부인이 대답하기를, "우산이 없는 집에서는 반드시 미리 준비함이 있을 것입니다" 하므로 공(公)이 빙그레 웃었다.

記曰, 柳文簡公, 公廉方直, 雖位極人臣, 茅屋一間, 布衣芒鞋, 淡如也. 公退之暇, 敎誨不倦, 摳衣者坌集, 人或有來納, 謁領之而已, 不問姓名焉. 公之第興仁門外, 時開史局于金輪寺, 在城內也. 公領修史, 嘗以軟毛杖屨而行, 不煩輿馬, 或携冠童, 嘯咏往還, 人服其雅量, 寺今已廢. 嘗霖雨經月, 屋漏如麻, 公手傘庇雨, 顧謂夫人曰, 無傘之家 何以能堪. 夫人曰, 無傘之家, 必有備, 公笑之.

『해동명신록(海東名臣錄)』 중에서

김육(金堉, 1580~1658년)[221] 지음

---

220) 서거정(徐居正) : 조선 전기의 문신·학자. 본관 달성(達城), 자(字) 강중(剛中), 호(號) 사가정(四佳亭), 시호(諡號) 문충(文忠)이다. 왕명을 받고 『향약집성방(鄕藥集成方)』을 국역(國譯)했다. 성리학(性理學)을 비롯, 천문·지리·의약 등에 정통했다. 『경국대전』, 『동국통감』, 『동국여지승람』 편찬에 참여했으며 『향약집성방』을 국역(國譯)했다. 문집에 『사가집(四佳集)』 저서에 『동인시화(東人詩話)』, 『동문선(東文選)』, 『역대연표(歷代年表)』, 『태평한화골계전(太平閑話滑稽傳)』, 『필원잡기(筆苑雜記)』가 있으며 글씨에는 『화산군권근신도비(花山君權近神道碑)』(忠州)가 있다.

공(公)은 청렴하고 검소하여 행실(行實)이나 말을 제 스스로 조심하여 지켰다. 몇 간(間) 제택(第宅)[222] 처하는 것이 마치 이러하였으니, 일찍이 장마 비가 몇 달을 지나니 집에 비가 새어 삼대 같은 줄기의 비가 새니, 공(公)께서 손수 우산(雨傘)으로 비를 가리며 부인(夫人)을 돌아보며 이르기를, "우산이 없는 집은 어떻게 견디나?" 하니, 부인(夫人)께서 대답하기를, "우산이 없는 집은 반드시 대비가 있을 것입니다" 하였다. 공(公)은 신하(臣下)로써 가장 높은 자리에 이르렀으나 행장(行裝)[223]은 필부(匹夫)[224]와 같았다. 관청에서 공무를 마치고 퇴근한 여가(餘暇)에 어떤 사람이든지 찾아오면 비록 겨울철이라도 맨발로 짚신을 신고 나와 맞이하였으며, 때로는 호미를 손에 쥐고 채소밭을 돌아다니되 괴롭게 여기지 않았다.

公淸儉自守, 數間第舍, 處之恰如, 嘗霖雨經月, 屋漏如麻, 公手傘庇雨, 顧謂夫人曰, 無傘之家 何以能堪. 夫人曰, 無傘之家, 必有備. 公位極人臣, 而行裝似匹夫, 人有來謁者, 則雖冬月赤足, 曳草鞋而出見之, 有時持鋤巡菜圃, 不以爲勞.

『성호사설(星湖僿說)』[225] 중에서

성호(星湖) 이익(李瀷)[226] 지음

---

221) 김육(金堉) : 조선 중기의 문신. 본관 청풍(淸風). 자 백후(伯厚). 호 잠곡(潛谷). 17세기 후반의 공납제도의 폐단을 혁파하기 위해, 대동법 실시를 주장하였다. 『구황촬요(救荒撮要)』, 『벽온방(辟瘟方)』 등을 편찬하였다.

222) 제택(第宅) : [명사] 살림집과 정자를 통틀어 이르는 말. ≒제사(第舍).

223) 행장(行裝) : [명사] 여행할 때 쓰는 물건과 차림. ≒행구(行具)·행리(行李).

224) 필부(匹夫) : [명사] 1. 한 사람의 남자. 2. 신분이 낮고 보잘것없는 사내.

225) 성호사설(星湖僿說) : 조선 후기의 실학자 이익(李瀷)이 쓴 책. 성호는 이익의 호이며, 사설은 세쇄(細瑣)한 일을 기록한 것이라는 뜻으로 조선 후기의 학자 성호 이익(李瀷)의 대표적 저술. 평소에 기록해둔 글과 제자들의 질문에 답한 내용을 1740년경에 집안 조카들이 정리한 것임.

문간공(文簡公) 류관(柳寬)은 우리나라의 이름난 재상(宰相)인데, 청렴(淸廉) 결백(潔白)하고 검소(儉素)하여 사시는 집이 비바람을 가리지 못하였다. 언젠가 달이 넘도록 장맛비가 계속되어 집에 비가 주룩주룩 새니, 공(公)이 손수 우산을 잡고 비를 가리면서 부인을 돌아보고,

"우산 없는 집에는 어떻게 견딜까?"

하자 부인이,

"우산 없는 사람은 반드시 준비가 있을 겁니다."

하여 공(公)이 웃었다 한다.

세상 사람들이 이것으로써 이야깃거리로 삼아 공(公)의 검소함을 찬양하는 동시에 공(公)이 세상 물정(物情)에 어둡다는 것을 비웃는데, 나는 이것으로써 공(公)을 다 알겠느냐고 생각된다.

공(公)의 이 말은 바로 남보다 뛰어난 두 가지 점을 의미하니, 비가 아직 다 내리지 않았다는 것이 또 하나이고, 백성들을 아직 다 구제하지 못했다는 것이 또 하나이다. 그렇다면 오막살이 밑의 백성들이 어찌 흉금(胸襟)을 털어내어 감탄하지 않겠는가?

자기의 괴로움으로 인하여 다시 남의 가난함을 염려하는 것이 곧 두공부(杜工部)227)의 이른바 '광하천만간(廣廈千萬間)'228)으로 더불

---

226) 이익(李瀷, 1579~1624) : 본관은 경주(慶州)이고, 자(字)는 형여(泂汝), 호(號)는 옥포(玉浦), 간옹(艮翁)이다. 조선 후기 실학자로 실용적인 학문과 양반도 생업에 종사할 것을 주장하였다. 또한 여론과 평판에 의해 인재를 등용하는 공거제(貢擧制)를 주장했다. 저서는 『성호사설(星湖僿說)』과 『곽우록(藿憂錄)』 등이 있다.

227) 두공부(杜工部) : 두보(杜甫)(서기 712~770년)는 당(唐)나라 때 시인(詩人)이다. 제9대 왕 예종(睿宗 : 서기 684년, 서기 710~712년) 때 양양(襄陽)에서 출생하였으며 공부(工部)라는 벼슬을 했기 때문에 두공부(杜工部)라고도 부른다.

228) 광하천만간(廣廈千萬間) : 당(唐)나라 시인(詩人) 두보(杜甫)의 모옥위추풍소파가(茅屋爲秋風所破歌)에 "어쩌면 넓은 집 천만 칸을 얻어서 크게 천하의 선비들을 비호(庇護)하여 즐거운 얼굴을 같이 할까[安得廣廈千萬間, 大抵天下之士 俱歡眼]"라는 데 보인다.

어 일관되는 생각이니, 우산 없는 걱정은 대개 온 천하의 백성들을 비호(庇護)하려는 뜻에서다. 무릇 물질로써 몸을 받드는 자가 만약 자기보다 나은 자를 취한다면 아무리 넓은 집과 부드러운 담요일지라도 그 부족함을 느끼게 마련이다. 이러한 자에게 비교하는데, 하물며 집에 비가 주룩주룩 새는 그 속에서 다만 우산 없는 집의 괴로움이 더할 것을 생각하였을 뿐이라면 자신은 얼마든지 스스로 위로될 수 있는 것이니, 공(公)이야말로 그 이름을 돌아보고 그 의를 생각하는 분인지라 이것이 얼마나 자수(自守)의 요령을 얻은 것이겠는가? 만약 나의 괴로움으로 인하여 남의 준비 있는 것을 알지 못한다면 이는 어리석은 사람 앞에서 꿈을 설명하는 격(格)일 것이다. 『星湖僿說(성호사설)』 제12권 <人事門(인사문)>에서 인용(引用).

星湖僿說 第五輯 星湖先生僿說 卷之十二 人事門

柳相雨傘

柳文簡公寬, 國朝名相也. 廉潔儉素, 所居不蔽風雨, 嘗霖雨經月屋漏如麻, 公手傘庇雨顧謂夫人曰 無雨傘之家何以能堪 夫人曰 無傘者必有備 公笑 世以此爲談柄嘉, 公之儉而笑公之不時事也. 余謂此何足以知公, 公此於有過人者二膏澤時未盡下也. 蒼生時未盡濟也, 則蔀屋之下, 豈無暴露而興歎者乎, 因己之苦輒復念人之艱與杜工部廣廈千萬間同貫, 無傘之憂, 蓋欲庇民於天下也. 凡外物之奉身者, 若以勝己者取, 比廣廈細氈猶覺不足, 惟善自寬者常以不若己者比, 況雖屬漏休休之中, 只見得尙有無傘之家, 其苦更甚則, 我可以自慰耳. 公期顧名思義者歟, 是何自守之得, 其要也. 卽榮啓期之亞, 若曰 因我之有苦而不解, 人之有備, 是癡人前說夢.

5. 차별 없는 교육을 하다

『해동명신록(海東名臣錄)』 중에서

김육(金堉, 1580~1658년) 지음

공(公)이 본래 청렴(淸廉) 빈한(貧寒)하여 흥인문(興仁門 : 지금의 동대문) 밖에 집을 짓고 살았는데, 불과 몇 칸으로 밖에 울타리도 없었다. 손님과 술을 들게 되면 반드시 막걸리 한 동이를 섬돌 위에다 놓고 늙은 여종이 하나 와서 종지 하나를 가지고 술을 드리게 하고 각각(各各) 몇 종지씩 마시고 치운다. 정승(政丞)이란 귀(貴)한 자리에 있으면서도 제자(弟子) 교육(敎育)을 게을리하지 않았다. 글을 가르쳐 달라고 청(請)하는 학생(學生)이 있으면 그가 누구의 자제(子弟)인가를 묻지 않고 반드시 성의(誠意)껏 가르쳐 주었다. 그래서 그의 문하(門下)에는 학생(學生)이 항시 많았고, 시향(時享) 전날에 학생들을 돌려보냈고, 제사(祭祀)를 지낸 뒤에는 학생을 불러다 음복(飮福)시켰다. 소금으로 볶은 생(生) 콩 한 소반(小盤)을 돌려가며 안주로 하는데, 역시 동이의 막걸리로 먼저 자기가 한 그릇을 마시고 그것으로 와 있는 사람들한테 한두 바퀴 돌린다. 태종(太宗)은 공(公)이 이같이 청빈(淸貧)함을 알고 선공감(繕工監)[229]에 명령하여 밤중에 공(公)의 집에 바자를 세우게 하고 공(公)에게 알리지 않게 하였다. 또 어선(御膳)의 하사(下賜)가 그치지 않았다.

---

229) 선공감(繕工監) : <명사> [역사] 조선시대에 공조에 딸려 토목과 영선에 대한 일을 맡아보던 관아. 태조 원년(1392)에 설치되었고, 고종 31년(1894)에 폐지되었다.

公淸貧, 搆第於興仁門外, 不過數間, 外無欄垣, 對賓設酌, 必以濁醪一瓦盆, 置於階上, 一老婢以一沙鍾進酒, 各飮數鍾而罷. 雖貴爲政丞, 無怠於敎訓, 諸生有求請講者, 不問其爲某子弟, 必諄諄敎之, 故門下學徒甚盛, 每時享前一日, 謝諸生遣之, 及以行祭則 召諸生飮福. 以鹽豆一小盤, 相傳以爲佐酒, 仍以瓦盆濁醪, 先飮一甌, 以次傳於席上一再遍, 太宗知公淸貧如此, 命繕工監, 夜半設把子於公第, 不令公知之, 又 御膳之賜不絕.

『필원잡기(筆苑雜記)』 중에서

서거정(徐居正, 1420~1488년) 지음

류문간공 관(柳文簡公 寬)은 공평(公平)하고 청렴(淸廉)하고 곧고 옳아 비록 지위가 인신(人臣)으로서 가장 높은데 이르렀으나, 초가집 한 칸에 베옷과 짚신으로 담박(淡泊)하게 지내었다.

관청에서 공무(公務)를 마치고 퇴근한 여가(餘暇)로 후생들을 가르침에 게을리하지 않고, 제자들이 떼 지어 모여들되 누구라도 와서 보이면 머리를 끄덕일 뿐 성명(姓名)도 묻지 않고 가르쳤다.

公淸貧, 搆第於興仁門外, 不過數間, 外無闌垣, 對賓設酌, 必以濁醪一瓦盆, 置於階上, 一老婢以一沙鍾進酒, 各飮數鍾而罷. 雖貴爲政丞, 無怠於敎訓, 諸生有求請講者, 不問其爲某子弟, 必諄諄敎之, 故門下學徒甚盛, 每時享前一日, 謝諸生遣之, 及以行祭則 召諸生飮福. 以鹽豆一小盤, 相傳以爲佐酒, 仍以瓦盆濁醪, 先飮一甌, 以次傳於席上一再遍, 太宗知公淸貧如此, 命繕工監, 夜半設把子於公第, 不令公知之, 又御膳之賜不絕.

6. 베풀기를 즐기다

『해동명신록(海東名臣錄)』 중에서

김육(金堉, 1580~1658년) 지음

공(公)은 총명(聰明)하여 보통(普通) 사람보다 뛰어난 사람이어서 평소에 배운 것을 종신(終身)토록 잊지 않았으며 매양 밤중마다 그 글을 외우며 그 뜻을 생각하고 항상 민생을 건질 것을 마음먹었으므로 교량(橋梁)이나 원우(院宇)를 지으려 하는 자 있으면 비록 중들에게라도 곧 돈과 베를 시주하였고, 또 남에게 주기를 좋아하였으나 비록 하찮은 물건이라도 남에게서 취하지는 않았다. 항상 말하기를, "친구 사이에는 으레 재물을 서로 나누어 쓰는 의리가 있다 하나, 아예 요구하지는 않는 것이 좋다" 하였다.[230]

公聰明過人, 平生所學, 終身不忘, 每當中夜, 誦其文而思其義, 常以濟人爲心, 故欲作橋梁院宇者, 雖僧徒卽與錢帛, 好施於人. 雖至微物, 不取諸人, 常朋友固有通財之義, 然愼勿干索可也.

『연려실기술(燃藜室記述)』[231] 중에서

이긍익(李肯翊, 1736~1806)[232] 지음

---

230) 『해동명신록(海東名臣錄)』: 조선 왕조 개국 이래의 명신(名臣)의 사적을 도학(道學), 사업(事業), 충절(忠節)로 분류하여 엮은 책. 조선 효종 때 김육(金堉)이 엮었으며, 17책 9권.

231) 『연려실기술(燃藜室記述)』: 조선 후기의 학자 이긍익(李肯翊 : 1736~1806)이 지은 조선시대 야사총서(野史叢書). 필사본. 59권 42책. 저자가 부친의 유배지인 신지도(薪智島)에서 42세 때부터 저술하기 시작하여 타계(他界)할 때까지 약 30년 동안에 걸쳐 완성하였다.

〈세종조(世宗朝)의 상신(相臣)〉

류관

공(公)은 총명(聰明)이 보통 사람에 지나쳐 평생에 한 번 배운 글을 종신(終身)토록 잊어버리지 않았고, 매양 밤중에 그 글을 외우며 뜻을 생각하고 항상 민생을 건질 것을 마음먹었으므로 교량(橋梁)이나 원우(院宇)를 지으려 하는 자 있으면 비록 중들에게라도 곧 돈과 베를 시주하였고, 또 남에게 주기를 좋아하였으나 비록 하찮은 물건이라도 남에게서 취하지는 않았다. 항상 말하기를, "친구 사이에는 으레 재물을 서로 나누어 쓰는 의리가 있다 하나, 아예 요구하지는 않는 것이 좋다"고 하였다.

柳寬

公聰明過人, 平生所學, 終身不忘. 每當中夜誦其文思義, 常以濟人爲心故, 作橋梁院宇者, 雖僧徒卽與錢帛, 好施於人. 雖至微物不取諸人, 常言朋友固有通財之義, 然愼勿干索可也.

---

232) 이긍익(李肯翊) : 본관은 전주(全州), 자는 장경(長卿), 호는 완산(完山)·연려실(燃藜室)이며, 『연려실기술(燃藜室記述)』을 저술한 조선 후기의 실학자.

7. 양미골 연자방아 이야기

경기도 파주시 파평면 덕천리 양미골(양노골) 뒷산 비탈 후미진 도랑이 있는 곳(536번지 일대)에 연자방아가 있었다. 이 연자방아는 옛날 류관(柳寬) 정승이 문과급제하여 사헌중승(司憲中丞)을 역임하면서 조선이 개국하자 이성계를 도와 개국원종공신이 된 후 대사성 전라도 관찰사를 역임, 1409년 예문관 대제학으로 지춘추관사를 겸직하면서 『태조실록(太祖實錄)』을 편찬하였으며 세종이 즉위하자 좌빈객을 역임, 우의정에 승진 『고려사(高麗史)』를 수교(讎校)하는 등 학문에 뛰어나고 시문에 능한 대학자로서 치사(致仕)하시였다.

그러나 선생은 제2의 고향인 양미골(양노골)에 본가를 두고 서울 동대문 밖에 초가(草家) 삼간(三間)을 짓고 살면서 집 옆에 연자방아를 만들어 동리사람들이 방아를 찧어가고 내는 방아세로 연명을 하였으며 울타리도 없으며 여름철에 비가 오면 지붕이 새는 초라한 생활을 하였다. 이러한 상황을 널리 알려지게 되자 청백리에 녹선(錄選)된 강직한 선비이다. 그 당시 좌우승지로 이조참의를 거쳐 경상도 관찰사로 있는 이희(李暿)가 문안차 류관 선생을 방문하였다가 너무나 초라한 광경을 보고 사재로 울타리와 집과 방앗간 지붕을 수리하였다. 그러나 선생은 대노(大怒)하면서 어찌하여 경상감사가 어인 재산이 많아 남의 집까지 돕고자 하느냐며 호통을 치니 이희는 이 보수비용은 조상님의 유산이 좀 있어 마련한 것이니 조금도 국록을 축낸 것이 아님을 아뢰오니 선생은 즉시 이희의 재산을 조사하도록 한 바 사실과 틀림없었다 한다. 어느 날 류관 선생은 이희에게 말하기를, "내가 먼저 세상을 뜨거든 이 연자방아를 고향으로 옮겨 내 마누래[老妻]가 여생을 살도록 해달라"는 부탁을 한 후 돌아가시니 이희는 그 유언에 따라 연자방아를 현 파평면 덕천리 양미골로 옮기어 같이 살게 되었다 하며 사모님이 별세하여 후손이 관리할 수 없는 실정이므로 연자방아는 자연적으로 경주이씨 이희가 관리하면서부터 수백 년이 흘러 오늘날까지 내려오다가 6・25동란의 혼란기에 연자방아가 분실되었는데 경주이씨 종친회에서 수소문 끝에 다시 찾아서 제자리로 갖다놓았다는 것이다. 연자방앗간의 자리는 현재 밭으로 되어 있으며 연자방아(쌍맷돌)는 옛 선현들을 기리며 밭 가운데 방치되어 600년 역사를 말해주고 있다.

『傳說의 香脈(문향의 고향)』(坡州傳說誌, 사단법인 파주문화원, 발행연월일 : 1992년 12월 18일 발행, 126~127쪽 인용(引用))

〈파주시 파평면 양미골 연자방아에 얽힌 전설〉

파평면 덕천리 양미골 뒷산 비탈진 후미진 도랑에 연자방아가 있었다. 조선 초 류관(柳寬) 정승을 지낸 사람은 공민왕 20년(1371)에 문과 급제하여 사헌중승(司憲中丞)을 역임하면서 조선이 개국하자 이성계를 도와 개국 원종공신(原從功臣)이 된 후 대사성 전라도 관찰사를 역임 1409년 예문관 대제학으로 지춘추관사를 겸직하면서 『태조실록(太祖實錄)』을 편찬하였으며 세종이 즉위하자 좌빈객을 역임 우의정에 승진 『고려사(高麗史)』를 수교하는 등 학문에 뛰어나고 시문에 능한 대학자였다. 선생은 고향인 파평면 양미골[233]에 본가를 두고 서울 동대문 밖에 초가삼간을 짓고 살면서 집 옆에 연자방아를 만들어 동리 사람들이 방아를 찧어가고 내는 방아세로 연명을 하였으며 울타리도 없으며 여름철에 비가 오면 지붕이 새는 초라한 생활을 하였다. 이러한 상황이 널리 알려지게 되자 청백리에 녹선된 강직한 선비이다. 그 당시 좌우승지로 이조참의를 거쳐 경상도 관찰사로 있는 이희가 문안차 류관 선생을 방문했다가 너무나 초라한 광경을 보고 사재로 울타리와 집과 방앗간 지붕을 수리하였다. 그러나 선생은 대노(大怒)하면서 어찌하여 경상감사가 재산이 많아 남의 집까지 돕고자 하느냐며 호통을 치니 이희는 이 보수비용은 조상님의 유산이 좀 있어 마련한 것이니 조금도 국록을 축낸 것이 아님을 아뢰오니 선생은 즉시 이희 재산을 조사토록 한 바 사실과 틀림없었다 한다. 어느 날 류관 선생은 이희에게 말하길 '내가 먼저 세상을 뜨거든 이 연자방아를 고향으로 옮겨 내 마누라(老妻)가 여생을 살도록 해달라'고 부탁을 한 후 돌아가시니 이희는 그 유언에 따라 연자방아를 현 파평면 덕천리 양미골로 옮기어 같이 살게 되었다 하며 사모님이 별세하여 후손이 없는[234] 처지인지라 연자방아는 자연적으로 경주이씨 이희가 관리하면서부터 수백 년이 흘러 오늘까지 내려오다가 일제를 거쳐 6·25동란으로 말미암아 훼손되고 자취만 남아 있다는 전설이 내려오고 있다.

출처 : 다음, 브리태니커, 야후

---

233) 잘못된 기록으로 봄. 황해도 신천군 문화면 묵방동이 고향.
234) 아들 휘(諱) 이문(異聞)이 있다.

제6부

하정(夏亭) 류관(柳寬)
관련 사적(史蹟)

1. 조선개국(朝鮮開國) 원종공신(原從功臣) 녹권(錄券)과 녹패(祿牌)

공신(功臣) 중훈대부(中訓大夫) 사헌(司憲) 중승(中丞) 류(柳)[관(觀)] 본관(本貫) 문화(文化)

우(右) 원(員)을 원종공신(原從功臣) 녹권(錄券)에 부치는 일은[良中奇是臥乎事叱段]

홍무(洪武) 25년(1395) [태조(太祖) 원년(元年)] 임신(壬申) 10월 일 도평의사사(都評議使司) 출납(出納) 내(內) 홍무(洪武) 25년 십월(十月) 일 도승지(都丞旨) 안경(安景) 차지(次知) 『夏亭集(하정집)』 2권 26面(면) 전후(前後)에 실려 있는 <공신도감(功臣都鑑) 녹권(錄券)>에 실려 있는 내용이다.

〈녹패(祿牌)〉

왕명(王命)<준사(準賜)> 자헌대부(資憲大夫) 사헌부(司憲府) 대사헌(大司憲) 보문각(寶文閣) 제학(提學) 겸(兼) 판전시사(判典祀寺事) 류(柳)[관(觀)] 이제 갑오(甲午)년 녹(祿) 제3과(科) 2백90석(石)을 경창(京倉)에서 지급한다.

영락(永樂) 12년 갑오(甲午)(1414) 6월 일 추충익대 개국공신(推忠翊戴開國功臣) 정헌대부(正憲大夫) 이조(吏曹) 판서(判書) 집현전(集賢殿) 대제학(大提學) 세자(世子) 좌빈객(左賓客) 서원군(西原君) 한(韓) <착압(着押)>

내용을 살펴보면 네 차례의 구전왕지(口傳王旨)를 통해서 402명을 포상(褒賞)하고, 직명(職名) 단자(單子)는 233명의 관직과 이름을 낙점(落點)하였으며, 공신도감(功臣都鑑)에서는 분례(分例)에 따라 포상과 특전(特典)의 내용을 기재하여 태조에 신문(申聞)하였다. 이에 태조는 1415년 3월 9일에 신문(申聞)한대로 행하라는 왕명을 내리고 공신도감에서는 이를 받들어 같은 해 윤(閏) 9월에 녹권을 발급하였다. 이들에게는 대장군 이화영(李和英)의 예(例)와 같은 특전이 상(賞)이 내려지고 밭[田] 15결(結)과 부모와 처(妻)에게 품계(品階)를 주고[父母妻封爵], 자손에게는 음직(蔭職)을 주며[子孫蔭職], 공신과 그의 자손이 죄를 범하여도 사면(赦免)하여 주고[宥及後世], 비(碑)를 세워 그 공(功)을 기록하도록 하는[立碑紀功] 은전(恩典)이 내려졌다.

위와 같이 발급시기가 태종 14년(1414)으로 약간 늦고 인기(印記)도 알 수 없으나 양식 면(樣式面)에서는 거의 같을 것으로 추정된다. 이때는 연 2회의 지급(支給)이 이루어지던 때였다.

녹패란 조선시대에 종친과 관리들에게 녹과(祿科)를 정하여 내려주는 증서로서 이조(吏曹)와 병조(兵曹)에서 왕명(王命)을 받아 시행한 문서이다. 그 효력과 절차에서는 관원은 녹패(祿牌)에 기록된 녹과(祿科)에 의하여 호조(戶曹)에서 녹표(祿標)를 발급받고 광흥창(廣興倉)에서 녹봉을 받는 과정을 거친다.

끝 부분에 도감(都鑑) 관계자의 직함(職銜)과 착압(着押) 부분에서 녹권의 사급(賜給) 당시 직접 서명(署名)에 참여하여 서압(署押)의 형태가 목판(木版)으로 새기어져 남아 있는 인물은 다음의 18인(人)이다.

1. 녹사(錄事) 권지도평의녹사(權知都評議錄事) 전(前) 수의부위(修義

副尉) 흥위위(興威衛) 우령(右領) 산원(散員) 정(鄭) <착명(着名)>

2. 녹사(錄事) 권지도평의녹사(權知都評議錄事) 전(前) 신호위(神虎衛) 보승별장(保勝別將) 박(朴)<착명(着名)>

3. 판관(判官) 선교랑(宣敎郎) 합문(閤門) 통찬사인(通贊舍人) 양(楊) <착명(着名)>

4. 판관(判官) 통덕랑(通德郎) 예조(禮曹) 정랑(正郎) 최(崔)<착명(着名)>

5. 부사(副使) 봉정대부(奉正大夫) 예조(禮曹) 의랑(議郎) 강(姜)<착명(着名)>

6. 부사(副使) 봉정대부(奉正大夫) 호조(戶曹) 의랑(議郎) 박(朴)<착명(着名)>

사(使) 익대(翊戴) 개국공신(開國功臣) 통훈대부(通訓大夫) 판교서감사직(判校書監事直) 집현전(集賢殿) 지서적원사(知書籍院事) 겸(兼)예문춘추관(藝文春秋館) 편수관(編修官) 함(咸) <착명(着名)>

7. 판사(判事) 추충협찬(推忠協贊) 개국공신(開國功臣) 가정대부(嘉靖大夫) 상의중추원사(商議中樞院事) 도평의사사(都評議使司) 홍(洪)<착명(着名)>

8. 판사(判事) 추충협찬(推忠協贊) 개국공신(開國功臣) 가정대부(嘉靖大夫) 상의중추원사(商議中樞院事) 도평의사사(都評議使司) 집현전(集賢殿) 학사(學士) 오(吳)<착명(着名)>

9. 이조(吏曹) 좌랑(佐郎) 승의랑(承議郎) 고공좌랑(考功佐郎) 이(李)<착명(着名)>

10. 이조(吏曹) 좌랑(佐郎) 승의랑(承議郎) 겸(兼) 상서직장(尙瑞直長) 윤(尹)<착명(着名)>

11. 이조(吏曹) 정랑(正郎) 통덕랑(通德郎) 고공정랑(考功正郎) 류

(柳)<착명(着名)>

12. 이조(吏曹) 정랑(正郎) 통덕랑(通德郞) 김(金)<착명(着名)>

13. 의랑(議郞) 봉정대부(奉正大夫) 세자좌필선(世子左弼善) 지제교(知製敎) 겸(兼) 춘추관(春秋館) 편수관(編修官) 서(徐)<착명(着名)>

14. 의랑(議郞) 봉정대부(奉正大夫) 이(李)<착명(着名)>

15. 익대(翊戴) 개국공신(開國功臣) 통정대부(通政大夫) 중추원(中樞院) 좌승지(左承旨) 경연(經筵) 참찬관(叅贊官) 겸(兼) 상서(尙瑞) 집현전(集賢殿) 직학사(直學士) 지제교(知製敎) 지병조사(知兵曹事) 민(閔)<착명(着名)>

16. 보공장군(保功將軍) 용기순위사(龍騎巡衛司) 대장군(大將軍) 김(金)<착명(着名)>

17. 조산대부(朝散大夫) 사헌(司憲) 시사(侍史) 정(鄭)

18. 김(金)<착명(着名)>

2. 개국공신(開國功臣) 사패지(賜牌地)

〈류관 류형원 가계도(柳寬~柳馨遠 家系圖)〉

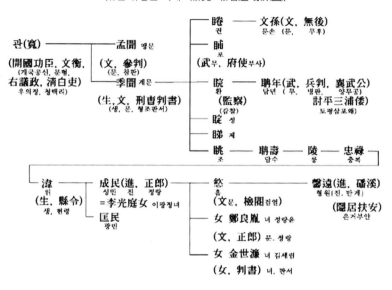

류관은 우의정까지 지낸 고관이지만 그의 명예와 지위를 확고히 하여준 것은 이른바 개국공신(開國功臣)이 되고부터였다. 『조선왕조실록』 안에는 태종(太宗) 14년(1414) 7월 8일(기묘) 두 번째 기사 조(條)에 대간들을 외방에 부처하다. "唯大司憲柳觀以太祖元[235]從功臣免, 다만 대사헌 류관(柳觀)은 태조의 원종공신(元宗[236]功臣)이라 하여 면제시켰다." 행장(行狀)에는 태조 3년인 "甲戌授司憲中丞錄原從

---

235) 元은 原이 옳음.

236) 原從이 옳음.

勳有……原從勳謝箋. 갑술(甲戌)년 사헌부(司憲府) 중승(中丞)으로 원종훈(原從勳)에 기록문서에 원종훈사전(原從勳謝箋)이 있다." 홍무(洪武) 25년 태조(太祖) 원년(元年) 임신(壬申) 10월에 개국(開國) 원종훈(原從勳)을 받고 홍무(洪武) 28년(태조 3년, 1395) 윤(閏) 9월에 녹권(錄券)이 시행(施行)되었다. 물론 개국(開國) 원종공신(原從功臣)이라는 점에서 정식으로 책봉된 공신과는 격(格)에 있어서 차이가 있기는 하였지만 야사류(野史類) 그리고『문화류씨(文化柳氏) 가정보(嘉靖譜)』등에서조차 그가 개국공신이었다는 사실을 밝히고 있지 않다.『가정보(嘉靖譜)』에 기록되어 있지 않았다는 것은 이해하기 힘들다.

그런데 류관이 개국공신이었다는 사실은『하정선생유집(夏亭先生遺集)』공신도감(功臣都鑑) 녹권(錄券)에 '공신(功臣) 중훈대부(中訓大夫) 사헌중승(司憲中丞) 류관(柳觀) 본관(本貫) 문화(文化), 오른쪽의 사람은 원종공신(原從功臣) 녹권(錄券)에 기록하였나이다. 홍무(洪武) 25년 임신(壬申)(1392) 10월, 도평의사사(都評議使司) 출납(出納) 내(內)'라고 실려 있고,『하정집(夏亭集)』1권 부록(附錄)에 '태조(太祖) 때[朝] 원종공신(原從功臣)의 녹권(錄券)을 하사(下賜)받았다'고 실려 있고, 결정적으로 후대(後代) 자손의 토지매매문서에 공신사패지(功臣賜牌地)가 발견됨으로써 그가 개국공신이었다는 사실을 확실히 알 수 있다. 사패지가 주어진 곳은 현재의 전라북도 부안군 보안면 우동리이다.

류관이 받은 사패지는 그의 7대손 류성민(柳成民)이 소유하고 있었다. 류성민은 류관의 종손(宗孫)이 아닌 방계(傍系)후손이다. 어떠한 이유로 그에게 사패지가 상속되었는지는 알 수 없다.237) 다만 그의 직계선조가 모두 사마(司馬), 문과(文科)를 거쳐 고관을 역임한 사실과 관련이 있지 않을까 생각된다. 반계(磻溪) 류형원(柳馨遠)은 류성민의 손자이다. 반계가 이곳 우반동에 은거(隱居)한 것도 이 같은 선대의 유적이 있었기 때문일 것이다.

토지문서를 통하여 매득(買得)한 사람은 부안김씨 김홍원(金弘遠, 1571~1645)이다. 이들은 류씨로부터 이 땅을 매입해 지금까지 터전으로 삼고 있다. 이 토지문서는 여느 토지문서와 달리 사패지의 내력과 전답주변의 산과 시내, 포구 등 자연환경을 그림처럼 묘사하였다. 고문서학적으로도 매우 귀중한 자료에 속한다. 다음은 토지명문(土地明文)(매매문서)의 국역문이다.

〈국역문(國譯文)〉

숭정(崇禎) 9년(1636) 병자 3월 17일 통정대부(通政大夫) 전(前) 행 담양부사(行潭陽府使) 김홍원(金弘遠)에게 주는 명문(明文).

이 명문을 만드는 것은 위 문서는 가정에 쓸 일이 있으므로[要用所致] 판다. 부안(扶安) 입석면(立石面) 하리(下里) 우반(愚磻)에 있는 논밭은 6대조인 우의정(右議政) 문간공(文簡公)[이름은 류관(柳寬) 처음 이름은 류관(柳觀)]이 태조 때 개국공신의 사패(賜牌)로 받은 땅으로 서울로부터 대단히 멀어져 있어, 거두어들이지 못할 뿐만 아니라 깊은 골짜기 가운데 인민들이 혹 모여살기도 하고 혹은 흩어져 살아 논밭도 멧돼지와 사슴의 피해를 입어 폐기(廢棄)하여 둔 지 수백 년이 되었는데 지난 임자년(1612) 가을에 비로소 내려와 띠를 베고 나무를

---

237) 관(寬)―계문(季聞)―조(眺)―담수(聃壽)―릉(陵)―충록(忠祿)―위(渭)―성민(成民)―흠(歆)―형원(馨遠).

무를 잘나내어 밭과 논을 일구어 어렵게 거듭 마련하여 이제 20여 년 동안 갈아 먹어 왔다. 대개 이 땅은 사방둘레에 산이 쌓여 있고, 앞면은 확 터져 조수물이 들어와 포구에 가득 차면 인안(印案)[238]이 출몰(出沒)하고 기이(奇異)한 바위와 괴이(怪異)한 돌이 좌우에 죽 늘어서 마치 나와서 절을 하고 들어가는 것 같고, 그 모습이 일정하지 않다. 아침 구름과 저녁노을이 또한 저마다의 모습을 드러내어 신선이 사는 곳이어서 세속(世俗)의 손이 와서 놀 곳이 아닌 듯하다. 마을을 가운데 긴 내[長川][239]가 북에서 남쪽으로 흐르고 있어 내의 서쪽은 옛 농장을 그대로 보존하며 내의 동쪽은 집과 논밭을 전부 팔되 그중(中)에 내가 함부로 처리할 수 없는 곳이 있으니 집종 삼충(三忠)이 김윤상(金允祥)에게서 사들인 논 6마지기, 즉 15짐[卜]과 그 집 앞 텃밭 26짐[卜] 3뭇[束], 원래 그곳에 살던 종 필이의 밭 17짐[卜], 논 7마지기, 즉 16짐[卜] 또 논 3마지기 10짐[卜]은 김(金) 사간(司諫)에게 벼 전(全) 6석(石)을 받기로 하여 임신년(1632) 3월에 받아서 썼고 그해 7월에 그의 상전(上典)에게 잡혀간 바 되어 홍주(洪州)<충남 홍성>로 올라가 달리 갚을 물건이 없으므로 위 전답(田畓)에 대한 문서는 관(官)에 밭치고 작년의 조(租)를 사간(司諫)의 집에 운송해 주었으니 (문서가 해결되지 않은 땅이므로) 이를 제외한 논밭 전부를 판다. 논으로 농사를 짓는 것 8섬지기와 때로는 묵히기도 하고 때로는 경작(耕作)하기도 하는 것 밭 4석(石)지기 합(合) 5결(結)과 혹 경작도 하고 혹 묵히기도 하는 땅 등 결복(結卜)을 상세히 알 수 없으나 그 면적은 30여(餘) 결(結)이 족히 될 것이다. 새로 지은 기와집 20여(餘)

---

238) 인안(印案) : 인어(印魚)가 머리를 내민 상태를 표현한 것임.
239) 장천(長川) : 고유명사(固有名詞). 김홍원(金弘遠)의 문집인 『해옹집(海翁集)』에도 실려 있다.

간(間) 집 뒤의 정자(亭子)터 황죽전(黃竹田) 및 종 삼충(三忠)의 집 뒤 죽전(竹田)을 아울러 값으로 따져 목면(木棉) 10동(同)(500필)을 받고 영영 팔거니와 옛 문기(文記)는 다른 전답이 붙어 있으므로 줄 수 없다. 이후에 자손 중에 혹 잡담이 있거든 이 문기(文記)로 관(官)에 고(告)하여 판정(判定)을 받을 것.

재주(財主) 통훈대부(通訓大夫) 전(前) 행공조정랑(行工曹正郎) 류성민(柳成民)[수결(手決)]

증인(證人) 장손(長孫) 학생(學生) 덕창(德彰)

글쓴이 외손(外孫) 조산대부(朝散大夫) 전(前) 별좌(別坐) 조송년(趙松年)[수결(手決)]

○『明文(명문)』扶安金氏古文書 중에서

崇禎九年 丙子三月十七日 通政大夫 前 行潭陽府使 金弘遠前 明文

右明文事段要用取致以扶安立石面下里愚磻 伏田畓而六大祖 右議政文簡公 太祖朝開國功臣賜牌以去京懸遠收拾不得此分喩窮谷之中 人民或聚或散 田畓段(乙)眞亦爲猿鹿所害廢棄數百年 爲有乯去季秋始爲下來 誅茅伐木作田作畓 辛苦重設 今至二十餘年 耕食爲去累 大槪此地四山圍抱前面開豁 潮生滿浦 印案出沒 奇巖怪石 列在左右 如拱如揖或進或退 狀非其一朝雲暮靄 亦自呈熊眞羽衣棲息之所 非俗居來遊之處 中有長川 出北向南 自別東西之區 此無奇絶之一助自川 川西仍存舊業自川以東家舍田畓全數放賣而其中 不得自擅者 家奴三忠之金允祥妻買得畓六斗落則十五卜 其家前代田二十六卜三束 元居人奴弼伊田十七卜畓七斗落則十六卜 又畓三斗落則十卜 段金司諫家利租全六石 壬申年三月受 其年七月爲厥上典之所捉 洪州上去他無償債之物 右田畓

來文進呈 自前年之所出乙司諫家輸送爲有齊 其餘田畓段全數放賣 畓

之時起 落種者全八石落則時陳未起者全四石落則幷五結田則 或起或陳

結卜未能詳知而計 其元數則 不下三十餘結 新造瓦家二十間 家後亭子

代黃竹田及奴三忠家後竹田幷以價折 木棉拾同交易 捧上爲進 永永放

賣 爲畢矣 此文記段他田畓 幷付乙 何于許與不得爲主乎 後次吾子孫

中 或有雜談則 此文記告官辨正者

　財主 通訓大夫 前 行工曹正郎 柳成民

　證 長孫 學生 德彰

　筆執 外孫 朝散大夫 前 別坐 趙松年

　우리는 위의 토지매매문기에서 류관이 개국공신사패지로 받은 토지의 양(量)과 규모를 대략 짐작할 수 있다. 『대동야승(大東野乘)』에는 "그가 사방에 논밭이나 별장(別莊)조차 없었다"고 하며, 집이 비가 샐 정도로 가난했다고 한다. 그러나 사패(賜牌) 전답(田畓)은 30결(結 : 21만여 평, 결부법 5등전)[240]에 가까울 정도로 방대하며, 이 밖에 가사(家舍)도 있다. 뿐만 아니라 공신에게 토지를 하사(下賜)할 때는 노비(奴婢)도 아울러 같이 주기 때문에 노비도 있었다고 봐야 할 것이다. 그러면 모든 고문서를 제외한 정사(正史), 야사(野史) 류(類)에서 왜 이같이 기록하였을까? 이 점을 풀기 위하여서는 고문서를 면밀(綿密)히 분석할 필요가 있다.

　"부안(扶安) 입석면(立石面) 하리(下里) 우반(愚磻)에 있는 전답이 6대조 우의정 문간공(文簡公) 류관(柳寬)의 조선 태조(太祖) 때 사패지

---

240) 결(結) : 약 3,000평을 말하는 조선의 토지에 대한 기본 단위. 10마지기가 1결이며 비옥도(肥沃度)에 따라 1등전은 2,986평, 2등전은 3,513평, 3등전은 4,259평, 4등전은 5,423평, 5등전은 7,466평, 6등전은 11,946평이 1결이다.

(賜牌地)로서 서울에서 멀리 떨어져 있기 때문에 수습하기 어려울 뿐만 아니라 궁곡(窮谷)의 인민이 혹은 모였다가도 또다시 흩어지곤 하였다. 전답이 또한 산돼지, 사슴의 피해를 입어 폐기한 지 수백 년이 되었다."

인용(引用) 부분 가운데 사패지를 수백 년간 폐기(廢棄)하였다는 기록에 유의할 필요가 있다. 폐기한 이유로서 첫째, 전답이 서울에서 너무 먼 곳에 위치하여 있고, 둘째, 사람이 없어 경작자가 없었기 때문이라 하였다. 그래서 사급(賜給)한 지 200여 년이 지난 17세기 초엽에 드디어 경작을 시작하였다고 한다.

우반동 부안김씨 고문서 중의 하나로, 반계 류형원의 할아버지 되시는 류성민이 김홍원에게 우반리 동편 일대를 팔면서 작성한 매매문서이다. 부안김씨가 우동리에 터를 잡은 것은 대체로 1650년 즈음으로 추정한다. 부안김씨 우반 고문서에 의하면 류형원의 조부 류성민이 그의 6대조인 우의정 류관이 개국원종공신으로 받은 이곳 우반동의 사패지의 일부와 가옥을 부안김씨 임란공신인 나주목사 김홍원에게 팔아 그의 손자 벌 때부터 입촌하여 살면서 집안이 더욱 융성하여 집성촌을 이룬 마을로 알려져 왔다. '證 長孫 學生 德彰' 학생 덕창이 이를 증했는데 덕창은 반계 류형원의 소년기 이름이다.

요약하자면 류관은 토지를 하사받은 후 이 전답을 그대로 방치하였던 것이다. 조선 건국을 전후(前後)한 시기는 토지보다도 노비 등 경작할 노동력이 더 필요한 시기였다. 노동력만 있다면 개간할 땅은 얼마든지 있었다. 이른바 진전(陳田)이라는 것은 시비(施肥) 혹은 노동력이 부족하여 묵히는 땅이었다. 류관의 사패지도 경작할 인민들이 없어 버려둔 땅이었을 것으로 짐작된다. 이 때문에 류관은 항상 가난한 생활을 할 수밖에 없었던 원인의 하나에 속할는지도 모른다. 그러나 그가 청백리가 된 것은 앞에서 지적하였듯이 그가 기존에 가진 부(富)와는 직접적인 연관성이 없다고 보아야 할 것이다. 공직기간 중 얼마나 모범적인 생활을 했는가. 또한 자기가 맡은 직(職)에 얼마나 충실하였느냐가 그 선정(選定)기준이 되었던 것이다.

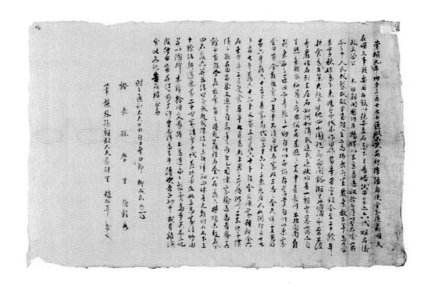

부안김씨 우반고문서 : 1983년도에 처음 발간된 이 책자는, 역사학자인 정구복(鄭求福) 박사님이 1971년도에 류형원(柳馨遠)에 관한 자료를 수집하러 들렀던 우반동에서 부안김씨 종손 중의 한 분인 김생철 씨를 만나서 가문(家門) 대대(代代)로 이어져 보관된 고문서(서찰, 교지, 노비문서)들을 직접 연구하게 된다.241)

241) <柳寬의 生涯와 淸白史像> <이성무(李成茂) 한국학대학원 원장, 국사편찬위원장> 『車柳大宗報(차류대종보)』 통권23호(서기 1996년) 59~71쪽, 고문서 집성 2『부안김씨 古文書 集成(二) 扶安金氏』國學振興硏究事業推進 委員會 編 한국학중앙연구원에서 발행 참조(參照)함.

3. 우산각(雨傘閣)의 유래(由來)

하정(夏亭) 류관(柳寬)이 살았던 우산각은 여러 문헌에서 '동대문 밖'이라고만 하였을 뿐 그 이상의 기록이 없다. 다만『지봉집(芝峰集)』 20권(卷) 중에 실려 있는 <동원비우당기(東園庇雨堂記)>에만 위치만이 아니라 종래 막연하게 '동대문 밖'이라고만 지칭되어 오던 하정(夏亭)의 구기(舊基)를 지적하여 주고 있는 곳이 우산각골이라고 하였다. 이 우산각골은 정승(우의정) 하정 류관이 살았던 마을이다. 그는 선비의 조건인 청빈을 체질화하고 살았던 많은 선비 가운데 전형적(典型的)인 분이었다. 평소부터 그는 청렴(淸廉) 빈한(貧寒)하여 흥인지문(興仁之門 : 지금의 동대문) 밖에 집을 짓고 살았는데, 불과 초가(草家) 몇 칸으로 밖에 울타리도 없이 살았다.

"태종께서 하루는 대궐(大闕) 밖을 나갔다가 류관의 집을 보시고 선공감(繕工監)에게 명하여 하정(류관의 아호) 야직(夜直)날 밤을 이용하여 울타리를 설치하여 주었던 바, 이는 주상께서 공(公)이 청렴결백(淸廉潔白)하여 만약 이 사실을 알면 반드시 사양할 것이기 때문이었다. 이튿날 공(公)이 이 사실을 알고 조정에 나가 사례(謝禮)를 하고 나서 사양했으나 주상께서 허락하지 않으시고 또 어선(御膳)을 하사(下賜)하였다. 집이 너무나 허술하여 장마철이면 지붕이 새어 방 안에 빗물이 곧장 떨어지곤 하였다. 일찍이 장마가 한 달 남짓 계속되어 집에는 빗발이 삼대처럼 쏟아짐에 집에서 독서(讀書)를 할 수가 없었다. 이에 공(公)은 그가 대과(大科)의 급제했을 때 임금으로부터 하사받은 일산을 꺼내어 방안에서 펴들고 비를 가리면서 부인을 돌아보며 말하기를, '우산 없는 집에서는 이 장마철을 어떻게 견디어내나' 하고 걱정을 하시니, 이 말을 듣고 있던 부인은 너무나 어이가 없어 '우산 없는 집에서는 다른 대비책이 돼 있을 겁니다' 하므로 공(公)이 빙그레 웃었다 한다.

비오는 날 방 안에서 우산을 펴고 주고받은 대화가 연유가 되어 류 정승이 살았던 집이 우산각(雨傘閣) 또는 우산정(雨傘亭)이 되고 우산각이 있는 마을 이름이 우산각골 속칭 우산동(雨傘洞)이라고 하였다. 그 후 이 우산각골의 류 정승 집에는 그의 외5대손녀서(外五代孫女壻)이요 태종(太宗)의 다섯째 아들 경녕군(敬寧君) 비(裶)의 현손(玄孫)이요 모양군(牟陽君) 식(植)의 증손이요 선사정(仙槎正) 승손(承孫)의 손자요 하동령(河東令) 이유(李裕)의 아들인 이희검(李希儉 : 4조(曹) 판서(判書)가 그 우산각에 서린 청빈의 전통을 이어받고 청빈한 여생을 살았던 것이다. 이 판서(이희검)의 청빈 정신은 '옷은 몸을 가리는 것으로 족하고(衣足以蔽身) 음식은 창자를 채우는 것으로 족하다(食足以充腸)'는 신조(信條)로 살았다. 이 판서가 죽었을 때 친지들이 전곡(錢穀)을 추렴해서야만이 장사(葬事)를 치를 수 있었으리만큼 청빈하게 살다간 이 판서는 이 우산각의 정신적 전통을 이어 내렸던 것이다. 이수광의 집은 낙산 동쪽의 적산(商山)에 있었다. 원래는 그곳에 그의 5대 외조부 류관(柳寬)의 집이 있었는데 세월이 흘러 이수광 집안의 소유가 되었다. 국재(菊齋) 또는 동고(東皐) 이희검(李希儉, 1516~1579)의 아들 지봉(芝峰) 이수광(李睟光, 1563~1628)은 선조(宣祖) 때 유명한 학자이며, 저서인 『지봉유설』에는 '유도부(儒道部)'에서, 학문·심학(心學)·과욕(寡慾)·초학(初學)·격언의 5항목으로 분류하고 있는 것도 주자학(朱子學)에서 존중되는 도체(道體)의 문제나 성리학적 과제를 제쳐두고, 심성의 수양론적 관심 속에서 유학을 분류하고 있음을 보여준다. 『지봉유설(芝峰類說)』에 다음과 같은 글이 실려 있다.

〈동원비우당기(東園庇雨堂記)〉

내집[弊居]242)은 흥인문(興仁門=동대문) 밖에서 바로 보이는 낙봉(駱峯)으로 동쪽에 있다. 산이 있는데 적산(商山)이라 한다. 적산 한 기슭이 구불구불 남쪽으로 뻗어 마치 읍(揖)243)을 하는 듯한 것이 지봉(芝峯)이다. 지봉 위에 반석(磐石)이 있어 수십 명이 앉을 수 있다. 또한 큰 소나무 십여 그루가 있어 마치 일산(日傘)을 엎어 놓은 듯하다. 이것이 서봉정(棲鳳亭)이다. 그 아래 땅이 조금 평평한데 100여 무(畝) 정도 된다. 그림 같은 동산[園]으로 삼고 '동원(東園)'이라 하였다. 깊고 으슥하고 평탄하고 탁 트여 있어 그윽한 돌이 있어 숨어 살 만하고 빼어난 곳이다.

조선 초기에 하정(夏亭) 류 정승이 청백리(淸白吏)로 세상에 이름이 났는데 이곳에 집을 정하였다. 초가집 몇 칸을 짓고 비가 오면 우산으로 새는 비를 받았다. 사람들이 지금까지 이를 일컫는다. 곧 나의 외가(外家) 5대조(代祖)이다. 내 선고(先考)에 이르러 옛집 그대로 하되 조금 넓혀 지었다. 손님 중에 '너무 소박(素朴)하다'고 하는 이가 있어 문득 말하였다. "우산으로 비를 가린 것에 비하면 또한 이미 사

---

242) 내집[弊居] : 자신의 집을 낮추는 말.

243) 읍(揖) : 인사하는 예(禮)의 한 가지. 두 손을 맞잡아 얼굴 앞으로 들어 올리고 허리를 앞으로 공손히 구부렸다가 몸을 펴면서 손을 내림. 배(拜)보다는 가벼운 예법으로, 공좌(公座)나 노상(路上), 마상(馬上) 등에서 이 예를 행했음.

치한 것이지요." 듣는 이들이 모두 기뻐하며 탄복(歎服)하지 않는 사람이 없었다.

못난 내[不肖]가 선대(先代)의 집을 보존하지 못해 임진왜란을 겪고 나자 짧은 주춧돌과 큰 나무들이 하나도 남은 것이 없게 되었다. 내가 이를 두렵게 여겨 곧 그 옛터에 작은 집을 짓고 '비우당(庇雨堂)'이라 이름하고 쉴[偃息]²⁴⁴⁾ 장소로 삼았다. 대개 겨우 비바람이나 막겠다는 뜻을 취한 것이다. 또한 이에 선조의 일을 계승함을 잊지 않고자 하여 우산(雨傘)의 유풍(遺風)을 붙여 그 뜻을 적는다.

弊居在興仁門外, 直駱峯之東, 有山曰, 商山. 山之一麓, 逶迤而南, 若
栱揖之狀者曰, 芝峯. 峯之上有盤石, 可坐十數人, 又有大松十餘株, 如
偃盖形者曰, 棲鳳亭. 其下地, 更平衍周百許畝. 畫以爲園, 深邃夷曠, 有
幽石之勝, 初夏亭柳相公, 以淸白名世, 卜宅于玆, 爲草屋數棟, 雨則以
傘承其漏, 至今誦之, 卽余外五代祖也. 至余先考, 仍其舊而小加拓焉.
客有言其朴素者輒曰, 比雨傘則 亦已侈矣. 聞者無不悅服. 余以不肖,
不克保有先業自經, 壬申兵燹短礎喬木, 無復餘者, 余爲是懼, 卽其古址
搆一堂, 扁曰 庇雨. 以爲偃息之所. 盖取避風雨之義而, 乃其所志則, 亦
欲不忘嗣續, 以窃付於雨傘之遺風焉. 景有入記于左.²⁴⁵⁾

<hr>

244) 쉴[偃息] : 걱정 없이 편안하게 누워서 쉼.
245) 『지봉집(芝峯集)』, <동원비우당기(東園庇雨堂記)> 이수광(李睟光) 시문집(詩文集).

〈비우당(庇雨堂) 소서(小序)〉

집이 곧 청문(靑門=동대문) 밖 옛터이다. 외(外) 5대조(代祖) 하정(夏亭) 류(柳) 상공(相公)께서 애초부터 풀로 인 집으로 몇 칸[間]을 짓고 사시던 곳인데, 비가 오면 우산으로 그 새는 비를 피하셨다. 지금 전하여 나에게 이르렀다. 비로소 옛날처럼 띠나 집으로 지붕을 덮었다. 그러므로 이른다.

堂卽靑門外舊基, 外五代祖夏亭柳相公, 始居之搆, 草屋數間. 雨則, 以傘承其漏, 至今傳之以爲美, 余欲仍舊葺成故云.

성호(星湖) 이익(李瀷) 선생님이 상재(上梓)한 『성호사설(星湖僿說)』에 '류재상(정승)의 우산(柳相手傘)'이라는 기사(記事)가 실려 있다. 류관은 청렴결백하고 검소하여 거처하는 집이 비바람을 가리지 못했는데, 한 번은 달포가 넘도록 장맛비가 계속되어 집에 비가 주룩주룩 새자, 손수 우산을 잡고 비를 가리면서 부인을 돌아보고 "우산 없는 집에서는 어떻게 견딜꼬?" 하였다. 부인은 "우산 없는 자는 반드시 준비가 있을 겁니다" 하여 함께 웃었다는 고사다. 류관의 외6세손인 이수광 역시 그러한 정신을 이어받았다.

"뒤에 우리 아버지께서 공(公=柳寬)의 집에 사시면서 짚으로 지붕을 하였더니 손[客]들이 이것을 보고 웃으면서 "너무 초라하고 누추(陋醜)하다"고 하였다. 이에 아버지께서는 말씀하시기를 "이것 역시 우산에 비하면 사치스럽지 않은가?" 하니, 듣는 이들이 기뻐하고 탄복(歎服)하였다.

△ 우산각어린이공원
서울특별시 동대문구 신설동 109-4번지(동대문도서관 앞)

임진왜란 때 폐허(廢墟)가 된 이 집터에 이희검(4조판서)의 아들
지봉(芝峰) 이수광(李睟光)이 아버지의 청빈사상을 기리고자 주춧돌
만 남은 곳에 하정(夏亭) 구기(舊基)를 복원하여 우산을 펴고 비를 근
근이 가린다는 뜻의 비우당(庇雨堂)이란 당호(堂號)를 지어 살았다.
후세인들은 우산각 정신을 청백리정신의 표상(表象)으로 삼고자 옛
지명인 우산각골[지금의 신설동 일대와 보문동(창신동 포함)]에 서기
1984년 4월에 서울특별시에서 우산각어린이공원(동대문구 신설동 동
대문도서관 앞)을 명명(命名)하여 우산각 정신의 청빈사상을 귀감(龜
鑑)으로 삼고자 조성되었다.

우산각의 유래에서 지적한 바와 같이 『한경지략(漢京識略)』,[246]

---

246) 조선의 수도인 한성부의 역사와 모습을 기록한 부지(府誌). 1956년 서울시사편찬위원회에서

『동국여지비고(東國輿地備攷)』247) 중에서도 '하정(夏亭) 류관(柳寬)의 집은 동대문 밖[東門外] 숭인문(崇仁門) 밖 수간(數間)의 집으로 울[欄]과 담[垣]이 없었다'라고만 되어 있는데, 유독 이수광(李睟光)248)의 『지봉집(芝峰集)』 안의 <동원비우당기(東園庇雨堂記)>에서는 하정의 구지(舊址)까지도 여실히 지적하여 주고 있다.

서기 1967년 『鄕土(서울)』 제30호를 통하여 비우당 위치에 관하여 "안양암(安養庵) 남쪽과 동덕여대 후측 사이"에 있었다고 추론(追論)하였고, 『한국지명총람(서울편)1』(한글학회, 1966년) '우산각골', '우산각리', '우선동(遇仙洞)'의 지명(地名)이 동망봉(東望峰) 동쪽 언저리인 신설동(新設洞) 위치임을 고증(考證)하였으며, 『황성신문』 서기 1908년 8월 5일자에 실려 있는 기록에 <문권분실광고문안>에는 '동부 숭신방 안암동계 우산각 일통 삼호(東部 崇信坊 安庵洞契 雨傘閣 一統 三戶)'라는 표현이 등장하는데, 이것으로 살펴보면 비우당이 있었던 '우산각골'은 창신동(昌信洞) 언저리가 아니라 낙산(駱山)에서

영인·출판했다.

247) 동국여지비고(東國輿地備攷) : 조선 고종대에 편찬된 서울의 지지(地誌). 2권 2책. 필사본. 1956년 서울시사편찬위원회에서 『서울사료총서』 제1집 활자본으로 간행하였다. 규장각에 소장되어 있다.

248) 지봉(芝峰) 이수광(李睟光) 연보(年譜)
   1563년(명종 18 癸亥) 출생
   1582년(선조 15 壬午) 20세—진사과(進士科) 합격
   1585년(宣祖 18 乙酉) 23세—문과 급제, 부정자(副正字)
   1597년(선조 30 丁酉) 35세—진위사(進慰使)로 북경에 감
   1614년(광해군 6) 52세—『지봉유설(芝峰類說)』 탈고(脫稿)
   1616년(광해군 8 丙辰) 54세—순천부사(順天府使)
   1623년(인조 원년 癸亥) 61세—승정원 도승지(都承旨)
   1624년(인조 2) 62세—우참찬, 좌참찬. 이괄의 난, 인조(仁祖)를 호종(扈從)[(공주(公州)에서]
   1625년(인조 3) 63세—동지경연사, 공조판서 겸 지경연사, 홍문관 제학
   1627년(인조 5) 65세—대사헌. 정묘호란, 인조(仁祖)를 호종(扈從)[강화(江華)에서]
   1628년(인조 6) 66세 이조판서(吏曹判書)
   1629년 12월 26일 졸(卒)함.

뻗어 내린 동망봉 동쪽 편 구역으로 신설동과 보문동의 경계구역 언저리에 소재하였을 것으로 본다. 그러나 600년간의 세월이 흘러가고 세태(世態)와 자연환경이 모두 변하여진 오늘날에 와서는 어느 곳에서도 그 유지(遺址)를 찾을 길이 없어 안타까운 일이지만, 지금의 종로구 창신동 네거리에서 안양암(安養庵) 쪽 구(舊) 동덕여자중고등학교 뒤편(현재 두산아파트로 변하였음)으로 돌아들면 신설동 일원과 보문동(종로구 창신동 포함)을 옛 지명으로 우산각골이라 했다. 지봉(芝峰) 이수광(李睟光)은 이곳에서 아버지(4조판서 이희검)의 유지(有志)를 계승하고자 임진왜란의 전란으로 불에 타버려 주춧돌만 남은 동고(東皐) 이희검(李希儉)이 살았던 하정(夏亭＝류관)의 구기(舊基)에 초라한 집을 짓고 우산을 펴고 비를 근근이 가렸다는 뜻의 비우당(庇雨堂)이란 당호(堂號)를 지어 살았다. 지봉 이수광은 하정(夏亭) 류관을 기리는[追慕] 다음과 같은 시(詩) 한 수(首)를 남기고 있다.

하정유지낙성우(夏亭遺址洛城隅),
청백가전야도오(淸白家傳也到吾).
안득산주천만리(安得傘周千萬里),
진차천하불점유(盡遮天下不霑濡).

하정(夏亭)의 끼친 터 서울 모퉁이에 있으니,
청백(淸白)한 집이 전하여 나에게 이르렀네.
어떻게 우산으로 천만리를 덮어,
천하를 다 가리어 젖지 않게 하랴？

이 시(詩)에서 지적하고 있듯이 이 청빈의 집은 이희검으로부터 지봉 이수광에게로 물려졌음을 알 수가 있으며, 그 청백정신의 법통을 이어 내리고 우산각 정신을 비우사상(庇雨思想)으로 승화시킨 것을 지적할 수 있다.

후에 비우사상을 다음과 같이 단적으로 표현하고 있다.

"집에 향(香)을 피우지 않으며 초를 밝히지 않고 잔치를 베풀지 않으며 성악(聲樂)을 듣지 않고 무색(舞色)옷을 입지 않으며 가재(家財)에 칠이나 조각을 하지 않고 베옷을 입고 소식(小食)을 하는 것으로 생활 기본으로 삼았다"고 했다.

하정 류관의 구기(舊基)는 현재 두산아파트단지로 변하여졌지만 서울특별시에서 낙산종합개발로 비우당(庇雨堂)은 청룡사(靑龍寺) 뒤 원각사 옆에 새로이 건립하였는데, 단종(端宗)의 왕비(王妃)인 정순왕후(定順王后) 송(宋)씨께서 비단을 빨면 자주색 물감이 들었다는 슬픈 전설이 있는 우물터인 자주동천(紫芝洞泉)과 함께 있다.

※ 서기 1996년부터 서울특별시에서 주관한 낙산복원사업을 통해 자연환경과 역사적 문화 환경을 복원함으로써 쾌적한 공원경관을 제공하고 자연 탐방을 통해 역사와 문화교육의 장(場)을 제공할 목적으로 조성되었다.

△ 비우당(庇雨堂)(종로구 창신동 청룡사 뒤, 원각사 쌍룡아파트 정문)

△ 서울특별시 문화유적 표석

우산각 터(雨山閣址)

종로구 숭인동 5번지, 청룡사 남쪽 부근에는 조선 초 세종 때 류관(柳寬) 정승이 살았던 오두막집 우산각이 있어서 우산각골이라고 하였다. 류관은 조선 초 태조 때부터 세종 때까지 4대 35년간 정승249)을 지냈는데 울타리도 없는 서너 칸 오두막집에서 살았으므로 비만 오면 천정에서 빗물이 떨어졌지만 우산이 없는 백성들을 걱정하였다는 일화가 있다. 그 후 선조 때 판서를 지낸 이희검(李希儉)이 이 우산각에서 청빈하게 살다가 세상을 떠났으므로 친지들이 추렴을 해서 장사를 치렀다. 임진왜란 때 폐허가 된 이 집 터는 이희검의 아들 지봉 이수광(李睟光)에 의해서 복원되어 우산을 펴고 비를 근근(僅僅)이 가렸다는 뜻의 비우당(庇雨堂)이란 당호(堂號)를 지어 달았다.

---

249) '35년간 관직생활을 하고 정승을 지냈는데'라고 하여야 옳음.

지봉(芝峯) 이수광(李睟光) 외가(外家) 6대조 가계도(家系圖)

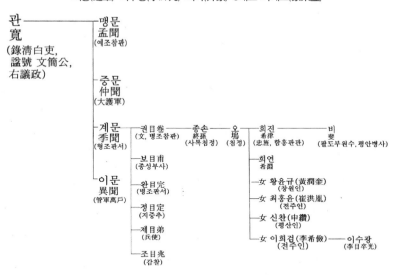

관
寬
(錄淸白吏,
諡號 文簡公,
右議政)

맹문
孟聞
(예조참판)

중문
仲聞
(大護軍)

계문
季聞
(형조판서)

이문
異聞
(管軍萬戶)

권목권
卷
(文, 병조참판)

보목보
甫
(종성부사)

완목완
完
(병조판서)

정목정
定
(지중추)

제목제
弟
(兵使)

조목조
兆
(감찰)

종손
終孫
(사복첨정)

오
塢
(첨정)

희진
希津
(忠胍, 함흥판관)

희연
希淵

女 황윤규(黃潤奎)
(창원인)

女 최홍윤(崔洪胤)
(전주인)

女 신찬(申鑽)
(평산인)

女 이희검(李希儉)
(전주인)

비
斐
(팔도부원수, 평안병사)

이수광
(李睟光)

4. 묘소(墓所)

묘소(墓所)는 경기도(京畿道) 양평군(楊平郡) 강하면(江下面) 동호1리(東湖一里) 간촌마을에서 약 80m 서쪽으로 들어간 곳, 유좌(酉坐)로 남향언덕에 위치하고 있는데 서기 1981년 7월 16일에 경기도문화재기념물로 지정되었다. 묘역의 규모는 약 250평(약 830㎠) 정도로서 묘는 부인의 묘와 쌍분(雙墳)으로 표석(表石)에 '朝鮮右議政諡文簡公柳寬之墓(조선우의정시문간공류관지묘)', 묘의(墓儀)는 문인석(文人石) 한 쌍(雙), 장명등(長明燈) 일좌(一坐)가 있다.

봉분의 형태는 장대석을 이용한 직사각형의 호석(護石)을 두른 길고 둥근 모양인 장방형(長方形)으로 되어 있으며, 호석 재료는 화강암(花崗巖)이다. 조선 초기의 전형적인 분묘[무덤]의 형태를 갖추고 있다. 신도비(神道碑)는 묘소 아래에 있고, 비문은 한말(韓末) 동양(東陽) 신석우(申錫愚)께서 짓고[撰], 개화파의 중심인물인 경주(慶州) 김홍집(金弘集)이 쓰고[書], 응천(凝川) 박용대(朴容大)가 전서[篆]하였다. 비(碑)의 규모는 높이 233.5cm, 폭 67.5cm, 두께 24.5cm이다.

○ 배위(配位)는 광주군부인(廣州郡夫人) 안씨(安氏)시니 슬하(膝下)에 3남(男) 맹문(孟聞), 중문(仲聞), 계문(季聞)을 두셨다. 아버지는 판전농시사(判典農寺事)를 역임(歷任)하신 기(器)이시고, 문과(文科)에 급제하시고 판전시사(判典寺事)를 오르신 해(海)이시고 증조(曾祖)는 문과(文科)에 급제하시고 판첨의사(判僉議事)를 지내신 수(壽)이시고 고조(高祖)는 수(綏)이시다. 공(公)의 부좌(祔左)에 모셔져 있다.

○ 배위(配位)는 풍주군부인(豊州郡夫人) 이씨(李氏)시니 슬하(膝下)에 1남(男) 이문(異聞)을 두셨다. 아버지는 전서(典書)에 오른 송(悚)이시고 할아버지는 봉익대부(奉翊大夫) 호군(護軍)을 지낸 목(牧)이시고 증조(曾祖)는 정순대부(正順大夫) 상호군(上護軍)을 역임(歷任)하신 화(華)이시고 외조(外祖)께서는 안동(安東) 김안부(金安富)이시다.

묘소(墓所)는 황해도(黃海道) 문화(文化) 구월산(九月山) 판교동(板橋洞) 신좌(辛坐)이며 재실(齋室)과 비갈(碑碣)이 있다.

묘(墓)의 특징은 입수(入首)가 넓게 퍼졌다는 것이다. 입수가 퍼지면 불배합(不配合)을 이루며 입수가 부실(不實)하면 혈(穴)을 결지(結地)하지 못하게 되는 경우가 있다. 그러나 전순이 합해지면 이는 혈이 이루어진 것이다.

두 번째 특징은 묘역 앞의 안산(案山)이다. 류관 묘역 앞에는 작은 산이 하나 솟아올라 안산을 이루었다. 후손들이 이곳에 회양목을 심고 소나무를 심어 아름답게 꾸몄다.

문제는 이 안산이 어느 기맥을 타고 있는가 하는 것이다. 혹자는 이 안산이 내청룡(內靑龍)의 맥(脈)이 앞으로 뻗어나가 형성 되었다고 말한다. 내청룡은 묘역과 유사한 길이를 지니고 있고 산신(山神) 제단(祭壇)을 앞에 두고 있다. 만약 이 기맥을 타고 있다면 은맥(隱脈)의 형상으로 스며들었을 것이다. 특히 이 안산은 혈상(穴相)을 이루고 있다.

다른 주장은 묘역에서 좌선(左旋)이 발달하여 이루어진 것이라는 주장이다. 즉, 류관의 묘역은 힘이 있고, 좌선익(左旋翼)이 발달하여 길게 뻗어 마치 개각처럼 자랐거나 혹은 기맥(氣脈)이 이곳으로 뻗었을 것이라는 주장이다. 이 주장이 사실이라면 류관의 묘는 유혈이 아니라 겸혈(鉗穴)이나 잉혈(孕穴)이 되었을 것이다.

어느 주장이 옳다는 이야기를 하기에 앞서 기맥을 올바르게 파악
하는 능력을 길러야 한다. 기맥의 형상에 따라 혈형(穴形)도 달라진
다. 그러나 무엇보다 중요한 것은 혈의 경중(輕重)을 알아야 한다는
것이다. 즉, 현재 류관의 묘역이 커 보이기는 하지만 안산으로 삼은
산 덩어리가 훨씬 큰 힘을 지닌 유려(流麗)한 혈처(穴處)임을 파악해
야 하는 것이다.

△ 경기도 양평군 강하면 동호리 1리 간촌마을 175번지

5. 하정(夏亭) 류관(柳寬)의 행장(行狀)

공(公)의 휘(諱)는 관(觀)이고 몽사(夢思)는 그 자(字)인데, 뒤에 휘(諱)를 관(寬)으로 자(字)를 경부(敬夫)로 고쳤으며, 호(號)는 하정(夏亭)으로 황해도(黃海道) 문화현(文化縣) 사람이다.

고려(高麗) 태조(太祖) 원종공신(原從功臣) 벽상(壁上) 삼한(三韓) 대승(大丞)인 휘(諱) 차달(車達)의 후손(後孫)으로 정당문학(政堂文學) 시호(諡號)가 문간공(文簡公)인 휘(諱) 공권(公權)의 칠세(七世) 손(孫)이다.

증조(曾祖)는 정헌대부(正憲大夫) 좌우위(左右衛) 상장군(上將軍) 판예빈시사(判禮賓寺事) 휘(諱) 성비(成庇) 은청광록대부(銀靑光祿大夫) 동지추밀원사(同知樞密院事) 예부상서(禮部尚書) 감문위(監門衛) 상장군(上將軍) 휘(諱) 언침(彦沉)은 오대(五代)조(祖)이다.

광정대부(匡靖大夫) 첨의평리(僉議評理) 상호군(上護軍) 이에 치사(致仕)한 휘(諱) 식(湜)이고, 고(考)는 추증(追贈) 대광보국(大匡輔國) 숭록대부(崇祿大夫) 의정부(議政府) 좌의정(左議政) 영(領) 경연(經筵) 서운관사(書雲觀事) 겸(兼) 이조사(吏曹事) 행(行) 통직랑(通直郎) 삼사판관(三司判官) 휘(諱) 안택(安澤)이니 옛 이름은 안택(安宅)이다. 비(妣)는 추증(追贈) 정숙부인(貞淑夫人) 정씨(鄭氏)로서 지정(至正) 병술(丙戌)년 11월 임술(壬戌)에 생(生)하였다.

홍무(洪武)[250] 기유(己酉)년 중(中)에 성균관(成均館) 진사(進士) 홍무신해(辛亥) 중에 전시(殿試)에 합격하여 비서교감(秘書校勘)을 임자(壬

---

250) 홍무(洪武) : [명사] <역사> 중국 명나라 태조 때의 연호. 서기 1368년부터 1399년까지 사용되었다.

子)년에 상서(尙書) 주부(主簿) 계축(癸丑)년 춘추관(春秋舘) 검열(檢閱) 12월에 수찬(修撰). 갑인(甲寅)년 춘추관(春秋舘) 공봉(供奉) 12월 예문관(藝文舘) 공봉(供奉), 을묘(乙卯)년에 선덕랑(宣德郞) 시(試) 북부령(北部令) 겸(兼) 진덕박사(進德博士) 11월 전객시승(典客寺丞) 남짓 예와 같고 병진(丙辰)년 승봉랑(承奉郞)으로 10월에 비어대(緋魚袋)를 내려주어서 받고 관직은 어울러 예와 같으며, 선광(宣光) 정사(丁巳) 판도사(版圖司) 좌랑(佐郞) 남짓 예와 같고, 홍무 무오(戊午)년에 조봉랑(朝奉郞) 시보(試補) 전보도감(典寶都監) 판관(判官) 자금어대(紫金魚袋)를 내려주어서 받고 경신(庚申) 통직랑(通直郞) 전의시승(典儀寺丞), 신유(辛酉)년에는 예의정랑(禮儀正郞), 임술(壬戌)년에 전리정랑(典理正郞), 계해(癸亥)년에 봉선대부(奉善大夫) 시보(試補) 소부(少府) 소윤(少尹), 을축(乙丑)년에 봉상대부(奉常大夫) 전교부령(典校副令), 정묘(丁卯)년에 중현대부(中顯大夫) 지봉주사(知鳳州事), 기사(己巳)년 봉상대부(奉常大夫) 성균관(成均舘) 사예(司藝) 보문각(寶文閣) 직제학(直提學), 경오(庚午)년에 지제교(知製敎)를 받고 전과 다름이 없고, 6월에 문과고시관(文科考試官)이 되어 이조(李慥) 등(等) 33명(名)을 골라 뽑고 12월에 봉상대부(奉常大夫) 전농부정(典農副正) 전(前)과 의(依)하여 지제교(知製敎) 겸(兼) 성균관(成均舘) 직강(直講), 신미(辛未)년에 전농부정(典農副正) 겸(兼) 삼군(三軍) 총제부(摠制府) 경력사(經歷司) 경력(經歷) 전(前)과 다름이 없고, 임신(壬申)년에 봉상대부 도관(都官) 총랑(摠郞) 보문각(寶文閣) 7월에 봉정대부(奉正大夫) 내사사인(內史舍人) 지제교(知製敎), 계유(癸酉)년에 병조(兵曹) 의랑(儀郞) 지제교(知製敎) 세자우필선(世子右弼善) 예와 여전(如前)하고 좌시중(左侍中) 조준(趙浚) 상서(上書) 도통사(都統使) 및 식읍(食邑)을 말하였으나 임금께서 윤허(允許)하지 않고 비답(批答)을 하다.

갑술(甲戌) 중훈대부(中訓大夫) 시보(試補) 사헌부(司憲府) 중승(中丞) 10월에 태조(太祖) 원종공신(原從功臣) 칭(稱)하여 내려주시어 감사의 편지를 올리기를, "엎드려 역수(曆數)는 몸에 있고 탄신(誕辰)은 하늘에서 받으시어 환히 밝으시고 사람들이 순수(順受)히 도와서 큰업(業)을 비로소 세우시고, 먼저 문사(文辭)가 천박(淺薄)하였는데도 공훈(功勳)에 기록되어 촌효(寸效)였습니다. 전대(前代)의 전적(典籍)을 지나온 것을 살펴볼진대 지금의 규모(規模)만 못하였습니다. 엎드려 생각하옵기를 신(臣) 재주는 실제로 두소(斗筲)[251]이옵고 그릇은 호련(瑚璉)[252]이 아니옵니다. 벼슬살이에 앉아 부지런하고 삼가는 방법을 어찌 알겠습니까? 진실로 녹(祿)을 몸이 허용(許容) 주시니 다행이옵니다. 문명(文明)의 운(運)이 오랫동안 생성(生成)의 덕(德)으로 보보(輔補)의 노고를 번거롭다 하리오. 어찌 작은 명(命)으로 함부로 차지하리오. 임금의 은혜를 공경하여 모시겠나이다. 엎드려 알현(謁見) 주상(主上) 전하(殿下)께서 아래로는 건곤(乾坤)의 헤아림과 우로(雨露)의 은(恩)을 넓히시고, 용렬(庸劣)의 류(流)를 영(令)을 완수(完遂)하게 하옵소서. 포상(襃賞)과 존중의 전(典)을 느끼어 아로새김으로써 실제로 싸라기가루 같은 실력으로 갚기 어렵습니다. 신(臣)은 삼가 충성(忠誠)에 마땅히 힘쓸 것이오니, 비도(丕圖) 교화(敎化)에 받들어 바라오며, 성수(聖壽)가 무강(無疆)하시기를 영구(永久)히 축하(祝賀)드립니다."

갑술(甲戌)(1394)년 조선(朝鮮) 태조(太祖) 3년에 사헌부(司憲府)

---

251) 두소(斗筲) : [명사] 도량이 좁음.

252) 호련(瑚璉) : 고귀한 인격을 가진 사람이나 학식과 능력이 뛰어난 사람을 비유적으로 이르는 말.

중승(中丞)[253]에 제수(除授)되어 무악(母岳)에 도읍(都邑)을 정하자는 데 길흉(吉凶)을 논(論)하는 글을 올렸으니, 그 대략(大略)은 아래와 같다.

"신(臣) 등(等)은 아뢰옵니다. 지리(地理)에 관한 법(法)은 신(臣) 등(等)이 본래 배우지는 않았습니다. 그것이 거스르고 순종하고 길(吉)하고 흉(凶)하다고 하는 이치는 감히 망령되이 논의할 수 없사옵니다. 그러나 우선 도읍을 정한 곳으로는,

1. 지역의 형세가 넓어 백성들이 일정(一定)하게 자리를 잡고 살 수 있어야 합니다.

2. 배[舟]가 잘 통하여 조세(租稅)로 받은 곡식을 운반할 수 있어야 합니다.

3. 길과 마을이 서로 균등(均等)[254]하여 사방(四方)을 거느리고 제어(制御)할 수 있어야 합니다.

4. 토지가 높고 시원하여 수재(水災)를 피할 수 있어야 합니다.

이 네 가지가 갖추어지지 않으면 좋다고 할 수 없습니다. 하(夏)·은(殷)·주(周) 이상(以上)은 자세히 살필 수 없으나 다만 주(周)나라 왕실의 도읍을 정한 것은 말할 수 있습니다. 상(商)나라의 역대(歷代)의 연수(年數)가 6백년인데 주(周)나라 무왕(武王)이 주왕(紂王)[255]을 무력(武力)으로 쳐 없애고 천하(天下)를 소유하게 되자 호경(鎬京)[256]에 도읍하였습니다. 성왕(成王)이 무왕(武王)의 뜻을 이어 낙양(洛

---

253) 조선 초기(初期)에 사헌부(司憲府)에 속한 종삼품(從三品) 벼슬. 뒤에 집의(執義)로 고쳤다.
254) 균등(均等) : [명사] 1. 고르고 가지런하여 차별(差別)이 없음.
255) 주왕(紂王) : 중국 고대의 은(殷)나라 맨 마지막 왕으로 포악(暴惡)하였다.
256) 호경(鎬京) : 지금의 산시성[陝西省] 시안[西安] 남서부 평이[豊邑], 서안[西安] 부근.

陽)257)에 도읍을 옮기고 8백 년의 사직(社稷)258)을 열었습니다. 낙양은 형세가 넓고 배가 통행할 수 있었으며 토지도 높고 시원하며 길과 마을이 균등(均等)하고 굳고 단단하여 네 가지의 장점(長點)이 있었습니다. 신(臣) 등(等)이 생각하건대 송도(松都)는 곧 주(周)나라의 호경(鎬京)이고 한양(漢陽)은 곧 주나라의 낙양입니다.

천하가 넓다 하여도 고금(古今)의 제왕(帝王)의 도읍으로는 관중(關中)259)과 낙양(洛陽)과 금릉(金陵)260)의 두어 곳에 지나지 않습니다. 하물며 우리나라는 사방이 1만 리(里)를 넘지 못하니 도읍을 할 수 있는 땅이 어찌 많이 있겠습니까? 오직 송도와 한양이 가장 좋은 곳입니다. 저희가 배운 바로는 '민심(民心)이 있는 곳이 바로 천명(天命)이 있는 곳이라' 하였습니다. 지난해 봄에 계룡산(鷄龍山)에 도읍을 정하려 할 적에 백성들이 모두 근심한 것이 무엇 때문이겠습니까? 그 형세가 좁고 토지가 움푹 들어가 얕고 길과 마을이 고르지 못하며 물길이 낮고 멀기 때문이었습니다. 이제 한양에 도읍을 옮기려 하시니 백성들이 기뻐하며 말하기를 '한양의 형세는 토지와 수로(水路)와 길과 마을이 송도와 비슷합니다. 만약 도읍을 옮긴다면 한양보다 더 좋은 곳은 없겠습니다'라고 합니다.

신(臣) 등(等)이 민심을 살펴보니 한양은 진실로 전하(殿下)에게 하늘이 명(命)하여 주신 도읍지입니다. 삼가 생각하오니 전하께서는 굽

---

257) 낙양(洛陽) : 중국 허난성[河南省] 서부에 있는 도시. 한·위 및 수·당시대의 국도(國都)였던 낙양성 유적이 있다. 선사시대부터 문화가 발달되어 양소문화(仰韶文化), 용산문화(龍山), 은(殷)시대의 유적이 있다.

258) 사직(社稷) : 천자나 제후가 제사를 지내던 토지신(土地神)과 곡신(穀神). 나라 또는 조정을 이르는 말.

259) 관중(關中) : [명사] <지명> 중국 '산시성(중국 중서부에 있는 성)'(陝西省)의 옛 이름.

260) 금릉(金陵) : [명사] <역사> 중국 춘추전국시대에 있었던 초나라의 읍. 지금의 난징[南京]에 해당한다.

어 민심을 따르시어 그곳에 도읍을 정하신다면 주(周)나라의 어질고 후덕(厚德)한 정사(政事)를 행하고 역대(歷代)의 햇수가 주나라보다 더 오래하게 될 것입니다. 하필(何必)261) 술수(術數)262)에 구애(拘礙)263)받아 다시 점(占)을 쳐서 구하시려 합니까? 이제 무악(毋岳)의 남쪽을 관찰하여 보니 배가 통할 수 있고 사방의 도로(道路)가 균등(均等)함은 진실로 있습니다. 그러나 그 형세가 아주 좁아서 장차 조정(朝廷)과 시장(市場)을 개설(開設)하는데 땅이 움푹 꺼져서 낮으므로 뒤에 다시 물에 잠기는 환란(患亂)이 있을까 두려우니 진실로 성대(聖代)264)의 도읍할 곳으로는 적합하지 않습니다. 그리고 술가(術家)로 말한다면 이른바 안함로(安咸老)265)와 동원중(董原中)266)의 저술이 거짓된 말로 그 술수(術數)를 높이고 시작의 단서(端緒)는 그 믿음을 보여주지만 그 지점(指點)을 정확히 알 수 없고 또 그 말을 다 이해(理解)할 수 없습니다. 그것을 '한강(漢江)의 바로 위에 세 봉우리[三峯]가 있다' 등(等)의 말을 관찰하여 보면 그것은 한양부(漢陽府) 안을 가리키는 것이 아닌가 합니다. 저희들의 좁은 소견(所見)은 여기에서 그치오니 오직 성상(聖上)께서 살피시어 도읍지를 선택하십시오"라고 올리니 상(上)께서 이에 의거(依據)하여 한양에 도읍을 정할 것을 윤허(允許)하셨다.

---

261) 하필(何必) : [부사] 다른 방도를 취하지 아니하고 어찌하여 꼭.

262) 술수(術數) : [명사] 1. <민속> 음양(陰陽), 복서(卜筮) 따위로 길흉(吉凶)을 점(占)치는 방법.

263) 구애(拘礙) : [명사] 거리끼거나 얽매임.

264) 성대(聖代) : [명사] [같은 말] 성세(聖世)(어진 임금이 다스리는 세상 또는 시대를 높여 이르는 말).

265) 안함로(安咸老) : 579~640. 신라(新羅) 때 도승(道僧)으로 『三聖密記(삼성밀기)』와 『三聖記(삼성기)』 上篇(상편)을 지으셨으니 고조선(古朝鮮)과 신선교(神仙敎)에 관한 책이다.

266) 동원중(董原中) : 『三聖記(삼성기)』 하편(下篇)을 지으셨으니 고조선(古朝鮮)과 신선교(神仙敎)에 관한 책이다.

병자(丙子)(1396)년에 문과고시관(文科考試官)으로 김익정(金益精) 등(等) 33인(人)을 선발하였으며, 정축(丁丑)(1397)년에 통정대부(通政大夫) 성균관(成均館) 대사성(大司成)에 제수(除授)되어 전직(前職) 지제교(知製敎) 세자우보덕(世子右輔德) 겸(兼) 예문관(藝文館)·춘추관(春秋館) 편수관(編修官)을 겸임(兼任)하였고, 같은 해 12월에 좌산기상시(左散騎常侍) 보문각(寶文閣) 직학사(直學士) 등 직함(職銜)은 예와 같이 겸임(兼任)하였다.

무인(戊寅)(1398)년에 가선대부(嘉善大夫) 형조(刑曹) 전서(典書) 겸(兼) 보문각(寶文閣) 직제학(直提學) 경연(經筵) 시강관(侍講官)에 제수(除授)되었다. 상소(上疏)로써 휼형(恤刑)의 도리를 극히 간(諫)하여 아뢰기를,

'형벌(刑罰)을 관장(管掌)하는 사람들이 오직 사람이 죄(罪)를 스스로 고백(告白)하는 것만 기뻐하여 사람 목숨의 소중함을 돌아보지 않고, 법(法) 밖의 형(刑)을 실시(實施)하여 고문(拷問)과 약탈(掠奪)이 많은 바, 이는 성상(聖上)의 호생(好生)의 덕(德)을 어김이니 바라옵건대 중외(中外)267)에 형벌을 행하는 사람들에게 영(令)하시와 법(法) 밖의 형(刑)을 일체(一切) 금단(禁斷)하도록 하옵소서' 하니, 주상(主上)께서 가납(嘉納)하시었다[이 일단(一段)은 『국조보감(國朝寶鑑)』에 실려 있음].

건문(建文)268) 기묘(己卯)(1399)년 조선 정종(定宗) 원년에 이조(吏曹) 전서(典書)·집현전(集賢殿) 직학사(直學士)·경연(經筵) 시강관(侍講官)에 제수되고 5월에 중추원부사(中樞院副使)·도평의사사(都評議司

---

267) 중외(中外): 조정과 민간. 서울과 시골.
268) 건문(建文) : [명사] <역사> 중국 명(明)나라 혜제(惠帝) 때의 연호(1399~1402).

使)・보문각(寶文閣) 학사(學士)・동지경연사(同知經筵事) 등에 제수(除授)되었다.

경진(庚辰)(1400)년에 가정대부(嘉靖大夫) 강원도(江原道) 관찰사(觀察使)에 제수되었다.

을유(乙酉)(1405)년 태종(太宗) 5년에 전라도(全羅道) 관찰출척사(觀察黜陟使)에 임명되어 7월에 부임(赴任), 이듬해 병술(丙戌)(1406)년 2월에 박은(朴訔)과 교대(交代)하였다. 한편 자헌대부(資憲大夫) 예문관(藝文館) 대제학(大提學) 겸(兼) 판공안부사(判恭安府事) 지경연(知經筵) 춘추관사(春秋館事) 세자좌부빈객(世子左副賓客)에 제수되었더니 10월에 하정사(賀正使)269)로 경사(京師)270)에 갔었다.

정해(丁亥)(1407)년에 개성유후사(開城留後司) 유후(留後)를 역임(歷任)하였다.

기축(己丑)(1409)년에 예문관(藝文館) 대제학(大提學)・지경연(知經筵) 춘추관사(春秋館事)를 역임하였다.

갑오(甲午)(1414)년에 사헌부(司憲府) 대사헌(大司憲)・보문각(寶文閣) 제학(提學)을 역임하였다.

을미(乙未)(1415)년에 정헌대부(正憲大夫) 의정부(議政府) 참찬(叅贊)・수문전(修文殿) 대제학(大提學)을 역임하고 12월에 검교(檢校) 판좌군도총제부사(判左軍都摠制府事)로서 숭정대부(崇政大夫) 의정부(議政府) 찬성(贊成)에 제수되었다.

무술(戊戌)(1418)년에 예문관(藝文館) 대제학(大提學)을 역임하였다.

---

269) 하정사(賀正使) : [명사] <역사> [같은 말] 정조사(조선시대에 해마다 정월 초하룻날 새해를 축하하러 중국으로 가던 사신).

270) 경사(京師) : 명(明)나라 수도(首都). 경사(京師 : 궁성이 있는 곳).

기해(己亥)(1419)년 세종(世宗) 원년에 숭정대부(崇政大夫) 판중군도총제부사(判中軍都摠制府事)・예문관(藝文舘) 대제학(大提學)・지경연(知經筵) 춘추관사(春秋舘事)를 역임하였다.

경자(庚子)(1420)년에 문과(文科) 고시(考試)를 관장(管掌)하여 조상치(曹尙治) 등 33인(人)을 선발하였다.

집현전(集賢殿) 대제학(大提學) 세자좌빈객(世子左賓客)으로 전직(轉職), 나머지 관직(官職)은 전(前)과 같았다.

신축(辛丑)(1421)년에 주상(主上)께서 궤장(几杖)을 하사(下賜)하셨는데 공(公)이 전(箋)을 올려 사양(辭讓)한 바, 그 글은 대략 다음과 같다.

"경연(經筵)에서 3년을 진강(進講)하되 정밀(精密)하지 못함이 부끄럽고 사관(史舘 : 춘추관春秋舘)에서 2년을 편수(編修)하되 버리고 취함이 더욱 어려웠나이다. 하물며 예문관(藝文舘)에서 문관(文官)의 우두머리가 되고, 집현전(集賢殿)에서 현사(賢士)를 선발하였는데 능히 시행하지 못하여 두려운 마음만 더하였나이다. 어찌 세상에 드문 총애(寵愛)를 생각이나 하였으리요? 거듭 썩은 선비의 몸에 더하였나이다. 검은 관복(官服)에 몸을 편안히 지냄은 복어[鮎] 등 같은 늙은이의 여윈 몸에 바로 맞았고, 비둘기 무늬를 새긴 지팡이로 늙은 몸을 부지함은 오리 다리 같은 쇠약(衰弱)한 걸음이 실로 힘입었나이다" 이러이러하다[云云] 하였다.

임인(壬寅)(1422)년에 의정부(議政府) 찬성(贊成)・집현전(集賢殿) 대제학(大提學)・지춘추관사(知春秋舘事)로써 글을 올려 치사(致仕)를 청원(請願)하였는데 그 글에 "늙어서 물러나기를 청원함은 그 예(禮)가 옛 법령(法令)과 규칙(規則)에 있사옵고, 병이 들면 한가히 지

낼 것을 청원함은 그 정(情)이 어찌 겉으로 꾸밈이겠습니까?" 이러
이러하다[云云] 하였으나 주상께서는 윤허(允許)하지 않고 비답(批
答)에 풍악(風樂)과 주찬(酒饌)을 내리시는 한편 우대언(右代言) 권맹
손(權孟孫)271)을 보내어 선온례(宣醞禮)를 행하되 기꺼움을 다하고
파(罷)하였다.

갑진(甲辰)(1424)년에 정승(政丞)이 되었다.

정미(丁未)(1427)년에 우의정(右議政)으로써 연세가 많음을 이유로
관직에서 물러나니, 주상(主上)께서 제사과(第四科)의 녹(祿)을 그 종
신(終身)토록 지급(支給)할 것을 명(命)하였다.

선덕(宣德)272) 계축(癸丑)(1433)년에 세종(世宗) 15년에 졸(卒)하시
니, 향년(享年) 88세였다.

부음(訃音)이 들림에 세종(世宗)께서 대내(大內)273)에서 곡(哭)하
실 새 그 울음소리가 밖에까지 들렸으며, 소찬(素饌)을 드시고 금천
교(禁川橋)에 궤연(几筵)을 설치(設置), 사제(賜祭)에 친히 임하시어
슬픔을 다하고 파(罷)하시었다[이 일단(一段)은 『東閣雜記(동각잡기)』
에 실려 있음].

문간공(文簡公)의 시호(諡號)를 내렸으니, 시법(諡法)은 '배움에 부
지런하고 묻기를 좋아하니 문(文)이요, 한결 덕(德)을 게을리하지 않
으니 간(簡)이라' 하였다. 한편 청백리(淸白史)에 녹선(錄選)되었다.

공(公)은 타고난 바탕을 받은 것이 순수(純粹)하고 재능과 도량(度
量)이 넓고 군세었으며, 공손(恭遜) 검박(儉朴)하고 정직(正直)하여

---

271) 권맹손(權孟孫) : 1390(공양왕 2)~1456(세조 2). 조선 전기의 문신. 본관 예천. 자 효백(孝
伯). 호 송당(松堂). 시호 제평(齊平).

272) 선덕(宣德) : [명사] 1. <역사> 중국 명(明)나라 선종(宣宗) 때의 연호(年號)(1426~1435).

273) 대내(大內) : 궐내(闕內).

선(善)을 행함을 즐기었다.

경서(經書)와 사기(史記)를 깊이 통달하여 학문이 도덕(道德)의 연원(淵源)에 이미 이르렀더니 진덕박사(進德博士)를 겸한 후로부터 우의정(右議政)에 이르기까지 손에서 책을 놓지 않고 남을 가르침에 게으르지 않았다.

배우려는 사람들이 책을 가지고 오면 성명(姓名)을 묻지 않고 모두 다 가르치고, 『武經七書(무경칠서)』[274]에 이르기까지 또한 모두 정밀(精密) 익숙(益熟)함로써 무예(武藝)를 닦는 선비들까지도 모두 나아가 수업(受業)하여 이로 말미암아 명경(名卿)과 장상(將相)이 공(公)의 문하(門下)에서 많이 배출되었다.

항상 집에 있어 산업(産業)을 힘쓰지 않고 오직 경서(經書)와 사기(史記)를 스스로 즐기며, 비록 부엌이 텅 비기에 이를지라도 조금도 마음에 두어 생각하지 않고, 어떤 사람의 청렴(淸廉)하지 못한 말을 들으면 더럽게 여기었다.

총명(聰明)함이 보통 사람에 넘어 평생에 배운 바를 종신(終身)토록 잊지 않고, 매일 밤중에 그 글을 외우고 그 뜻을 생각하였다.

네 조정(朝廷)을 두루 섬기되 모두 경연(經筵)에서 주상(主上)을 모셨는데, 매양 임금의 마음을 바르게 함을 직분으로 삼고, 나라를 위하여 집을 잊되 밤낮으로 공정(公正)을 마음에 두고, 일을 처리하고 의심됨을 결단하되 모두 이치에 합당하게 하니, 비록 친척(親戚)이나 고구(故舊)[275]라도 감히 사사(私事)로써 간여(干與)하지 못하였다.

---

274) 무경칠서(武經七書) : <책명> 중국의 병법에 관한 일곱 가지 책. 『육도(六韜)』, 『손자』, 『오자』, 『사마법(司馬法)』, 『삼략(三略)』, 『울요자(尉繚子)』, 『이위공문대(李衛公問對)』를 이른다. [비슷한 말] 무학칠서(武學七書) · 칠서(七書).

275) 고구(故舊) : [명사] 사귄 지 오래된 친구.

강원도(江原道)와 전라도(全羅道) 양 도(兩道)의 관찰사(觀察使)를 역임하였는데 악(惡)을 누르고 선(善)을 들치어 백성들을 어루만져 편안하게 하였다.

문장(文章)에 이르러서도 비록 스스로 자랑하여 내세우지 않았으나 그러나 개국(開國) 이후로 훈신(勳臣)에게 내리는 교서(敎書)나 진언(陳言)과 간소(諫疏) 등이 공(公)의 솜씨에서 많이 나왔다. 이에 당시 주문(主文)[276]이 탄복(歎服)하지 않음이 없었으며, 공(公)의 글이 채택되어 시행(施行)된 것이 열이면 일곱 여덟이었던바, 일찍이 석가(釋迦)의 불도(佛道)와 노자(老子)의 도교(道敎)를 배척(排斥)하고 사도(斯道 : 유도儒道)를 존중하였는데 특히 공언(空言＝허언虛言)이 아니라 그 폐단(弊端)을 극히 계진(啓陳)[277]하여 이미 칭송(稱頌)을 무릅썼다. 한편 그에 물든 무리들을 만나면 일찍이 낯을 대하여 그 옳고 그름을 꾸짖지 않고 항상 의리(義理)로써 깨우쳐 달래니 그 사람이 마음속으로 부끄러워 스스로 복종하였다.

항상 사람을 구제(救濟)함으로 마음을 작정한 때문에 교량(橋梁)이나 원우(院宇)를 짓고자 하는 사람이 있으면 비록 승도(僧徒)일지라도 반드시 전백(錢帛)을 주었으며, 남에게 베풀기를 좋아하셨지만 비록 하찮은 물건이라도 남에게 빌리지는 않았다.

이에 앞서 부인(夫人) 안씨(安氏)가 죽었는데 여러 아들들에게 가르쳐 이르기를,

"불교(佛敎)의 장례(葬禮)를 행하지 말고, 한결 주문공(朱文公)[278]

276) 주문(主文) : 수석(首席) 시관(試官).

277) 계진(啓陳) : 여쭈어 말하다.

278) 주문공(朱文公) : 주희(朱熹)를 높여 부르는 말. 주희(朱熹)는 중국 송나라의 유학자(1130~1200). 자는 원회(元晦)・중회(仲晦). 호는 회암(晦庵)・회옹(晦翁)・운곡산인(雲谷山人)・둔옹(遯翁).

의 가례(家禮)에 의하여 행하도록 하라. 다만 포혜(脯醢)를 쓰지 말 것인바, 세속(世俗)에 놀랠까 두렵다. 내가 죽은 뒤에도 또한 이 규례(規例)에 의하여 행할 것이고, 비록 기일(忌日)을 당할지라도 역시 불가(佛家)의 예(禮)는 쫓지 말지어다" 하였다.

항상 역대(歷代) 명신(名臣)의 사적을 외워 자손들을 가르쳐 경계하고, 항상 스스로 말하되,

"붕우(朋友) 사이에는 으레 재물(財物)을 주고받는 의리가 있으나 그러나 삼가 요구(要求)하지 않는 것이 옳다. 요구하여 얻지 못하면 나에게 있어서는 소망대로 안 된 마음이 서운할 것이요, 저 친구에 있어서는 또한 부끄러운 생각이 있을 것인바, 사귀는 정(情)이 이로부터 성글어지리니, 요구하지 않는 평시(平時)만 어찌 같겠느냐?" 하시었다.

친질(親姪) 사눌(思訥)이 세 살 적에 부친을 여의고 나이 열세 살에 이르러 자모(慈母) 권씨(權氏)마저 또 돌아가시니 공(公)이 친히 집으로 데려다가 친자(親子)와 같이 어루만져 기르며 글 읽고 학문에 힘 쓰는 방도를 가르쳤다. 한편 과거(科擧)에 급제하여 그 성혼(成婚)의 날에 당하기에 이르러 의관(衣冠)과 안마(鞍馬) 등 제반(諸般) 혼수(婚需)를 모두 갖추지 않음이 없었으며, 그 노비(奴婢)를 나눠 줄 때에 조카를 형(兄)과 같이 보아 그 건장(健壯)하고 진실한 자(者)를 가리어 수(數)를 더 많이 나누어 주니 당시에 듣는 사람마다 그 공평(公平)하고 청렴(淸廉)함에 감복(感服)하였다.

도학(道學)과 이학(理學)을 합친 이른바 송학(宋學)을 집대성하였다. '주자(朱子)'라고 높여 이르며, 학문을 주자학이라고 한다. 주요 저서에 『시전』, 『사서집주(四書集註)』, 『근사록』, 『자치통감강목』 따위가 있다.

일족(一族) 가운데 혹 학업(學業)을 종사하거나, 혹 집이 없어 타향에서 지내는 자(者)가 있으면 모두 집으로 불러 옷을 주고 밥을 먹이었다.

친척(親戚) 가운데 상(喪)을 당한 이가 있으면 한결 고르게 상비(喪費)를 나눠 주고, 일찍이 목관(木棺)을 만들어 후일의 소용(所用)에 대비하였는바, 종매(從妹) 류씨(柳氏)가 죽었다는 소식을 듣고 즉시 그 관(棺)을 내어 주고, 종자(從姊) 정씨(鄭氏)가 병으로 죽기에 이르자 집으로 맞이하여 의약(醫藥)을 여러 가지로 써 보았으나 불행히 죽음에 상장(喪葬)의 기구를 힘을 다하여 갖추어 주었다.

매양 주상으로부터 특별히 녹봉(祿俸)을 받거나 음식을 받으면 종족(宗族)과 이웃에게까지 나누어 주었으니 만약 그렇지 않았다면 태조(太祖)로부터 태종(太宗)을 거쳐 세종(世宗)에 이르기까지 의관(衣冠)·여대(輿帶)·안마(鞍馬)·서책(書冊) 등 물건을 전후로 하사(下賜)받은 것이 첩첩(疊疊)이 쌓였을 것이다.

대사헌(大司憲)으로부터 찬성(贊成) 우의정(右議政)에 이르기까지 글을 올려 물러나기를 청원함이 두세 차례에 이르렀으나 주상(主上)께서 모두 윤허(允許)하지 않으시고 글을 내려 위로(慰勞)하고 달래셨다.

공(公)은 연세(年歲)가 더욱 높아짐에 따라 덕(德)이 더욱 높았으며, 본래 자신을 속이거나 남을 속이는 마음이 없어 평생에 행한 일을 일찍이 남을 대하여 말한 것이 없었다.

벼슬이 보상(輔相)에 이르도록 30년 동안 사방(四方)에 전장(田庄)이 없었으며, 공(公)께서 사신 곳은 초가집으로 울타리에는 꽃나무 몇 떨기가 있을 따름이었다. 의정(議政 : 정승政丞)이 되기에 이르러

사람들이 혹 담장을 쌓고 대문을 지으라고 권고(勸告)하는 자(者)가
있었으나 공(公)께서 이르기를,

"이제 정승이 되었다 하여서 갑자기 전날 문을 고침이 옳겠는가?
베옷과 띠집이라도 황량(荒凉)279)하지 않고 관복(官服)과 수레도 영
요(榮耀)280)가 되지 않는다" 하였으니, 그 지조(志操)가 대개 송(宋)
나라의   사마온공(司馬溫公)281)과   원(元)나라의   허문정공(許文正
公)282)으로 더불어 세대(世代)는 다르나 똑같다 이를 진저!

배위(配位) 광릉군부인(廣陵郡夫人) 안씨(安氏)는 판정농시사(判典
農寺事) 기(器)의 따님으로 공(公)보다 먼저 돌아가셨는데 3남을 출생
하여 장남 맹문(孟聞)은 참판(叅判)이요, 차남 중문(仲聞)은 호군(護
軍)이요, 삼남 계문(季聞)은 판서(判書)이며, 후배(後配) 풍주군부인
(豐州郡夫人) 이씨(李氏)는 판호조전서(判戶曹典書) 송(悚)의 따님인
데 1남을 출생하여 이문(異聞)은 관군(管軍) 천호(千戶)이다.

공(公)께서 돌아가신 해 8월 22일에 경기(京畿) 양근군(楊根郡) 남
중면(南中面) 왕충리(王忠里) 신좌(辛坐) 언덕에 안장(安葬)하였다.

---

279) 황량(荒凉)하다 : [형용사] 황폐하여 거칠고 쓸쓸하다.

280) 영요(榮耀) : [같은 말] 영광(榮光)(빛나고 아름다운 영예).

281) 사마온공(司馬溫公) : [명사] <인명> '사마광'의 다른 이름. 죽은 뒤 온국공(溫國公)으로 봉
하여져 이르는 말이다. 사마광(司馬光)은 중국 북송 때의 학자・정치가(1019~1086). 자는 군실
(君實). 호는 우부(迂夫)・우수(迂叟). 사마온공(司馬溫公)이라고도 한다. 신종 초에 왕안석의
신법(新法)에 반대하여 은퇴하고 철종 때에 재상이 되자, 신법을 폐하고 구법(舊法)으로 통치
하였다. 저서에 『자치통감』, 『사마문정공집(司馬文正公集)』 따위가 있다.

282) 허문정공(許文正公) : 원(元)나라 학자 허형(許衡)의 시호(諡號). 자(字)는 중평(仲平)이며 호
(號)는 노재(魯齋). 세조(世祖) 때에 국자좨주(國子祭酒)가 되어 훌륭한 교육을 시행하였으며,
정주학(程朱學)에 밝아 많은 저서를 남겼다.

6. 위패(位牌)를 모신 정계서원(程溪書院)의 유래(由來)

황해도(현재의 황해남도) 신천군(信川郡) 문무면(文武面) 고현리 (古縣里)에 있던 서원(書院).

서기 1669년(현종 10)에 지방(地方) 유림(儒林)의 공의(公議)로 류 관(柳寬)의 학문과 그의 덕행을 추모하기 위하여 1670년에 창건하여 류관(柳寬)의 위패(位牌)를 모셨다. 1698년(숙종 24) 봄에 황해도 선 비 박눌(朴訥)·11대손 류이태(柳以泰)(만호공손)가 상경(上京)하여 영부사(領府事) 최석정(崔錫鼎) 등(等)을 만났었고, 1704년(숙종 30) 9 월에 다시 사액(賜額)을 청(請)할 일로 11대손 유학(幼學) 류이환(柳 以煥)(만호공손)이 서울에 올라와 봉장(封章)을 올렸는데, 소두(疏頭) 는 곧 유학(幼學) 이시형(李時泂), 소색(疏色)은 류이환·이세관(李世 琯)이며, 제소(製疏)는 진신유사(搢紳有司) 정언(正言) 정식(鄭栻)이 상소(上疏)하여 그로부터 3년을 지나 1706년 1월에 예조판서(禮曹判 書) 이이명(李頤命)이 주상(主上)의 하문(下問)을 다시 심사(審査)하 여 회계(回啓)로 상주(上奏)하여 4월 20일에 정계(程溪)로 사액(賜額) 을 명하시고 같은 해 9월에 원유(院儒) 김세위(金世緯)·류이환이 서 울에 올라와 부표(付標)를 바로 고쳐주도록 다시 상소(上疏)하니 진 사(進士) 이명필(李明弼)이 본원(本院) 경유사(京有司)로써 제소(製 疏)하여 9월 9일에 소두(疏頭) 김세위와 소색(疏色) 류이환이 상소를 맡아 봉장(封章)하였다. 1708년(숙종 34) 10월 9일에 연액(延額)[283]을 행하였는데, 국왕(國王)은 예조좌랑(禮曹佐郞) 홍상빈(洪尙賓)을 유제

(諭祭)하니 대축(大祝) 겸 전사(典祀)는 문화(文化) 고을 수령(守令) 정일녕(鄭一寧)이었고, 재랑(齋郎)은 신천(信川)군수 박준번(朴俊蕃) 이었고, 축사(祝史)는 송화(松禾)현감 최상(崔祥)이었고, 영의정 최석 정(崔錫鼎)이 본원(本院)의 원장(院長)으로서 액호(額號)를 썼다. 선 현(先賢) 배향(配享)과 지방교육(地方敎育)의 일익을 담당하여 오던 중 서기 1871년(고종 8) 흥선대원군의 서원철폐령(書院撤廢令)으로 훼철(毁撤)된 뒤 남북분단으로 재건립 심봉(尋奉)을 못하고 있는 데 대하여 안타까운 일이 아닐 수 없다.

『하정선생행적(夏亭先生行蹟)』을 류순(柳詢)께서 서기 1800년경에 작성하시다가 류희종(柳希宗)<만호공손>께서 황해도에서 오셔서 정계서원 사실을 기록하여 놓으셨고, 서기 1800년에 『하정유집(夏亭 遺集)』과 서기 1894년에 『하정집(夏亭集)』, 『청선고(淸選考)』, 『신천 군지(信川郡誌)』, 『황해도지(黃海道誌)』에 실려 있다.

『신증동국여지승람(新增東國輿地勝覽)』 <토산현(兎山縣)>에 정 계서원(程溪書院)은 황해도 신천군 문화면에 있던 서원으로, 서기 1669년(현종 10) 경술년(庚戌年)에 황해도 문화(文化)에 창건되었으 며, 서기 1670년(현종 11)에 지방 유림의 공의(公議)로 류관(柳寬)의 학문(學問)과 그의 덕행(德行)을 추모(追慕)하기 위하여 창건(創建)하 였으며, 류관(柳寬)의 위패(位牌)를 모셨다. 1678년(숙종 4) 무오년(戊 午年)에 사액(賜額)되었으며, 서기 1871년(고종 8) 흥선대원군(興宣大 院君)의 서원철폐령(書院撤廢令)으로 없어졌다.

---

283) 연액(延額): 편액(扁額)을 딸음.

7. 류관신도비(柳寬神道碑)

　조선국(朝鮮國) 대광보국(大匡輔國) 숭록대부(崇祿大夫) 의정부(議政府) 우의정(右議政) 증시(贈諡) 문간공(文簡公) 신도비(神道碑) 명(銘)

　우리 장헌대왕(莊獻大王)께서 총명하시고 하림(下臨)이 있으신 성인(聖人)으로 창업을 계승하여 뒤로 물려줄 즈음에 예악(禮樂)을 일으키고 장정(章程)[284]을 제청했으니, 의문(儀文)제도가 찬연하여 논술할 만하였다. 재상이었던 류공(柳公)이 경술(經術)의 재질로 위로 임금님의 지식에 맞아 네 임금님을 섬겼고, 삼사(三事)[285]로 퇴직하였으니 석화(石畵)[286]보다 더 멀어 개국 초부터 백성들이 지금까지 그 혜택을 입었다.

　오! 풍성하도다! 공의 이름은 관(寬)이요, 자(字)는 경부(敬夫)이다. 첫 이름은 관(觀)이요 자(字)는 몽사(夢思)이고, 호(號)는 하정(夏亭)이었다. 문화류씨의 후손으로, 고려(高麗)의 대승공(大丞公) 차달(車達)의 후예이다. 정당문학(政堂文學) 문간공(文簡公) 공권(公權)이 6대조이시다. 증조(曾祖) 성비(成庇)는 판예빈시사(判禮賓寺事) 문산군(文山君)으로 시호(諡號)는 충성(忠誠)이다. 조부(祖父) 식(湜)은 벼슬이 첨의(僉議) 평리(評理)였고, 아버지 안택(安澤)은 삼사판관(三司判官)으로 영의정(領議政)에 증직(贈職)되었다. 어머니 정숙부인(貞淑夫人)은 동래정씨(東萊鄭氏)로 중추원사(中樞院事) 기문(起文)의 따님

---

284) 장정(章程) : 1. [명사] 장정, 규정. 2. [명사] 당헌(黨憲).

285) 삼사(三事) : 조선시대의 삼정승, 곧 영의정, 좌의정, 우의정을 이른다.

286) 석화(石畵) : [명사] 돌에 그린 그림 또는 돌에 새긴 조각물.

이시다. 지정(至正)287) 6년 병술(丙戌)년 11월 9일(양력 12월 29일) 임자(壬子)일(금요일)에 공을 낳으셨다.

홍무(洪武) 기유(己酉)년에 성균시에 합격하고, 신해(辛亥)년에 전시(殿試)에 합격했다. 처음에는 비서교감(秘書校勘)에 제수되고, 임자(壬子)년에 상서주부(尙書主簿)였고 계축(癸丑)년에 춘추관(春秋舘) 검열(檢閱)이고, 갑인(甲寅)년에 예문(藝文) 공봉(供奉)이고, 을묘(乙卯)년에 진덕박사(進德博士)요, 병진(丙辰)년에 예의랑(禮儀郎)으로 비어대(緋魚袋)를 내리셨다. 정사(丁巳)년에 판도좌랑(版圖佐郎)이고, 무오(戊午)년에 전보도감(典寶都監) 판관(判官)으로 자금어대(紫金魚袋)를 내리셨다. 경신(庚申)년에 전의(典儀) 시승(侍丞)이고, 임술(壬戌)년에 전리정랑(典理正郎)이었다. 전농부정(典農副正), 지제교(知製敎), 문과고시관(文科考試官)으로 이조(李慥) 등 33명을 선발했다.288) 신미(辛未)년에 전농정(典農正) 겸 경력사(經歷司) 경력(經歷)을 맡다. 임신(壬申)년에 내사사인(內史舍人)이었고, 계유(癸酉)년에 병조의랑(兵曹議郎), 세자우필선(世子右弼善)이었다. 갑술(甲戌)년에 중훈대부(中訓大夫) 사헌부 중승(司憲府中丞)으로 원종공신(原從功臣)의 훈공(勳功)을 내리니 감사하는 글[謝箋]을 올렸다. 병자(丙子)년에 문과고시관(文科考試官)으로 김익정(金益精) 등 33명을 선취(選取)했다. 정축(丁丑)년에 통정대부(通政大夫)로 성균관(成均舘) 대사성(大司成) 세자우보덕(世子右輔德)이었고, 무인(戊寅)년에 가선대부(嘉善大夫)

---

287) 지정(至正) : 원나라 순제(順帝) 때의 연호. 고려 충혜왕 후(後) 2년(1341)~공민왕 16년(1367)에 해당됨.

288) 공양왕(恭讓王) 2년의 고려문과 목록에는 문하평리(門下評理) 성석린(成石璘)과 평리(評理) 조준(趙俊)께서 동지공거(同知貢擧)와 동지거(同知擧)인 문과고시관(文科考試官)이었음만 기재되어 있어 상세(詳細)히 알 수 없음.

를 받아 형조전서(刑曹典書) 경연시강관(經筵侍講官)이 되어 상소(上疏)하여 휼형(恤刑)의 도(道)를 극간(極諫)하니 임금께서 기꺼이 받아들이셨다. 기묘(己卯)년에 이조전서(吏曹典書), 집현전(集賢殿) 직학사(直學士), 중추원부사(中樞院副使) 보문각학사(寶文閣學士)로 동지경연사(同知經筵事)이었다. 경진(庚辰)년에 가정대부(嘉靖大夫) 강원도관찰사이고, 계미(癸未)년에 계림부윤(鷄林府尹)이었다. 을유(乙酉)년에 전라도관찰사에 출척사(黜陟使)를 겸했다. 병술(丙戌)년에 자헌대부(資憲大夫) 예문관(藝文館) 대제학(大提學) 겸 판공안부사(判恭安府事)에 경연(經筵) 춘추관사(春秋館事)를 맡고, 세자좌부빈객(世子左副賓客)이었다. 10월에 하정사(賀正使)로 중국에 가다. 정축(丁丑)년에 개성유후사(開城留候司) 유후(留後)가 되고, 임진(壬辰)년에 아내가 있으면서 첩을 두는 것을 징계하는 소(疏)를 올리니 임금이 기꺼이 수납하시다. 갑오(甲午)년에 사헌부(司憲府) 대사헌(大司憲)이 되고, 5월에 박은(朴訔)을 대신하여 노비변정도감(奴婢辨定都監) 제조(提調)가 되다. 병자(丙子)년에 대사헌(大司憲) 류관(柳寬) 등이 이양우(李良祐)의 죄를 청했으나 임금께서 살피지 않고 모두 휴가(休暇)를 주도록 하였다. 임진(壬辰)년에 약제(藥劑)를 하사(下賜)하시다. 대사헌(大司憲) 류관(柳寬)이 편지를 올려 사양하다. 을미(乙未)년 정헌대부(正憲大夫)로 의정부(議政府) 참찬(叅贊)이 되어 찬성(贊成) 류정현(柳廷顯)과 염치용(廉致庸) 등의 죄를 청했으나 윤허(允許)하지 않았다. 11월에 숭정대부(崇政大夫) 검교(檢校) 의정부(議政府) 찬성(贊成) 수문전(修文殿) 대제학(大提學)이었고 12월에 검교(檢校) 판좌군(判左軍) 도총제부사(都摠制府事)이었다.

무술(戊戌)년에 세자좌빈객(世子左賓客)이고, 기해(己亥)년에 숭록대부(崇祿大夫), 판중군(判中軍) 도총제부사(都摠制府事)·예문관(藝文館) 대제학(大提學)이 되었다. 이 해에 공(公)과 변계량(卞季良) 등에게 명하여 정도전(鄭道傳)이 지은 『고려사(高麗史)』를 고쳤다. 집현전(集賢殿)에 공(公)과 변계량으로 대제학을 삼아 임금께서 구언(求言)이 있으면 응지소(應旨疏)를 썼다. 문과고시관(文科考試官)으로 조상치(曺尙治) 등 33인(人)을 선발했다. 경자(庚子)년의 벼슬은 전년(前年)과 같았다.

신축(辛丑)년에 임금께서 궤장(几杖)을 하사(下賜)하시니 감사하는 글을 올렸다. 임인(壬寅)년에 퇴직을 바랬으나 윤허(允許)하지 않고 약주(藥酒)와 찬(饌)을 하사하시고 대언(代言) 권맹손(權孟孫)을 보내어 선온례(宣醞禮)를 하고 파(罷)했다.

계묘(癸卯)년에 『고려사(高麗史)』 수정(修正) 범례(凡例)로 변계량과 각기 상소함이 있다. 갑진(甲辰)년에 재상이 되니 임금께서 초구(貂裘 : 담비갖옷)를 내리셨다. 을사(乙巳)년에 가뭄과 재해로 사직되기를 원했으나 윤허하지 않았다. 비답(批答)을 집현전(集賢殿) 부제학(副提學) 권도(權蹈)에게 명하여 사제(私第)로 보내셨다. 병오(丙午)년에 또 상소하여 퇴직을 원했으나 윤허하지 않았다. 정미(丁未)년 가을 우의정(右議政)에서 나이가 많아 퇴직하니 그 사택(私宅)에 사과(四科)의 녹(祿)을 주게 하여 평생 계속토록 하였다. 경술(庚戌)년에 임금께서 술을 하사하였다.

임자(壬子)년 7월[289] 임금께 말씀드리되, "신(臣)이 나이 80세를 지났으나 밝은 세상을 볼 날이 얼마 남지 않았으니 신(臣)의 아들 계문

---

289) 8월이어야 옳음. 世宗 57卷, 14年(1432) 임자(壬子)년 8월 16일 (壬寅) 5번째 기사.

(季聞)에게 직첩(職牒)을 내려주소서"라고 하였더니, 이조(吏曹)에게
명하여 직첩을 주면서, "계문(季聞)은 일을 맡기기에는 성실하지 못
하나 이제 늙은 아비를 위하여 준다"라고 하였다. 겨울에는 임금께서
공(公)과 황희(黃喜)에게 각기 노루 한 마리씩을 주셨다. 계축(癸丑)
년 5월 7일 기미(己未)일에 작고(作故)하니 향년(享年) 88세였다.

그날 임금께서 경회루(慶會樓)에 납시어 풍정연(豊呈宴)을 올리다
가 부음(訃音)을 듣고 즉시 애도(哀悼)를 표했다. 지신사(知申事) 안
숭선(安崇善)이 계청(啓請)하되 오늘 잔치를 연 뒤에 또한 "예조(禮
曹)에서 조회(照會)와 시장(市場)을 쉬는 장계(狀啓)를 아직 올리지
않았으며 날이 또한 어둡고 비가 오니 청컨대 내일 행하시지요"라고
하였으나 따르지 않으셨다. 흰 옷과 흰 부채로 홍례문(弘禮門) 밖에
납시어 백관(百官)을 거느리고 애도(哀悼)하시기를 의례(儀禮)대로
하셨다. 소찬(素饌)을 올리고 금천교(禁川橋)에 행차(行次)를 배설(排
設)하여 제사를 내리고 친히 임하시어 슬픔을 다하시고 파(罷)했다.
시호(諡號)를 문간(文簡)이라 하고 청백리(淸白吏)에 기록하였다. 양
근(楊根) 왕충리(王忠里) 신좌(申坐)에 장례했으니 부인 안씨(安氏)의
묘소 오른 편이다.

광릉군부인(廣陵郡夫人) 안씨가 3남을 두니 맏이인 맹문(孟聞)은
예참(禮叅)이고, 다음 중문(仲聞)은 호군(護軍)이고, 다음 계문(季聞)
은 판서(判書)로 시호(諡號)가 안숙(安肅)이다. 다음 부인 풍천부인
(豊川夫人) 이씨(李氏)는 호조전서(戶曹典書) 송(悚)의 따님이시다. 1
남을 두니 이문(異聞)이다. 맹문이 5남 2녀를 두니, 첨(瞻)은 판사(判
事), 삼(參)은 한림(翰林)으로 부제학(副提學)에 증직(贈職)되고, 기(睹)
는 요절(夭折)했고 수(晬)는 예판(禮判), 이(眙)는 전구령(典駒令)이다.

따님 맏이는 김백손(金伯孫), 다음은 김확(金確)의 아내이다. 중문(仲聞)은 1남 2녀를 두니, 개(醢)는 무과(武科)로 부사(府使)이고, 따님은 이효양(李孝讓), 박계금(朴繼金)은 판사(判事)이다. 계문(季聞)이 6남 3녀를 두니, 권(睠)은 병참(兵參), 보(晡)는 무과(武科)로 부사(府使)이고, 환(睆)은 감찰(監察)로 판서(判書)로 증직(贈職)되고, 정(睅)은 부사(府使), 제(睇)는 병사(兵使), 조(眺)는 감찰(監察)이다. 따님 이상로(李尙老)는 판관(判官), 정유(鄭濡)는 증직(贈職) 참의(參議)이고, 조욱(趙頊)은 목사(牧使)이다. 이문(異聞)은 3남을 두니, 염(濂)은 생원(生員), 설(渫)은 사직(司直), 반(潘)은 사인(士人)이다. 후손(後孫)으로 현달한 이는 부제학(副提學) 희저(希渚), 영의정(領議政) 상운(尙運), 좌의정(左議政) 봉휘(鳳輝), 부제학(副提學) 상재(尙載), 교리(校理) 봉서(鳳瑞), 이상(貳相) 공량(公亮), 찬성(贊成)에 증직(贈職)된 몽정(夢鼎)이다. 유현(儒賢)으로는 감찰(監察) 용공(用恭), 청계(淸溪) 몽정(夢井), 사교당(四矯堂) 준(浚)이고, 송계(松溪) 공신(公信), 금포(錦圃) 상식(尙軾), 반계(磻溪) 형원(馨遠), 참의(參議) 렴(濂)이다. 무반(武班)으로 현달한 이는 부원수(副元帥) 비(斐), 병판(兵判) 담년(聃年),[290] 통제사(統制使) 정익(廷益), 음(蔭)으로 선전관(宣傳官) 인남(仁男)이다. 이외에도 충(忠)・효(孝)・열문(烈門)・음(蔭)・무(武)를 다 기록할 수가 없다.

보첩(譜牒)을 보면, 공(公)은 네 임금을 섬겼고, 지위(地位)가 공고(公孤)[291]에 이르렀다. 흥륭(興隆)하는 시운(時運)을 도와 승평(昇平)의 다스림을 이루었으니, 공렬(功烈)의 뛰어남은 역사에 기록되어 지금까지 사람들의 이목(耳目)에 비쳐지고 있다. 학문의 순수함과 절개

---

290) 年(연) 글자가 빠짐.
291) 공고(公孤) : 삼공(三公)과 육경(六卿)을 일컬음.

의 뛰어남은 더욱 세상의 규범이 되니 비단 한때의 사업이 칭찬될 뿐
만 아니라 천고(千古) 유림(儒林)의 종사(宗師)가 되었다. 타고난 천
품이 순수하고 도량이 넓어, 어려서부터 경학(經學)에 침잠(沈潛)하
여 의리를 밝히니, 그 깊은 조예(造詣)와 독실한 실천은 몸을 세워 국
가에 봉사한 일들에 나타나 있다. 대저 배우기를 좋아하는 성실성은
늙도록 쇠하지 않고, 책 읽고 사색(思索)하기를 밤늦도록 쉬지 않았
다. 평생토록 임금의 마음 일깨움을 첫째 의무라 여겨 경연(經筵)에
드나들며 모시고 강의한 지 가장 오랬고 항시 '성·정(誠正)' 두 자로
간절히 권면하였다. 무악(毋岳)에 도읍을 세운다는 의론이 나왔을 때
역(逆)·순(順)의 이치를 극언(極言)하여 감여가(堪輿家)들에게 흔들
림이 없게 하소서 하여 임금께서 기꺼이 수납하여, 마침내 한양에 정
도했으니, 배운 바 강령의 올바름을 미루어 알 수가 있다.

　당시는 정치적인 과도기로 서교(西敎)[292]가 성행해서 상제(喪制)
가 문란하였다. 공(公)이 대사헌(大司憲)으로서 상소로 진정하니 대
략 이러했다. 3년의 상기(喪期)는 천하의 통례(通例)이다. 그러므로
대소(大小)의 신료(臣僚)나 서민이라 하더라도 그 제도를 마치도록
허락한 것이다. 요무(要務)에 관계되어 정(情)자를 빼앗기는 자들이
있으니, 이제 살펴보면 직수(職守)나 어떤 관계에 없는 자가 성인(聖
人)의 제도를 불고(不顧)하고 옛 버릇에 따라 겨우 백일 만에 탈상(脫
喪)한다. 혹은 흰 옷과 백립(白笠)으로 대로(大路)를 활보(闊步)하면
서 부끄러워할 줄을 모르니, 성인(聖人)의 제도에 어긋날 뿐만 아니
라 실로 밝은 시대의 성전(盛典)에 누(累)가 된다. 풍속의 경박함을

---

292) 서교(西敎): 불교(佛敎).

염려하지 않을 수가 없으니 이제부터 만일 "상기(喪期)를 마치지 않고, 멋대로 상복을 바꾸는 자는 법으로 통렬히 다스려 인륜(人倫)을 돈후(敦厚)히 하소서"라고 하니 임금께서 곧 허락하였다.

승도(僧徒) 오교양종(五敎兩宗)을 사태(沙汰)하기를 청하는 소(疏)에는 대략, "삼가 생각건대, 성상(聖上)께서 날마다 경연(經筵)에 납시어 요순(堯舜)의 다스림과 공맹(孔孟)의 가르침으로 앞에서 강의하시나 불교를 배척하고 성도(聖道)를 옹호하는 논의에는 미치지 못하시니 신(臣) 등(等)은 의심합니다"라고 하고 인하여 불교가 인륜을 어지럽히고 신라 고려에서의 높았던 신앙을 극언(極言)하고, 오교(五敎) 양종(兩宗)을 파하여 곧 속가(俗家)로 돌려보내어 각기(各其) 본업(本業)에 종사하기를 원했다. 또 중 외(外)에 제멋대로 머리를 깎는 일이 없게 하여 10년 동안 견지(堅持)하여 확고부동(確固不動)하게 하면 세속에서 모두 허탄(虛誕)한 것을 알게 될 것이다. 그런 뒤에 성인(聖人)의 도(道)로 가르쳐 오래 싸인 미혹(迷惑)을 제거하면 사람들이 쉽게 따르고 교화도 쉽게 이행될 것이다. 효과가 전보다 몇 배 될 것이고 길이 후세에 남는 말이 있을 것이라 하였다.

또 상소하여 탄일재(誕日齋) 행초례(行醮禮) 행하는 것을 없애도록 청하였더니, 세종이 정부에 그 상소문을 보내어 논의하게 하였다. 재초(齋醮)와 반승(飯僧)의 실책을 곧 폐하게 하고, 상례와 장례의 제도는 한결같이 『주문공가례(朱文公家禮)』를 준수하도록 하였으니, 사도(邪道)를 물리치고 정도(正道)를 호위(護衛)한 공(功)이 이러하였다. 재상(宰相)은 30년 하였지만 사방 어디에도 전장(田庄)이 없고 사는 초가집이 비바람을 가리지 못했다. 장마가 한 달 경과하며 손으로 우산을 잡고 앉아서 밤을 새웠다. 사람들이 어쩌다 담을 쌓으라고 권하면 "이제 재상이 되어 급히 전날의 담장을 고치는 것이 옳은 일이냐"
하였다. 임금께서 집에 울타리가 없다는 말을 듣고 선공감(繕工監)을
시켜 "밤에 몰래 해서 가족들이 모르게 하라" 하였다.

금륜사(金輪寺)에서 국사(國史)를 감수(監修)할 때에는, 짚신과 대
지팡이로 마을 어린이와 휘파람을 불며 흥인문(興仁門) 밖을 왕래하
여 홀연히 속세를 벗어난 기상이 있으니, 사람들은 그가 재상(宰相)
인 줄도 몰랐다. 청고(淸高)하고 세속에 벗어난 지조가 이러함이 있
었다. 찬성(贊成)을 사양하는 소(疏)에 비답(批答)하시되, "오직 경
(卿)의 학문은 이미 정자(程子)·주자(朱子)의 학(學)에 나아가 있고,
재주 또한 반고(班固)·사마(司馬)를 쫓는다. 마음가짐은 충직에서
근본하고, 행동의 제어(制御)는 안화(安和)에 적합하니 실로 조정의
규범이 되고 선비의 종사(宗師)라 하겠다." 글을 배운 선비로서 성조
(聖朝)에 기대되었음을 말할 수 있다. 『해동명신록(海東名臣錄)』에
이르기를 공(公)이 공무를 마치고 돌아오면 때때로 농구를 가지고 채
소밭을 가꾸면서도 수고로워하지 않고, 가르침에도 게을리하지 않으
니 배우기 위해 모이는 자가 많았다. 사람이 혹 찾아와 뵈면 머리로
인사할 뿐 성명(姓名)을 묻지 않았다.

『지봉유설(芝峰類說)』에 이르기를, "하정(夏亭) 류 정승은 곧 나의
외5대조이다. 공(公)은 평소에 청백으로 세상에 알려졌다. 흥인문(興
仁門) 밖의 집터가 다행히 우리 집으로 전해져서, 선친(先親)께서 공
의 옛집이라 하여 수리하였다. 어느 사람이 소박(素朴)하고 누추(陋
醜)함을 비웃으니 선친(先親)께서 '이것도 우산보다는 사치스럽지 않
는가!'라고 하시었다. 시를 지으시니 "하정(夏亭)의 끼친 터 낙성(洛
城)가에 있으니 청백(淸白)한 집 전(傳)하여 내게 이르렀네, 어떻게

이 우산 천만리를 덮어 천하(天下)를 다 가려 젖지 않게 하랴?" 했으니 공(公)의 청백(淸白)하심이 이러했다.

대저 공(公)은 이학(理學)의 올바름으로 전 세대의 잘못을 일소(一掃)하여 우리나라 유술(儒術)의 바른 길을 열었다. 청렴(淸廉) 결백(潔白)은 조정 재상(宰相)들의 표준이 되어 온 세대의 모범과 경계(警戒)가 되겠다. 사림들이 유성(儒城)에 서원을 세우고 정계(程溪)라 사액(賜額)하여 제향(祭享)한다. 오! 얼마나 어지셨던가. 공의 후손들이 장차 옥돌에 새기려 하나 석우(錫愚)에게 청하여 그 사적을 엮으라 하니 석우(錫愚)가 그럴만한 사람이 못 된다 하여 사양했지만, 되지 않아서 마침내 이 글을 짓고 이어 명(銘)하노라.

오백 년 왕업이 일어 창성한 세대(世代) 열었도다.
산천(山川)이 구름을 내어 이 시대(時代)를 맞추도다.
깊으신 학문과 맑고 순수하신 모습이로다.
그 쌓으신 덕(德) 캐어보면 소문대로 시행하심이로다.
즐비한 한양의 도읍 신명(神明)이 터를 잡은 곳이로다.
좋은 말씀으로 도모되고 큰 바탕으로 다져졌다.
네 임금님 도우시어, 평화로운 치적 이루시다.
임금께서 말하되 나를 도움이여 네가 도와줌이라 하라.
아름답게 뛰어난 저 수(壽)여, 아름다운 몸가짐에 근원(根源)한다.
조정에서의 단정하심, 서서 밝히시는 규범(規範)이다.
예의 풍속 순박함은 이단(異端)을 물리침이다.
우산으로 지붕 삼을 사람마다 칭송하고, 헐어진 담장 관가에서 보수했네.

돌아와 집을 살피니 채소밭 비에 살찐다.

살아서 영화, 죽어서 슬픔, 임금님의 은혜와 예우도 모자람이 없었다.

은택(恩澤)이 흘러 널리 이로우나 백성들은 알지 못하네.

청문(靑門 : 동대문)의 옛집 바라보매 뒤얽히는 생각, 울창한 저 양주(楊州)의 언덕 초동(樵童) 목수(牧豎)여 무너트리지 마라. 모든 벼슬살이 이 비석에 풍부하다.

자헌대부(資憲大夫) 예조판서(禮曹判書) 홍문관(弘文館) 제학(提學) 경연(經筵) 일강관(日講官) 동양(東陽) 신석우(申錫愚)는 짓다[撰].

대광보국(大匡輔國) 숭록대부(崇祿大夫) 의정부(議政府) 좌의정(左議政) 세자부(世子傅) 원임(原任) 규장각(奎章閣) 직제학(直提學) 경주(慶州) 김홍집(金弘集)은 쓰다[書].

가의대부(嘉義大夫) 이조참판(吏曹參判) 겸 동지경연춘추관성균관사(同知經筵春秋館成均館事) 응천(凝川) 박용대(朴容大)는 전서(篆書)하다.

숭정(崇禎) 기원(紀元) 후(後) 다섯 번째 신묘(辛卯)년(고종 28년, 서기 1891년) 2월 일 세움.

8. 하정로(夏亭路)

　조선 초기의 청백리 하정(夏亭) 류관(柳寬)의 호(號)에서 유래(由來)되었다. 하정로는 서울시 동대문구 신설동로터리에서 동대문구 답십리동 신답초등학교에 이르는 길이다. 답십리동에서 천호대로와 청계로로 연결되는 길이다. 신설동 로터리를 기점으로 하여 동대문구 신설동-용두동을 동서로 횡단하여 신답전철역까지 하정로는 동대문구 신설동 101번지(신설동로터리)에서 동대문구청을 거쳐 답십리동 463-4번지(신답초등학교)에 이르는 폭 30m 길이 1.65km의 6차선도로 1972년 11월 26일 한양천도 578주년 기념일을 맞아 서울시가 조선 초기 태조, 정종, 태종, 세종대에 청백리인 류관(柳寬)이 당시 동대문 밖 지금의 신설동과 보문동의 경계쯤에 있던 집인 우산각(雨傘閣)을 연유(緣由)로 류관의 호(號)를 인용 '하정로'라 하여 현재까지 불리고 있었으나, 2011년 전국주소를 모두 도로명으로 바꿔 표시하는 새주소사업의 일환으로 행정안전부에서 천호대로로 지정고시하여 하정로를 폐지하였다. 하정공파종친회 및 동대문구민 2,000여 명은 천호대로로 통합된 '하정로' 이름을 되살려달라고 도로관리처인 행정안전부에 요청하였으나 행정안전부 주소위원회에서 전체의견으로 기각(棄却)하여 버렸다.

　그 후 동대문구(구청장 류덕열)에서는 청백리의 표상이신 하정의 정신을 계승하여야 한다는 주민들의 여론에 힘입어 2011년 5월 26일 청계천 8가 비우당교에서-동대문등기소 앞까지 0.6km의 거리를 '하정로'로 지정 고시하여 '하정로'로 불리고 있다.

새롭게 부여하는 '하정로' 구간 시점에는 '비우당교'가 있는데 이는 나라에서 녹봉을 받아 마을에 다리를 놓고 아이들에게 붓과 먹, 벼루 등 학습도구를 구입해 지급하는 등 청렴한 하정공(夏亭公) 류관(柳寬) 선생을 기념하는 다리다.

그의 청렴함은 비가 오는 날에도 방안에서 우산을 들고 비를 피했을 정도였다고 전해지고 있다.

구(區)는 현재 청계천로에서 분기된 '청계천로3길'과 천호대로에서 분기된 '천호대로5길'로 부여돼 있는 두 개 도로구간을 통합, '하정로'로 도로명을 부여(賦與)하고 '하정로'에서 분기되는 '길' 급 도로명 6개를 부여키로 했다.

서기 2009년 7월 10일 : 하정로(신설동로터리-신답역, 1.7km)와 통합하여 기점이 신답역에서 신설동 로터리로 연장되었다(15.5km).

구(區)는 2011년 4월 14~28일 도로명 변경(안)에 대한 공고를 실시해 주민들 의견을 들은 후 도로명주소위원회를 개최, 5월 중 '하정로'로 부여 고시할 계획이다.

서기 2011년 4월 18일 : 새주소 사업으로 사라진 청백리(淸白吏)의 정신이 서린 유서(遺緖) 깊은 하정로 도로명을 동대문등기소(왕산로)~비우당교(청계천로) 0.6km 구간에 새롭게 부여하였다.

신설동은 조선조 한성부 동부 숭신방(崇信坊)이었다.

'방(坊)'은 동네 호수(戶數)가 60여 호 이상 150여 호에 이를 때 붙여졌던 마을단위이다.

방 밑에 '계(契)', 계 밑의 작은 촌락을 '동(洞)'이라 하였다.

마을에 스캔들 같은 화제(話題)거리가 떠돌면 "동네방네 소문났네" 하는 '동네방네'가 바로 여기서 비롯된 말이다.

숭신방 안에는 신설계가 있었고,

신설계 속에 탑동(塔洞), 우선동(遇仙洞), 안암동(安岩洞), 새말[新里] 등의 마을들이 옹기종기 모여 도성 밖 마을을 이루고 있었다.

류관은 도성 밖 숭신방의 조그마한 오두막집에 살았는데, 생활이 너무 어려웠다고 한다. 어찌나 가난했던지 어느 누구도 정승의 집이라고는 생각하지 않았다. 비가 오기만 하면 지붕이 새므로 방안에 우산을 받치고 있어야 하였다.

그 뒤부터 동리(洞里) 사람들은 류관의 집을 일러 '우산각(雨傘閣)'이라 불렀고, 이 동네는 우산각이 있다 하여 우산각리 또는 우산각리의 발음이 변해 우선동(遇仙洞)이라 쓰기도 했다.

이 우선동에 날이면 날마다 유림(학생)들이 모여들어, 류관 선생의 학문과 덕행을 기리고 학문을 논의하곤 했다.

하정 류관 선생의 외손(6대손)으로서 조선시대 실학파의 선구자인 지봉(芝峰) 이수광(李睟光)은 공이 거주하던 옛 집터에 하정 선생을 기리는 집을 지은 다음 '비우당(庇雨堂)'이라는 현판을 달아 공(公)의 덕(德)과 인품을 후세에 전하였으며 낙산(駱山) 변두리인 신설동 지역을 '우산각 골'이라 불렀다.

그런데 서기 1914년 일제가 행정구역을 개편하면서 숭신방(崇信坊)과 인근 인창방(仁昌坊)을 반씩 쪼개 인창방의 가운데 글자 '창'자와 숭신방의 '신'자를 합성, 창신동(昌信)이라는 이름으로, 머리글자만 합성하여 숭인동이라는 엉뚱한 땅이름을 만들었다.

일제는 이 우산각을 주목, 도시계획을 핑계로 흥인지문(興仁之門 : 동대문)에서 길의 방향을 바꿔, 직선도로를 뚫었다.

지금의 '종로-왕산로-망우로'를 잇는 도로이다.

일제의 도로 개설로 우산각은 흔적도 없이 사라졌고, 옛 신설계의 이름을 따, '새로운 마을이 설치되었다'는 글 뜻처럼, 신설정(新設町)이라 한 것이 오늘의 신설동이다.

여름 장마 비에, 방 안에서 우산을 받치고 책을 읽던 하정(夏亭・여름 정자) 하정공(夏亭公) 류관(柳寬). 그의 일화에서 선비의 청빈낙도(淸貧樂道)를 새삼 되새기게 된다.

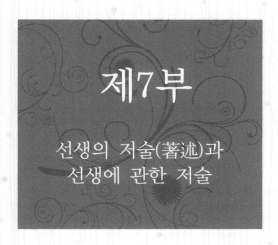

제7부

선생의 저술(著述)과
선생에 관한 저술

1. 『고려사』 및 『태조실록』 편찬에 참여

① 태조 1년(1392) 임신(壬申) 10월 13일(신유)에 우시중(右侍中) 조준(趙浚)·문하시랑 찬성사(門下侍郎贊成事) 정도전(鄭道傳)·예 문관 학사(藝文館學士) 정총(鄭摠)·박의중(朴宜中)·병조전서(兵曹 典書) 윤소종(尹紹宗)에게 명하여 『고려사(高麗史)』를 수찬(修撰)의 명(命)을 받아 태조 4년(1395) 을해(乙亥) 1월 25일(경신)에 판삼사사 (判三司事) 정도전(鄭道傳)과 정당문학(政堂文學) 정총(鄭摠) 등이 전 조(前朝)의 태조(太朝)로부터 공양왕에 이르기까지 37권의 『고려사 (高麗史)』를 편찬하여 바쳤다.

② 태종 14년(1414) 갑오(甲午) 5월 10일(임오)에 영춘추관사(領春 秋館事) 하륜(河崙)을 불러서 『고려사(高麗史)』를 찬정(撰定)하라고 명하였다. 드디어 승문원(承文院)에 명하여 정해(丁亥)년 이후의 수 교(受敎)한 조획(條畫)을 차례대로 편찬하게 하였다.

③ 태종 14년(1414) 갑오(甲午) 8월 7일(정미)에 영춘추관사(領春秋 館事) 하륜(河崙)·감춘추관사(監春秋館事) 남재(南在)·지춘추관사 (知春秋館事) 이숙번(李叔蕃)·변계량(卞季良)에게 명하여 『고려사 (高麗史)』를 개수(改修)하게 하였다.

④ 태종 16년(1416) 병신(丙申) 6월 20일(경진)에 영춘추관사(領春 秋館事) 하윤(河崙)과 지관사(知館事) 한상경(韓尙敬)과 동지관사(同

知舘事) 변계량(卞季良)이『고려사(高麗史)』를 3분(三分)하여 그 집에서 개수(改修)하였다. 이 해 겨울에 하윤이 졸(卒)하여, 일은 마침내 이루어지지 못하였다.

⑤ 세종 1년(1419) 기해(己亥) 9월 20일(임술)에 임금이 예문관 대제학 류관(柳觀), 의정부 참찬 변계량 등에게 명하여, 정도전(鄭道傳)이 찬수(撰修)한『고려사』를 개수하게 하였다. 세종 3년(1421) 신축(辛丑) 1월 30일(계사)에 이전에 정도전(鄭道傳)이 편찬한『고려사(高麗史)』가 간혹 사신(史臣)이 본래 초(草)한 것과 같지 아니한 곳이 있고, 또 제(制)니, 칙(勅)이니 하는 말과 태자(太子)라고 한 것 등의 유(類)가 참람(僭濫)되고 분수에 넘치는 말이 된다 하여, 류관(柳觀)과 변계량에게 명하여 교정하게 하였더니, 이제 와서 편찬이 완성되었으므로 이에 헌상(獻上)해 올렸다.

⑥ 세종 5년(1423) 계묘(癸卯) 12월 29일(병자)에 지관사(知舘事) 류관(柳觀)과 동지관사(同知舘事) 윤회(尹淮)에게 명하여『고려사(高麗史)』를 개수(改修)하게 하였다. 세종 6년(1424) 갑진(甲辰) 8월 11일(계축)에 동지춘추관사 윤회가 교정하여 편찬한『고려사』를 올리다.

⑦ 세종 24년(1442) 임술(壬戌) 8월 12일(기해)에 감춘추관사(監春秋舘事) 신개(申槪)・지춘추관사(知春秋舘事) 권제(權踶) 등이 찬술(撰述)한『고려사』를 올렸다.

⑧ 세종 28년(1446) 병인(丙寅) 10월 11일(을사)에 집현전 직제학

(集賢殿直提學) 이계전(李季甸)과 응교(應敎) 어효첨(魚孝瞻)에게 『고려사』의 유루(遺漏)된 것을 교정하게 하였다.

⑨ 세종 31년(1449) 기사(己巳) 1월 28일(기유)에 『고려사(高麗史)』의 개찬(改撰)에 우찬성 김종서·이조판서 정인지·호조참판 이선제(李先齊)와 창손에게 감장(監掌)하기를 명하였다. 문종 1년(1451) 신미(辛未) 8월 25일(경인)에 지춘추관사(知春秋館事) 김종서(金宗瑞) 등이 새로 편찬한 『고려사(高麗史)』를 바치니, 세가(世家) 46권, 지(志) 39권, 연표(年表) 2권, 열전(列傳) 50권, 목록(目錄) 2권으로 되어 있었다.

⑩ 단종, 즉위년(1452) 임신(壬申) 11월 28일(병술)에 춘추관(春秋館)에서 『고려사(高麗史)』를 인쇄할 것을 계청(啓請)하니, 그대로 따랐다. 『고려사』에는 수사관(修史官) 32인이 기록되어 있으나, 실제로 이보다 훨씬 상회했을 것이다. 동활자(갑인자)본으로 서기 1449년(세종 31)년부터 편찬을 시작하여 2년 반 만에 완성을 보고, 1454년(단종 2)에 간행했다. 김종서(金宗瑞)·정인지(鄭麟趾)·이선제(李先齊) 등의 관료들이 편찬에 참여하였다. 책의 구성은 기전체(紀傳體) 방식을 따랐으며 세가 46권, 지 39권, 표 2권, 열전 50권, 목록 2권 등 총 139권으로 이루어져 있다. 이 책과 짝하여 편년체로 구성된 고려시대사인 『고려사절요(高麗史節要)』가 1452년(문종 2)에 편찬되었다.

〈『태조실록(太祖實錄)』편찬(編纂)에 참여(參與)〉

『태조실록(太祖實錄)』15권 말미(末尾) 부록(附錄)은 편찬에 참여한 사람이 아래와 같이 기록되어 있으나 영춘추관사(領春秋館事) 하윤(河崙)·지관사(知館事) 류관(柳觀)·동지관사(同知館事) 정이오(鄭以吾)·변계량(卞季良), 기주관(記注官) 조말생(趙末生)·권훈(權壎)·윤회(尹淮)와 겸기사관(兼記事官) 신장(申檣)이 낙점(落點)으로 이에 참여하였고, 참외 사관(參外史官)은 오직 우승범(禹承範)·이심(李審) 두 사람등이 태종 10년(1410) 경인(庚寅) 1월 11일(무인)에 착수(着手)하여 태종(太宗) 13년(1413) 계사(癸巳) 3월 22일(신축)에 『태조실록(太祖實錄)』이 이룩되니, 모두 15권(卷)이었다.

편수관(編修官) 명단(名單)

○ 永樂十一年癸巳三月日, 奮忠仗義同德定社佐命功臣大匡輔國崇祿大夫議政府左政丞修文殿大提學領經筵書雲觀春秋館事世子師晉山府院君 臣河崙等, 奉敎撰進.

영락(永樂) 11년(1413) 계사(癸巳) 3월 일

분충장의 동덕정사 좌명공신(奮忠仗義同德定社佐命功臣) 대광보국 숭록대부(大匡輔國崇祿大夫) 의정부 좌정승(議政府左政丞) 수문전 대제학(修文殿大提學) 영경연서운관춘추관사(領經筵書雲觀春秋館事) 세자사(世子師) 진산부원군(晉山府院君) 신(臣) 하륜(河崙) 등은 교지(敎旨)를 받들어 찬술(撰述)해 올림.
【태백산사고본】
【영인본】 1책 142면
【분류】 역사-편사(編史)

---

2. 하정(夏亭) 류관의 시문(詩文)

제목(題目)	출전(出典)	비고(備考)
1. 조카 사눌(思訥)에게 보임[示姪思訥]	『夏亭遺集(하정유집)』, 『夏亭全集(하정전집)』	
2. 제목 없음	학암(鶴巖) 류몽정(柳夢鼎) 『壬辰日記(임진일기)』 중에 실려 있는 시(詩)	
3. 효정공(孝靖公) 중추원사(中樞院事) 이공(李公) 정간(貞幹)의 수연(壽宴)을 경하(慶賀)한 축시(祝詩)	『夏亭遺集(하정유집)』, 『夏亭全集(하정전집)』	
4. 평창(平昌) 길 가운데에서[平昌道中]	『靑丘風雅(청구풍아)』	
5. 낭천(狼川) 객사(客舍)에서[狼川客舍]	『동국여지승람(東國輿地勝覽)』	
6. 정선(旌善) 제목으로 읊음[旌善題詠]	『동국여지승람(東國輿地勝覽)』	
7. 순창(淳昌)의 형승(形勝)[淳昌題詠]	『동국여지승람(東國輿地勝覽)』	
8. 연일(延日) 객사(客舍)에서[延日客舍]	『동국여지승람(東國輿地勝覽)』	
9. 밀양(密陽) 영남루(嶺南樓)	『동국여지승람(東國輿地勝覽)』	하늘 천(天) 글자로 차운(次韻)함.
10. 민여익(閔汝翼)[293] [어일공(漁逸公)의 종제(從弟)]행장(行狀)	『驪興閔氏文仁公派 지선록(知先錄)(여흥민씨문인공파지선록)』 상권(上卷)	민여익(閔汝翼) 행장(行狀)

〈시(詩)〉

하정(夏亭) 류관(柳寬)이 남긴 시문을 살펴보면 다음과 같다.

---

293) 민여익(閔汝翼) : 본관 여흥(驪興). 자 보지(輔之). 시호 경정(景定). 1380년(우왕 6) 문과에 급제, 성균사예(成均司藝)로 있을 때 이성계에게 발탁되어 군부경력(軍簿經歷)·병조의랑(兵曹議郞)을 거쳐 우간의대부(右諫議大夫)를 역임하였다. 1392년 조선 개국에 협력, 공신에 책록(策錄)되었고 1393년 우부승지(右副承旨)·도승지(都承旨)를 거쳐 1396년 대사헌(大司憲)이 되고 이듬해 여흥군(驪興君)에 책봉되었다. 1408년(태종 8) 사은사(謝恩使)로 명나라에 다녀와서 의정부참지사(議政府參知事)·충청도관찰사를 지내고 1412년 성절사(聖節使)로 다시 명나라에 다녀온 뒤 공조판서·참찬·한성부판사, 1419년(세종 1) 우군부판사(右軍府判事)·호조판서를 역임하고 1426년 여천부원군(驪川府院君)에 진봉되었다.

(1) 조카 사눌(思訥)에게 보임[示姪思訥]

차야등전주수순 여년삼십이청춘
此夜燈前酒數巡, 汝年三十二靑春.

이 밤 등불 앞에 술을 주고받거니, 너의 나이 32세로 청춘(靑春)이
로다.

오가장물유청백 세세상전무한인
吾家長物唯淸白, 世世相傳無限人.

우리 집에 자랑할 것은 오직 청백(淸白)이니, 대대(代代)로 서로 이
어 끝없이 사람에게 전하라.

(3, 4행은 하정공의 유훈(遺訓) 시(詩)로 자주 사용함)
※『夏亭集(하정집)』, 『夏亭遺集(하정유집)』 중에 실려 있음.

(2) 『壬辰日記(임진일기)』 중에 실려 있는 시(詩)

암하소계귀해의
巖下小溪歸海意

바위 아래 작은 개울물은 바다로 가고 싶은 뜻을 가졌고,

정전치백불운심

庭前穉栢拂雲心

뜰 앞에 어린 잣나무는 구름을 휘어잡고 싶은 마음이 있네.

※ 공(公)의 7세손(世孫) 학암(鶴巖) 몽정(夢鼎)의 『壬辰日記』[294]
표지(表紙) 안쪽에 실려 있음.

(3) 효정공(孝靖公) 중추원사(中樞院事) 이공(李公) 정간(貞幹)의
   수연(壽宴)을 경하(慶賀)한 축시(祝詩)

세계종래원 여조이식근 문간갱발원 여경수후곤
世系從來遠, 麗朝已植根. 文簡更發願, 餘慶垂後昆.

위재장원공 취우아동원 득질역현사 능계벌열문
偉哉壯元公, 娶于我同源. 得甥亦賢士, 能繼閥閱門.

고가다적덕 생녀정이온 양년기구순 안저다현손
故家多積德, 生女靜而溫. 享年幾九旬, 眼底多玄孫.

유자성지효 정성필신혼 가도상옹목 내외무간언
有子性至孝, 定省必晨昏. 家道尙雍睦, 內外無間言.

---

294) 피전자(被傳者) 류몽정(柳夢鼎). 고려대학교 중앙도서관 대학원한적실, 청구기호 貴534호 신
    암. 등록번호461210867. 서명(書名) : 학암년보초(鶴巖年譜草). 판차 : 필사본(筆寫本), 출판사
    항 : 간사지미상(刊寫地未詳), 조선 선조(宣祖) 23(1590)년.

영양수여병 강강덕미존 아고태사씨 수령부즉존
榮養誰與並, 康强德彌尊. 我告太史氏, 須令婦則存.

세계(世系)295)가 예부터 지금까지가 머니, 고려 때에 이미 뿌리를 심었도다.

문간공(文簡公)께서 다시 그 소원이, 남은 경사(慶事)가 후손에게 미쳤도다.

위대하도다. 장원공(壯元公)이여! 나의 동족(同族)에게 장가 드셨네.

사위를 얻으니 또한 어진 선비로, 훌륭한 가문(家門)을 잘 이었도다.

지체 높은 집에 적덕(積德)이 많아, 따님을 낳음에 정숙(靜淑)하고 온후(溫厚)하도다.

향년(享年)이 거의 90으로, 눈앞에 현손(玄孫)이 많도다.

아들의 천성(天性)이 지극히 효성스러워, 정성(定省)296)으로 반드시 아침저녁으로 행하였도다.

가도(家道)는 항상 화목하여, 안팎으로 이간(離間)하는 말이 없었도다.

영양(榮養)297)을 누가 이에 견줄 건가? 건강하고 덕(德)이 더욱 높았도다.

내가 태사씨(太史氏)298)에게 아뢰노니, 모름지기 아름다운 법도가 있었다오.

또

---

295) 세계(世系) : [명사] 조상으로부터 대대로 내려오는 계통.

296) 정성(定省) : 혼정신성(昏定晨省). 저녁에는 잠자리를 보아 드리고, 아침에는 문안(問安)을 드린 다는 뜻으로, 자식(子息)이 아침저녁으로 부모(父母)의 안부(安否)를 물어서 살핌을 이르는 말.

297) 영양(榮養) : ① 어버이를 영화(榮華)롭게 잘 모심. ② 하느님을 잘 섬김.

298) 태사씨(太史氏) : 역사(歷史)의 기록을 맡은 관리(官史). 곧 사관(史官), 여기에서는 사가(史家)를 말함.

역관금고득의희 이씨가문중소희
歷觀今古得依俙, 李氏家門衆所稀.
구질자친명시청 칠순효자관추기
九耋慈親明視聽, 七旬孝子管樞機.

승은권하영구장 헌수당전가채의
承恩闕下榮鳩杖, 獻壽堂前舞綵衣.

총우기유경세속 영명응기태상기
寵遇豈惟驚世俗, 英名應記太常旂.

　지금과 옛날을 두루 보아 어렴풋이 알거니, 이씨(李氏) 같은 가문
(家門)은 세상에 드물도다.

　90세 자친(慈親)은 보고 들음이 밝고, 70세 효자(孝子)는 추기(樞
機)299)를 맡았도다.

　은혜 입은 대궐 아래 구장(鳩杖)300)이 영예(榮譽)롭고, 헌수(獻
壽)301)드리는 집 앞에 비단 옷 춤이로다.

　임금의 특별한 대우 어찌 세상을 놀랠 뿐이리오? 뛰어난 명성(名
聲) 응당 태상(太常)302)에 기록되리.

　※『夏亭集(하정집)』,『夏亭遺集(하정유집)』중에 실려 있음.

---

299) 추기(樞機) : ① 중추(中樞)가 되는 기관(機關), ② 천하(天下)의 대정(大政), ③ 몹시 중요(重
　要)한 사물(事物), 또는 그 중요(重要) 부분(部分).
300) 구장(鳩杖) : [명사] <역사> 임금이 70세 이상 되는 공신이나 원로대신에게 주던 지팡이. 손
　잡이 꼭대기에 비둘기 모양을 새겼다≒장(杖).
301) 헌수(獻壽) : [명사] 환갑잔치 따위에서, 주인공에게 장수를 비는 뜻으로 술잔을 올림≒상수
　(上壽)·칭굉(稱觥)·칭상(稱觴).
302) 태상시(太常寺) : [명사] <역사> 고려 시대에 제사를 주관하고 왕의 묘호와 시호를 제정하는
　일을 맡아보던 관아. 문종 때에, 관제의 축소 개편으로 격하되어 '태상부'로 고쳤다≒태상(太常).

(4) 평창(平昌) 길 가운데에서[平昌道中]

선로평환곡 행행경전유 치여횡곡구 리락출탄두
線路平還曲, 行行境轉幽. 菑畬橫谷口, 籬落出灘頭.

실낱같은 길이 바닥이 고르고 판판하니 구불구불하여서 굴곡을 가
고 가도 지경은 변하여 멀기만 하네.
묵정밭 잡초를 불살라 일군 밭은 골짜기 어귀에 가득하여, 울타리
가 그치는데 여울 꼭대기가 나오네.

지험산다여 천회수유구 거민하소락 금행절주구
地險山多礜, 川回水有漚. 居民何所樂, 今幸絶誅求.

땅이 험하고 산이 많고 독이 있는 돌이, 내가 도니 물이 거품이 이
네. 백성이 사는 즐거움이 무엇인가? 이제는 주구(誅求)[303]가 그만두
기만을 바라네.

※ 하정(夏亭) 선조(先祖)님 54세 때인 서기 1400년(정종 2년) 2월
13일부터 이듬해인 서기 1401년(태종 원년) 2월 15일까지 강원도(江
原道) 도관찰사(都觀察使)로 계실 때, 도내(道內)를 순찰(巡察)하시다
가 평창(平昌)에서 읊으신 시(詩)임.

---

303) 주구(誅求) : [명사] 관청에서 백성의 재물을 강제로 빼앗음.

『靑丘風雅(청구풍아)』,304) 『夏亭集(하정집)』, 『夏亭遺集(하정유집)』,
『車柳文獻錄』 시문(詩文) 3장(張), 『文化柳氏夏亭公派譜』 1권 중에
실려 있음.

建置沿革 本高勾麗伊珍買縣 新羅改今

伊川縣
東三十五里距京都三百五里南至安峽縣界西至黃海道新溪縣界

題詠
古寨偏起夏風情 古寨偏起夏風情鄉情
水漲雲近衣裳濕 夏亭柳觀詩山近雲騰谷作陰還燈雨送聲吟仍不密雲近衣裳濕
山似龍蟠地軸深 一條東湊路歷井歷征人詩晴況吟嘹仍不密地甲春
青山是四隣 金克己巳詩古郡碧溪濱云云歷井歷征人

城
石築周三千四百四十尺今半頹落

古跡
龍華山城 石築周九百五十六尺高二尺內有三井今半頹落 往山

祠廟
社稷壇 在縣西
文廟 在鄉校
城隍祠 讀傳子母堂母堂在

佛宇
成佛寺 在龍華山
啓星寺 在啓星山

驛院
方川驛 在縣東四十二里
大利院 在大利津岸
原川驛 在縣南十五里 山陽

學校
鄉校 在縣西三里

樓亭
南津亭 在縣南津岸
勵志堂 在客舘西

卷四十七 伊川

---

304) 『청구풍아(靑丘風雅)』: [명사] <책명> 조선 성종 때, 김종직(金宗直)이 삼국시대와 고려시
대 이래의 명시(名詩)들을 뽑아 비평과 주석을 한 책. 7권 1책의 인본(印本).

(5) 낭천(狼川) 객사(客舍)에서

산근운등곡 사음환작청 지비춘수창 수밀하풍청
山近雲騰谷, 乍陰還作淸. 地卑春水漲, 樹密夏風淸.

산이 가까워 구름이 골짜기에서 오르고, 잠깐 그늘졌다가 다시 맑음으로 돌아오네.
땅이 낮으니 봄물이 넘치고, 나무가 **빽빽**하니 여름 바람이 맑도다.

야암등생휘 첨허우송성 침음잉불매 편기고향정
夜暗燈生暉, 簷虛雨送聲. 沉吟仍不寐, 偏起故鄕情.

밤이 어두우니 등불이 빛나고, 처마가 텅 비니 빗소리 다하네. 속으로 깊이 생각하여 잠을 이루지 못하는데, 치우쳐 느끼어 마음은 고향 생각이 일어나네.

※ 하정선조님 54세 때인 서기 1400년(정종 2년, 경진庚辰) 2월 13일부터 이듬해인 서기 1401년(태종 원년) 2월 15일까지 가정대부(嘉靖大夫) 강원도(江原道) 도관찰사(都觀察使)로 계실 때, 도내(道內)를 순찰(巡察)하시다가 낭천(狼川)에서 읊으신 시(詩)임.
『동국여지승람(東國輿地勝覽)』, 『夏亭集(하정집)』, 『夏亭遺集(하정유집)』, 『車柳文獻錄』 시문(詩文) 3장(張), 『文化柳氏夏亭公派譜』 1권 중에 실려 있음.

(6) 정선(旌善) 제목으로 읊음[旌善題永]

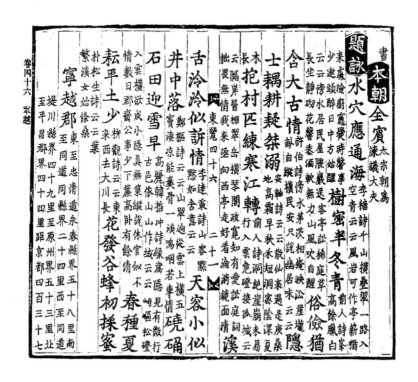

춘종하운평지소 동래서거대천장

春種夏耘平地少, 東來西去大川長.

봄에 심고 여름에 김매는 평평한 땅이 적고, 동쪽에서 와서 서쪽으로 흘러가는 큰 내가 길도다.

※ 하정선조님 54세 때인 서기 1400년(정종 2년, 경진庚辰) 2월 13

일부터 이듬해인 서기 1401년(태종 원년) 2월 15일까지 가정대부(嘉靖大夫) 강원도(江原道) 도관찰사(都觀察使)로 계실 때, 도내(道內)를 순찰(巡察)하시다가 정선(旌善)에서 읊으신 시(詩)임.

　　『동국여지승람(東國輿地勝覽)』, 『夏亭集(하정집)』, 『夏亭遺集(하정유집)』, 『文化柳氏夏亭公派譜』 1권 중에 실려 있음.

(7) 순창(淳昌)의 형승(形勝) [淳昌題永]

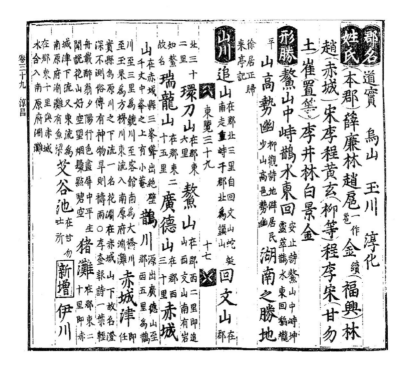

지벽거민소　산고읍세유

地僻民居少, 山高邑勢幽.

땅이 후미지니 사는 백성이 적고, 산이 높으니 고을 형세가 그윽하다.

※ 전라도(全羅道) 관찰사(觀察使)로 부임(赴任)하여 순찰할 때 순창(淳昌)에서 지음.

『동국여지승람(東國輿地勝覽)』, 『夏亭集(하정집)』, 『夏亭遺集(하정유집)』, 『文化柳氏夏亭公派譜』 1권 중에 실려 있음.

(8) 연일(延日) 객사(客舍)에서[延日客舍]

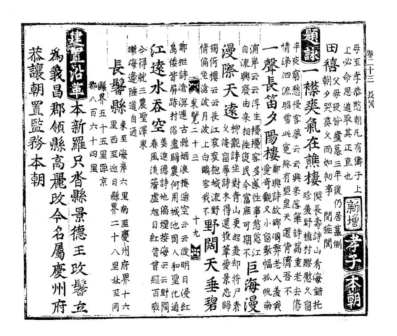

좌대청산갱기수　각장시소구암류

坐對靑山更起羞, 却將尸素久淹留

심시미득환투필 애경망귀독의루
尋詩未得還投筆, 愛景忘歸獨倚樓

거해만만제천원 장강곤곤포성류
巨海漫漫際天遠, 長江滾滾抱城流

야정편좌창주월 파상백구용아부
野情遍坐滄洲月, 波上白鷗容我否

　　푸른 산을 앉아 대하니 다시 부끄럽고, 문득 시소(尸素)[305])로 오랫
동안 머물었네.
　　시를 지으려다 이루지 못하고 도로 붓을 던지니, 풍경이 좋아 돌아
가길 잊고 홀로 다락에 의지하네.
　　큰 바다는 아득히 하늘 끝에 먼데, 긴 강은 흐르는 큰물이 출렁출
렁 넘칠 듯 성(城)을 안고 흐르네.
　　소박한 마음으로 푸른 물 널리 퍼져 앉았는데, 물결 위에 흰 갈매
기는 나의 속내를 이해하지 않았는가?

　　※ 서기 1403년 태종(太宗) 3년(癸未). 58세에 가선대부(嘉善大夫)
계림(鷄林) 부윤(府尹)
　　『동국여지승람(東國輿地勝覽)』, 『夏亭集(하정집)』, 『夏亭遺集(하정
유집)』, 『文化柳氏夏亭公派譜』 1권 중에 실려 있음.

---

305) 시소(尸素) : [명사]=시위소찬. [명사] 재덕이나 공로가 없어 직책을 다하지 못하면서 자리만
　　차지하고 녹(祿)을 받아먹음을 비유적으로 이르는 말. 『한서』 <주운전(朱雲傳)>에 나오는
　　말이다≒녹시록(祿尸祿)·시소(尸素).

(9) 밀양(密陽) 영남루(嶺南樓)

하늘 천(天) 글자로 차운(次韻)함

등루정시구천추　무한봉만옹후전
登樓正是九秋天, 無限峰巒擁後前

고무제비낙하외　단홍경기석양변
孤鶩齊飛落霞外, 斷鴻驚起夕陽邊

주란벽와담사월　대야평림횡취연
朱欄碧瓦淡斜月, 大野平林橫翠煙

의주음시성일수 몽중시복시경연

倚柱吟詩成一睡, 夢中時復侍經筵

다락에 오르니 바로 음력 9월 가을인데, 끝없는 산봉우리만 앞뒤로
에웠도다.

외로운 따오기는 저녁노을에 나란히 날고, 짝 잃은 기러기는 석양
(夕陽) 하늘에 놀라 일어나네.

붉은 난간 푸른 기와는 비낀 달빛에 담박하고, 큰 들 평평한 수풀
은 푸른 연기에 빗기었네.

기둥에 기대어 시를 읊다가 잠깐 조니, 꿈속에서 마치 경연(經
筵)306)에 입시(入侍)307)하였도다.

※ 서기 1403년 태종(太宗) 3년(계미癸未). 58세에 가선대부(嘉善
大夫) 계림(鷄林) 부윤(府尹)

『동국여지승람(東國輿地勝覽)』, 『夏亭集(하정집)』, 『夏亭遺集(하정
유집)』, 『車柳文獻錄』 시문(詩文) 3장(張), 『文化柳氏夏亭公派譜』 1권
중에 실려 있음.

---

306) 경연(經筵) : [명사] <역사> 1. 고려·조선시대에, 임금이 학문을 닦기 위하여 학식과 덕망
    이 높은 신하를 불러 경서(經書) 및 왕도(王道)에 관하여 강론하게 하던 일 또는 그런 자리.
    왕권의 행사를 규제하는 중요한 일을 수행하였다늑경악(經幄)·경유(經帷).

307) 입시(入侍) : [명사] <역사> 대궐에 들어가서 임금을 뵙던 일.

(10) 민여익(閔汝翼)308) [어일공(漁逸公)309)의 종제(從弟)]행장(行狀)

　　공(公)은 휘(諱)가 여익(汝翼), 자(字)는 덕보(德甫), 호(號)는 정재(正齋), 묵헌 선생(黙軒先生)310)의 증손(曾孫)이다. 삼중대광(三重大匡) 도평의부사(都評議府事) 여성군(驪城君) 휘(諱) 현(玹)의 아들이다. 공(公)은 성품이 마음의 고요함을 지키고 탐욕(貪慾)이 없고 질박(質朴)하다. 운곡(耘谷) 원문경(元文敬)311)의 문하(門下)에서 배웠다.

---

308) 민여익(閔汝翼) : 1360(공민왕 9)~1431(세종 13). 본관 여흥(驪興). 자 보지(輔之). 시호 경정(景定). [고려문과] 우왕(禑王) 6년(1380) 경신(庚申) 경신방(庚申榜) 동진사(同進士) 7위(17/39)로 문과에 급제, 과거급제하여 후덕부승(厚德府丞)에 제수되었고 여러 번 천직(遷職)하여 성균사예(成均司藝)로 있을 때 이성계에게 발탁되어 군부경력(軍簿經歷)·병조의랑(兵曹議郞)을 거쳐 우간의대부(右諫議大夫)를 역임하였다. 1392년 조선 개국에 협력, 공신에 책록(策錄)되었고 1393년 우부승지(右副承旨)·도승지(都承旨)를 거쳐 1396년 대사헌(大司憲)이 되고 이듬해 여흥군(驪興君)에 책봉되었다. 1408년(태종 8) 사은사(謝恩使)로 명나라에 다녀와서 의정부참지사(議政府參知事)·충청도관찰사를 지내고 1412년 성절사(聖節使)로 다시 명나라에 다녀온 뒤 공조판서·참찬·한성부판사, 1419년(세종 1) 우군부판사(右軍府判事)·호조판서를 역임하고 1426년 여천부원군(驪川府院君)에 진봉되었다.

309) 민유의(閔由誼) : 본관(本貫)은 여흥(麗興), 여흥민씨(驪興閔氏) 11세(世)로 문인공(文仁公)의 증손(曾孫)이다. 자(字)는 자의(子宜), 벼슬은 지익주사(知益州事), 호(號)는 창일(滄逸), 또는 어일(漁逸)이다. 공민왕(恭愍王) 기유(己酉)(서기 1369년)에 과거에 급제하고, 묘(墓)는 개성부(開城府) 효릉방(孝陵坊)에 있다. 혹은 한림학사(翰林學士) 판서(判書)를 지냈다는 기록도 보인다.

310) 묵헌 선생(黙軒先生) : 민지(閔漬, 1248~1326년)는 고려의 문신으로, 자(字)는 용연(龍延). 호(號)는 묵헌(黙軒), 시호(諡號)는 문인(文仁)이며, 본관은 여흥(驪興)이다. 원종 때 문과(文科)에 장원 급제하였고, 충렬왕 때 전중시사(殿中侍史)를 거쳐 예빈윤(禮賓尹)이 되고, 충선왕이 세자 때 그를 따라 원나라에 가서 원나라로부터 한림 직학사·조열대부의 벼슬을 받았다. 1285년(충렬왕 11) 원나라가 앞서 두 번이나 실패한 일본 정벌을 다시 결행하려고 고려에 전함을 만들게 하자 좌부승선으로 왕을 따라 원나라에 가서 동정(東征)의 불필요를 건의하여 전함 건조를 중지케 했다. 집현전 대학사·첨광정원사가 되고 충선왕 초에 첨의부 정승이 이르러 벼슬에서 물러났다. 1321년(충숙왕 8)에 다시 수정승(守政丞)이 되고 여흥군(驪興君)에 봉해졌다. 정가신(鄭可臣)이 지은 『천추금경록』을 권부(權溥)와 증수하여 『세대편년절요』를 만들고, 또 『본국편년강목』을 편찬하였으나, 모두 전하지 않는다.

311) 원문경(元文敬) : 원천석(元天錫)의 시호(諡號). 본관은 원주(原州)이고 자(字)는 자정(子正), 호(號)는 운곡(耘谷)이다. 정용별장을 지낸 열(悅)의 손자이며 종부시령을 지낸 윤적(允迪)의 아들로, 원주원씨의 중시조이다. 진사가 되었으나 고려 말의 혼란한 정계를 개탄하여, 치악산에 들어가 은둔생활을 하였다. 그는 그곳에서 부모를 봉양하고 농사를 지으며 이색(李穡) 등과 교유하며 지냈다. 조선의 태종(太宗)이 된 이방원(李芳遠)을 가르친 바 있어, 1400년 태종이 즉위한 뒤로 여러 차례 벼슬을 내리고 그를 불렀으나 응하지 않았다. 태종이 직접 그를 집으로 찾아갔으나 만나지 못하였다. 이에 태종은 계석(溪石)에 올라 집 지키는 할머니에게 선물을 주고 그의 아들 형을 현감에 임명하였는데, 이 계석을 태종대(太宗臺)라고 부른다. 『운

홍무(洪武) 7년 갑인(甲寅, 공민왕 27, 서기 1374)년에 생원(生員)이 되고, 16세에 독실하게 문학(文學)을 좋아하고, 나라를 잃게 되자 두 문동(杜門洞)에 은거했는데 운곡 선생(耘谷先生)이 세상을 피해 서흥현(西興縣)312)(원주의 옛 이름) 치악산(雉岳山)으로 왔기 때문에 문하(門下)에 나가 배웠다.

태조(太祖)가 등극(登極)한 뒤에 크게 쓸 뜻이 있어 사자(使者)를 보내어 여러 번 원 선생(元先生)을 불렀으나 선생은 끝내 나가지 않고 말하였다. "나는 이미 병이 들었다. 그러나 덕보(德甫)는 하늘의 뜻을 거역하지 말고 세상을 구하고 백성을 편안히 하게 하라. 두문동(杜門洞)의 늙은 신하가 겨우 동구(洞口)를 나왔으니 어찌 마음을 돌이켜 갖겠는가?" 공(公)이 굳이 사양했지만 마지못하여 하는 수 없이 스승의 훈계(訓戒)를 받아 입궐(入闕)하여 순종(順從)하였으니, 당시의 나이는 36세였다.

태조(太祖)가 빈례(賓禮)313)와 같이 대접하고 먼저 하늘의 뜻에 대하여 물으니 고개를 숙이고 엄숙하게 대답하였다. "요(堯)·순(舜)·우(禹)·탕(湯)·문(文)·무(武)·주공(周公)·공자(孔子)로부터 서로 전하고 서로 받은 것은 천지(天地) 음양(陰陽)의 순강지정(純剛至正)314)의 이치인데, 하늘이 더불어 하면 함께하고 하늘이 주면 받는 것입니다."

이에 왕은 "그대는 나의 중요한 사람이다"라고 하고 특별히 통례문

곡시사(耘谷詩史)』에 실려 있는 회고시 등을 통해서, 그가 끝내 출사하지 않은 것은 고려왕조에 대한 충의심 때문이었음을 알 수 있다. 만년에 『야사(野史)』 6권을 저술하였으나 국사와 저촉되는 점이 많아 화를 두려워한 증손이 불살랐다고 한다. 전하는 작품으로는 망한 고려를 회상하며 쓴 『회고가』가 있다. 강원도 원주의 칠봉서원에 배향(配享)되었다.

312) 서흥현(西興縣) : 원주(原州)의 고호(古號).

313) 빈례(賓禮) : 오례(五禮)의 하나로서 손님을 접대(接對)하는 예(禮).

314) 순강지정(純剛至正) : 순수(純粹)하며 강직(剛直)하고 지극(至極)하고 바른 기운.

(通禮門) 지후(祇候)에 임명하였다. 을해(乙亥)(1395)년 가을에 문형(文衡)을 맡고 병자(丙子)(1396)년에 홍문관(弘文館) 제학(提學)이 되고 무인(戊寅)(1398)년에는 예의판서(禮儀判書) 동지춘추관사(同知春秋館事) 상호군(上護軍)이 되었다. 이듬해에 첨서도평의사사(僉書都評議司事)로 옮겼고, 경진(庚辰)(1400)년 3월에는 예문관(藝文館) 제학(提學) 겸(兼) 세자좌빈객(世子左賓客)으로 옮겼으며, 12월에는 추충익대개국좌명공신(推忠翊戴開國佐命功臣) 가의대부(嘉義大夫)에 임명되고 여천군(驪川君)에 봉(封)하여졌다. 그리고 회맹록(會盟錄)을 저술하였고 증시(贈詩) 2수(首)가 있다. 임오(壬午)(1402)년 봄에 특별히 보국숭록대부(輔國崇祿大夫) 의정부(議政府) 우찬성(右贊成) 정당문학(政堂文學) 겸(兼) 영경연사사(領經筵司事)로 옮겼으며, 병술(丙戌)(1406)년에 봉(封)하여졌다. 갑오(甲午)(1414)년에 대광보국(大匡輔國) 도첨의부사(都僉議府事)로, 임인(壬寅)(1422)년에 중대광(重大匡) 판의금부사(判義禁府事)로, 병오(丙午)(1426)년에 삼중대광(三重大匡) 보국숭록대부(輔國崇祿大夫) 의정부(議政府) 우의정(右議政)[315] 보문각(寶文閣) 대제학(大提學)이 되고 여천부원군(驪川府院君)에 봉(封)하여지니 한 나라가 크게 다스려졌다.

공(公)은 공민왕(恭愍王) 기해(己亥)(1359)년 6월 초 2일에 개성(開城)에서 나서 선덕(宣德) 4년 기유(己酉)(1429)년 5월 초 6일에 신도(新都)[316]의 집에서 졸(卒)하였다. 향년(享年)은 71세였다.

부음(訃音)이 알려지자 태종(太宗)이 슬퍼하여 조회(朝會)를 폐(廢)하고 시호(諡號)를 양경(良敬)이라 하였다. 나라를 지키고 몸으로 갚

---

315) 영의정(領議政) : 사실 고증 불능(不能).
316) 신도(新都)(새로 정한 도읍). 한양(漢陽). [같은 말] 신경(新京).

는 것을 양(良)이라 하고, 대대(代代)로 충효(忠孝)를 전하는 것을 경(敬)이라 하였다. 늦은 가을에 예위(禮衛)[317]를 갖추어 양주(楊州) 해등면(海等面) 도봉산(道峰山) 남쪽 기슭 무수리(無愁里) 해좌(亥坐) 언덕에 장사지냈다.

공(公)은 광정윤(匡正尹) 겸(兼) 유수(留守) 현풍(玄風) 곽윤명(郭允明)의 따님에게 장가들었는데, 규범(閨範)이 절도(節度)가 있었으며 포산부[318]부인(苞山府夫人)에 봉(封)하였다가 병오(丙午)(1426)년에 또 정경부인(貞敬夫人)에 봉(封)하여졌다. 공민왕(恭愍王) 신축(辛丑)(1361)년에 나가 임자(壬子)(1432)년 7월 초 7일에 졸(卒)하였는데, 예절을 갖춰 공(公)의 무덤 곁에 부장(附葬)하였다. 2남 1녀를 낳았다. 맏아들은 휴(休)로 봉상사농시사(奉常司農寺少尹)인데, 전농정(典農正) 전의(全義) 이웅(李雄)의 딸에게 장가들었다. 둘째아들은 화(和)로 이부정랑(吏部正郎) 지제교(知製敎) 판전교시사(判典校寺事) 이조(吏曹) 참의(叅議)인데, 개성부(開城府) 유수(留守) 광주(廣州) 이후성(李後省)의 딸에게 장가들었다. 딸은 소윤(少尹) 전의(全義) 이성간(李成幹)에게 출가하였다.

휴(休)의 아들은 함(涵)으로 병조(兵曹)좌랑(佐郎)이다. 화(和)는 두 아들을 두었는데 맏아들은 안손(安孫), 둘째아들은 순손(順孫)이다.

---

317) 예위(禮衛) : 예조(禮曹)에서 주관.

318) 포산부(苞山府) : 신라 때에는 추량화현(推良火縣) 또는 삼량화현(三良火縣)이라 하였다가 757년(신라 경덕왕 16)에 현효현(玄驍縣)으로 고쳐서 화왕군(火旺郡 : 昌寧)에 속하게 하였다. 940년(고려 태조 23)에 현풍현(玄風縣 : 玄豐縣)으로 개칭하여 밀성군(密城郡 : 密陽)의 관할로 두었다가, 1390년(공양왕 2) 밀성군의 구지산부곡(仇知山部曲)을 분할받아 감무가 파견되면서 독립하였다. 조선시대에도 현풍현으로 명맥을 이어오다가 1895년(고종 32) 지방제도 개정으로 대구부 현풍군이 되었고, 1896년에 경상북도 현풍군이 되었다. 1914년 군면 폐합으로 현풍면으로 분할 축소되어 대구부로 통합되면서 현풍군은 폐지되었다. 1941년 대구부가 대구시로 개편된 이래 1995년 대구광역시에 통합되었고, 2005년 대구광역시 달성군 현풍면이 되었다.

안손(安孫)은 창신교위(彰信校尉) 중호군(中護軍) 사직(司直)으로 대간(大諫) 청주(淸州) 정효충(鄭孝忠)의 딸에게 장가들어 2남을 낳았다. 함께 문과(文科)에 참여하였는데 맏아들 수복(壽福)은 대사간(大司諫), 둘째아들 수겸(壽謙)은 교리(校理)이다. 순손(順孫)은 시강원(侍講院) 보덕(輔德)으로 배천(白川) 조황(趙璜)의 딸에게 장가들어 3남을 낳았다. 호(灝)・유(頔)・이(頤)이다. 증현손(曾玄孫) 이하는 모두 어려서 기록하지 않는다.

아아! 선생의 자손과 시작한 일은 부인(夫人)의 인후(仁厚)하고 덕을 좋아하는 것과 함께 한 나라에 빛났다. 감히 글이 서투르다고 말의 시말(始末)을 모으지 않으랴?

선덕(宣德) 5년 경술(庚戌)(1430)년 9월에 대광보국숭록대부(大匡輔國崇祿大夫) 의정부(議政府) 좌의정(左議政)[319] 겸(兼) 세자좌빈객(世子左賓客) 문화(文化) 류관(柳寬) 짓다. 호(號)는 하정(夏亭)이다.[320]

行狀

公諱汝翼字德甫號正齋(默軒)先生之曾孫三重大匡都評議府事驪城君諱玹之子公性守靜淸簡學于耘谷元文敬之門洪武七年甲寅生員年十六篤好文學當勝國之世隱於杜門耘谷先生遁避於西興縣(原州古號)雉岳山故入學矣

319) 우의정(右議政)이라고 하여야 옳다.

320) 『驪興閔氏文人公派 지선록(知先錄)(여흥민씨문인공파지선록) 상권(上卷), 여흥민씨(驪興閔氏) 문인공파(文人公派) 한림공(翰林公) 공목공파(恭穆公派) 종중(宗中), 모두 427쪽, 원문 155쪽, 번역자 이민수(李民樹), 교정자 나종면(羅鍾冕), 추진위원장 : 민병갑(閔炳甲), 종무위원 : 민태국(閔泰國), 편집위원 민동근(閔東根), 1999년 월 1일 발행. 175~177쪽에서 인용(引用) 및 참조(參照)함.

太祖登極後有大用之意遣使累徵元先生生終不起曰吾已病然而德甫
天意莫拒濟世安民杜門老臣略出洞口豈不回心哉　公固辭不得已受訓從
使詣闕年三十六

太祖如賓禮待之先問天意俛首儼然對曰自堯舜禹湯文武周公相傳相
授天地陰陽純剛至正之理也　天與之與之天授之受之　王曰　吾之股肱也
特拜通禮門祗候　乙亥秋判典文衡　丙子弘文館提學　戊寅禮儀判書同知
春秋館事上護軍　明年轉僉書都評議司事　庚辰三月薦藝文館提學兼世子
左賓客十二月拜推忠翊戴開國佐命功臣嘉義大夫封驪川君著署會盟錄

判義禁府事丙午三重大匡輔國崇祿大夫議政府領議政寶文閣大提學
封驪川府院君一國大治公恭愍己亥六月初二日生于開城宣德四年己酉
五月初六日卒于新都之第　享年七十一訃聞

太宗悲悼輟朝常

贈諡良敬守國報身曰良世傳忠孝曰敬　季秋具禮衛葬于楊州海等面道
峯山南麓無愁里亥坐原　公娶匡正尹兼留守玄風郭允明女閨範有節封苞
山府夫人　丙午又封貞敬夫人　恭愍辛丑生　壬子七月初七日卒禮衛祔葬于
公之塋側　育二男一女　長曰休奉常司農寺少尹娶典農正全義李雄女　次曰
和李部正郎知製教判典校寺事吏曹叅議娶開城府留守廣州李後省女也
女適少尹全義李成幹休男涵兵曹佐郎　和生二男長安孫次順孫彰信校尉
中護軍司直娶大諫淸州鄭孝忠女　生二男同叅文科長壽福大司諫　次壽謙
校理　順孫侍講院輔德娶白川趙璜女　生三男灝頓頤曾玄以下皆幼不錄嗚
呼先生之苗裔緒業與夫人仁厚善德突然一國敢不以文拙撮辭之顚末云

宣德七年庚戌九月　日

大匡輔國崇祿大夫議政府左議政兼世子左賓客　文化柳寬撰　號夏亭321)

3. 소(疏)·서(書)·계(啓) 등

류관은 자신의 명의(名義)로 타인과 연명(聯名)으로, 또는 자신의 수장(首長)으로 있는 부서(部署)의 명의(名義)로 예컨대 의정부(議政府) 우의정(右議政) 또는 우의정을 치사(致仕)로 있을 때 소(疏)·서(書)·계(啓)·의(議) 등의 형식으로 길고 짧은 각종의 정사(政事) 등에 관한 글을 임금에게 올려 대부분이 윤허(允許)를 받아 시행되었다.

위 글들을 일별(一瞥)하여 보면 다음과 같은 점을 발견할 수 있다. 첫째, 류관은 중국의 고전(古典) 등을 섭렵(涉獵)하여 경전(經典) 및 역사(歷史)에 박학다식(博學多識)하였다. 이미 앞에서도 언급(言及)한 바와 같이 류관은 소시(少時)부터 국로(國老)에 이르기까지 손에서 책을 놓지 않았고, 또한 기억력이 보통사람보다 탁월하여 한 번 듣고 한 번 읽은 것은 평생 잊지 않아서 감여(堪輿)와 무경(武經) 등에 관하여서도 일가견을 가졌음을 알 수 있다. 둘째, 장문(長文)의 글도 있는데 이러한 것들은 단순한 하나의 의견을 개진(開陳)하였다기보다 하나의 사상과 논리를 전개하고 있음을 알 수 있다. 조선 태조 때 사헌부(司憲府) 중승(中丞)으로 한양(漢陽) 정도(定都)에 호순신(胡舜申)과 동중서(董仲舒)의 감여가(堪輿家) 말을 참작하되 술가(術家)의 말을 전적으로 지지하지 않고 계룡산의 신도안(新都案)은 네 가지 불가(不可)함을 논증(論證)하여 완전히 전문가적인 입장에서 의견을 피

---

321) 『驪興閔氏文人公派 지선록(知先錄)(여흥민씨문인공파지선록)』 상권(上卷), 여흥민씨(驪興閔氏) 문인공파(文人公派) 한림공(翰林公) 공목공파(恭穆公派) 종중(宗中), 모두 427쪽, 원문 155쪽, 번역자 이민수(李民樹), 교정자 나종면(羅鍾冕), 추진위원장 : 민병갑(閔炳甲), 종무위원 : 민태국(閔泰國), 편집위원 민동근(閔東根), 1999년 발행. 원문(原文) 58~59쪽에서 인용(引用) 및 참조(參照)함.

력(披瀝)하고 있음을 알 수 있다. 불교의 교리(敎理)에 관하여서까지 이론적인 면에서 논박(論駁)하고 있다. 셋째, 위민(爲民)과 민본(民本) 사상에 입각하고 있음을 알 수 있다. 이상을 종합하면 류관이 혼자서 또는 연명(聯名)으로 올렸거나 부서에서 올린 글들을 단순하고 단편적인 의견의 개진(開陳) 내지(乃至) 건의(建議)에 지나지 않은 것이 아니라 저술활동에 버금가는 것이라고 할 수 있다. 따라서 이러한 자료는 류관의 생애·학문·사상 등을 살펴보는 데 있어서 귀중한 자료(資料) 내지(乃至) 사료(史料)가 된다 할 것이다.

4. 『하정유집(夏亭遺集)』과 『하정집(夏亭集)』

　조선 전기의 문신 류관(柳寬 : 1346~1433)의 시문집. 활자본(活字本) 『하정유집(夏亭遺集)』은 공(公)의 10세손인 한림(翰林) 류상재(柳尙載)께서 비장(秘藏)한 『조선왕조실록(朝鮮王朝實錄)』 중 『태조실록(太祖實錄)』, 『정종실록(定宗實錄)』, 『태종실록(太宗實錄)』, 『세종실록(世宗實錄)』에서 뽑아 처음 기록하였고, 그것을 14세손(世孫) 류존수(柳存洙)께서 15세손(世孫) 류순(柳洵)께 제공(提供)하였고, 류순(柳洵)이 자료를 수집(蒐輯)하여 『夏亭先生遺集』을 필사(筆寫)하였고, 외후손(外後孫)　이기양(李基讓)·박규순(朴奎淳)·이가환(李家煥)의 서문(序文)으로 조선 정조(正祖) 24년(단기 4133, 서기 1800) 경신(庚申)년 맹하(孟夏)에 후손(後孫) 순(詢)과 14세손 진규(晉逵)의 조선 정조(正祖) 24년(서기 1800) 장악원(掌樂院) 첨정(僉正) 순(詢)이 추기(追記), 서기 1800년(정조 24) 14세손 진규(晉逵)가 발문(跋文)과 교정유사(校正有司) 익(瀷), 희종(希宗), 경(言敬), 광신(光臣), 편차유사(編次有司)에 진규(晉逵), 운상(運祥), 운홍(運弘)이었다. 희현당철활자(希顯堂鐵活字)로 간행(刊行)하였다.

　서기 1800년 진규(晉逵)가 쓴 발문(跋文)에 의하면, "삼봉(三峯)의 종인(宗人)이 존수(存洙) 종씨(宗氏)의 집에 소장된 공(公)의 소(疏)와 주(奏) 및 연보(年譜)를 얻었고, 양산(楊山)[양평(楊平)] 사는 종인(宗人) 익(瀷)씨에게 전하여 보였더니 이를 분류하고 차례를 모아서 서울 안의 여러 종인(宗人)에게 두루 통고(通告)하여 판각(板刻)을 의논하여 이에 제가(諸家)의 문헌(文獻)과 유사(遺事)를 첨부(添附)하고 군수 류순(柳詢)이 약산(藥山)의 집에 모여서 빠진 것을 바로 고쳐 판각(板刻)하였다" 하였다.

『하정집(夏亭集)』은 『夏亭先生遺集』을 근거로 류명원(柳明垣)께서 집록(集錄) 서문(序文)과 신석우(申錫愚)가 쓴 <신도비문(神道碑文)>이 실려 있고, 조선 고종(高宗) 31년(단기 4227, 서기 1894) 갑오(甲午)년 청화월(淸和月)인 음력 4월 상한(上澣) 곧 상순(上旬)에 간행하였다. 15대 후손 석룡(錫龍)에 발문(跋文)에 의하면, "류관(柳觀)의 저술로 전하여지는 것은 소주(疏奏) 8편, 사전(辭箋) 4편, 율시(律詩) 7수(首), 결구(缺句) 2수(首)일 뿐이라 족인(族人) 기연(紀淵)이 계속 편찬하려는 의도로 여러 종인(宗人)들에게 의론(議論)을 내고 구집(舊輯)과 여러 보첩(譜牒)을 고증(考證)하여 책을 이루었다"고 하였다. 제1권에는 진규의 발문(跋文)이 있다. 강화학파(江華學派) 양명학(陽明學)의 태두(泰斗) 명미당(明美堂) 또는 영제(寧齊) 이건창(李建昌) 서문(序文)과 후손 명원(明垣)의 집록서(集錄序), 시(詩) 2수(首), <國朝寶鑑(국조보감)>, <徐四佳居正筆苑雜記(서사거거정필원잡기)>, <附海東名臣錄本傳(부해동명신록본전)>, <附先儒錄(부유선록)>이 제1권에 추가되었고, 제2권에는 <附錄(부록)>, <稗官雜記(패관잡기)>, <附芝峯庇雨堂記(부지봉비우당기)>, <附芝峯庇雨堂小序(부지봉비우당소서)>가 새롭게 수록되었다. 제2권에는 정계서원(程溪書院) 사액사실(賜額事實), 묘표(墓表), 연보(年譜), 정조 23년 장악원(掌樂院) 첨정(僉正) 순(詢)이 추기(追記), 추발(追跋)은 서기 1894년 음력 4월 상순 17세손 기연(紀淵)과 15세손 석룡(錫龍)이 짓고, 중간도유사(重刊都有司) 병준(秉俊), 교정(校正) 석룡(錫龍), 기연(紀淵), 병문(秉文), 감인(監印)에는 병식(秉軾), 운효(運孝), 흥삼(興三) 세 사람이 담당하였다. 제1권은 총목(總目) 3장(張)과 38장(張), 제2권 28장(張)으로 구성되어 있다. 내용은 류관의 시(詩)와 행장(行狀), 국왕(國王)에게 올리는 소(疏)·전(箋), 제문(祭文) 등과 서기 1395년에 사급(賜給)받은 공신녹권(功臣錄券), 연보(年譜) 등으로 구성되었다. 권1에 수록된 홍무(洪武) 28년(1395) 7월에 발급된 개국원종공신녹권(開國原從功臣錄券)은 <功臣都監錄券(공신도감녹권)>과 <口傳(구전)王旨(왕지)四篇(사편)>으로 구분하여 기록하였다. 활자본 2권(卷) 2책(冊) 희현당철활자(希顯堂鐵活字)로 간행(刊行)하였다.

『夏亭遺集(하정유집)』 1914년에 석인본(石印本)으로 간행된 문집이다. 갑인(甲寅)년 6월 상한(上澣) 곧 상순(上旬)에 해주(海州) 최정현(崔定鉉)의 발문(跋文)으로 발간(發刊)된 것으로 서기 1800년(정조 24) 14세손 진규(晉逵)가 발문(跋文)과 교정유사(校正有司) 익(瀷), 희종(希宗), 경(瞰), 광신(光臣), 편차유사(編次有司)에 진규(晉逵), 운상(運祥), 운홍(運弘)이었다. 그 뒤 문화류씨 하정공파 고양공종 중에서 종장 류인석 부종장 류근술·류인만·류충렬·류광렬·류병현이 2005년에 대전(大田) 回想社(회상사)에서 류종현(柳宗鉉)이 번역하여 펴냈다.

조선의 개국원종공신(開國原從功臣)으로 건국 초창기에 이념과 제도의 정비에 주력하였고, 문집의 글들도 이와 관련된 것들이 많다. 태조에게 한양의 정치 사회적 여건에 근거해서 도읍으로 정할 것을 건의한 것이 <태조조논무악정도소(太祖朝論母岳定都疏)>이다.

<청휼형소(請恤刑疏)>에서는 형벌의 남용을 막고 억울한 옥사가 발생하지 않도록 하기 위해서 형관(刑官)의 임명에 신중을 기해줄 것을 건의하였다.

태조 때 왕실의 묵인으로 만연된 숭불(崇佛) 풍조에 대하여, 이의 경제적·사회적 폐단을 지적하고, 참된 수도자를 제외한 사이비 승려를 환속시켜 경제 활동에 종사토록 할 것을 주장한 것이 <태종조청사태승도소(太宗朝請沙汰僧徒疏)>이다.

태조에게 한양의 정치 사회적 여건에 근거해서 도읍으로 정할 것을 건의한 것이 <태조조논무악정도소(太祖朝論毋岳定都疏)>이다.

<청휼형소(請恤刑疏)>에서는 형벌의 남용을 막고 억울한 옥사가 발생하지 않도록 하기 위해서 형관(刑官)의 임명에 신중을 기해줄 것을 건의하였다.

태조 때 왕실의 묵인으로 만연된 숭불(崇佛) 풍조에 대하여, 이의 경제적·사회적 폐단을 지적하고, 참된 수도자를 제외한 사이비 승려를 환속시켜 경제 활동에 종사토록 할 것을 주장한 것이 <태종조청사태승도소(太宗朝請沙汰僧徒疏)>이다.

소차(疏箚) 가운데 <태조조논무악정도소(太祖朝論毋岳定都疏)>는 태조(太祖)에게 한양(漢陽)으로 천도(遷都)하도록 건의(建議)하는 상소문(上疏文)이다. 그 내용(內容)은 양택설(陽宅說)에 의하여서가 아니라 입지적(立地的) 여건(與件)을 이유(理由)로 들어 한양(漢陽) 천도(遷都)를 주장(主張)한 것이다. <청휼형소(請恤刑疏)>는 형벌(刑罰)과 옥사(獄事)를 담당(擔當)하는 관리(官史)를 임명(任命)할 때 인선(人選)을 신중(愼重)히 하여 남형(濫刑) 또는 억울(憶鬱)한 옥사(獄事)가 발생하지 않도록 할 것을 건의(建議)한 내용(內容)이며, <태종조청사태승도소(太宗朝請沙汰僧徒疏)>는 태종(太宗) 때 조야(朝野)에 만연(漫衍)되는 숭불(崇佛) 풍조(風潮)를 비판(批判)하고 사찰(寺刹)을 정리(整理), 참다운 승려(僧侶)는 입산수도(入山修道)하게 하고 그 나머지는 모두 환속(還俗)시켜 농업(農業)에 종사(從事)하도록 조치(措置)할 것을 진언(進言)한 글이다. <청징유처취처소(請懲有妻娶妻疏)>에서는 국제(國制)로 유처취처(有妻娶妻)를 허용(許容)하여 인륜(人倫)의 대강(大綱)이 문란(紊亂)하여짐과 그 자식(子息)들 간(間)에 적서(嫡庶)의 시비(是非)와 재산(財産)의 다툼이 심함을 지적하여 이를 금(禁)할 것을 청(請)하였다. 또 <세종조응구소(世宗朝應求疏)>는 지방(地方)의 수령(守令)들이 치안(治安) 문제에만 급급하여 민생(民生) 문제를 등한시하는 경향이 있음을 들어, 목민관(牧民官)으로 애민위주(愛民爲主)로 행정(行政)을 펴도록 명(命)할 것을 건의(建議)한 것이다. 이와 같이 조선(朝鮮) 건국(建國) 초기(初期)의 제도정비(制度整備)나 정책수립(政策樹立)에 관한 상소문(上疏文) 등(等)이 많아, 당시(當時)의 사정(事情)을 살필 수 있는 자료(資料)가 된다.

『연려실기술(燃藜室記述)』별집 제14권
문예전고(文藝典故)
문집(文集)

류관(柳觀) 관(寬)으로 고쳤다. 『하정집(夏亭集)』 1질(帙)
『용재총화(慵齋叢話)』 제8권
夏亭集一帙政丞柳觀所著° 『하정집(夏亭集)』 한 질(帙)은 정승 류관(柳觀)이 지은 것이다.

표제/책임표시사항	『夏亭先生遺集』(하정선생유집)/柳寬(류관)(朝鮮 著)
판사항	金屬活字本(금속활자본)〈整理字體鐵活字(정리자체철활자)〉
발행사항	[刊寫地未詳] : [刊寫者未詳], 正祖 24(1800)
형태사항	東裝1冊 : 四周雙邊 半郭 22.0×14.6cm, 有界, 10行20字, 上2葉花紋魚尾; 29.0×18.3cm
주기사항	庚申(1800)孟夏……李基讓 撰, 聖上二十四年庚申(1800)……柳晉逵[十四世孫]

표제/책임표시사항	夏亭先生全集/柳寬 著
판사항	木活字本(목활자본)
발행사항	[刊寫地未詳] : [刊寫者未詳], [刊寫年未詳]
형태사항	1冊(43張) : 四周單邊 半郭 23.0×17.5cm, 有界, 10行19字 注雙行, 內向2葉花紋魚尾; 31.0×20.2cm
국립중앙도서관	BA3648-59-74

目次
表紙=0 總目=1 序=7 卷之一=11

표제/책임표시사항	夏亭先生全集(하정선생전집)/柳寬(朝鮮) 著
판사항	木活字本(목활자본)
발행사항	[刊寫地未詳] : [刊寫者未詳], [刊寫年未詳]
형태사항	1冊[零本](全2卷2冊) : 四周單邊 半郭 22.9×16.7cm, 有界, 10行19字 註雙行, 上下內向4瓣黑魚尾; 31.4×21.3cm
주기사항	夏亭集(하정집)
刊行關聯人物記錄(권말)	重刊都有司 [柳]秉俊 等 7人
卷末(권말) : 追跋	甲午(1894)……[柳]紀淵
年譜末 : 跋文	聖上二十四年庚申(1800)……[柳]晉逵
跋(발)	甲午(1894)……[柳]錫龍

표제/책임표시사항	夏亭先生全集 全2卷2冊/柳寬(朝鮮) 著
판사항	本活字本(목활자본)
발행사항	〔刊寫地未詳〕 : 〔刊寫者未詳〕, 高宗 31(1894)
형태사항	2卷2冊 : 四周單邊 半郭 23.0×16.6㎝, 10行19字, 上下2葉花紋魚尾; 31.3×21.2㎝
주기사항	表紙書名 : 夏亭集
跋(발)	甲午(1894)……十七代孫紀淵拜手謹跋
跋(발)	歲在甲午(1894)……十五代孫錫龍謹跋
序(서)	甲午(1894)……完山李建昌謹書
내용	冊1 : 卷1, 序 ―― 冊2 : 卷2, 事實―神道碑文

한국학중앙연구원 장서각 D3B-1618 全2卷2冊

제8부

류관 관련 기사(記事)

1. 류관의 은전(恩典) 및 상훈(賞勳)

번호	연령	왕조	전거(典據)	상훈 내용
1	31	우왕 2(1376)	하정유집	비어대(緋魚袋)를 하사받음.
2	33	4(1378)	〃	자금어대(紫金魚袋)를 내려 받음.
3	49	태조 1(1392)	〃	개국원종공신 녹권을 받음.
4	〃	〃	부안김씨고문서	개국원종공신 사패지 30결(結)을 받음(전라북도 부안군 보안면 우동리).
5	69	태종 14(1414)	〃	녹패(祿牌) 제3과 2백90석 경창(京倉)에서 지급
6	〃	〃	조선왕조실록	약을 내려줌.
7	73	세종 1(1418)	〃	순유(醇儒)호서 덕망이 있는 대제학 '관'에게 술 10병을 내려줌.
8	76	3(1421)	〃	궤장(几杖)을 내려 받음.
9	79	6(1424)	〃	살곶이에 있는 밭을 '관에게' 2결을 줌.
10	〃	〃	〃	초구(貂裘) 1벌을 내려 받음.
11	80	7(1425)	〃	비가 내리자 안장 갖춘 말 1필을 내려줌.
12	〃	〃	〃	건지산에서 몰이하여 노루 1마리를 내려줌.
13	81	8(1426)	조선왕조실록	우의정으로 치사한 '관'에게 제4과의 봉급을 종신토록 지급하라고 호조에 전지함.
14	〃	〃	〃	우의정으로 치사한 '관'에게 술을 내림.
15	〃	〃	〃	한양에 머물러 있는 종친과 대신들에게 각각 노루 1마리씩을 내려줌.
16	85	12(1430)	〃	우의정으로 치사한 '관'에게 술을 내림.
17	87	14(1432)	〃	류관, 황희, 맹사성, 권진에게 노루 각각 한 마리씩 내림.

1. 홍무(洪武) 9년 병진(丙辰)(1376) 우왕(禑王) 2년 31세 예의랑(禮儀郎)으로 10월에 비어대(緋魚袋)를 내려받다

2. 홍무(洪武) 11년 무오(戊午)(1378), 우왕(禑王) 4년 33세에 전보도감(典寶都監) 판관(判官)으로 자금어대(紫金魚袋)를 내려받다

3. 공신도감(功臣都鑑) 녹권(錄券) 홍무(洪武) 25년(1392) 10월 일 도평의사사(都評議使司) 출납내(出納內) 도승지(都承旨) 안경공(安景恭) 차지(次知)

4. 부안(扶安) 입석면(立石面) 하리(下里) 우반(愚磻)에 있는 전답이 6대조 우의정 문간공(文簡公) 류관(柳寬)의 조선 태조(太祖) 때 사패지(賜牌地)로서 서울에서 멀리 떨어져 있기 때문에 수습하기 어려울 뿐만 아니라 궁곡(窮谷)의 인민이 혹은 모였다가도 또다시 흩어지곤 하였다. 전답이 또한 산돼지, 사슴의 피해를 입어 폐기한 지 수백 년이 되었다.

5. 갑오년(甲午年) 제3과 290석(石) 경창(京倉)에서 지급(支給)

6. 전 사헌부 대사헌 류관에게 약을 하사하다
태종 28권, 14년(1414) 갑오(甲午) 12월 23일(임진) 2번째 기사

전 사헌부 대사헌 류관(柳觀)에게 약(藥)을 내려주니, 류관이 전(箋)을 올려 사양하였다.
【태백산사고본】 12책 28권 46장 A면
【영인본】 2책 48면
【분류】 왕실-사급(賜給)

7. 순유로서 덕망이 있는 대제학 류관에게 술을 내려주다
세종 3권, 1년(1419) 기해(己亥) 3월 26일(경오) 7번째 기사

대제학 류관(柳觀)에게 술 10병을 내려주었다. 류관은 순유(醇儒)로서 덕망(德望)이 있으니, 임금이 중히 여기었다.

【태백산사고본】 2책 3권 28장 A면

【영인본】 2책 309면

【분류】 왕실-사급(賜給)/인물(人物)

8. 옥천 부원군 유창과 예문관 대제학 류관에게 궤장을 하사하다

세종 11권, 3년(1421) 신축(辛丑) 1월 19일(임오) 2번째 기사

옥천 부원군(玉川府院君) 유창(劉敞)과 예문관 대제학 류관(柳觀)에게 궤장(几杖)을 하사하였다.

【태백산사고본】 4책 11권 6장 A면

【영인본】 2책 422면

【분류】 왕실-사급(賜給)

8-1. 류관이 전을 올려 궤장을 하사받은 것을 감사하다

세종 11권, 3년(1421) 신축(辛丑) 1월 23일(병술) 2번째 기사

류관(柳觀)이 전(箋)을 올려 궤장을 하사한 것에 대하여 감사하였는데, 전에 말하기를,

"다행하게도 밝은 때를 만나 풍운(風雲)의 때를 당하게 되어 친히 성주(聖主)를 뵈옵고 편벽되이 우로(雨露)의 은택을 받자왔으니, 광채가 동리에까지 빛났고, 기쁨이 종족에까지 미쳤나이다. 엎드려 생각하옵건대, 신은 그릇이 호련(瑚璉)322)이 되지 못하옵고, 재목이 두

소(斗筲)[323])에 극한하였사온데, 역사를 편찬하는 끝자리에 몰래 들어 갔사오나, 이학(理學)[324])의 깊은 뜻을 깨닫지 못하옵고 경연에서 3년 동안 진강(進講)하였사오나, 정미하지 못한 것이 부끄럽삽고, 『춘추 (春秋)』를 2년이나 편수하였건만 필삭(筆削)의 뜻을 분별하지 못하였 나이다. 하물며 예문관은 문관(文官)의 영수요, 집현전도 어진 선비를 선발한 곳이라, 시행하여 할 일은 알지 못하고 감동하고 두려운 것만 이 깊이 간절하옵더니, 어찌 뜻하였사오리까. 희세(稀世)의 은총이 깊 이 썩은 선비의 몸에 더하여질 줄이야. 검은 가죽이 몸에 편안하오니, 참으로 복어 등같이 마르고 파리한 것에 합당하옵고, 비둘기 조각이 늙은 것을 부축하오니, 오리 다리같이 걷고 나가는 데 실로 힘입겠나 이다. 하사하여 주시는 영광은 전고(前古)에도 드문 바이오나, 이것은 대개 엎드려 마음이 화육(化育)하시는 데 돈독하시옵고, 덕의가 생성 (生成)하시는 데 흡족하심을 만나서, 신의 저륵(樗櫟)[325])같이 허술한 재목을 기억하시고, 신(臣)의 상유(桑楡)[326])의 늦은 경황을 불쌍히 여 기시어, 쇠하고 썩은 몸으로 특별한 영광을 얻어, 앉아서 의지하고 일 어서는 데에 남은 나이를 이미 다한 중에도 보전하겠삽고, 아침저녁 으로 붙들고 가져서 성수(聖壽)의 무강함을 빌겠나이다"라고 하였다.

【태백산사고본】 4책 11권 7장 A면

---

322) 호련(瑚璉) : 기장과 피를 담아서 종묘에 바치는 예기(禮器)인데, 높은 기량(器量)의 존경할만 한 사람을 뜻함.

323) 두소(斗筲) : [명사] 1. 녹봉이 적음. 두(斗)는 한 말들이, 소(筲)는 한 말 두 되들이의 용기(容 器)를 말한다. 2. 도량이 좁음.

324) 이학(理學) : [준말](= 성리학(性理學)).

325) 저륵(樗櫟) : [명사] 같은 말 : 저력지재(참나무와 가죽나무 재목이라는 뜻으로, 아무 데도 쓸 모없는 사람을 비유적으로 이르는 말).

326) 상유(桑楡) : [명사] 1. 저녁 해가 뽕나무와 느릅나무 위에 걸려 있다는 뜻으로, 해가 질 무렵을 이르는 말. 2. 노년이나 만년을 비유적으로 이르는 말. 3. 동쪽에 상대하여 서쪽을 이르는 말.

【영인본】 2책 422면

【분류】 왕실-사급(賜給)/인물(人物)

9. 살곶이에 있는 밭을 찬성사 류관·참찬 안순 등에게 골고루 나
   누어 주다
세종 23권, 6년(1424) 갑진(甲辰) 3월 13일(기축) 3번째 기사

　　살곶이[箭串]에 있는 밭을 찬성사(贊成事) 류관(柳觀)에게 2결(結),[327]
참찬(參贊)　안순(安純)·탁신(卓愼)·판서(判書)　신상(申商)·권진(權
軫)·오승(吳陞)·참판　서선(徐選)·목진공(睦進恭)·신개(申槪)·내금
위　절제사(內禁衛節制使)　현귀명(玄貴命)·사금　절제사(司禁節制使)
성억(成抑)·변이(邊頤)에게 각각 1결 50부, 내금위 첨절제사(內禁衛
僉節制使)　홍연(洪珚)·이난(李蘭)에게 각각 1결, 사복 윤(司僕尹) 서
진(徐晉)·소윤(少尹)　조혜(趙惠)·박배(朴培)·주부(注簿)　김의지(金
義之)·직장(直長)　조유례(趙由禮)·조순생(趙順生)·병조　정랑(兵曹
正郞)　정분(鄭笨)·호조 좌랑(戶曹佐郞) 조연(趙璉)·행 사직(行司直)
박용만(朴龍萬)에게 각각 50부를 내려 주었다.

　　【태백산사고본】 8책 23권 32장 A면

　　【영인본】 2책 587면

　　【분류】 왕실-사급(賜給)

---

327) 1등전 1결은 3,000평, 2등전 1결은 5,000평, 3등전 1결은 약 6,800평, 4등전 1결은 약 7,800
　　평, 5등전 1결은 약 9,000평, 6등전 1결은 약 14,500평. 백보(百步)를 1무(畝)로 백무(百畝)를
　　1경(頃)으로 사경(四頃)을 1전(一佃)으로 삼았다. 1경(頃)은 40두락(斗落).

10. 류정현·이원·류관에게 초구 한 벌씩 하사하다

세종 26권, 6년(1424) 갑진(甲辰) 11월 9일(경진) 2번째 기사

영돈녕(領敦寧) 류정현(柳廷顯)·좌의정 이원(李原)·우의정 류관(柳觀)에게 초구(貂裘) 각 한 벌씩 하사하였다.

【태백산사고본】 9책 26권 23장 B면

【영인본】 2책 636면

【분류】 왕실-사급(賜給)

11. 비가 내리자 류관·이순몽과 총제, 판서, 대제학 등에게 말 1필씩 주다

세종 29권, 7년(1425) 을사(乙巳) 7월 11일(무인) 4번째 기사

우의정 류관(柳觀)에게 안장 갖춘 말 1필을, 도총제 이순몽(李順蒙)과 총제(摠制) 이천(李蕆)·성달생(成達生)·판서 안순(安純)·대제학 변계량에게 말 1필씩 주었다. 관·달생·순몽·천은 원단(圓壇)의 기우제에 헌관(獻官)과 천조관(薦俎官)이었고, 계량은 기우 제문을 지었던 것이며, 순은 북교의 헌관이었다. 임금이 말하기를,

"내가 원단에 향을 전하던 날은 밤낮을 꼬박 우두커니 비를 기다렸는데, 서풍이 그치지 않아서 마침내 비는 오지 않을 것인가 깊이 염려하였다. 한참 뒤에 동풍이 불기 시작하더니 사흘 안에 세찬 비가 내렸다. 이것은 오로지 경(卿)들의 정성이 하늘을 감동시킨 때문이므로, 말 1필씩을 주어서 비 온 것을 기뻐하는 나의 뜻을 표시하는 것이다" 하고, 또 안순에게 이르기를,

"경(卿)이 북교(北郊)에서 산천의 신(神)에게 기우(祈雨)하여 은근하게 상제(上帝)에게 고하였으므로, 때에 알맞은 비가 세차게 내렸으니, 또한 말을 주는 것이다" 하였다.

【태백산사고본】 10책 29권 5장 A면

【영인본】 2책 681면

【분류】 왕실-사급(賜給)

12. 건지산에서 몰이하여 임금이 사슴 한 마리를 쏘다

세종 29권, 7년(1425) 을사(乙巳) 9월 29일(을축) 1번째 기사

건지산(巾之山)에서 몰이하여 임금이 사슴 한 마리를 쏘았다. 낮참에 아고개(牙古介) 동구에서 머물렀는데, 수행한 종친이 술자리에 모셨다. 수행한 대신과 대언 및 감사·경력·찰방 등에게 음식을 대접하도록 명하고, 감사가 진상한 술은 시위한 군사에게 나누어 주면서 장군 절제사에게는 술과 고기를 별도로 주었다. 병조 지인(兵曹知印) 이극강(李克剛)을 보내어 건두(乾豆)로 만들 사슴 2마리를 봉상시(奉常寺)에 보내고, 도성(都城)에 머물러 있는 영돈녕 류정현·영의정 이직·우의정 류관에게는 노루 각 한 마리씩, 의정부와 육조에는 멧돼지·사슴 각 한 마리씩을 주고, 이어 술을 주도록 명하였다. 저녁에 경안역(慶安驛) 아래쪽 평지에 유숙(留宿)하였다.

【태백산사고본】 10책 29권 30장 B면

【영인본】 2책 694면

【분류】 왕실-행행(行幸)/왕실-사급(賜給)

13. 류관의 봉급을 제4과에 의해 지출하라고 호조에 전지하다

세종 31권, 8년(1426) 병오(丙午) 1월 18일(계축) 4번째 기사

이조와 호조에 전지하기를,

"우의정으로 승진하여 그대로 치사(致仕)하게 한 류관(柳觀)의 봉급을 제4과(第四科)328)에 의하여 지출해주라" 하였다.

【태백산사고본】　10책 31권 6장 B면

【영인본】　3책 3면

【분류】　재정-국용(國用)

14. 우의정으로 치사한 류관 참찬 허조에게 술을 내리다

세종 32권, 8년(1426) 병오(丙午) 6월 1일(계해) 2번째 기사

우의정으로 치사(致仕)한 류관(柳寬)과 참찬 허조(許稠)에게 술을 내리었다.

【태백산사고본】　11책 32권 27장 A면

【영인본】　3책 30면

【분류】　왕실-사급(賜給)

15. 한양에 머물러 있는 종친과 대신들에게 각각 노루 한 마리씩을 하사하다

세종 34권, 8년(1426) 병오(丙午) 10월 8일(무진) 3번째 기사

---

328) 제4과(第四科) : 종2품의 봉급.

서울에 머물러 있는 종친과 좌의정 이직(李稷)·영돈녕(領敦寧) 권홍(權弘)·판돈녕(判敦寧) 김구덕(金九德)·판부사(判府事) 변계량(卞季良)·판한성(判漢城) 오승(吳陞)·이조판서 이맹균(李孟畇)·호조판서 안순(安純)·예조판서 신상(申商)·형조판서 정진(鄭津)·대사헌(大司憲) 최사강(崔士康)·대제학 이수(李隨)·참찬 허조(許稠)·우의정으로 치사(致仕)한 류관(柳寬)에게 각각 노루 한 마리씩을 하사하였다.

【태백산사고본】 11책 34권 2장 B면

【영인본】 3책 45면

【분류】 왕실-행행(行幸)/왕실-사급(賜給)/군사-병법(兵法)

16. 우의정으로 치사한 류관에게 술을 내리다
세종 50권, 12년(1430) 경술(庚戌) 11월 17일(갑인) 4번째 기사

우의정으로 치사(致仕)한 류관(柳寬)에게 술을 내렸다.

【태백산사고본】 15책 50권 19장 A면

【영인본】 3책 272면

【분류】 왕실-사급(賜給)

17. 류관·황희·맹사성·권진에게 노루를 각각 한 마리씩 내리다
세종 57권, 14년(1432) 임자(壬子) 9월 30일(을유) 2번째 기사

류관(柳寬)·황희(黃喜)·맹사성(孟思誠)·권진(權軫)에게 노루를 각각 한 마리씩 내렸다.

【태백산사고본】 18책 57권 37장 A면

【영인본】 3책 418면

【분류】 왕실-사급(賜給)

2. 하정(夏亭)의 효행(孝行)

만주(滿洲)로 진출하여 랴오량[遼陽]을 점령하였다가 원(元)나라 군대에게 쫓기게 된 홍건적(紅巾賊)은 퇴로(退路)를 당시 고려(高麗)로 잡아 1359년(공민왕 8)에 고려에 침입하였다. 이 해 12월 홍건적 장군 모거경(毛居敬) 등은 4만의 무리를 이끌고 결빙(結氷)된 압록강을 건너 일거에 의주(義州)·정주(靜州)·인주(麟州)·철주(鐵州) 등을 함락하고 이어 서경(西京 : 평양平壤)을 함락하였다. 그러나 편장(偏將) 이방실(李芳實), 안주(安州) 만호(萬戶) 안우(安祐) 등이 이끄는 고려군의 맹렬한 반격을 받아 서경을 버리고 퇴각(退却)하다가 다시 고려군의 추격을 받고 궤멸(潰滅)되어 겨우 잔병(殘兵) 300명이 압록강을 건너 달아났다. 그 뒤 홍건적들은 수군(水軍)을 동원하여 황해도와 평안도의 해안지대를 침범하다가 서기 1361년(공민왕 10) 10월에 다시 반성(潘城)·사유(沙劉)·관선생(關先生) 등이 10여 만의 홍건적으로 압록강의 결빙(結氷)을 이용하여 고려의 영내(領內)에 침입하였다. 홍건적이 절령(嵒嶺)[자비령(慈悲嶺)]의 방책(防柵)을 깨뜨리고 개경(開京)으로 진군한다는 보고가 있자 공민왕은 남으로 난(亂)을 피하고 도지휘사(都指揮使) 이방실, 상원수 안우 등이 홍건적과 대적하여 싸웠으나 중과부적(衆寡不敵)으로 패(敗)하여 개경은 이들의 손에 함락되었다. 홍건적은 이후 수개월 동안 개경을 중심으로 머물면서 잔학한 짓을 자행(恣行)하고 그 일부는 인근(隣近)의 주현(州縣)과 원주(原州)·안주(安州) 등지까지 침탈하였다. 이 해 12월 복주(福州)[안동(安東)]에 다다른 공민왕은 정세운(鄭世雲)으로써 총병관(摠兵官)을 삼아 홍건적 토벌(討伐)의 명(命)을 내렸다. 1362년 1월이 되자 총병관 정세운은 이방실·안우·김득배(金得培) 등 원수(元帥) 등과 함께 군을 수습, 홍건적을 크게 무찔러 개경을 수복하고 난을 평정(平定)하였다. 개경을 수복할 때 동북면(東北面)의 상만호(上萬戶)이던 이성계(李成桂)는 휘하의 2,000군사를 이끌고 선봉(先鋒)에서 적의 괴수(魁首) 사유(沙劉)·관선생(關先生) 등을 목 베는 등 큰 공을 세워 두각을 나타냈다. 이로써 직례(直隸)의 땅에서 일어나 만주에 진출한 홍건적은 고려에 대한 2차 침공으로 오히려 고려에 의하여 전멸(全滅)상태에 이르고 고려(高麗)도 막대(莫大)한 타격을 입어 국운(國運)의 쇠퇴를 가져왔다.

○ 선고(先考)의 묘(墓)에 제사(祭祀) 올리는 글에 "선덕(宣德) 2년[329] 정미(丁未)년 3월 기축(己丑) 삭(朔) 2일 경인(庚寅)일인 바, 아들 대광보국숭록대부(大匡輔國崇祿大夫) 의정부(議政府) 우의정(右議政) 관(寬)은 아들 참판(參判) 맹문(孟聞)을 보내어 '현고(顯考) 추증(追贈) 영의정(領議政) 부군(府君)'의 영전(靈前)에 공경히 제사(祭祀)를 올립니다. 삼가 생각하건대 지정(至正) 신축(辛丑)[330] 12월에 사적(沙賊 : 홍건적紅巾賊)이 북비(北鄙 : 북변北邊)에 갑자기 쳐들어와 국가(國家 : 국왕國王)가 남토(南土 : 남방南方)로 난리를 피하였습니다. 그 당시 엄군(嚴君 : 엄부嚴父)께서 병환을 얻어 쾌유(快癒)하지 못하셨지만 홀로 머무를 수 없어 여러 사람을 따라 길을 나섰습니다. 밤낮으로 먼 길에 병세(病勢)가 점점 위급하여 죽주(竹州 : 죽

---

329) 서기 1427년, 단기 3760년, 세종(世宗) 9년, 정미(丁未)년.
330) 공민왕(恭愍王) 10년(서기 1361)임.

산(竹山)에 이르러 동촌(東村)에서 돌아가시니 그곳 서산(西山) 기슭에 장례(葬禮)를 모셨습니다. 아아! 애달픕니다. 가만히 헤아리건대 이제 67년이 되었습니다. 이제 묘소에 흙을 더 끼얹고자 여러 물품을 갖추고, 또 상상(上相 : 영의정領議政)의 직함(職銜)이 추증(追贈)되어 분황(焚黃)331)의 예를 겸하여 행합니다. 저는 이제 연치(年齒)가 쇠모(衰暮)332)하여 다리와 무릎에 힘이 없어 말을 잘 탈 수 없으므로 아들 참찬(參贊) 맹문(孟聞)을 보내어 하찮은 음식을 묘(墓) 앞에 올립니다. 그 생존(生存)하신 것처럼 정성을 다하지 못하니 불효(不孝)가 참으로 큽니다. 아아! 애달픕니다. 많이 흠향(歆饗)333)하시옵소서."334)

---

331) 분황(焚黃) : 조선시대의 사후(死後) 의식. 죽은 사람에게 벼슬이 추증되면 조정에서 추증된 관직의 사령장과 황색 종이에 쓴 부본(副本)을 주는데, 이를 받은 자손은 추증된 선인(先人)의 무덤에 고하고, 황색 종이의 부본을 그 자리에서 태우는 의식을 올렸다.

332) 쇠모(衰暮) : 쇠퇴하여 늙음[老衰].

333) 흠향(歆饗) : [명사] 신명(神明)이 제물을 받아서 먹음.

334) 維宣德二年歲次丁未三月己丑朔初二日庚寅 子 大匡輔國崇祿大夫議政府右議政 寬 遣子參判孟聞敬祭于 顯考追 贈領議政之靈 伏以至正辛丑冬十二月沙峴圖入北鄙, 國家播遷南土其時 嚴君得疾未愈不可獨留, 隨業而行 早夜長道 疾勢轉劇, 至竹州卒于東村 葬于西山之麓. 嗚呼哀哉. 竊計于 今六十有七矣. 今欲加土, 先備諸由而又追 贈上相之職, 兼致焚黃 子 今年齒衰暮, 脚膝無力, 不能騎馬, 遣子參判孟聞, 聊以菲薄 往奠墳前, 不能致其如在之誠, 不孝大矣. 嗚呼哀哉, 尚 饗.

3. 하정(夏亭)의 졸기(卒記)와 제문(祭文)·부의(賻儀)

우의정(右議政) 치사(致仕)한 하정(夏亭)이 졸(卒)하다

세종 60권, 15년(1433) 계축(癸丑) 5월 7일(기미) 3번째 기사

우의정으로 치사한 류관(柳寬)의 졸기(卒記)

우의정으로 치사(致仕)한 류관(柳寬)이 졸(卒)하였다. 임금이 부음 (訃音)을 듣고 곧 거애(擧哀)하고자 하니, 지신사(知申事) 안숭선(安 崇善)이 아뢰기를,

"오늘은 잔치를 베푼 뒤이고, 또 예조에서 아직 정조장(停朝狀)을 올리지 않았으며, 날이 저물고 비가 내리니, 내일 거행하도록 하소서" 하였으나,

임금이 따르지 아니하고, 흰 옷과 흰 산선(繖扇)으로 홍례문 밖에 나아가 백관을 거느리고 의식과 같이 거행하였다. 관(寬)의 처음 이 름은 관(觀)이고, 자는 몽사(夢思)인데, 뒤에 이름은 관(寬), 자를 경부 (敬夫)로 고쳤다. 황해도 문화현 사람으로 고려정당 문학(政堂文學) 공권(公權)의 7대손이다. 신해(辛亥)년 과거에 급제하여 여러 번 옮겨 서 전리 정랑(典理正郞), 전교 부령(典校副令)이 되고, 봉산 군수로 나 갔다가 들어와서 성균 사예가 되고, 내사사인(內史舍人)과 사헌중승 (司憲中丞)을 거쳤다. 태조가 원종 공신권(原從功臣券)을 하사하고, 대 사성·좌산기(左散騎)와 이조·형조의 전서(典書)를 거쳐, 강원·전 라 두 도의 관찰사와 계림 부윤으로 나갔다가 들어와서 예문관 대제 학, 형조판서를 지나, 두 번 대사헌이 되고, 의정부 참찬과 찬성으로 옮겨 갑진(甲辰)년335)에 우의정에 올랐다. 관(寬)은 공순 검소하고 정

직하며, 경사(經史)를 널리 보고 가르치기를 게을리 아니하며, 『무경(武經)』에 이르러서도 모두 섭렵(涉獵)하였다. 집에 있을 때 살림을 돌보지 아니하고 오직 서사(書史)로 스스로 즐기고, 비록 가난하여 먹을 것이 없어도 조금도 개의치 아니하였다. 이단(異端)336)을 배척하여 여러 아들에게 이르기를,

"내가 죽은 뒤에 불공(佛供)을 하지 말고 일체(一切) 『주문공가례(朱文公家禮)』에 따르되, 포해(脯醢)만은 없애라. 시속(時俗)에서 놀라고 해괴(駭怪)히 여길까 두렵다. 비록 기일(忌日)을 당할지라도 불공을 드리지 말고 중을 먹이지 말라" 하였다.

이에 이르러 졸(卒)하니, 수(壽)가 88세다. 3일 동안 조회와 저자를 정지하고, 치조(致弔)하며, 관(官)에서 장사를 다스렸다. 시호를 문간(文簡)이라 하였는데, 학문을 부지런히 하고 묻기를 좋아하는 것을 문(文)이라 하고, 덕을 한결같이 닦고 게을리하지 않는 것이 간(簡)이다. 아들 넷이 있으니, 류맹문(柳孟聞)·류중문(柳仲聞)·류계문(柳季聞)·류이문(柳異聞)337)이었다.

---

335) 세종 6년, 서기 1424년, 단기 3757년.
336) 이단(異端) : 유교(儒敎) 외의 교(敎).
337) 빠져서 보결(補缺)함.

△ 『靜菴集(정암집)』 5권 35쪽

　신용개(申用漑)가 졸(卒)하였다. 중종(中宗) 임금이 거애(擧哀)하고
자 하셨으나 그 일을 곧 정지하셨으니 무엇 때문입니까? 신(臣)이 아
는 바는 류관(柳寬)이 졸(卒)하셨는데 세종(世宗) 임금의 곡성(哭聲)
이 대궐(大闕) 밖에까지 들렸다는데, 지금도 이 말을 듣는 자는 황송
(惶悚)하고 감동(感動)됩니다.[338]

○ 임금이 제문(祭文)을 내려주다

세종 61권, 15년(1433), 계축(癸丑) 7월 12일(계해) 3번째 기사

우의정으로 치사(致仕)한 류관에게 사제(賜祭)하다.

우의정으로 그대로 치사(致仕)한 류관(柳寬)에게 사제(賜祭)하였다. 그 교서(敎書)에 이르기를,

"높은 신하 큰 보필(輔弼)로 일찍부터 임금 돕는 충성이 현저(顯著)하매, 덕(德)을 높이고 공(功)을 갚음에 마땅히 은전(恩典)의 예식 표(表)할지로다. 생각건대 경(卿)은 기질이 온전히 순후(醇厚)하고 성품이 너르고 깊어서, 학문은 고금(古今)의 사리(事理)에 통달하고, 재주는 경제(經濟)의 포부(抱負)를 갖추었도다. 경외(京外)에 복무하기를 3대(代) 조정에 근속(勤續)하였다. 동경(東京)에 나아가 원(元)이 되매 백성들은 빌리기 원하는 생각을 품었고, 남쪽 지방에 순무(巡撫)하니 사람들은 '자르지 말라'는 노래를 불렀도다. 대헌(臺憲)[339]을 맡아서는 이단을 철저히 배척하였고, 나라 정치를 잡아서는 한결같은 법(法)을 깍듯이 지켰도다. 문(門) 앞에는 사사로 찾는 자가 끊어졌고, 곳간에는 남는 재물이 없었도다. 지위를 낮추어 깔끔한 풍도를 지니었고, 덕(德)은 높아도 교만한 태도가 없었으니, 사림(士林)의 모범이요, 진신(縉紳)의 높은 이었도다. 더구나 동궁(東宮)을 보도(輔導)한 은혜가 있고, 경연(經筵)에 모시어서 깨우쳐준 공(功)이 많았도다. 행여나 편히 휴양(休養)함으로써 백세를 누릴 줄로 여겼더니, 하늘이 남겨 주

---

338) 신이 듣건대 좌의정 신용개가 죽으매 임금께서 거애(擧哀)하고자 하셨으나 그 일을 곧 정지하셨으니 무슨 까닭입니까? 예전에 허조(許稠)가 죽으매 세종께서 매우 슬피 곡하시어 소리가 밖에까지 들렸다는데, 지금도 이 말을 듣는 자는 황송하고 감동됩니다. 臣聞左議政申用漑之卒也, 上欲擧哀, 而事遽寢, 何也? 昔許稠卒, 世宗哭之甚哀, 聲徹于外, 至今聞者, 猶爲竦動. 중종 37권, 14년(1519) 기묘(己卯) 10월 6일(병인) 1번째 기사.

339) 대헌(臺憲) : 사헌부 대사헌을 도헌(都憲)이라고도 함.

지 아니하여 문득 장서(長逝)하게 하는고. 곧 애도(哀悼)를 표하여 조의(弔意)를 드리며 시호(諡號)를 의논하여 이름을 바꾸게 하노라. 이에 예관(禮官)을 보내어 약소한 제전(祭典)을 베푸노니, 아아, 먼저 근심하고 뒤에 즐거함은 이미 좋고 슬픔을 함께하였거니, 삶의 영광과 죽음의 슬픔이야 어찌 이승의 다름이 있으리오. 신령(神靈)이여! 어둡지 않거든 나의 지극한 심회(心懷)를 살피라" 하였다.

○ 부의(賻儀)를 하다

세종 68권, 17년(1435), 을묘(乙卯) 4월 15일[병진(丙辰)] 1번째 기사

류관에 부의(賻儀)할 것을 명(命)하다.

임금이 상정소(詳定所)에 명령하기를,

"일찍이 의정(議政)을 지낸 대신(大臣)이 죽으면 특별히 쌀과 콩 합하여 70석과 종이 1백 권을 부의하는 것이 오래전부터 하여 왔는데, 류관(柳寬)이 죽었을 때에 유사(有司)가 말하기를, '상례(常例)가 아니라' 하였고, 근신(近臣)이 또 아뢰지 아니하여 진작 부의(賻儀)를 보내지 못하였으므로, 내가 심히 뉘우친다. 이제 비록 이미 장사(葬事)는 지냈으나 상제(喪制)는 마치지 않았으니, 추후하여 부의하는 것이 어떠한가를 의논하여 아뢰라" 하니,

모두들 아뢰기를,

"상감(上監) 분부(分付)가 윤당(允當)합니다" 하매,

곧 호조(戶曹)에 전지(傳旨)하여 추급(追給)하였다.

4. 가족관계

1) 가계(家系)

류차달(柳車達) - 류효금(柳孝金) - 류금환(柳金奐) - 류노일(柳盧一) - 류보춘(柳寶春) - 류총(柳寵) - 류공권(柳公權) - 류언침(柳彦沉) - 류순(柳淳) - 류성비(柳成庇) - 류식(柳湜) - 류안택(柳安澤) - 류관(柳寬)

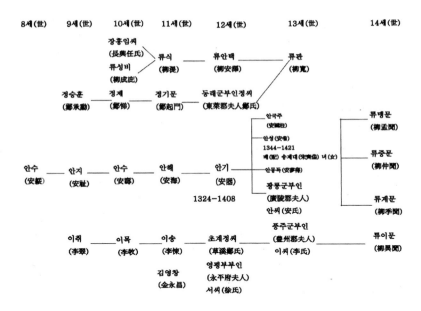

2) 류관 선조의 부친 류안택(柳安澤)340)

류안택은 문화류씨 시조 류차달의 12세손으로 처음 이름은 안택(安宅)이며, 통덕랑(通德郎), 삼사(三司) 판관(判官)을 역임하고, 홍건적(紅巾賊)을 피하여 피난 도중 안주(安州)에서 돌아가시어 그곳에 임시로 장례를 치르고 뒤에 반장(返葬)하였다. 조선(朝鮮) 세종(世宗) 때 둘째 아들 류관(柳寬)이 의정부(議政府) 우의정(右議政)에 오름으로써 영의정(領議政) 관위(官位)를 추사(追賜)하다.

배위(配位)는 정경부인(貞敬夫人) 동래정씨(東萊鄭氏)로 부(父)께서 봉래군(蓬萊君)으로 봉(封)해진 기문(起門)이시고, 할아버님은 제(悌)이시고 증조(曾祖)는 승훈(承勳)이시다.

묘소(墓所)는 황해도(黃海道) 신천군(信川郡) 문화면(文化面) 흥덕리(興德里) 구월산(九月山) 가운데 대승공(大丞公) 묘(墓) 200걸음[步] 손좌(巽坐)에 모셔 있다.

◎ 어머니 동래정씨(東萊鄭氏)
중추원사(中樞院事) 정기문(鄭起文)의 따님이다.

3) 류관 선조(先祖)의 부인(夫人)

◎ 초배(初配) : 부인(夫人) 광주군부인(廣州郡夫人) 안씨(安氏)
배위(配位)는 광릉군부인(廣陵郡夫人) 안씨(安氏)로 부친은 문과(文

---

340) 『文化柳氏嘉靖譜』 10쪽, 『氏族源流』 548쪽.

科)에 급제하고 판전농시사(判典農寺事)를 지낸 안기(安器, 1324~
1408), 조부는 문과(文科)에 급제하고 판전농시사(判典農寺事)를 지낸
안해(安海), 증조(曾祖)는 문과(文科)에 급제하고 판도첨의사사(判都僉
議司事)를 지낸 안수(安壽)이며, 안지(安祉)는 문하시랑(門下侍郞)을 지
낸 안유(安綏)의 5대손(五代孫)이다. 안국주(安國柱 1340~1420년경)와는
남매(男妹) 사이이다. 광주안씨(廣州安氏) 중랑장공파(中郞將公派) 파
조(派祖)인 안성(安省, 1344~1421)이 생질(甥姪)이다. 세 아들을 키웠
으며, 묘(墓)는 경기도 양평군 강하면 동오리 간촌마을 유좌(酉坐) 쌍
분(雙墳)이다. 표석(表石)이 있고, 비석(碑石)이 있다. 묘의(墓儀)로 장
군석(將軍石) 1쌍(一雙)과 장명등(長明燈) 1좌(一坐)가 있다.

配廣陵郡夫人 安氏 父文判典農寺事器 祖文判典農寺事海 曾祖文判
都僉議司事壽 門下侍郞綏五代孫 育三男 墓楊根 王忠里 酉坐 雙墳 有
表石 陽面題曰 朝鮮右議政文簡公之墓 墓儀 將軍石 一雙 長明燈一坐

문화류씨 하정(亭寬) 류관(柳寬)은 우리 문중(광주안씨)의 사위라
는데 그 아버지 이름이 없다.

광주안씨 경술보(1790년) 범례(凡例)

순암(順菴) 안정복(安鼎福, 1712~1791) 선생 편찬

"考 諸家譜他姓之入娶者 本宗之出娶者多而 本譜亦多 不見始以表
表者言之 文化柳夏亭寬 入本宗而無父名 固城南琴大人卽 可正廣州
安守之女 世宗外孫安如賴夫人副護軍廣州安耆女而 本譜皆不見其外
不可勝記以 此言之 本宗之見漏者多矣 豈不可恨 此後如得可證者追
補可也 鄕曲書籍不備耳目不廣不能搜出 以待後日耳."

"여러 집안의 족보를 살펴보면, 타성이 사위로 온 사람과, 우리 문
중에서 사위로 간 사람이 많다. 본 족보의 표에 보이지 않는 사람

도 역시 많은데, 표에 언급된 사람으로, 문화류씨 하정(亭寬) 류관(柳寬)은 우리 문중의 사위라는데 그 아버지 이름이 없고, 고성남씨 남금(南琴)의 부인은 사정(司正) 광주(廣州) 안수지(安守之)의 딸이고, 세종(世宗)의 외손인 안여달(安如㺚)의 부인은 부호군(副護軍) 광주(廣州) 안기(安耆)의 딸이나, 모두 본보(本譜)에 보이지 않는다. 그 외에는 기록할 수가 없으므로 이렇게 말해 둔다. 우리 문중에서 빠진 사람이 많은 것이 어찌 한이 되지 않겠는가? 차후로 증거가 얻어지면 보충해 넣는 것이 옳다. 시골이라 서적을 갖추지 못했고, 듣고 보는 것도 많지 않아 찾아내지 못하니, 후일을 기다린다."

경술보 편찬 당시인 서기 1790년에 류관의 초배 광주안씨의 부친이 누구인지 명확하지 않았던 것 같다.

조종운(趙從耘, 1607~1683)의 『씨족원류(氏族源流)』, 1680년경에도 「柳寬 : 初名 觀 字 夢思 號 夏亭 恭愍辛亥文科 右議政 文簡公 室安氏」 부인의 부친 이름은 없다.[341]

배위(配位)는 풍주군부인(豊州郡夫人) 이씨(李氏)시니 슬하(膝下)에 1남(男) 이문(異聞)을 두셨다. 아버지는 전서(典書)에 오른 송(悚)이시고 할아버지는 봉익대부(奉翊大夫) 호군(護軍)을 지낸 목(牧)이시고 증조(曾祖)는 정순대부(正順大夫) 상호군(上護軍)을 역임(歷任)하신 화(華)이시고 외조(外祖)께서는 안동(安東) 김안부(金安富)이시다.

묘소(墓所)는 황해도(黃海道) 문화(文化) 구월산(九月山) 판교동(板橋洞) 신좌(辛坐) 언덕에 비석(碑石)이 있다.

전배(前配): 광릉군부인 안씨(廣陵郡夫人 安氏) - 맹문(孟聞), 중문(仲聞), 계문(季聞, 1383~1445) 슬하(膝下)에 3남(男)을 두었다.

후배(後配) : 풍천군부인(豊川府夫人 李氏)(1367~1438) - 슬하에 1

---

341) 참고출처 : 안씨 족사 탐구botw.egloos.com.

남(男) 이문(異聞, 1390~?)을 두었다. 숭정대부(崇政大夫) 판호조전서(判戶曹典書)에 추봉(追封)된 송(悚)의 따님이고, 봉익대부(奉翊大夫) 대호군(大護軍) 목(牧)의 손녀(孫女)이고, 정순대부(正順大夫) 상호군(上護軍) 이(藝)의 증손(曾孫)이다. 어머니는 영평부부인(永平府夫人) 김씨(金氏)니 판삼사사(判三司事) 영부(永富)의 따님이다. 1366년 정미생(丁未生)이시고, 대광보국(大匡輔國) 숭록대부(崇祿大夫) 우의정(右議政) 문간공(文簡公) 하정(夏亭) 류 선생(柳先生) 휘(諱) 관(寬)의 계실(繼室)이다. 『筆苑雜記(필원잡기)』에 실려 있기를, "일찍 장마가 한 달이 넘도록 지거늘 집이 새어 빗줄기가 삼대와 같으니 공(公)이 우산을 들어 비를 받으며 부인에게 말하기를, '나는 요행히 비를 피했으나 우산이 없는 이는 무슨 수로 비에 젖는 것을 피할까?' 하시니 부인께서 말하기를, '우산이 없는 집에서는 반드시 대비가 있을 것입니다. 불평(不平) 아니하니 숙덕(淑德)이 그 청백(淸白)한 집에 마땅하다 할 것이다. 세종(世宗) 20년(1438) 무오(戊午)년에 부인이 돌아가시니 그해 4월 일 구월산(九月山) 동쪽 기슭 판교동(板橋洞) 을향(乙向) 언덕에 장사하니 향년이 72이라. 그의 12대손 통훈대부(通訓大夫) 행기장현감(行機張縣監) 류봉조(柳鳳朝)와 11대손 류이항(柳以恒)과 류이승(柳以升)이 묘갈(墓碣)을 1680년(숙종 7) 경신(庚申)년 13대손 류진벽(柳鎭璧)이 삼가 묘갈문(墓碣文)을 지었다.

5. 류관(柳寬)의 아들들과 후손

1) 류맹문(柳孟聞, 1401년~?)

　조선 서기 1401년[태종(太宗) 원년(元年)]에 증광시(增廣試) 병과
(丙科)342)에 급제(及第), 1408년(태종 8)에 사헌부(司憲府) 정언(正言)
에 배임(拜任), 서기 1412년(태종 12)에 이조 좌랑(吏曹佐郎)이 되시
고 그해에 횡천감무(橫川監務)를 거쳐 예조정랑(禮曹正郎)에 승임(陞
任)되었다. 1427년(세종 9)에 사간원(司諫院) 우사간(右司諫)에 배임
(拜任)되고 1428년(세종 10)에 좌사간(左司諫)에 승진(陞進)되어 소문
(疏文)을 올리어 "양녕대군(讓寧大君) 이제(李禔)의 기망(欺罔)과 불
경(不敬)의 사장(事狀)을 논(論)하여 청죄(請罪)하사 국시(國是)를 바
르게 하옵소서." 1429년에 첨총제(僉總制) 예조참의(禮曹參議)를 거
쳐 이조참의(吏曹參議)에 오르고 서기 1431년(세종 13) 중군총제(中
軍摠制)를 거쳐 예조참판(禮曹參判)에 오르다. 서기 1435년(세종 17)
에 충주목사(忠州牧使)에 제수(除授), 1444년(세종 26)에 동지추밀원
사(同知樞密院事)에 제수(除授)하였다. 뒤에 자헌대부(資憲大夫) 이조
판서(吏曹判書) 관위(官位)를 추서(追敍)하다.

　배위(配位)는 정부인(貞夫人) 남양홍씨(南陽洪氏)로 아버지는 전서
(典書)를 지낸 기(璣)이시고 할아버지는 밀직부사(密直副使)를 역임
(歷任)한 남양군(南陽君) 언유(彦猷)이시고 증조(曾祖)께서는 남양부

---

342) [문과] 태종(太宗) 1년(1401) 신사(辛巳) 증광시(增廣試) 병과(丙科) 7위(位).

원군(南陽府院君) 장간공(莊簡公) 융(戎)이시다. 외조(外祖)는 전서 (典書)를 역임(歷任)하고 안간공(安簡公) 류혜손(柳惠蓀)이시다.

슬하(膝下)에 5남 2녀를 두셨으니 맏아들 판결사(判決事) 첨(瞻), 둘째아들 삼(旵), 셋째아들 내금위장(內禁衛將) 기(晵), 넷째아들 예조판서(禮曹判書) 정정공(貞靖公) 수(晬), 다섯째 아들 전구서령(典廐署令) 이(眙)이고 맏딸은 안동인(安東人) 김백손(金伯孫), 둘째딸은 경주인(慶州人) 김확(金碻)에게 각각(各各) 출가(出嫁)하다.

묘소(墓所)는 경기도(京畿道) 광주시(廣州市) 퇴촌면(退村面) 영동리(嶺東里) 구룡골[九龍洞] 자좌(子坐) 쌍분(雙墳) 표석(表石)이 있으니 이르기를 "嘉善大夫(가선대부) 吏曹叅判(이조참판) 贈資憲大夫(증자헌대부) 吏曹判書(이조판서)(贈吏曹判書) 柳公之墓(류공지묘)" 음기(陰記)에 "天順(천순)戊寅(무인) 葬于(장우) 상도(上道) 귀림동(貴林洞) 처(妻) 남양홍씨(南陽洪氏) 오른쪽에 장사지내다(塋右云)."

참판(叅判) 류맹문(柳孟聞)의 연보(年譜)

태종 원년(1401년, 辛巳). 증광시(增廣試) 병과(丙科) 3등(等) 급제(及第).

태종 8년(1408년, 戊子) 12월 15일. 사헌부(司憲府) 정언(正言)을 제수(除授).

태종 12년(1412년, 壬辰) 1월 11일. 인사 서류에 잘못 서경(署經)하여 이조(吏曹) 좌랑(佐郎) 파직(罷職).

태종 12년(1412년, 壬辰) 1월 27일. 횡천(橫川) 감무(監務) 파직(罷職).

태종 15년(1412년, 壬辰) 8월 1일. 예조(禮曹) 정랑(正郎)에서 파직(罷職).

태종 17년(1417년, 丁酉) 10월 24일. 예조(禮曹) 정랑(正郎).

세종 9년(1427년, 丁未) 10월 27일. 사간원(司諫院) 우사간(右司諫)

제수(除授).

세종 10년(1428년, 戊申) 12월 20일. 사간원(司諫院) 좌·우사간(左右司諫) 제수(除授).

세종 11년(1429년, 己酉) 2월 3일. 사간원(司諫院) 좌사간(左司諫) 제수(除授).

세종 12년(1430년, 庚戌) 1월 8일. 첨총제(僉摠制)를 제수(除授).

세종 12년(1430년, 庚戌) 5월 27일. 예조(禮曹) 참의(參議)에 제수(除授).

세종 12년(1430년, 庚戌) 7월 3일. 병조(兵曹) 참의(參議)에 제수(除授).

세종 12년(1430년, 庚戌) 12월 3일. 이조(吏曹) 참의(參議)에 제수(除授).

세종 13년(1431년, 辛亥) 6월 11일. 중군(中軍) 총제(摠制)를 제수(除授).

세종 13년(1431년, 辛亥) 12월 14일. 예조(禮曹) 참판(參判)을 제수(除授).

세종 14년(1432년, 壬子) 3월 18일. 예조(禮曹) 우참판(右參判) 제수(除授).

세종 15년(1433년, 癸丑) 5월 7일. 수(壽) 88세(歲)인 부친(父親)이 서거(逝去)하시다.

세종 17년(1435년, 乙卯) 9월 3일. 판충주목사(判忠州牧使)를 제수(除授).

세종 26년(1444년, 甲子) 12월 23일. 동지충주목사(同知忠州牧使)를 제수(除授).

단종 3년(1455년, 乙亥) 3월 7일. "나이가 많으니, 그 아들, 손자, 아우, 조카, 사위[女壻] 중에서 1인(人)에게 자원(自願)에 따라 가자(加資)하여 서용(敍用)을 하라"고 이조(吏曹)의 전지(傳旨)가 있었다.

2) 류중문(柳仲聞)

하정공(夏亭公)의 둘째 아들로 음(蔭)으로 오위(五衛) 대호군(大護

軍) 호군(護軍)(정4품)을 역임(歷任). 배위(配位)는 숙인(淑人) 밀양박씨(密陽朴氏)시다. 슬하(膝下)에 1남 2녀를 두셨으니 단자(單子) 애(曖)와 맏딸은 청해인(靑海人) 이효양(李孝讓)에게 둘째 딸은 음성임(陰城人) 박계금(朴繼金)에게 각각(各各) 시집가다. 묘(墓)는 양평(楊平) 서종(西終) 간좌(艮坐)에 모셔졌으나 실전(失傳)하였다.

『조선왕조실록』 태종 34권, 17년(1417) 정유(丁酉) 12월 27일(무신) 2번째 기사

부평도 경차관 민문을 손과 실이 맞지 않은 때문에 파직하다.

부평도 경차관(富平道敬差官) 소윤(少尹) 민문(閔文)을 파직시켰으니, 손(損)과 실(實)이 맞지 않은 곳을 고찰하지 못한 때문이었다. 개성(開城)의 전지를 전연 적간(摘奸)하지 않은 때문에, 개성 유후사 도사(開城留後司都事) 우경부(禹敬夫)를 파직하였다. 통진 현감(通津縣監) 전유겸(全有謙)·고양 현감(高陽縣監)(종6품) 류중문(柳仲聞)도 또한 모두 고찰을 잘못하였으므로 태(笞)를 때리어 환임시켰다.

○ 罷富平道敬差官少尹閔文職, 以不能考察損實不中處也. 以開城之田全不摘奸, 又罷開城留後司都事禹敬夫職. 通津縣監全有謙, 高陽縣監柳仲聞, 亦皆以失於考察, 決笞還任.

【태백산사고본】

【영인본】 2책 197면

【분류】 인사－임면(任免)/인사－관리(管理)/사법－행형(行刑)/재정 －전세(田税)

3) 류계문(柳季聞) 1383(우왕 9)~1445(세종 27)

1383(우왕 9)~1445(세종 27). 조선 전기의 문신. 본관은 문화(文化). 자는 숙행(叔行). 식(湜)의 증손으로, 할아버지는 안택(安澤)이고, 아버지는 우의정 류관(柳寬)이며, 어머니는 안씨(安氏)이다. 아버지 관이 원종공신(原從功臣)에 책봉된 이래 조선 초기의 대표적인 훈구 가문(勳舊家門)의 후예이다. 셋째 아들로 1408년(태종 8) 생원으로 무자(戊子) 식년 문과에 동진사(同進士) 3위로 급제하였다. 태종(太宗) 원년(元年)에 증광시(增廣試) 병과(丙科)에 급제(及第), 일찍이 문한 관(文翰官)을 역임했고, 1408년(태종 8)에 사헌부(司憲府) 정언(正言)에 배임(拜任), 이조정랑·의정부사인 등을 거쳐 1423년(세종 5) 판사 재감사 겸 지형조사(判司宰監事兼知刑曹事)에 임명되었다. 이때 도관 정랑(都官正郞) 김유공(金有恭)과 함께 보충군(補充軍) 누락자를 심사하다 일 처리를 잘못해 일시 파면되었다. 다음해 재기용되어, 함길 도경차관(咸吉道敬差官)으로서 대호군 지함(池含)과 함께 야인 추장 동맹가첩목아(童猛哥帖木兒)를 회유하기 위해 동북면에 파견되었다. 많은 시련을 견디어내면서 동맹가첩목아를 회유해 조선 측의 제의를 관철시켰고, 이 해 다시 아목하(阿木河)에 같은 목적으로 파견되었다. 이어 사간원우사간이 되었으나, 문화현령 왕효건(王孝乾)을 통해 백성들의 공물(貢物)을 수탈하다가 일시 파면되었다. 곧 우의정이었던 아버지의 후원으로 좌사간에 다시 임용되었다. 이후 급격한 승진을 거듭해 1426년 충청도관찰사에 임명되어 외직에 나갔다가 곧 소환되어 이조 참의·형조 참판 등을 거쳐 1430년 대사헌이 되었다. 이때 대간(臺諫)의 관원과 함께 뇌물을 받고 장리(贓吏)인 사재감 주부(司

宰監主簿) 태석균(太石鈞)의 고신(告身)에 서명했는데, 이 때문에 의금부의 치죄를 받고 직첩을 박탈당하였다. 2년 뒤 아버지의 간곡한 소청에 의해 다시 서용되었고, 이어서 강원도도관찰사·한성부윤 등을 거쳐 1437년 정조사(正朝使)로 명나라에 파견되었다. 다시 황해도 관찰사를 거쳐 형조참판이 되었을 때, 강원도도관찰사 재직 시의 비행으로 대간의 탄핵을 받았으나 왕의 중재로 무마되었다. 1440년 경주부윤에 임명되었으나 장기간에 걸쳐 외직에 있었다는 점을 이유로 이를 사피(辭避 : 사양하면서 회피함)하다 왕의 노여움을 크게 사 의금부에 하옥당하였다.

그 뒤 인수부윤(仁壽府尹)·호조참판·판한성부사·형조판서 등을 역임하였다. 1443년 개성부 유수에 임명되었고, 2년 후 왕(王)의 행궁(行宮)에 문안(問安)가다가 영서역(迎曙驛)에 이르러 길에서 갑자기 죽었다. 문명(文名)이 있었다고 하며, 글씨를 잘 써서 태종의 명복을 빌기 위해 안지(安止)·최흥효(崔興孝) 등과 함께 『금자법화경(金字法華經)』을 쓰기도 하였다. 또 대간으로 있을 때에는 불교의 폐해의 개선, 주자가례의 보급, 염리(廉吏)의 등용과 장리의 제거를 통한 민폐 제거, 공법 개정(貢法改正) 등을 주장해 당시 사회의 병폐를 많이 개선하려고 하였다. 하지만 상위직으로 진출하면서 일에 성실함이 없었고, 뇌물을 받고 불법을 저질러 자주 탄핵을 받아 파면되기도 하였다. 형조판서를 지냈다. 시호는 안숙(安肅)이다.

배위(配位)는 정부인(貞夫人) 창녕성씨(昌寧成氏)로 아버지는 부사(府使)를 지낸 수량(守良)이시고 할아버지는 판서(判書)를 역임(歷任)한 기(紀)이시고 증조(曾祖)께서는 한성부윤(漢城府尹) 한충(漢忠)이시다. 외조(外祖)는 전서(典書)를 역임(歷任)하고 평강(平康) 채구경(蔡久敬)

이시다.

슬하에 6남 3녀를 두었으니 맏아들 병조참판(兵曹參判) 권(睠),
둘째아들 종성부사(鐘城府使) 보(脯), 셋째아들 감찰(監察) 환(睆),
넷째아들 부사(府使) 정(旵定), 다섯째아들 병사(兵使) 제(睇), 여섯째
아들 감찰(監察) 조(眺)이고, 맏딸은 이상로(李尙老)에게 둘째 딸은
청주인(淸州人) 정유(鄭濡), 셋째 딸은 조욱(趙頊)에게 제각기 출가(出
稼)하다.

묘소(墓所)는 경기도 성남시 수정구 복정동 해좌(亥坐)에 모셨는
데, 창산(昌山) 성구용(成九鏞)이 지은 신도비(神道碑)가 세워져 있다.

참고문헌 : 『世宗實錄(세종실록)』, 『國朝榜目(국조방목)』, 『海東雜
錄(해동잡록)』, 『大東野乘(대동야승)』, 『韻府群玉(운부군옥)』

4) 류이문(柳異聞) 1390(고려 공양왕 2)~?

하정공(夏亭公)의 넷째 아들이며, 어머니는 풍주군[343]부인(豊州郡
夫人) 이씨(李氏)이다. 벼슬은 관군(管軍) 만호(萬戶)를 역임(歷任).

배위(配位)는 영인(令人) 진주강씨(晉州姜氏)는 고려(高麗) 우왕(禑
王) 13년인 서기 1387년에 태어나셨고, 관찰사(觀察使) 사덕(思德)의
따님이다. 슬하(膝下)에 3남(男)을 두셨으니, 맏아들은 렴(濂)으로 첨
사(僉使)로 역임하고 둘째아들은 설(渫)로 사직판사(司直判事)로 역

---

343) 풍주(豊州) : 황해도 풍천(豊川)의 옛 지명으로, 고구려 때 구을(仇乙) 또는 굴천현(屈遷縣)이
라 불렸던 것을 고려 초에 풍주(豊州)로 고쳤으며 성종(成宗) 때 도호부(都護府)로 승격하였
고, 서기 1018년(현종 9) 방어사(防禦使)를 두었다. 조선태조(太祖) 때 와서 처음으로 진(鎭)
을 두어 병마사(兵馬使)로써 지주사(知州事)를 겸하게 하였다가 태종(太宗)이 풍천(豊川)으로
고쳤다. 그 후 은율현(殷栗縣)과 합하여 풍율군(豊栗郡)으로 개칭하였다가 1895년(고종 32)
송화군(松禾郡)으로 합하였고, 별칭(別稱)으로 서하(西河)라고 불리기도 하였다. 풍천이씨는
서기 2000년도 통계청 자료에 의하면 213가구 731명으로 기록되어 있다.

임하고 셋째 아들은 반(潘)으로 도사(都事)를 역임하였다.

묘(墓)는 대승공(大丞公) 묘(墓)의 오른쪽 건좌(乾坐)에 모셔 있다. 공(公)의 보첩(譜牒)에는 관함(官啣)이 천호(千戶)라 하고 혹(或) 만호(萬戶)라고도 표석(表石)에는 감찰(監察)이라고도 하고 군수(郡守)라 하였다. 보첩(譜牒)에는 지금 묘갈문(墓碣文)을 병계(屛溪) 윤봉구(尹鳳九)가 지었다고 하나 "행(行) 홍문관(弘文館) 교리(校理) 겸(兼) 지제교(知製敎) 석문(石門) 윤봉오(尹鳳五)[344]가 서기 1741년(영조 18)에 짓다." 바로 잡아 고쳤다.

참고 : 『文化柳氏世譜』 總目 <千戶公 諱 異聞 墓碣文>

5) 그 후손의 관직

하정공	성명	중요사항
손자	류삼 (柳旵)	세종(世宗) 16년[갑인(甲寅), 서기 1434년] 알성시(謁聖試)에 급제(及第), 직제학(直提學), 병조참의(兵曹參議), 검열(檢閱)을 역임(歷任). 연등9분법(年等九分法) 및 전등6분법(田等九分法)을 주장(主張)하심.
손자	류권 (柳睠)	세조(世祖) 병자(丙子)년 문과(文科)에 급제(及第), 직학(直學)·병조참판(兵曹參判)(종2품)을 역임(歷任)하심.
증손자	류담년 (柳耼年)	류완(柳睆)의 아들, 무과(武科)에 급제(及第), 병조판서(兵曹判書)(정2품)로 웅천(雄川)에서 왜(倭)를 쳐서 평정(平定). 시(諡)는 양무(襄武)임.
현손 (玄孫)	류희저 (柳希渚)	자(字)는 망지(望之), 호(號)는 월탄(月灘). 연산군(燕山君) 1년[을묘(乙卯), 서기 1495년] 식년시(式年試) 갑과(甲科) 3위(位)로 급제(及第), 홍문관(弘文館) 제학(提學), 경주부윤(慶州府尹) 파주목사(坡州牧使), 공조참판(工曹參判)(종2품)을 역임(歷任)하심.

---

344) 윤봉오(尹鳳五) : 1688(숙종 14)~1769(영조 45). 조선 후기의 문신. 본관은 파평(坡平). 자는 계장(季章), 호는 석문(石門). 참판 비경(飛卿)의 손자로, 명운(明運)의 아들이며, 판서 봉구(鳳九)의 아우이다. 일찍이 왕세제(王世弟 : 영조)를 측근에서 보필하였고, 1746년(영조 22) 정시(庭試)에 병과로 급제한 뒤 필선이 되고, 부수찬·교리를 역임하고 이듬해 홍천현감으로 나갔다가 1759년 동지의금부사·대사헌을 역임하였다. 1763년 특진관(特進官)으로 판돈녕부사를 겸하고 1768년 기로소(耆老所)에 들어갔다. 저서로는 『석문집(石門集)』 8권이 있다. 시호는 숙간(肅簡)이다.

현손(玄孫)	류희정(柳希汀)	류희저(柳希渚)의 아우. 무오(戊午)년 무과(武科)에 급제(及第). 영암군수(靈巖郡守)(종4품)를 역임(歷任). 중종(中宗) 때 정국원종훈(靖國原從勳)에 기록됨.
5세손	류몽학(柳夢鶴)	류보(柳𣈶)의 증손(曾孫). 문과(文科)에 급제(及第). 사헌부(司憲府) 장령(掌令)(정4품)을 역임(歷任)하심.
5세손	류희진(柳希津)	류권(柳𣈶)의 증손(曾孫). 음(蔭)으로 함흥판관(咸興判官)(종5품)으로 임진왜란 때 순직(殉職). 충신(忠臣)으로 인조(仁祖) 때 정려(旌閭)를 받음. 병조참판(兵曹叅判)(종2품)의 관위(官位)에 추서(追敍)됨.
7세손	류호(柳滸)	류몽정(柳夢井)의 아들. 진사시(進士試)에 합격. 음(蔭)으로 사옹원(司饔院) 참봉(叅奉, 종9품). 병자호란(壬辰倭亂) 때 창의(倡義). 선고(先考)를 신원(伸寃)함. 호(號)가 지우재(止隅齋)임.
7세손	류정익(柳廷益)	류몽학(柳夢鶴)의 손자. 무과(武科)에 급제(及第). 삼도수군통제사(三道水軍統制使, 정3품, 당상관)를 역임(歷任)하심.
8세손	류효건(柳孝健)	류충건(柳忠健)의 아우. 자(字)는 정숙(正叔). 선조(宣祖) 39년[병오(丙午), 서기 1606년] 진사시(進士試)에 합격. 인조(仁祖) 2년[갑자(甲子), 서기 1624)에 식년시(式年試)에 병과(丙科)에 급제(及第), 전라도사(全羅都事)(종5품)를 역임(歷任)하심.
8세손	류흠(柳歆)	류성민(柳成民)의 아들. 자(字)는 경백(敬伯). 광해군(光海君) 癸丑(계축)(서기 1613)년에 생원시(生員試)에 합격. 광해군(光海君) 丙辰(병진)(서기 1616)년 별시(別試) 을과(乙科)에 급제(及第), 예문관(藝文舘) 한림(翰林, 정9품~정7품) 벼슬을 하심.
8세손	류의남(柳義男)	류인남(柳仁男)의 아우. 생원시(生員試)에 합격함. 증(贈)으로 좌승지(左承旨, 정3품)에 오름.
8세손	류무(柳懋)	류신민(柳信民)의 아들. 자(字)는 면지(勉之). 호(號)는 휴계(休溪). 음(蔭)으로 찰방(察訪, 종6품)을 역임(歷任), 후진(後進) 양성(養成), 연산(連山) 향현사(鄕賢祠)에 배향(配享)
6세손	류몽정(柳夢鼎)	자(字)는 경임(景任), 호(號)는 학암(鶴巖). 생원(生員)을 일등(一等)을 하고 선조(宣祖) 7년 갑술(甲戌)년 별시(別試) 문과(文科)의 병과(丙科) 9등(等)으로 급제(及第), 도승지(都承旨)로 성절사(聖節使)로 명(明)나라를 다녀옴. 승지(承旨)로 임진왜란 때 명(明)에 울며 청병(請兵)함. 의정부(議政府) 좌찬성(左贊成, 종1품)에 추서(追敍)됨.
6세손	류몽정(柳夢井)	자(字)는 경서(景瑞), 학문(學問)으로써 사헌부(司憲府) 집의(執義)(종3품)가 되시다. 호(號)는 청계(淸溪)이고 류몽벽(柳夢璧)의 아우. 송산사(松山祠)에 배향(配享)됨.
6세손	류비(柳斐)	자(字)는 사화(士華). 류희진(柳希津)의 아들. 무과(武科)에 급제(及第). 팔도부원수(八道副元帥) 겸(兼) 평안병사(平安兵使, 종2품)를 역임(歷任)
7세손	류공량(柳公亮)	류익(柳益)의 아들. 자(孜)는 언명(彦明). 무자(戊子)년에 진사(進士), 선조(宣祖) 23(庚寅)년 증광시(增廣試) 을과(乙科) 급제(及第), 중추원(中樞院) 판중추(判中樞)(정2품)를 역임(歷任)함. 인목대비(仁穆大妃)를 폐(廢)하자는 의론에 상소(上疏)로 항거(抗拒)함. 문평군(文平君). 호(號)는 하담(荷潭).

7세손	류공신 (柳公信)	영암군수(靈巖郡守) 류희정(柳希汀)의 증손(曾孫), 호(號)는 송계(松溪). 효행(孝行)으로 정려(旌閭)를 받음, 나주(羅州) 영강사(榮江祠)에 배향(配享)
7세손	류준 (柳浚)	류속(柳洓)의 아우. 자(字)는 징원(澄源). 만력(萬曆) 병오(丙午)(서기 1606)년 생원(生員). 음(蔭)으로 상의원(尙衣院) 판관(判官)(종5품)을 역임(歷任)함. 사림(士林)의 종사(宗師)가 되시고, 호(號)는 사교당(四矯堂)
9세손	류처후 (柳處厚)	류운(柳篔)의 둘째아들. 자(字)는 태창(泰昌). 『기사보(己巳譜)』 5권을 편찬(編纂)하심.
9세손	류상식 (柳尙軾)	류용강(柳用剛)의 현손(玄孫). 효종(孝宗) 1년[경인(庚寅), 서기 1650년] 생원시(生員試)를 합격, 성균관(成均館)에서 후진을 양성하심.
9세손	류상진 (柳尙軫)	자(字)는 중거(仲車), 호(號)는 직암(直庵), 문과(文科)에 급제, 의금부(義禁府) 도사(都事, 종5품)를 역임함. 실기(實記)가 전함.
9세손	류상운 (柳尙運)	류성오(柳誠吾)의 아들. 자(字)는 유구(悠久). 현종(顯宗) 1년[경자(庚子), 서기 1660년] 진사시(進士試)에 합격하고 현종(顯宗) 7년[병오(丙午), 서기 1666년] 별시(別試) 병과(丙科)에 급제(及第), 숙종(肅宗) 5년[기미(己未), 서기 1679년] 정시(庭試)에 오르고 영의정(領議政, 정1품)을 두 번 역임(歷任)하심.
9세손	류상재 (柳尙載)	류상운(柳尙運)의 아우. 자(字)는 유원(悠遠). 호(號)가 관은(灌隱), 현종(顯宗) 7년[병오(丙午), 서기 1666년] 진사시(進士試)에 합격하고 숙종(肅宗) 9년[계해(癸亥), 서기 1683년]에 증광시(增廣試) 을과(乙科)에 급제(及第)하여 한림(翰林), 이조참의(吏曹參議), 부제학(副提學, 정3품, 당상관)을 역임(歷任)하셨다. 『하정집(夏亭集)』을 처음 엮음. 농암(聾菴) 수원(壽垣)의 조부(祖父)가 됨.
9세손	류담후 (柳譚厚)	류훤(柳篿)의 아들. 자(字)는 정부(正夫). 신묘(辛卯)에 진사시(進士試)에 합격하고 현종(顯宗) 6년[을사(乙巳), 서기 1680년] 별시(別試) 을과(乙科)에 급제(及第)하여 좌승지(左承旨, 정3품, 당상관)를 역임(歷任)하심.
9세손	류구징 (柳龜徵)	별시문과에 급제, 사헌부 감찰, 용강(龍岡)현령(종5품)·남원(南原)부사·연일(延日)현감(종6품)·갑산(甲山)부사를 역임하여 선정(善政)을 하심.
9세손	류형원 (柳馨遠)	자(字)는 덕부(德夫), 호(號)가 반계(磻溪)로 효종(孝宗) 5년[갑오(甲午), 서기 1654년]에 진사시(進士試)를 합격, 『磻溪隨錄(반계수록)』 등 70여 권을 지은 실학(實學)의 원조(原祖)임.
9세손	류문원 (柳文遠)	자(字)는 관보(貫甫), 호(號)가 삼우당(三友堂). 언행록(言行錄)과 유집(遺集)이 전함.
10세손	류봉서 (柳鳳瑞)	류상운(柳尙運)의 아들. 자(字)는 수휴(秀休). 숙종(肅宗) 10년[갑자(甲子), 서기 1684년] 진사시(進士試)에 장원(壯元)하고 숙종(肅宗) 15년[기사(己巳), 서기 1689년] 증광시(增廣試) 병과(丙科)에 급제(及第)하여 한림(翰林), 홍문관(弘文館) 교리(校理, 정5품)를 역임(歷任)하심.
10세손	류봉휘 (柳鳳輝)	류봉서(柳鳳瑞)의 아우. 숙종(肅宗) 10년[갑자(甲子), 서기 1684년] 진사시(進士試)에 합격하고 숙종(肅宗) 25년[기묘(己卯), 서기 1699년] 식년시(式年試) 을과(乙科)에 급제(及第)하여 좌의정(左議政, 정1품)을 역임(歷任). 영조(英祖) 31년[을해(乙亥), 서기 1755년]에 죽은 뒤에 역률(逆律)을 추시(追施)하였음.

10세손	류봉령 (柳鳳齡)	류상재(柳尙載)의 아들. 자(字)는 계연(季延)이고 음(蔭)으로 원주목사(原州牧使)(정3품, 당하관)를 역임(歷任)하셨음.
10세손	류송제 (柳松齊)	류몽정(柳夢鼎)의 현손(玄孫). 자(字)는 창노(蒼老). 현종(顯宗) 1년[경자(庚子), 서기 1660년] 증광시(增廣試) 을과(乙科)에 급제(及第)하여 사헌부(司憲府) 장령(掌令, 정4품)을 역임(歷任)하셨다. 효(孝)로써 정려(旌閭)가 자신과 아버지 시량(時亮), 할아버지 충건(忠健) 3세(世)를 받음.
10세손	류철신 (柳哲臣)	청계(淸溪) 몽정(夢井)의 현손(玄孫). 호(號)는 둔암(遯庵). 무과(武科)에 급제 용양위(龍驤衛) 사과(司果)로 효제(孝悌) 충성(忠誠)을 다함.
10세손	류한명 (柳漢明)	무과(武科)에 급제(及第)하여 회녕(會寧), 장단(長湍), 제주(濟州), 강계(江界) 병수사(兵水使)(종2품)를 역임(歷任)하셨음.
11세손	류수원 (柳壽垣)	숙종(肅宗) 44년(戊戌무술, 서기 1718) 정시(庭試) 병과(丙科)에 급제(及第)하여 세자시강원(世子侍講院) 필선(弼善, 정4품)을 역임(歷任)하시고 사회개혁을 주장한 책『우서(迂書)』10권 9책을 지음.
11세손	류수함 (柳壽咸)	류무(柳懋)의 손자. 숙종(肅宗) 8년[임술(壬戌), 서기 1682년]에 진사시(進士試)에 합격하시고 그해 증광시(增廣試)에 병과(丙科)에 급제(及第)하셨음.
11세손	류상원 (柳象垣)	자(字)는 사칙(士則), 호(號)는 치와(恥窩). 효행(孝行)이 있음.
12세손	류발 (柳發)	류하(柳昰)의 손자. 자(字)는 백흥(伯興). 계묘(癸卯)년에 진사시(進士試)에 합격하고 사재감(司宰監) 첨정(僉正)(종4품), 중추부(中樞府) 지추(知樞, 종2품)를 역임(歷任)하셨음.
14세손	류응구 (柳應龜)	6세(歲) 때 착하게 살았고 부모가 야위어지자 손가락을 잘라서 차도(差度)를 얻었다. 고향 사람들이 지극한 효도(孝道)로 정문(旌門)이 있고, 동몽교관(童蒙教官) 증직(贈職)을 받음.
18세손	류인건 (柳寅建)	1864~1941. 자(字)는 중극(中極), 호(號)는 야은(野隱), 고종 때 학부(學部) 교관(教官). 군자금(軍資金)을 제공(提供)

6. 류관(柳寬) 연보(年譜)

연령(年齡)	연대(年代)	관력(官歷) 및 사항(事項)
1346년 (고려 충목왕 2)		황해도 문화현(文化縣) 묵방동(墨坊洞)에서 류안택(柳安澤)의 둘째 아들로 병술(丙戌)년 음력 11월 9일 임자(壬子)일(양력 12월 29일) 출생. 처음 이름은 관(觀) 자(字)는 몽사(夢思)였으나, 뒤에 이름을 관(寬)으로 자(字)를 경부(敬夫), 호(號)는 하정(夏亭)
24세	1369(공민왕 18년)	성균시(成均試)에 급제(及第)
26세	1371(공민왕 20년)	전시(殿試)에 급제(及第). 비서성(秘書省) 교감(校勘)
27세	1372(공민왕 21년)	상서주부(尙書注簿)
28세	1373(공민왕 22년)	춘추관(春秋館) 검열(檢閱), 12월에 수찬(修撰)·공봉(供奉)
29세	1374(공민왕 23년)	예문관(藝文館) 공봉(供奉)
30세	1375(우왕 원년)	북부령(北部令) 겸 진덕박사(進德博士) 11월 선무랑(宣武郎) 전객시승(典客寺丞)
31세	1376(우왕 2년)	예의랑(禮儀郎), 10월에 비어대(緋魚袋)를 하사(下賜)받음.
32세	1377(우왕 3년)	판도사(版圖司) 좌랑(佐郎)
33세	1378(우왕 4년)	전보도감(典寶都監) 판관(判官), 자금어대(紫金魚袋)를 내려받음.
35세	1380(우왕 6년)	통직랑(通直郎). 전의(典儀) 시승(寺丞)
36세	1381(우왕 7년)	예의정랑(禮儀正郎)
37세	1382(우왕 8년)	전리정랑(典理正郎)
38세	1383(우왕 9년)	봉선대부(奉善大夫). 소부(少府) 소감(少監)
40세	1385(우왕 11년)	전교부령(典校副令)
42세	1387(우왕 13년)	중현대부(中顯大夫). 지봉주사(知鳳州事) 봉산군수(鳳山郡守)
44세	1389(창왕 원년)	봉상대부(奉常大夫). 성균관(成均館) 사예(司藝), 보문각(寶文閣) 직제학(直提學)
45세	1390(공양왕 2년)	전농부정(典農副正) 겸(兼) 성균관(成均館) 직강(直講), 지제교(知製敎)로써 6월에 문과고시관(文科考試官)이 되어 이조(李慥)등 33명을 선발(選拔)함.
46세	1391(공양왕 3년)	전농정(典農正) 겸(兼) 경력사(經歷司) 경력(經歷)
47세	1392(태조 원년)	7월에 봉정대부(奉正大夫) 내사사인(内史舍人), 지제교(知製敎) 개국원종훈(開國原從勳)에 책록(策錄), 원종훈 사전(原從勳謝箋)을 올림.
48세	1393(태조 2년)	병조의랑(兵曹議郎), 세자우필선(世子右弼善)

49세	1394(태조 3년)	중훈대부(中訓大夫). 사헌부(司憲府) 중승(中丞)으로 논무악정도소(論毋岳定都疏)를 올림, 원종훈(原從勳)에 대한 감사의 글[箋]을 올림.
51세	1396(태조 5년)	문과고시관(文科考試官) 판교서(判校書)로 김익정(金益精) 등 33명을 선발함.
52세	1397(태조 6년)	통정대부(通政大夫). 성균관(成均館) 대사성(大司成). 세자우보덕(世子右輔德) 겸(兼) 예문관(藝文館)·춘추관(春秋館) 편수관(編修官), 좌산기상시(左散騎常侍), 보문각(寶文閣) 직제학(直提學)
53세	1398(태조 7년)	가선대부(嘉善大夫). 형조전서(刑曹典書) 겸(兼) 보문각(寶文閣) 직제학(直提學), 경연시강관(經筵侍講官). 2월 1일에 청물허기복소(請勿許起復疏), 4월 21일에 청휼형소(請恤刑疏)가 있다. 12월 29일 사건처리 7가지 실수로 형조전서에서 파직당함.
54세	1399(정종 원년)	이조전서(吏曹典書), 집현전(集賢殿) 직학사(直學士), 경연시강관(經筵侍講官) 5월에 중추원부사(中樞院副使), 도평의사사(都評議司使), 보문각(寶文閣) 학사(學士), 동지경연사(同知經筵事), 10월 17일도 조례상정도감(條例詳定都監) 판사(判事)
55세	1400(정종 2년)	가정대부(嘉靖大夫). 2월 13일에 강원도(江原道) 도관찰사(都觀察使)
56세	1400(태종 원년)	2월 15일에 사헌부(司憲府) 대사헌(大司憲), 윤 3월 22일에 청사태승도청행포폐소(請沙汰僧徒請行布幣疏), 5월 10일에 청제탄일조하소(請除誕日朝賀疏)가 있다. 7월 8일에 문하부(門下府) 탄핵(彈劾)으로 파직(罷職), 7월 13일 승녕부윤(承寧府尹)
58세	1403(태종 3년)	5월 4일에 가선대부(嘉善大夫). 계림부윤(鷄林府尹). 12월 11일에 국가(國家) 중대사(重大事)를 보고 아니하여 고향인 문화(文化)로 귀양을 감, 8월 15일에 성균관에서 생도 교육
60세	1405(태종 5년)	7월 8일에 전라도(全羅道) 도관찰사(都觀察使)
61세	1406(태종 6년)	윤(閏) 7월 13일에 예문관(藝文館) 대제학(大提學), 지경연(知經筵), 춘추관사(春秋館事), 세자좌부빈객(世子左副賓客). 8월 11일에 판공안부사(判恭安府事). 8월 19일에 세자빈객(世子賓客) 해임(解任), 9월 26일에 세자좌부빈객(世子左副賓客), 10월 8일에 우군(右軍) 총제(摠制) 성석인(成石因)과 하정사(賀正使)로 명(明)나라를 감.
62세	1407(태종 7년)	4월 15일 귀국. 6월 13일 형조판서(刑曹判書)로 6월 21일에 판공안부사(判恭安府事)
63세	1408(태종 8년)	예문관(藝文館) 대제학(大提學), 개성유후(開城留後) 뒤에 개성사 유후(開城司留後)
64세	1409(태종 9년)	3월 22일에 병서습독제조(兵書習讀提調). 8월 25일에 지춘추관사(知春秋館事)
66세	1411(태종 11년)	예문관(藝文館) 대제학(大提學)

69세	1414(태종 14년)	2월 25일 사헌부(司憲府) 대사헌(大司憲), 5월 19일에 변정도감(辨正都監) 제조(提調), 6월 6일 상소(上疏). 6월 20일 청징유처취처소(請懲有妻娶妻疏) 7월 4일 청병주현인리(請幷州縣人吏)와 청분선교이종소(請分禪敎二宗疏)가 있음.
70세	1415(태종 15년)	5월 17일에 의정부(議政府) 참찬(叅贊), 11월 7일에 검교(檢校)의 정부(議政府) 찬성(贊成)
73세	1418(태종 18년)	6월 5일에 예문관(藝文舘) 대제학(大提學), 세자좌빈객(世子左賓客)
	1418(세종 즉위년)	8월 11일에 예문관(藝文舘) 대제학(大提學), 지경연사(知經筵事)
	1418(세종 1년)	4월 18일 잡과 관장함. 9월 20일에 의정부 참찬 변계량(卞季良)과 『고려사(高麗史)』 개수(改修)에 착수(着手). 12월 7일에 판중군도총제부사(判中軍都摠制府事)
74세	1419(세종 1년)	예문관(藝文舘) 대제학(大提學)으로 문과(文科) 고시관(考試官)으로 조상치(曺尙治) 등 33명을 선발(選拔)함. 4월 12일에 의정부(議政府) 찬성사(贊成事)
76세	1420(세종 3년)	예문관(藝文舘) 대제학(大提學)으로 1월 19일에 궤장(几杖)을 하사(下賜)받고 1월 23일에 감사의 글을 올리다. 지춘추관사(知春秋舘事)로 1월 30일에 변계량과 함께 『고려사(高麗史)』를 교정하여 헌상(獻上)하였음.
77세	1421(세종 4년)	10월 28일에 의정부(議政府) 찬성사(贊成事)
78세	1422(세종 5년)	3월 15일 예문관 대제학으로 문과 고시관, 12월 29일에 지춘추관사(知春秋舘事)로 동지춘추관사(同知春秋舘事) 윤회(尹淮)와 『고려사(高麗史)』 개수(改修)에 착수(着手)
79세	1423(세종 6년)	의정부 찬성으로 5월 12일에 사직(辭職)을 청(請)하는 글을 올렸으나 윤허하지 않았다. 6월 20일에 우의정(右議政)에 오르다. 8월 11일에 윤회(尹淮)와 『고려사(高麗史)』를 교정하여 올렸다. 11월 9일에 초구(貂裘 : 담비의 가죽으로 만든 옷) 한 벌을 하사(下賜)받음.
80세	1424(세종 7년)	좌의정(左議政) 이원(李原), 그리고 호조판서(戶曹判書) 안순(安純)의 집에 모여 풍악(風樂)을 잡히며 술을 마셔 가뭄으로 근심하는 중(中)에 지각(知覺) 있는 사람들의 비웃음을 샀다. 7월 9일에 가뭄으로 인하여 사직(辭職)을 청(請)하는 글을 올렸으나, 윤허하지 않았다. 7월 11일에 안장(鞍裝)을 갖춘 말 1필(疋)을 받았다. 8월 25일에 족손(族孫) 이익박(李益朴)의 직첩(職牒)을 돌려주기를 청하여 윤허하시다. 9월 27일에 사헌부(司憲府)에서 계(啓)하였으나 '본디 성품이 깨끗하고 검소하여 벌이를 구하는 일이 없었고, 구사(丘史)는 3번으로 나누어 교대로 거느리고 다녔으므로' 임금이 듣고 곧 묻지 말도록 명(命)하였음.

81세	1426(세종 8년)	1월 15일에 81세로 우의정(右議政)에 치사(致仕)시키고 조연(趙涓)을 임명(任命)하고, 1월 18일에 임금께서 봉급을 제4과(종2품의 녹봉)를 이조(吏曹)와 호조(戶曹)에 명함. 4월 13일에 셋째아들 계문(季聞)이 충청도 관찰사가 됨에, 이름이 혼동하기 쉬우므로 계청(啓請)에 의하여 관(寬)으로 고치다. 10월 8일 노루 한 마리를 하사(下賜)받음.
82세	1427(세종 9년)	영돈녕(領敦寧)으로 치사(致仕)한 권홍(權弘)과 함께 매월 초하룻날에 문안(問安)할 수 있게 해달라는 글을 올림.
83세	1428(세종 10년)	2월 13일에 진(鎭)의 북위(北衛) 각품(各品)과 대장(隊長)·대부(隊副)를 더 설치(設置)할 것을 아뢰다. 6월 14일에 문화현(文化縣) 구월산(九月山)에 있는 삼성사(三聖祠) 의혹(疑惑)을 없애주기를 상서(上書)함.
84세	1429(세종 11년)	8월 24일에 3월 3일 삼진날과 9월 9일 중양절(重陽節)을 영절(令節)로 정하여 즐겁게 놀게 할 것을 상소하다. 9월 11일에 술과 풍악(風樂)을 내려주신 것에 감사의 글을 올림.
87세	1432(세종 14년)	9월 30일에 노루 한 마리를 하사(下賜)받음.
88세	1433(세종 15년)	1월 19일에 기영회(耆英會)를 만들 것을 아뢰다. 5월 7일에 서거(逝去)하니 3일 동안 조회(朝會)와 저자[市場]를 정지하고 치조(致弔)하고 관(官)에서 장사(葬事)를 다스렸다. 시호(諡號)는 문간(文簡)이라 하였는데, 학문을 부지런히 하고 묻기를 좋아하는 것을 문(文)이라 하였고, 덕(德)을 한결같이 닦고 게을리하지 않는 것이 간(簡)이다. 7월 12일에 사제(賜祭)함.
	1435(세종 17년)	4월 15일 상정소(詳定所)에 명령하여 부의(賻儀)하다. 호조에 전지(傳旨)하여 추급(追給)함.

고려 때는 『夏亭集(하정집)』·『夏亭遺集(하정유집)』을 준거(遵據)하였고, 조선 때는 『朝鮮王朝實錄(조선왕조실록)』을 기준(基準)하였음.

제9부

사후(死後)
정사(正史)의 기록

세종대왕 같은 성군(聖君)에 하정(夏亭) 류관(柳寬) 같은 청백리 정승이 있어 태평성대(太平聖代)를 이룬 것이다. 평생을 의식주(衣食住)에 꾸밈새가 없었고 청백리 정신(精神)과 실천력(實踐力)은 어느 누구도 따라갈 수 없을 만큼 솔선수범(率先垂範)한 것이었다. 그래서 우리 역사상 세종시대는 가장 진취적(進取的)이며 창조적(創造的), 개척적(開拓的)이고 복지사회(福祉社會)가 구현된 시대로서, 그렇게 될 수 있었던 힘이 나온 그 배경은 경험과 경륜이 많은 관료(官僚)의 성실한 행동이 바탕이 된 것이다. 청백리로서 선정(善政)을 베풀어준 훌륭한 관리 곧 목민관(牧民官)만이 받을 수 있는 최고의 영예(榮譽)로서 애민(愛民)의 정신으로 연결된 데서 얻은 기념물이라 할 것이다.

1. 세종(世宗) 실록(實錄)

1) 세종 18년(1436) 병진(丙辰) 12월 26일(정해) 4번째 기사

전(前) 판한성부사 류사눌(柳思訥)이 단군(檀君)의 사당(祠堂)을 평양에 건립하는 것이 그릇되었음을 아뢰다/

전(前) 판한성부사(判漢城府事) 류사눌(柳思訥)이 상서(上書)하기를,

"신(臣)이 삼가 『세년가(世年歌)』를 보건대, 단군은 조선의 시조입니다. 그가 날 때는 사람들보다 달랐으며, 그가 죽어서는 화(化)하여 신(神)이 되었으며, 그가 나라를 누린 역년(歷年)의 많음은 이와 같은 것이 있지 않았습니다. 지난번에 전하께서 유사에 명하여 사당을 세우고 제문(祭文)을 짓게 했는데, 그때에는 유사(攸司)가 그 사실을 살피지도 아니하고 평양에다 사당을 세우기를 청하니, 신(臣)의 숙부(叔父) 류관(柳寬)이 그 그릇된 점을 변론하여 일이 시행되지 못했습니다. 신(臣)이 『세년가(歲年歌)』로 상고(詳考)해보건대, 단군이 처음에는 평양에 도읍했다가 후에는 백악(白岳)에 도읍했으며, 은(殷)나라 무정(武丁) 8년 을미(乙未)에 아사달산(阿斯達山)에 들어가서 신(神)이 되었는데, 그 노래에 이르기를, '1천48년 동안 나라를 누리고, 지금도 사당이 아사달에 있네[享國一千四十八, 至今廟在阿斯達.]' 했으니, 어찌 그 근거가 없겠습니까. 또 더군다나 고려에서는 구월산(九月山) 밑에 사당을 세워 그 당우(堂宇)와 위판(位版)이 아직도 남아 있어서 『세년가』와 합치하니, 신(臣)의 어리석은 소견으로서는 이곳을 버리고 다시 사당을 다른 곳에다 세운다면 아마 그 장소가 잘못된

듯합니다. 삼가 생각하옵건대, 성상(聖上)께서 재결(裁決)하시옵소서"
하니,

명(命)하여 예조(禮曹)에 내리게 하였다.

2) 세종 27년(1445) 을축(乙丑) 1월 2일(병자) 2번째 기사

개성부(開城府) 유수(留守) 류계문(柳季聞)의 졸기(卒記)/

개성부 유수(開城府留守) 류계문(柳季聞)이 졸(卒)하였다. 계문의
자는 숙행(叔行)이며, 우의정 류관(柳寬)의 아들이다. 급제하여 벼슬
을 여러 번 옮겨 이조 정랑에 이르고, 의정부 사인(舍人)·판사재감
사(判司宰監事), 겸지형조(兼知刑曹)로 발탁되었다. 갑진(甲辰)년에
교서(敎書)와 선온(宣醞)을 받들고 동맹가첩목아(童猛哥帖木兒)에게
훈유하러 갔는데, 맹가첩목아가 의심하여 들판에 장막을 설치하고 접
대하는지라, 계문이 교서의 뜻과 하사한 술을 설명해 이르고 술잔을
수없이 주고받으면서, 말씨와 웃음이 친절하고 흐뭇하니, 맹가첩목아
가 의심을 풀고 기꺼이 복종하고, 곧 처첩(妻妾)을 내어 보이고 술을
치게 하였다. 이 해에 또 선온을 가지고 아목하(阿木河)에 갔다가 돌
아왔고, 우사간(右司諫)으로 옮겼다. 을사(乙巳)년에는 예조참의가 되
었다가, 나가서 충청도 관찰사가 되고, 형조참판·공조참판·사헌부
대사헌(大司憲)과 경기도·강원도·황해도의 관찰사를 잇달아 지냈
다. 신유(辛酉)년에는 한성부사(漢城府事)에 임명되었다가 형조판서
로 옮겼고, 계해(癸亥)년에는 개성부 유수(留守)가 되었다. 이때에 이
르러 행궁(行宮)에 문안드리러 오다가 영서역(迎曙驛)에 이르러 길에
서 갑자기 졸도해 숨졌다. 향년이 63세다. 이틀 동안 조회를 정지하고

조상(弔喪)과 부의(賻儀)를 의식대로 하였다. 시호(諡號)를 안숙(安肅)이라 하였으니, 안(安)은 너그럽고 부드럽고 화평함[寬柔和平]을 뜻하고, 숙(肅)은 마음을 굳게 가져 결단성(決斷性) 있음[執心決斷]을 뜻한 것이다. 사람됨이 너그럽고 용납성이 있어서 소소한 말절(末節)에 구애됨이 없었다. 아들은 류권(柳睠)·류보(柳睗)·류환(柳睆)·류정(柳睅定)·류제(柳睇)·류조(柳眺)이다.

2. 단종(端宗) 실록(實錄)

1) 단종(端宗) 즉위년(1452) 임신(壬申) 6월 28일(기축) 4번째 기사

황해도 지역에 창궐하는 전염병에 대한 경창부 윤 이선제(李先齊)의 상서문/

경창부 윤(慶昌府尹) 이선제(李先齊)가 상서(上書)하였다.

"신(臣)이 들으니 황해도 인민의 병이 갑자기 여항(閭巷)에서 발생하여 사방에 전염해서 북으로 평안도에 이르고 남으로 기현(畿縣)에 이르러, 사망이 서로 이어 민호(民戶)를 싹 쓸었다 합니다. 어찌 까닭이 없이 그러하겠습니까? 신(臣)이 무오(戊午)년[345]·기미(己未) 연간[346]에 집현전에 입직(入直)하는데 봉산군(鳳山郡)에 사는 서리(書吏) 오성우(吳成祐)가 직소(直所)에 따라 들어왔습니다. 신(臣)이 황해도 인민의 발병한 연유를 물으니 대답하기를, '지난날에 문화현(文化縣) 단군(檀君)의 사당을 평양에 옮긴 뒤에, 괴이한 기운이 뭉치어 마치 귀신 모양 같은 것이 있어 밤에 다니며 검은 기운이 진(陣)을 이루고 행동하는 소리가 있었습니다. 한 사람이 바라보고 놀라고 괴이(怪異)하여 숨어 피하고, 이것으로 전파하여 고(告)하였습니다' 하였고, 마을 사람들이 서로 말하기를, '이 병의 발생이 실로 단군의 사당을 옮긴 까닭이다. 여기(癘氣)[347]가 먼저 구월산의 산간 민호(民戶)에

---

345) 무오년 : 1438 세종 20년.
346) 기미년 : 1439 세종 21년.

서 일어나 점점 문화(文化)·장연(長淵)·재령(載寧)·신천(信川) 등
지에 번지어 전염되어서 죽은 자가 매우 많았으니, 민생(民生)이 불
쌍하다' 하였습니다. 공손히 생각건대 세종께서 마음에 극히 아프게
여기어 전의 부정(典醫副正) 김여생(金麗生)을 보내어 그 도(道)의 의
원(醫員) 5인(人)을 거느리고 마을에 돌아다니며 여러 방법으로 구료
(救療)하고 또 감사에게 전지(傳旨)하기를, '문화·장연·황주(黃州)·
재령·신천 등지(等地) 주현(州縣)에 모두 여제단(厲祭壇)을 설치하
고 전물(奠物)을 풍성하게 갖추어, 여러 고을 수령으로 하여금 지성
으로 재계하고 제사를 행하여 여기(厲氣)를 사라지게 하라' 하였으니,
그 구제하는 법이 사책(史策)에 펴서 있으므로 성려(聖慮)가 지극하
였습니다. 그러나 해가 오랠수록 병은 더욱 치성하여 다른 지방에 파
급되고 남김없이 전염하여 죽으니, 만연(蔓延)하는 해(害)가 장차 어
떠하겠습니까? 신(臣)이 마음에 이리저리 생각한 지가 오랩니다. 지
금 사초(史草)를 편수하는데 무신(戊申)년348)에 이르러 우의정으로
치사(致仕)한 류관(柳觀)이 상서(上書)하기를, '문화현(文化縣)은 신
(臣)의 본향(本鄕)입니다. 부로(父老)들이 말하기를, 구월산(九月山)은
이 고을의 주산(主山)인데 단군 때에는 아사달산(阿斯達山)이라 이름
하였다 하였습니다. 산의 동쪽 재[嶺]가 높고 커서 연접하였는데 그
산 허리에는 신당(神堂)이 있습니다. 어느 시대에 창건하였는지 알지
못하나, 북쪽 벽에 단인 천왕(檀因天王)이 있고 동쪽 벽에는 단웅 천
왕(檀雄天王)이 있고 서쪽 벽에는 단군 천왕(檀君天王)이 있는데, 고
을 사람들이 삼성당(三聖堂)이라고 칭하고 그 산 아래에 사람이 사는

347) 여기(厲氣) : 못된 돌림병을 생기게 하는 나쁜 기운.
348) 무신년 : 1428 세종 10년.

곳도 또한 성당리(聖堂里)라 칭합니다. 당(堂)의 안팎에는 까막까치가 깃들이지 않고 고라니와 사슴도 들어오지 않습니다. 단군이 아사달산에 들어가 신(神)이 되었는데 이 산 아래에 삼성당이 지금도 남아 있으니, 그 자취를 볼 수 있는 것입니다. 고을의 동쪽에 장당경(藏唐京)이라고 이름 하는 땅이 있는데, 부로(父老)들이 전하기를 단군이 도읍하였던 곳이라 합니다.' 어떤 사람은 말하기를, '단군이 처음 왕검성(王儉城)에 도읍하였으니 지금 마땅히 기자(箕子) 사당에 합하여 있어야 한다고 합니다. 대개 단군이 요(堯)와 더불어 아울러 섰는데 기자에 이르기까지 천여 년이니, 어찌 아래로 기자 사당에 합하겠습니까?' 했습니다.

　신(臣) 이선제가 『삼국유사(三國遺事)』를 상고하니 이에 이르기를, '『고기(古記)』에 이르기를, 옛적에 환인의 서자(庶子) 환웅(桓雄)이 있어 자주 천하에 뜻을 두어 인간 세상을 탐구(貪求)하므로 아비가 아들의 뜻을 알고 삼위(三危)·태백(太伯)[349]을 내려다보니 인간을 널리 이롭게 할[弘益人間] 만하였다. 이에 천부인(天符印)[350] 세 개를 주어 가서 다스리게 하니, 환웅이 무리 3천을 거느리고 태백산 정상에 내렸으니, 곧 지금의 묘향산(妙香山)이다. 풍백(風伯)과 우사(雨師)를 거느리고 곡식을 주장[主穀]하고, 명을 주장[主命]하고, 병을 주장[主病]하고, 형벌을 주장[主刑]하며, 선악을 주장[主善惡]하니, 무릇 인간의 360여 가지 일을 주장하여, 세상을 다스리고 교화하게 하였다. 그때에 한 곰[熊]과 한 범[虎]이 있어 같은 굴(窟)에서 사는데 항

---

349) 삼위(三危)·태백(太伯) : 삼위산과 태백산. 삼위산은 중국 감숙성(甘肅省) 돈황현(敦煌縣) 남쪽에 있으며, 태백산은 장백산이라고도 함.
350) 천부인(天符印) : 천자의 위, 곧 제위의 표지로서 하느님이 내려 전한 세 개의 보인.

상 신(神)인 환웅에게 기도하여 화(化)하여 사람이 되기를 원하였다. 환웅이 영애(靈艾)351) 1주(炷)와 마늘 20(枚)매를 주며 말하기를, 너희들이 이것을 먹고 백일 동안 햇빛을 보지 않으면 사람의 형상을 얻으리라 하였다. 곰과 범이 이것을 얻어먹고 삼칠일(三七日)352)을 기하였더니, 곰은 여자의 몸을 얻었으나 범은 사람의 몸을 얻지 못하였다. 웅녀(熊女)가 혼인을 할 데가 없어서 매양 단수(檀樹) 아래에서 잉태가 있기를 주언(呪言)하였다. 환웅이 이에 잠시 사람으로 화(化)하여 혼인하자, 잉태하여 아들을 낳았는데, 호(號)를 단군 왕검(檀君 王儉)이라 하였다. 당요(唐堯)353)가 즉위한 지 50년이 되는 경인(庚寅)년354)에 평양에 도읍하고 비로소 조선이라 칭하였다. 또 백악산(白岳山) 아사달(阿斯達)에 옮기어 어국(御國)한 지 1,500백 년에 주(周)나라 무왕(武王)이 즉위하여 기자를 조선에 봉하니, 단군이 또 장당경(藏唐京)에 옮기었다가 돌아와 아사달에 숨어 산신(山神)이 되었는데, 1908세를 수(壽)하였다'고 하였습니다. 대저 단군이 평양을 떠난 지 4백여 세에 돌아와 아사달에 숨어 신(神)이 되었으니, 여기에서 임금 노릇을 하였고 여기에서 신(神)이 되었으니 이 땅을 싫어하지 않은 것은 분명합니다. 기자가 40대(代)를 전하고, 연(燕)나라 사람 위만(衛滿)이 왕검성에 도읍하여 2세(世)를 전하였고, 고구려는 705년을 전하였으며, 신라는 병합한 지 200여 년이고, 고려 왕씨는 400여 년을 전하였으니, 단군이 평양을 떠난 것은 아득하게 먼데, 평양을 돌

---

351) 영애(靈艾) : 쑥.

352) 삼칠일(三七日) : 21일.

353) 당요(唐堯) : 중국 요(堯)임금.

354) 경인년 : B.C. 2333년.

아보고 연연(連延)하겠습니까? 또 산신이 되어 토인(土人)의 높이고 제사하는 것을 받았으니 어찌 평양에 즐겁게 옮기어 동명왕(東明王)과 사당을 함께 하려고 하겠습니까? 『삼국유사』의 주(註)에서 이른, 환인 천제(桓因天帝)는 곧 류관(柳觀)의 상서(上書)에서 말한 단인(檀因)이고, 환웅(桓雄)은 천제의 서자(庶子)이니, 곧 이른바 단웅(檀雄)이라 하겠습니다. 상고(上古) 사람들이 그 근본을 잊지 못하여 사우(寺宇)를 창립하고 환(桓)을 고쳐 단(檀)으로 하였으며, 삼성(三聖)이라 호칭하였으니, 과연 어느 시대에 창건하였는지 알지 못합니다. 지난번에 단군을 평양으로 옮기었는데 이성(二聖)은 어느 땅에 두었겠습니까? 이것은 단군이 토인(土人)에게 원망을 일으킬 뿐 아니라 이성(二聖)도 반드시 괴이한 것을 마음대로 하고 여역(癘疫)[355]을 지어 백성에게 해를 끼칠 것입니다. 신(臣)이 처음에 오성우(吳成祐)의 말을 듣고 조금도 개의하지 않았었는데, 지금 류관의 소(疏)를 보니 말뜻이 서로 모순되지 않으니, 어찌 다시 의논하여 신(臣)의 뜻을 구하지 않겠습니까?

신(臣)의 어리석은 생각으로는 예전 당(堂)을 수리하고 새로 신상(神像)을 만들기를 엄연히 중국 조천궁(朝天宮)에 있는 열수(列宿)[356]의 상과 같이 하거나 또 삼차하(三叉河) 해신(海神)의 모양과 같이 하여 좌우에 나누어 앉히어서 존경하기를 예전과 같이 하며, 조관(朝官)을 명하여 보내어 성당(聖堂)에 고해서 가만히 돕도록 빌면 어찌 밝게 이르러[昭格] 복을 내리는 것이 없겠습니까? 혹자는 말하기를, 천제가 단수(壇樹) 아래에 내려와 단군을 낳았다는 것은 일이 괴탄(怪

---

355) 여역(癘疫): 전염성 열병을 통틀어 이르는 말.
356) 열수(列宿) : 여러 성인(聖人).

誕한 데에 가까워서 족히 믿을 것이 못 된다 합니다. 그러나 신인(神人)의 출생은 상민(常民)과 다릅니다. 간적(簡狄)은 현조(玄鳥)의 알[卵]을 삼키고 설(契)을 낳았고, 강원(姜嫄)은 천제의 발자국을 밟고 후직(后稷)을 낳았으니, 이것은 중국의 상고의 일입니다. 어찌 용이하게 의논하겠습니까? 우리나라의 일로 말하면 신라 처음에 양산(陽山) 기슭에 말이 있어 꿇어 울므로 사람이 가서 보니 말은 홀연히 보이지 않고, 다만 큰 알[大卵]이 있었습니다. 깨뜨리니 어린아이가 껍질 속에서 나왔는데, 나이 10여 세가 되니 대단히 숙성하였습니다. 육부(六部) 사람들이 신이(神異) 하게 여기어 추존하여 세워서 임금을 삼았으니, 곧 시조 박혁거세(朴赫居世)입니다. 북부여(北扶餘)의 국상(國相) 아란불(阿蘭弗)의 꿈에 천제가 내려와서 말하기를, '장차 내 자손으로 하여금 여기에 나라를 세우겠으니 너는 피하라' 하였으니, 이것은 동명왕이 장차 일어날 조짐입니다. 한 남자가 있어 스스로 말하기를, 천제의 아들 해모수(解慕漱)라 하고, 하백(河伯)의 딸을 압록강 강변의 실중(室中)에서 사통하였습니다. 왕이 실중에 가두어 두었는데, 해가 비추므로 몸을 이끌고 피하니 해의 그림자가 또 좇아서 비추었습니다. 인하여 잉태하여 큰 알 하나를 낳으니 왕이 버려서 개와 돼지를 주니 먹지 않고, 길 가운데에 두니 소와 말이 피하고 들새들이 날개로 덮어 주었습니다. 어미가 물건으로 싸서 따뜻한 곳에 두니 남자 아이가 껍질을 깨뜨리고 나왔는데 이가 고구려 시조 고주몽(高朱蒙) 곧 동명왕입니다. 이것이 모두 상류(常類)와 달라서 혹자들이 함께 의심하는 것입니다. 그러나 고적(古籍)에 써서 사람들이 다른 말이 없는데 어찌 홀로 단군을 괴이하다 하여 강구하지 않겠습니까? 혹자가 또 말하기를, '괴기(怪氣)가 어떻게 여기(癘氣)를 일으키는 일이 있겠느냐? 문화(文化) 여항(閭巷)에 해가 되었다는 말은 또한 믿을 수 없다 합니다. 신이 『송감(宋鑑)』을 보니 휘종(徽宗) 3년[357] 7월에 검은 재기(災氣)가 금중(禁中)에 보였는데, 기록하는 자가 말하기를, '원풍(元豊)[358] 말년에 일찍이 물건이 있어 크기가 자리[席]만하여 침전(寢殿) 위에 보였는데 신종이 붕(崩)하였고, 원부(元符)[359] 말년에 또 보였는데 철종이 붕하였다. 정화(政和)[360] 이래로 크게 일어나서 매양 사람의 말소리만 들으면 먼저 나오는데, 열옥(列屋)이 꺾여져 무너지는 소리 같고, 그 형상이 겨우 한 길 남짓하고, 번개와 방불하고, 금눈[金眼]이며, 행동에 갱갱(硜硜)[361]하게 소리가 있고, 검은 기운이 덮어씌웠는데, 크지는 않고 요료(了了)[362]하며 기운이 미치는 곳에 비린내 나는 피가 사방으로 뿌리어 병인(兵刃)을 모두 능히 쓸 수가 없다. 또 혹은 사람의 형상으로 변하고, 또 혹시는 나귀가 되어 주야로 때 없이 나오는데 많이는 액정(掖庭)[363] 궁인이 사는 곳에 있으며, 또한 내전(內殿)까지 미쳐 상습이 되었다. 또 낙양부(洛陽府) 기내(畿內)에는 혹 물건이 있어 사람 같고 혹은 개같이 쭈그리고 앉아 있는데 그 빛이 새까매서 미목(眉目)을 분별할 수 없고, 처음에는 밤이면 작은 아이를 노략하여 먹었는데 뒤에는 대낮에 사람의 집에 들어와 근심거리가 되었다. 이르는 곳마다 떠들썩하여 불안해서 그것을 흑한(黑漢)이라고 하였다. 힘이 있는 자는 밤에 창을 가지고 스스로 호위

---

357) 휘종(徽宗) 3년 : 1102년 고려 숙종 7년.
358) 원풍(元豊) : 송나라 신종 연호. 1078~1085년.
359) 원부(元符) : 송나라 철종 연호. 1098~1100년.
360) 정화(政和) : 송나라 철종 연호. 1111~1117년.
361) 갱갱(硜硜) : 돌을 문지르는 소리.
362) 요료(了了) : 명확한 모양.
363) 액정(掖庭) : 궁중(宮中).

하였다' 하였습니다. 대저 괴이한 기운이 상(像)을 이루어 해가 되는 것은 예전에도 또한 이와 같았습니다. 지금의 전염병 증세는 여러 가지로 괴상하니, 어찌 허탄하다 하여 그 근본을 연구하지 않을 수 있습니까? 엎드려 바라건대 전하는 세종의 생각을 따르시어 대신에게 고루 물어서 천제가 아들을 단수(檀樹)에 내린 근원과, 신주를 옮겼기 때문에 괴이한 것을 일으키는 연유를 연구하여 의논하고 문화(文化)·장연(長淵)·신천(信川)·재령(載寧)의 늙은 사람과 원평·교하(交河)의 전염병 증세를 널리 물어 권도(權度)[364]에 따라 의논을 정하여 다시 성당(聖堂)의 신주를 세워 전시병(傳尸病)의 뿌리를 끊으면 온 나라가 심히 다행하겠습니다."

---

364) 권도(權度, 權導, 權道): 어떤 일을 이루기 위하여 상황에 따라 일을 처리하는 방도. 저울과 자를 아울러 이르는 말.

3. 연산군일기(燕山君日記)

연산군(燕山君) 8년(1502) 임술(壬戌) 10월 24일(계해) 1번째 기사

지평(持平) 방유령이 성균관과 사학(四學)에 대신들이 윤번(輪番)[365]으로 가르치기를 건의하다

상참(常參)을 받고 경연(經筵)에 납시었다. 지평(持平) 방유령(方有寧)이 아뢰기를,

"정치를 하는 것은 인재를 얻는 데 있고, 인재를 얻는 것은 인재를 양육(養育)하는 데 있습니다. 조종(祖宗) 때로부터 서울에는 성균관(成均舘)과 사학(四學)을 설치하고 지방에는 주(州)·부(府)·군(郡)·현(縣)에 향교(鄕校)를 설치하였으니, 양육하고 권장하는 방법이 극진했다고 말할 수 있습니다. 세종(世宗)께서는 류관(柳寬)·이직(李稷)·이첨(李詹)으로 하여금 항상 태학관(太學舘)에 가서 여러 유생(儒生)들을 가르치게 했는데, 그 당시에 태학관에 관원이 없는 것이 아니지마는 특별히 이 세 사람을 보낸 것은, 그들이 학문이 독실하고 벼슬이 높아서 무거운 명망(名望)이 있었기 때문입니다.

청하건대 별도로 대신들에게 명하여 윤번(輪番)으로 가서 가르쳐 여러 유생들로 하여금 국가에서 학교를 소중히 생각하는 뜻을 알게 하면 사람들이 모두 격려되어 힘쓸 것입니다. 주자(朱子)는 인재를 양육(養育)하는 방법을 논하면서 '그 근본은 군주 한 사람의 마음에 달려 있다' 했으니, 전하께서 만약 양육하는 데 뜻을 두시면 인재가

---

365) 윤번(輪番): 어떤 임무 따위를 돌아가며 차례로 맡음, 돌아가며 차례를 맡음.

배출되어서 세상의 쓰임이 될 것입니다" 하니,

　왕(王)이 이르기를,

　"인재를 가르치고 기르는 법이 지극하지 않은 것이 아니지만, 다만 받들어 행하지 않을 뿐이다" 하였다.

4. 중종(中宗) 실록(實錄)

1) 중종 8년(1513) 계유(癸酉) 10월 19일(계축) 3번째 기사

좌의정(左議政) 송일(宋軼)이 집을 크게 지은 것을 들어 사직을 청했으나 윤허하지 않다/

좌의정 송일(宋軼)이 아뢰기를,

"오늘 경연(經筵)에서 성상께서 재변(災變) 때문에 하문(下問)하시니, 사간 신상이 아뢰기를 '풍속(風俗)을 순후하게 하려면 사치를 금해야 하며, 무릇 대신(大臣)된 자가 먼저 스스로 검소한 뒤에야 아랫사람들이 본뜨는데, 지금 대신의 집이 사치하여 제도에 벗어나니 매우 옳지 못하다' 하였는데, 이 말이 이치에 맞습니다. 신(臣)은 폐조(廢朝) 때에 집을 헐었다가 반정(反正) 뒤에 신(臣)이 1품(品)이 되어 집을 지었습니다. 조금이라도 생각이 있었더라면 제도에 따라 집을 지었을 터인데, 신(臣)의 생각이 이에 미치지 못하여, 지은 집의 칸수가 제도를 벗어났고 단청(丹靑)까지 하여 사치가 더할 수 없습니다. 또 그때에 어찌 정승이 될 것을 알았겠습니까마는, 지금 정승의 자리에 있으니, 이렇듯 제도에 벗어나고서 어떻게 백관들의 모범이 되어 통솔하겠습니까? 신(臣)의 직(職)을 갈고 검소한 사람을 다시 얻어서 모범이 되어 통솔하도록 한 뒤에야 풍속을 순후하게 할 수 있을 것입니다. 세조(世祖) 때에 구치관(具致寬)이 정승이 되었으나 집이 극히 검소하고 누추하였으며, 류관(柳觀)이 사는 집도 매우 궁벽하고 누추했습니다" 하니,

전교(傳敎)하기를,

"풍속을 고치는 기틀은 임금에게 있고, 교화를 펴는 책임은 대신(大臣)에게 있다. 그러나 제도에 벗어난 집은 고쳐 지을 수 있는데, 어찌 이 때문에 정승을 바꾸랴! 사직하지 말라" 하였다.

2) 중종 15년(1520) 경진(庚辰) 4월 6일(계해) 1번째 기사

조강(朝講)에 나아가다 『속강목』을 강독하다/

조강(朝講)에 나아갔다. 『속강목(續綱目)』을 강독(講讀)하였다. 상이 이르기를,

"범종윤(范宗尹)은 재상이 되어 의연히 국사를 자기 책임으로 여겼으니, 정사에 사가 많기는 하였으나, 재상으로서 국사를 자기 책임으로 여겼다면 어찌 우연히 한 것이겠는가?" 하매,

사헌부(司憲府) 지평(持平) 임권(任權)이 아뢰기를,

"범상한 사람은 능히 사(私)를 버리지 못하므로 국사를 자기 책임으로 삼지 못합니다. 만약 능히 사사로운 욕심을 버리고 나라를 위하여 집을 잊고 공(公)을 위하여 사(私)를 잊는다면, 국사에 무슨 성취되지 않는 것이 있겠습니까? 우리나라에서 청렴하기로 유명한 재상 류관(柳寬)은 살림이 매우 가난하여 사는 집이 비바람을 막지 못하므로, 임매(霖霾)를 당하면 반드시 우산을 받쳐 들고도 편안히 여기며 말하기를 '이런 매우(霾雨)에 우산이 없는 사람은 어떻게 스스로 보존하겠는가?' 하였습니다."

3) 중종 21년(1526) 병술(丙戌) 10월 20일(경오) 2번째 기사

의정부(議政府) 좌참찬(左參贊) 류담년(柳聃年)의 졸기(卒記)/

의정부 좌참찬(議政府左參贊) 류담년(柳聃年)이 졸(卒)하였다. 특별히 부의(賻儀)할 것과 2일간 정조(停朝)할 것을 명하였다.

사신은 논한다. 류담년은 우의정을 지낸 류관(柳觀)[관(觀)은 관(寬)의 초명]의 증손(曾孫)이다. 인품이 관후한데다 재간이 있었고 청근(淸謹)으로 자신을 면려(勉勵)했다. 성종조(成宗朝)에 무과(武科)에 급제해서 양계(兩界)366)를 진무(鎭撫)한 바 있었다. 그때도 풍채가 장대하고 뛰어난 재간이 있는데다 성색(聲色)에 동요(動搖)되지 않았으므로 야인들이 모두 감복하였다. 그리고 계모(計謨)가 많았으므로 무인(戊寅)년367) 이후로 네 번 병조판서가 되었지만 탄핵을 받지 않았다. 학문을 하지 않은 것은 아니지만 모든 계문(啓文)은 다 하위(下位) 사람에게 양보한 채 한 글자도 직접 쓰지 않았다. 이 때문에 몸을 온전히 보존할 수 있었다. 아들이 없어 늦게 후처(後妻)를 얻었으나 성품과 행실이 광패(狂悖)해서 부득이 버렸다. 담년이 병들자 이 후처(後妻)가 시가(市街)를 도보로 걸어다니면서 자기가 아무의 아내라고 떠들어댔다. 때문에 담년이 분에 복받쳐 죽었다.

4) 중종 27년(1532) 임진(壬辰) 4월 20일(무술) 1번째 기사

정부(政府)가 청백리(淸白吏)로 장흥 부사 송흠(宋欽)을 서계(書啓)

---

366) 양계(兩界) : 평안도와 함경도.
367) 무인년 : 1518년 중종 13년.

하니 전교(傳敎)하다/

정부가 청백리(淸白吏)로 장흥 부사(長興府使) 송흠(宋欽)을 서계(書啓)하면서 아뢰기를,

"조정(朝廷) 사람들 중에도 염퇴(恬退)하는 사람이 많기는 합니다. 그러나 이 사람은 어릴 때부터 늙을 때까지 행실과 지조가 처음부터 끝까지 한결같았기 때문에 아뢰는 것입니다. 그리고 좌참찬 조원기(趙元紀)도 이 사람과 같으나 다만 현재 본부의 참찬이기 때문에 감히 서계(書啓)하지 못합니다" 하고,

또 청백리 류관(柳觀)·정갑손(鄭甲孫)·구치관(具致寬)·정창손(鄭昌孫)·이숭원(李崇元)·이약동(李約東)·김전(金銓)의 자손들을 채용할 일을 서계하니, 전교(傳敎)하였다.

"조원기는 현재 본부 당상이기에 서계하지 않았다고 하였다. 그러나 그의 청백은 누구나 다 안다. 근래에는 탐오가 풍속을 이루어 염치라곤 전혀 없어졌으니, 이 사람들은 예(例)로써 상을 주어서는 안 된다. 반드시 품계(品階)를 가자(加資)하여 권장해주어야만 다른 사람들이 본받게 될 것이다. 조원기를 숭정대부(崇政大夫)에 올려주고 송흠을 가선 대부(嘉善大夫)에 올려주어야 한다. 청백리 자손을 서용하는 일은 이조(吏曹)에 이르라" 사신은 논한다.

조원기의 청백은 온 나라가 탄복하는 일이었는데도 오래도록 상주라는 명이 없으니 사람들이 시원스럽게 여기지 않았다. 이때에 와서 어명이 있으니 사람들이 모두 시원스럽게 여겼고 탐오한 자들의 마음을 두렵게 하기에 족했다. 그리고 당시의 의논이 청백을 말하면 반드시 조원기를 먼저 말했고 탐오(貪汚)를 말하면 반드시 심정(沈貞)·이항(李沆)·김극핍(金克愊)을 첫째로 여겼으니, 탐오와 청백(淸白)의

나뉨과 영화(榮華)와 오욕(汚辱)의 갈림이 여기에서 크게 징험되게 되었다. 신상(申鏛)·김당(金鐺)·손주(孫澍)도 당시의 청간(淸簡)한 재상이었으나, 원기에게는 미치지 못하였다. 그러니 원기의 청백함은 무리 중에 특출했던 것이다. 송흠은 영광(靈光) 사람인데 등과(登科)한 첫해부터 벼슬하는 것을 달갑게 여기지 않았다. 매양 늙은 부모를 위하여 지방 수령으로 나아가 봉양하느라 1년도 조정에 있지 않고 호남의 7~8군현(郡縣)과 주부(州府)를 돌면서 다스렸다. 모두 공평과 염간(廉簡)으로 임하였기 때문에 많은 치적이 있었으며, 아전(衙前)과 백성들이 두려워하고 사랑하였다. 이때에 모친의 나이가 95~96세였으므로 관인(官印)을 풀어 놓고 집에 돌아와 벼슬길에 뜻을 두지 않으니, 사람들이 훌륭하게 여겼다.

5. 효종(孝宗) 실록(實錄)

1) 효종 8권, 3년(1652) 임진(壬辰) 6월 26일(병인) 4번째 기사

대신의 상례(喪禮)에 거림(擧臨)하는 일에 대해 논의하다/

예조(禮曹)가 아뢰기를,

"대신의 상례에 전하께서 거림하는 한 예절은 근거할 만한 전례가 없습니다. 삼가 듣건대, 세종조에 좌의정 류정현(柳廷顯)과 우의정 류관(柳寬)이 죽었을 때에 모두 백포(白袍), 오사모(烏紗帽), 흑각대(黑角帶) 차림으로 백관을 거느리고 금천교(金川橋) 밖 악차(幄次)에 나아가 거애(擧哀)하였고, 그 뒤 중묘조(中廟朝)에 좌의정 신용개(申用漑)가 죽었을 때 중묘(中廟)께서 예를 따라 거애(擧哀)하려고 하시다가 대신(大臣)과 예관들이 어렵게 여겨 거행하지 못하고 말았는데, 선정신(先正臣) 조광조(趙光祖)가, 그 당시 대신들이 받들어 따르지 못한 것을 비난하였습니다. 대개 예로부터 임금이 신하의 상례에 가서 조문하고 거애하는 예가 있었는데 폐해진 지가 이미 오래고, 우리나라에서는 세종조 이외에는 거행한 적이 전혀 없습니다. 이것은 더없이 중요한 전례(典禮)이니, 대신에게 의논하소서" 하니 따랐다.

2) 효종 6년(1655) 을미(乙未) 8월 25일(병자) 1번째 기사

정원(政院)에서 법에 따라 고문(拷問)을 행하도록 청하여 윤허하다/
정원(政院)이 아뢰기를,

"신(臣)이 삼가 『국조보감(國朝寶鑑)』을 살피건대, 태조조의 형조
판서 류관(柳觀)이 아뢰기를 '사람의 기품은 굳세고 강하기도 하며
유약하고 겁이 많기도 해서 같지 않기 때문에, 진범이면서도 곤장을
인내하고 끝까지 자백하지 않는 자도 있고 무함을 받았지만 그 고통
을 참지 못하여 끝내는 죄명을 벗어나지 못하는 자도 있습니다. 형을
관장한 자는 오직 사람을 승복(承服)시키는 것만을 좋아해서 귀중한
인명은 돌아보지 않은 채 법 밖의 형벌을 가하면서 다방면으로 매질
하고 신문(訊問)하므로 그 죄가 드러나지도 않았는데 이미 곤장(棍
杖) 아래서 쓰러져 죽으니, 성상(聖上)의 살리기를 좋아하는 덕(德)에
위배됨이 있습니다' 하였습니다. 중외(中外)의 형벌을 적용하는 자로
하여금 법(法)대로만 고문(拷問)을 행하게 하고, 법 밖의 형벌은 류관
(柳觀)이 진달(陳達)한 말로써 중외에 널리 고하여, 유념해서 거행하
게 하소서" 하니 그대로 따랐다.

6. 현종(顯宗) 개수(改修) 실록(實錄)

1) 현종(顯宗) 개수(改修) 3년(1662) 임인(壬寅) 9월 11일 (신사) 2번째 기사

　대사간 민정중이 상이 항상 근신할 것과 궁장의 일에 처리가 늦음을 상차(上箚)하다/

　대사간 민정중(閔鼎重) 등이 상차하였는데, 그 대략에,

　"전하께서 능침에 참배할 적에 아련히 조고(祖考)가 내려와 임하신 듯하였는데, 옛적에 창업하고 지키던 어려움과 오늘날 계승하기 어려운 점을 생각하시면서, 반드시 앞으로 근신하고 두려워하여 날마다 더욱 조심해야겠다는 마음가짐으로 잠깐 사이라도 끊임이 없게 하시면, 어디서든지 조고를 뵙게 되어 성상의 효도가 날로 빛날 것이니, 나라를 보호하고 왕실을 흥성하게 하는 것이 또한 다른 데에 있는 것이 아닙니다. 그러나 이 미약한 마음을 향해 뭇 사욕이 공격해오는 만큼, 분명하게 뜻을 스스로 세워 줄기차게 나가지 않는다면, 성색(聲色)·화리(貨利)·기기(奇技)·음교(淫巧) 따위가 뒤섞여 번갈아 들어오므로 침식되지 않을 수가 없습니다. 그러므로 오직 의리의 학문을 강구해 나가야만 이 마음을 밝힐 수 있으며, 어진 사대부를 가까이해야만 이 마음을 기를 수 있으며, 귀에 거슬리는 말을 즐겨 들어야만 이 마음을 유지해갈 수 있습니다.

　대개 학문에 뜻을 돈독히 가지면 성경(聖敬)은 날로 발전하여 계승해서 번창해 가는 공이 있을 것이며, 어진 선비를 가까이하는 때가

많으면 총명이 날로 넓혀져 서로 수양되는 이익이 있을 것이며, 언로(言路)를 활짝 연다면 자신의 허물을 날로 듣게 되어 거절하지 않는 아름다움이 있게 될 것입니다. 참으로 이 세 가지의 일에 힘을 쏟는다면 전하의 마음이 맑아져 사특한 것들이 물러가게 되어 천덕(天德)과 왕도(王道)도 이를 따라 모두 극치에 이를 것입니다. 옛날 태조 대왕께서 건국 초기에 대사성(大司成) 유경(劉敬)과 내사사인(內史舍人) 류관(柳觀)에게 명하여 교대로 날마다 숙직하게 하면서『대학연의(大學衍義)』를 진강하게 하셨는데, 성인께서 창업하여 대통을 물려주면서 자손들이 이어갈 수 있게 한 것이 이와 같았습니다. 이 뒤로 성신(聖神)이 서로 이어 3백 년을 지내오면서 학문에 종사하는 그 돈독함은 전이나 뒤나 똑같았습니다. 이것이 바로 성조(聖朝)의 가법(家法)이니, 오늘날 계승하여 나가야 할 큰 것이 아니겠습니까" 하였다.

7. 정조(正祖) 실록(實錄)

1) 정조 5년(1781) 신축(辛丑) 2월 13일 병진(丙辰) 31번째 기사

규장각(奎章閣)에서 고사(故事) 절목(節目)을 올리다

국초(國初)에 상신(相臣) 류관(柳寬)이 송 태조(宋太祖)가 포연(酺宴)을 내린 고사를 인용하여 3월 3일, 9월 9일을 영절(令節)로 삼아서 신료(臣僚)들로 하여금 승지(勝地)를 가려서 유락(遊樂)하게 함으로써 태평한 기상을 형용(形容)하게 할 것을 청하였었다. 이제 내각(內閣)을 새로 창건한 때를 당하였으니 마땅히 고사를 수거(修擧)하여야 한다. 해마다 3월과 9월에는 반드시 한가한 날을 선택하여 봄·가을로 유락하되, 기일(期日)에 앞서 초기(草記)를 올려 취품(取稟)하여 유지(有旨)를 얻은 연후에 유하정(流霞亭)으로 나아간다. 모든 영악(伶樂)과 공대(恭待)는 호당(湖堂)의 고풍에 의거하여 한다. 만약 이 두 달 안에 유고(有故)하게 되면 물려서 행할 수 없게 함으로써 계엄(戒嚴)의 뜻을 두게 한다.

부록(附錄)

1. 묘제(墓祭) 의절(儀節)

○ 한식(寒食)과 추석(秋夕) 두 명절(名節)에 여러 곳[各處]의 자손(子孫)이 산 아래로 움직여 재실(齋室)에서 만나기로 앞서 정하여 헌관(獻官)·축관(祝官) 및 모든 집사(執事)를 택하여 정하고 모두 축문(祝文)을 준비하고 몸소 음식과 그릇을 씻어 갖추어야 한다. 정결(精潔 : 순수하고 깨끗하며 단아하다)하여야 함을 힘써야 한다.

○ 寒食秋夕兩節日, 各處子孫前期進山下齋室, 擇定獻官祝官及諸執事, 齋宿準祝躬在具饌滌器, 務從精潔.

○ 당일(當日)에 대야에 몸을 씻고 옷을 갖추고[벼슬이 있는 사람은 공복(公服)을 입고, 벼슬이 없는 사람은 검은 갓[冠]에 흰 옷[소복]에 검은 띠를 맨다] 묘소(墓所)에 두 번 절하고 무덤 지경[域]에 안과 밖의 둘러싸서 도는 것을 받들어 행하여 슬프게 살피어 세 번 돈다. 곧 칼과 도끼 호미로 풀과 가시를 베고 끊고 제거하여, 마음을 편안케 하고, 청소하고 비로 쓸고 성막 덮개를 치고 또 묘(墓)의 좌측을 제사의 후토(后土)[368]로써 한다.

○ 當日沐浴盥漱具服＜有官者公服, 無官者玄冠素服黑帶＞
詣墓所再拜奉行, 營域內外環繞哀省三周, 如有草棘, 卽用刀斧鋤斬

---

368) 후토(后土) : [명사] ＜민속＞ 토지를 맡아 다스린다는 신.

艾夷, 灑掃設仰帳, 又除地於墓左以祭后土.

헌관(獻官) 및 집사(執事)는 모두 대야에 진설(陳設)할 음식을 깨끗하게 씻고(다만 불에 구울 것은 내놓지 않는다),

獻官及執事, 皆盥洗陳饌<但不進炙>

○ 강신(降神)의 예(禮)를 행하고

○ 行降神禮

○ 헌관(獻官)이 나아가 향석(香石) 앞에서 북쪽으로 향(向)하여 서 있고, 집사(執事) 한 사람이 잔반(盞盤)을 받들고 서서 있고, 헌관(獻官)의 왼쪽에 한 사람인 집사(執事)가 술을 따르고, 헌관(獻官)의 오른쪽에 서서 있고 헌관(獻官)은 꿇어앉아 받들고 잔반(盞盤)은 서쪽으로 향(向)하여 꿇어앉아 소반[盤]을 올리면 헌관(獻官)은 받는다. 술을 따르는 집사(執事)는 동쪽을 향하여 꿇어앉아 잔(盞)에다 술을 따르며, 헌관(獻官)은 왼손에 소반[盤]을 가지고 오른손에는 잔(盞)을 가진다. 술을 따르고 손으로 빌고 잔관(盞盤)을 집사(執事)가 받아서 집사자(執事者)가 되돌려 잔반(盞盤)에 술을 따른다. 그러므로 헌관(獻官)의 본디 자리로 돌아온다. 머리 숙이고 엎드렸다가 일어서서 조금 물러나서 두 번 절하고 비로소 향석(香石) 앞에 꿇어앉아 세 번 향(香)을 올린다. 머리 숙이고 엎드렸다가 일어서서 조금 물러나서 두 번 절하고 본디 자리로 돌아온다.

○ 獻官詣香石前北向立, 執事者一人奉盞盤, 立于獻官之左, 一人執注, 立于獻官之右. 獻官跪奉, 盞盤者西向跪進盤, 獻官受之, 執注者東向跪, 斟酒于盞, 獻官左手執盤, 右手執盞, 灌于莎上. 以盞盤授執事者, 執事者反注及盞盤于. 故處還就位獻官, 俛伏興少退再拜. 仍詣香石前跪三上香, 俛伏興少退再拜, 還就位.

○ 참신(參神)의 예(禮)를 행한다.

○ 行參神禮

○ 헌관(獻官) 및 자리에 있는 모든 사람은 두 번 절한다.

○ 獻官及在位者, 皆再拜.

○ 초헌(初獻)의 예(禮)를 행한다.

○ 行初獻禮

○ 헌관(獻官)이 대야[盥]에 (손을) 씻고 존소(尊所)에 두고 잔(盞)에다가 술을 따르고, 비로소 향석(香石) 앞에 꿇어앉아 있고 집사자(執事者) 한 사람이 건위(乾位)[369]를 받들고 잔반(盞盤)을 두고 헌관(獻官)의 오른쪽에 서쪽으로 향하여 꿇어앉아 헌관(獻官)은 나아가서

---

369) 건위(乾位): 남자의 신주(神主)나 위패(位牌) 또는 무덤.

받으니 왼손에는 소반[盤]을 받고 오른손에는 잔(盞)을 받아서 세 번 제사지내고 손으로 빈다<조금 기운다>. 집사 자(執事者) 한 사람은 헌관(獻官)의 왼쪽에 두고 동쪽을 향하여 꿇어앉아 잔(盞)과 소반[盤]을 받는다. 건위(乾位)를 제사 지내고 다시 곤위(坤位)[370]를 취(取)하여 잔(盞)과 소반[盤]을 또한 같으며 곤위(坤位) 앞에 제사 지내고 헌관(獻官)은 머리 숙이고 엎드렸다가 다시 일어나 조금 물러난다. 집사자(執事者)는 서서 구운 것을 나아가 밥뚜껑을 열고 삽시(挿匙)[371]하고 젓가락을 바로잡는다. 헌관(獻官) 및 자리에 계신 분들은 모두 꿇어앉아 구부리고 엎드려 축관(祝官)이 축판(祝板)을 잡고 헌관(獻官)의 왼쪽에서 동쪽으로 향하여 꿇어앉아 축문(祝文)을 읽고 자리에 계신 분들은 모두 일어선다. 헌관(獻官)은 두 번 절하고 본디 자기의 자리로 돌아온다.

○ 獻官盥洗詣尊所斟盞, 仍詣香石前跪, 執事者一人奉乾位盞盤詣, 獻官之右, 西向跪進, 獻官受之, 左執盤, 右執盞. 三祭于莎<少傾> 執事者一人詣, 獻官之左, 東向跪, 受盞盤, 奠于乾位, 前次取坤位, 盞盤亦如之, 奠于坤位前, 獻官俛伏興少退, 立執事者, 進灸啓飯, 盖挿匙正箸, 獻官及在位者皆跪, 俯伏祝執祝板, 詣獻官之左東向跪讀, 在位者皆興, 獻官再拜, 還就位.

○ 아헌례(亞獻禮)를 행한다.

---

370) 곤위(坤位): [명사] 부인(婦人)의 무덤이나 신주(神主).
371) 삽시(挿匙) : [명사] 제사 지낼 때 숟가락을 메에 꽂음. 또는 그런 의식.

○ 行亞獻禮

○ 집사자(執事者)가 잔반(盞盤)을 받들고 나가서 다시 (손을) 씻는다.

○ 執事者奉出盞盤更洗

○ 헌관(獻官)은 대야[盥]에 손을 씻고 존소(尊所)이르러 잔(盞)에 술을 따른다. 이에 향석(香石) 앞에 꿇어앉아 있고, 집사자(執事者) 한 사람이 오른쪽에서 잔(盞)과 반(盤)을 받들고 나아가면 헌관(獻官)은 받아서 세 번 제사 지내고 손을 빈다. 집사자(執事者) 한 사람이 왼쪽으로부터 와서 신위(神位)를 받는다. 초헌(初獻)의 의식(儀式)과 같다. 헌관(獻官)이 머리를 숙이고 엎드렸다가 일어나 조금 물러나 두 번 절하고 본디 자리로 돌아온다.

○ 獻官盥洗詣尊所斟盞, 仍詣香石前跪, 執事者一人, 自右奉進盞盤, 獻官受之, 三祭于莎. 執事者一人, 自左受之, 奠于神位, 前如初獻儀. 獻官俛伏興少退, 再拜, 還就位.

○ 종헌(終獻)의 예(禮)를 행한다.

○ 行終獻禮

○ 집사자(執事者)가 받들고 나가 다시 (손을) 씻으니 처음과 같다.

○ 執事者奉出, 盞盤更洗如初.

○ 終獻官盥洗, 詣尊所斟盞, 仍詣香石前跪, 執事者一人, 自右奉進盞盤, 獻官受之, 三祭于莎. 執事者一人, 自左受之, 奠于神位, 前皆如亞獻儀, 獻官俛伏興少退, 再拜, 還就位.

○ 집사자(執事者)는 국[羹]을 물리고 차[茶]를 올린다(뜨겁게 달군 물[熟水]로 대신한다).

○ 執事者撤羹進茶(代以熟水).

○ 헌관(獻官) 및 자리에 계신 분 모두는 구부리고 엎드려 양구(良久)[372]하고 일어난다.

○ 獻官及在位者皆俯伏, 良久興.

○ 음복(飮福)의 예(禮)를 행하고, 집사자(執事者)는 향석(香石) 앞에 자리를 베풀고 초헌관(初獻官)이 자리에 나아가 북쪽으로 향하여 축문(祝文)을 받들고 나아가 신위(神位) 앞에 선다. 잔반(盞盤)은 헌관(獻官)의 오른쪽에 이르니 헌관(獻官)은 꿇어앉아 축문(祝文)을 읽는다. 또 헌관(獻官)은 꿇어앉아 잔반(盞盤)을 받고 조금 따라서 자리 앞에 두고 술의 맛을 보고 일곱 번을 빌고 아울러 소반[盤]을 숟가락

---

372) 양구(良久) : '양구하다'의 어근. 양구하다 : [형용사] 시간이 꽤 오래다.

으로 뜨고, 모든 신위(神位)의 밥을 취한다. 각각(各各) 조금씩 받드는 것을 받아들이고 헌관(獻官)의 왼쪽에 이른다. 헌관(獻官)의 자리에 술을 두고 머리 숙이고 엎드려 두 번 절하고 일어난다. 꿇어앉아 밥을 맛보고, 실제로 왼쪽 소매에 새끼손가락[季指]을 걸어 놓는다. 술을 취하여 드디어 마신다. 집사자(執事者) 한 사람은 오른쪽에 꿇어 앉아 소반[盤]을 받들고 곁에 한 사람이 따르고, 왼쪽에서는 소반[盤]을 받는다. 또한 이와 같다.

헌관(獻官)이 머리 숙이고 엎드렸다가 일어나서 서쪽을 향하여 서고 축관(祝官)은 동쪽을 향하여 서로 서서 향하여 국궁(鞠躬)373)하고 평신(平伸)한다(서로 읍(揖)하는 본보기[例]임). '이롭게 진보(進步)하시기를' 안부를 묻고 돌아서 자리로 나아가고 자리에 계신 분들은 모두 두 번 절한다[헌관(獻官)은 절을 아니 한다].

○ 行飮福禮, 執事者設席于香石前, 初獻官就席, 北面祝奉出神位前, 盞盤詣獻官之右, 獻官跪祝. 亦跪獻官, 受盞盤, 少灌于席前, 啐酒祝取匕, 幷盤抄取, 諸位之飯, 各少許奉, 以詣獻官之左, 獻官置酒于席, 俛伏興再拜, 跪受飯嘗之, 實于左袂, 掛袂于季指, 取酒卒飮, 執事者一人, 自右跪受盤, 置注旁一人, 自左受盤, 亦如之.

獻官俛伏興, 西向立, 祝東向立相, 向鞠躬而平伸<如相揖例>, 告利成還就位, 在位者皆再拜<獻官不拜>.

○ 집사(執事)는 숟가락과 젓가락[匙箸]과 두 밥그릇을 물리고, 무릇

373) 국궁(鞠躬) : [명사] 윗사람이나 위패(位牌) 앞에서 존경하는 뜻으로 몸을 굽힘.

헌관(獻官) 및 자리에 계신 분들은 모두 두 번 절하고 사신(辭神)374)한다.

○ 執事撤匙箸合飯, 盖獻官及在位者, 皆再拜辭神.

○ 축문(祝文)을 받들고 나가서 축문(祝文)을 존소(尊所)375)에 참배하고 헌관(獻官)을 따라서 축문(祝文)을 갖고 동쪽을 향하여 서서 축문(祝文)을 불사른다.

○ 祝奉出祝文詣尊所, 獻官隨祝東向立, 乃焚祝文.

○ 밥에 갖추어 먹는 여러 가지 음식을 거두고 비로소 물러난다.

○ 撤饌乃退.

축고(祝告)

維 歲次干支 某月干支朔 某日干支 幾代孫 某 敢昭告于
顯幾代祖考 大匡輔國崇祿大夫 議政府 右議政 贈諡文簡公府君
顯幾代祖妣 廣陵郡夫人 廣州安氏之墓 今以草木歸根之時 追惟報本
禮不敢忘 瞻掃
封塋 不勝感慕 謹以淸酌 庶羞祇薦歲事 尙 饗

---

374) 사신(辭神) : [명사] 제사를 지내고 나서 신을 보내는 일. 재배를 하고 지방과 축문을 불사른다.

375) 준소(樽所) : (옛날에) 제사(祭祀) 지낼 때 준(樽)을 놓아두는 곳 일정(一定)한 자리가 정(定) 해져 있었음.

모년(某年), 모월(某月) ○○삭(朔) 모일(某日) 간지(干支) 몇 대손(代孫) ○○ 고(告)하나이다.

○대 할아버지이신 대광보국(大匡輔國) 숭록대부(崇祿大夫) 의정부(議政府) 우의정(右議政) 증시(贈諡) 문간공(文簡公) 부군(府君)

몇 대 할머니이신 광릉(廣陵) 군부인(郡夫人) 광주안씨(廣州安氏)의 무덤에 지금은 풀과 나무가 뿌리로 돌아가는 때입니다. 생각하건대 근본을 갚을 길이 예도(禮度)로써 감히 잊지 못하겠나이다. 우러러 봉영(封塋)376)을 비로 쓸고 사모하는 마음을 이기지 못하여 삼가 맑은 술과 간소한 음식으로 정성껏 제사를 올리오니 가상히 여기사 흠양하옵소서.

산신축문(山神祝文)

維 歲次干支 某月干支朔 某日干支 某官 具 姓名 敢昭告于
土地之神 某 恭修歲事于 幾代祖考 大匡輔國 崇祿大夫 議政府 右議政 贈諡文簡公府君 幾代祖妣 廣陵郡夫人 廣州安氏之墓 惟時佑保實賴
神休敢以酒饌 敬伸奠獻 尙 饗

모년(某年), 모월(某月) ○○삭(朔) 모일(某日) 간지(干支) 몇 대손(代孫) ○○ 고(告)하나이다.

토지(土地)의 신(神)께서 세사(歲事)377)를 받들어 다스리니 몇 대 할아버지이신 대광보국(大匡輔國) 숭록대부(崇祿大夫) 의정부(議政府)

---

376) 봉영(封塋) : [명사] 조상의 무덤을 높여 이르는 말.
377) 세사(歲事) : 일년 중(中)에 일어나는 일. 일년 중(中)의 일.

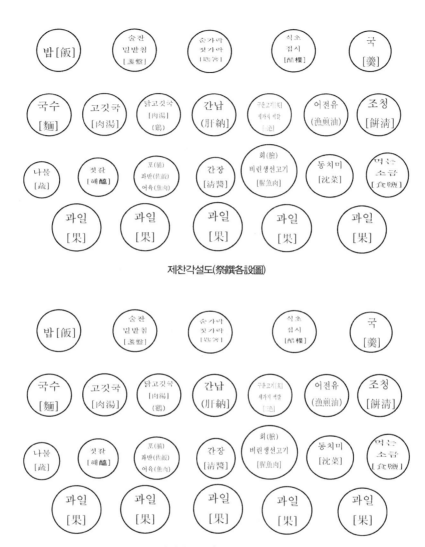

제찬각설도(祭饌各設圖)

산신위진설도(山神位陳設圖)

우의정(右議政) 증시(贈諡) 문간공(文簡公) 부군(府君)

몇 대 할머니이신 광릉(廣陵) 군부인(郡夫人) 광주안씨(廣州安氏)의 무덤에 생각하건대 때를 가리지 않고 보우(保佑)를 받으므로 신(神)이 쉴 수 있고 실제로 힘입어 감히 술과 음식을 차려 올리오니 너그러이 감음(感飮)하옵소서.

2. 조선상신고(朝鮮相臣考)

세종조(世宗朝)에 정승을 지낸 사람
세종대왕(世宗大王) 때 재위(在位) 32년 15인(人)

직위 (職位)	존휘(尊諱)	본관(本貫)	호(號)	시호 (諡號)	참고(參考)
좌의정	이원(李原)	고성(固城)	용헌(容軒)	양헌(襄憲)	치사(致仕)
우의정	정탁(鄭擢)	청주(淸州)	춘곡(春谷)	익경(翼景)	
우의정	류관(柳寬)	문화(文化)	하정(夏亭)	문간(文簡)	기사(耆社), 치사(致仕), 궤장(几杖) 받음.
우의정	조연(趙涓)	한양(漢陽)		양경(良敬)	
영의정	황희(黃喜)	장수(長水)	방촌(厖村)	익성(翼成)	궤장(几杖) 받음.
좌의정	맹사성(孟思誠)	신창(新昌)	동포(東浦)· 고불(古佛)	문정(文貞)	장(杖) 받음, 치사(致仕)
좌의정	권진(權軫)	안동(安東)	독수와(獨樹窩)	문경(文景)	기사(耆社)
좌의정	최윤덕(崔潤德)	통천(通川)	림곡(霖谷)	정렬(貞烈)	文武兼備
우의정	노한(盧閈)	교하(交河)	효사정(孝思亭)	공숙(恭肅)	음(蔭)
좌의정	허조(許稠)	하양(河陽)	경암(敬庵)	문경(文敬)	耆社, 궤장(几杖) 받음.
좌의정	신개(申槩)	평산(平山)	인재(寅齋)	문희(文僖)	기사(耆社), 궤장(几杖) 받음.
좌의정	이귀령(李龜齡)	연안(延安)		강호(康胡)	
영의정	하연(河演)	진주(晋州)	경재(警齋)	문효(文孝)	기사(耆社), 궤장(几杖) 받음.
영의정	황보인(皇甫仁)	영천(永川)	지재(芝齋)	충정(忠定)	계유피화(癸酉被禍)
좌의정	남지(南智)	의령(宜寧)		충간(忠簡)	음(蔭)

3. 류관 선조 기록에 오류가 있는 책들

1) 조선 고종 31년(단기 4227, 서기 1894) 갑오(甲午)년 청화월(淸和月)(음력 4월) 상한(上澣)[순(上旬)]에 간행(刊行)된 『夏亭集(하정집)』<示姪 副提學 思訥>에서 '吾家長物惟淸白'은 유(惟)는 유(唯)로 사용하는 것이 보편(普遍) 타당(妥當) 합리적(合理的)이라고 사료(思料)된다. 유(惟)라면 '우리 집안의 자랑할 것은 청백(淸白)을 생각하고', 유(唯)라면 '우리 가문의 자랑할 것은 청백(淸白)뿐이다'라고 풀이가 된다. 1914년 6월 상한(上澣)[상순(上旬)]에 간행(刊行)된 『夏亭柳先生遺集』<示姪思訥>에서도 앞과 같이 따랐다. 그 뒤 묘비(墓碑) 후면(後面)에도 위와 같이 따랐다.

2) 신석우(申錫雨)께서 쓴 『夏亭集(하정집)』 2권의 <神道碑文(신도비문)>에서 19면 뒤쪽에 '文科考試官取李慥等三十三人' 문하평리(門下評理) 성석린(成石璘)께서 동지공거(同知貢擧), 평리(評理) 조준(趙俊)께서 동지거(同知擧)이었다. "恭讓王朝(공양왕조) 二年(이년) 六月(육월) 庚午榜(경오방) 門下評理(문하평리) 成石璘(성석린) 評理(평리) 趙浚(조준) 取三十三人(취삼십삼인)"378) 『夏亭遺集(하정유집)』 연보(年譜)에도 그리고 <柳觀, 辛克敬, 鄭津 朝鮮開國原從功臣 錄券연구>379) 논문에서도 똑같이 답습(踏襲)하고 있다. 이성무(李成茂)

---

378) 『高麗登科錄』, 東國族譜研究所, 모두 170쪽/색인 24쪽, 1998년 10월 20일 발행. 167쪽에서 인용함.

379) 「柳觀, 辛克敬, 鄭津 朝鮮開國原從功臣 錄券연구」, 『嶺南學』 471쪽에서 인용함.

박사가 지은 『韓國의 科擧制度』247쪽에 "고려시대에는 知貢擧와 同知貢擧가 과거시험을 주관하는 單試官制가 실시되었으나……" 의거 당시 문하평리(門下評理) 성석린(成石璘)이 동지공거(同知貢擧)였으며, 평리(評理) 조준(趙浚)이 지공거(知貢擧)로 문과고시관(文科考試官)이었다. 지공거와 동지공거는 1명이었던 것으로 보이고, 고시관(考試官), 대독관(代讀官), 독권관(讀卷官) 등 여러 명이었을 것으로 추정한다.

3) 조선 선조 때에 허봉(許篈)께서 펴낸 야사(野史) 『海東野言(해동야언)』에서는 文簡公(문간공)을 잘못하여 文正公(문정공)으로 잘못 기록되어 있다. 이긍익(李肯翊)이 편찬한 야사(野史)인 『大東野乘(대동야승)』에도 이와 같이 실려 있다.

4) 『紀年通攷(기년통고)』 세종 8년(1426)

○ 右議政柳觀免改名寬字敬父號夏亭諡文貞淸貧搆第興仁門外不過數間對客設酌濁醪一瓦盆一老婢以一沙鍾進酒數鍾而已太宗知其淸貧如此命繕工監夜半設把子不令知之又賜膳不絶.380)

○ 우의정 유관(右議政 柳觀)이 사면했다. 개명(改名)은 관(寬)이고 자는 경부(敬父381))), 호는 하정(夏亭), 시호는 문정(文貞)이다.

나이	年號/干支	王朝	官歷
45	庚午	恭讓 2(1390)	6月 文科考試官(取 李堤 等三十三人)

380) 앞의 책 192쪽에서 인용(引用).
381) '父'(부)는 잘못이고 '夫'(부)가 올바름.

세종 십일년(十一年)(1429)

○ 柳文貞382)寬請以三月三日九月九383)爲令節使大小臣僚選勝行樂以
形容太平氣像從之寬引年致仕命給第四科祿四年而終諡文貞先是領相
柳廷顯卒上以白袍烏帽率百官出錦川橋幄次擧哀至是又如之.384)

○ 문정공 유관(文靖385))公 유관(柳寬)이 주청하기를 "三월 삼짇날
과 九월 九일을 영절(令節)로 삼고 대소신료(大小臣僚)들이 명승지를
선택하여 행락(行樂)케 함으로써 태평기상(太平氣像)을 나타내게 하
소서" 하므로 이에 따랐다.

유관이 나이를 이유로 관직에서 물러나므로 제四의 과록(科祿)을
지급토록 했는데 四년 만에 별세하니 시호를 문정(文靖386))이라 했
다.387)

5) 『燃藜室記述(연려실기술)』에 "己丑拜吉州道按撫節制使, 領吉州
牧, 往鎭朔方野人入寇, 剿除居魁, 擊却之處, 振北方, 太宗遣使宣醞, 仍
留宣化." "기축(己丑)에 길주도(吉州道) 안무절제사(按撫節制使) 영길
주목(領吉州牧)이 되어서 북방(北方)을 지킬 때 야인(野人)이 침입하
자, 그 괴수(魁首)를 죽이고 격퇴(擊退)시켰으므로 그 위세(威勢)가
북방에 떨쳤다. 태종이 사신(使臣)을 보내어 술을 내리고 이어 그곳

---

382) '簡'(간)이 올바르고 '靖'(정)은 잘못이다.
383) '日'(일) 글자가 빠져 있다.
384) 앞의 책 200쪽에서 인용.
385) 원문(原文)에는 '貞'(정)으로 실려 있고, 번역에서는 '靖'(정)으로 실려 있다.
386) '簡'(간)이 올바르고 '靖'(정)은 잘못이다.
387) 앞의 책 201쪽에서 인용.

에 머물러 두어 교화(敎化)를 펴게 하였다."『조선왕조실록』에 의하면 4월 15일에 성석인(成石因)·안노생(安魯生)·노한(盧閈) 등과 경사(京師)에서 돌아왔다고 술자리를 광연루(廣延樓) 베푸는 데 참석하였고, 6월 13일에 형조판서(刑曹判書)를 제수(除授), 6월 21일에 판공안부사(判恭安府事)를 제수(除授)받았다고 『세종실록』 13권에 실려 있다.

6) 『大東野乘(대동야승)』388) 제2권 권지일(卷之一)에 문정공(文正公)으로 실려 있으나, 文簡公(문간공)이라고 하여야 옳다.

7) 하정(夏亭)의 스승인 야은(壄隱) 전녹생(田祿生)『冶隱逸稿(야은일고)』「乙卯讜議(을묘당의)」에는 우의정(右議政)을 좌의정(左議政)으로 잘못 실려 있다.

8) 『夏亭先生遺集(하정선생유집)』 번역본(飜譯本) 106면 뒤쪽에 "원종훈록(原從勳錄)을 사퇴(辭退)하다"는 "청물허기복소(請勿許起復疏)가 있다"로 바꾸어야 한다.

---

388) 대동야승(大東野乘) : 조선시대의 패관(稗官) 문학서(文學書). 필사본. 72권 72책. 편자·간년 미상. 규장각도서. 수록된 저서가 57종 130권에 달하는 방대한 분량이다. 조선 개국 초부터 인조 때까지 약 250년 동안에 나온 역사관계의 만록(漫錄)·야사(野史)·일기·전기·수필·설화(說話) 등의 저술과, 역대 왕조의 일사(逸事) 및 명인들의 일화(逸話)·소담(笑談) 등이 광범하게 수집되어 있다. 성현(成俔)의 『용재총화(慵齋叢話)』, 서거정(徐居正)의 『필원잡기(筆苑雜記)』, 차천로(車天輅)의 『오산설림초고(五山說林草藁)』, 김안로(金安老)의 『용천담적기(龍泉談寂記)』, 이이(李珥)의 『석담일기(石潭日記)』, 김시양(金時讓)의 『부계기문(涪溪記聞)』, 작자 미상의 『광해조일기(光海朝日記)』, 남효온(南孝溫)의 『추강냉화(秋江冷話)』, 『사우명행록(師友名行錄)』 등이 채록되어 있다. 당파를 초월하여 다양하게 채집됨으로써 여러 사화(士禍)와 당파의 분열 및 임진왜란과 병자호란을 연구하는 데 중요한 사료(史料)이다. 또 당시의 풍속과 세정을 널리 살필 수 있다. 최근 정부지원 고전국역사업의 하나로 번역되어 출간된 바 있다.

9) 『海東續小學(해동속소학)』 <實敬身(실경신)> 50면 앞쪽에 “柳亮389)文化人公廉方正雖位極人臣茅屋一間布衣芒鞋淡如也嘗霖雨如麻公手傘備雨曰無傘者何以能堪夫人曰無傘之人必有備公笑之.”

류량(柳亮)은 문화인(文化人)이다. 청렴(淸廉)하고 공정(公正)하여 지위(地位)가 신하로서는 최고의 자리에 올랐으나, 삼베옷에 짚신차림으로 담박(淡泊)하게 생활하였다. 일찍이 장맛비가 삼대처럼 내렸는데, 비가 새므로 공은 손수 우산을 받아 비를 막으며 “우산이 없는 자는 어떻게 견디겠는가?” 하였다. 부인(夫人)이 “우산이 없는 사람은 반드시 대비가 있을 것입니다” 하니 공은 웃었다.

『國朝人物志(국조인물지)』에 근거하여 류관(柳寬)으로 바로 잡아야 한다.390)

10) 『여흥민씨문인공파지선록(驪興閔氏文仁公派知先錄』391) 상권(上卷) 177쪽, 원문(原文) 59쪽의 좌의정(左議政)은 우의정(右議政)으로 바로 잡아야 한다.

11) 『名世叢攷(명세총고)』「청백안(淸白案)」에 ‘左相(좌상)’은 ‘右相’으로 바로 잡아야 한다.

---

389) 대본(臺本)에는 ‘亮’(량)으로 실려 있으나 『國朝人物志』외(外) 제가 문서에 의거하여 ‘觀’(관)이 올바르다.

390) 동양문화총서3 『사람답기 위하여』海東續小學, 成百曉(성백효) 譯註(역주), 모두 370쪽, 발행처 : 사단법인 전통문화연구회, 1995년 5월 10일 초판 인쇄, 247쪽에서 인용.

391) 『驪興閔氏文人公派 지선록(知先錄)(여흥민씨문인공파지선록)』 상권(上卷), 여흥민씨(驪興閔氏) 문인공파(文人公派) 한림공(翰林公) 공목공파(恭穆公派) 종중(宗中), 모두 427쪽, 원문 155쪽, 번역자 이민수(李民樹), 교정자 나종면(羅鍾冕), 추진위원장 : 민병갑(閔炳甲), 종무위원 : 민태국(閔泰國), 편집위원 : 민동근(閔東根), 1999년 월 1일 발행.

12) 『筆寫大觀』392)615쪽과 『黃海墨跡』393)신천군편 412쪽~413쪽의 送淡叟下湖(송담수하호)의 유묵(遺墨) 친필(親筆)이라는 것은 『歷代海東名家筆譜』(역대해동명가필보) 1926년. 백두용(白斗鏞)편에 2권(卷) 4장(張)에 박건(朴楗)394)의 친필(親筆)로 확인(確認)됨.

392) 『筆史大觀(필사대관)』,하드커버, 모두 1332쪽, 저자 서울, 홍사단출판부, 판사 홍사단출판부, 1988년 초판. 190×255, 조선조부터 역대인물 666인의 글씨체를 수록함. 국민의식 정립사상 교양본, 역대 유명인사들의 친필 서문 사본. 진주시립도서관 청구기호 참고648-홍835필.

393) 『黃海墨跡(황해묵적)』, 李壽德(이수덕) 著, 발행사항 서울: 臻見舍(진현사), 1994년 6월 1일, 형태사항 488쪽.:삽도; 22cm. | 1994년 06월 01일 출간. ISBN 13-2006261000023. 판사항[영인판], 발행사항 서울: 韓國人文科學院, 1998년 형태사항 486쪽.: 지도; 23cm. 국립중앙도서관 청구기호 :648-이411ㅎㄱ.

394) 박건(朴楗) : 1434(세종 16)~1509(중종 4). 조선 전기의 문신. 조선의 정치가. 자는 자계(子啓), 시호는 공간(恭簡). 본관은 밀양(密陽). 응천군(凝川君) 중손(仲孫)의 아들. 1453년(단종 1) 문과(文科)에 급제, 집현전 수찬(集賢殿修撰)이 되고, 교리(敎理)를 거쳐 사정(司正)을 지냈다. 1455년(세조 1) 좌익원종공신(佐翼原從功臣)이 되었고, 사인(舍人)·우부승지(右副承旨)등을 거쳐 1468년(예종 즉위1) 전라도 관찰사, 이듬해 한성부 우윤(漢城府右尹)에 오르고 1472년(성종 3) 진하부사(進賀府使)로서 명나라에 다녀온 후 호조참판을 지냈다. 1479년 황주 선위사(黃州宣慰使), 이듬해 반송사(伴送使), 1483년(성종 14) 천추사(千秋使)로 명나라에 다녀오고, 다음해 평안도 관찰사·대사헌, 1485년 첨지중추 부사(僉知中樞院事), 1492년에 한성부 판윤(漢城府判尹)·지중추 부사(知中樞府事)를 역임. 1495년(연산군 1) 우참찬(右參贊)으로서 지춘추관사(知春秋館事)를 겸하여 ≪성종 실록≫의 편찬에 참여했고, 형조판서 우찬성(右贊成)을 거쳐 좌찬성(左贊成)으로 세자이사(世子貳師)를 겸했다. 1504년(연산군 10) 폐비(廢妃) 윤씨의 추시(追諡)를 반대하다 함경도 관찰사로 좌천, 1506년 판중추 부사가(判中樞府事)에 임명되었다가 박원종(朴元宗)·성희안(成希顔) 등과 반정(反正)에 참여, 중종을 추대하여 정국공신(靖國功臣) 3등이 되고 밀산군(密山君)에 봉해졌으며, 이듬해 부원군(府院君)으로 진봉(進封)되었다. 뒤에 좌찬성·영경연사(領經筵事)를 지냈다. 박건[朴楗](인명사전, 2002.1.10, 민중서관)

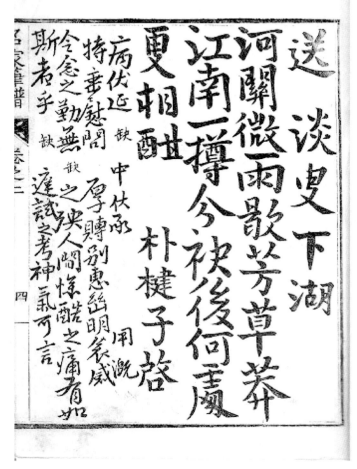

送淡叟下湖

河關微雨歇芳草萋
江南一樽今祓後何虞
更相酬

朴楗子啓

病伏近鈌
特垂慰問鈌
令念之勤無
斯者于鈌

中伏承
厚賜別惠絪明衾威
之夾人間悵酷之痛有如
達誠之考神氣可言

闆瀨

△ 1434(세종 16)～1509(중종 4). 조선 전기의 문신.
글씨는 『명가필보』 2권 4장(張)에 실려 있다.

4. 현달(顯達)한 후예(後裔) 선세편(先世編)

1) 정승(政丞)에 오르신 분들

세(世)	휘자(諱字)	연대(年代)	관직(官職)	호(號)	자(字)	시호(諡號)
10세손	상운(尙運)	1696(숙종 22년)~ 1698(숙종 24년)	영의정 (領議政)	약재 (約齋)	유구 (悠久)	충간 (忠簡)
11세손	봉휘(鳳輝)	1724(영조 원년)~ 1725(영조 1년)	좌의정 (左議政)	만암 (晩菴)	계창 (季昌)	충정 (忠靖)

2) 공신(功臣)에 오르신 분들

세(世)	휘자(諱字)	연대(年代)	공신(功臣)이름	등위(等位)
현손	희정(希汀)	중종(中宗) 때	정난공신(靖難功臣)	3등 12인(人) 8위(位)
7세손	몽정(夢鼎)	선조(宣祖) 때	선무원종훈(宣武原從勳)	
7세손	옥(沃)	선조(宣祖) 때	선무원종훈(宣武原從勳)	

3) 충(忠)으로써 정려(旌閭)를 받으신 분

세(世)	휘자(諱字)	중요사항(重要事項)
6세손	희진 (希津)	인조(仁祖) 때 충신(忠臣)으로 정려를 받음. 팔도부원수(八道副元帥) 비(斐)의 아버지임.

4) 효도(孝道)로 정려(旌閭)를 받은 분들

세(世)	휘자(諱字)	내용(內容)	받은 때
9세손	충건 (忠健)	종부시(宗簿寺) 주부(主簿)를 역임, 효(孝)로써 호조정랑(戶曹正郎)에 증직(贈職)됨.	숙종 병신(丙申) 서기 1716년
10세손	시량 (時亮)	사어(司禦)를 역임, 효(孝)로써 광흥창수(廣興倉守)에 증직(贈職)됨.	
11세손	송제 (松齊)	사헌부(司憲府) 장령(掌令)을 역임, 효(孝)로써 도승지(都承旨)에 증직(贈職)됨. 문정공(文正公) 송시열(宋時烈)이 『柳氏三世旌閭傳(류씨삼세정려전)』 지음.	
12세손	장경 (長庚)의 처(妻), 전주이씨 (全州李氏)	효부(孝婦)로써 정려(旌閭)를 받음 아버지는 통덕랑(通德郎) 진양(震暘), 충간공(忠簡公) 성중(誠中)의 현손(玄孫)임.	
14세손	완(琓)	효(孝)로써 훈몽교관(訓蒙敎官)을 관위(官位)를 추사(追賜)함.	고종 신묘(辛卯) 서기 1891년

5) 열녀(烈女)로 정려(旌閭)를 받은 분들

세(世)	내용(內容)	비고(備考)
13세손	류동우(柳東雨)의 처(妻) 풍양조씨(豊壤趙氏)	
13세손	류계종(柳繼宗)의 처(妻) 여흥민씨(驪興閔氏)	
14세손	류집(柳潗)의 처(妻) 전주이씨(全州李氏)	류집의 스승 백자(柏子)

6) 실학(實學)에 힘쓴 대학자들

세(世)	휘자(諱字)	중요사항(重要事項)
10세손	형원(馨遠)	호(號)가 반계(磻溪)로 『반계수록(磻溪隨錄)』 등 70여 권을 지은 실학(實學)의 비조(鼻祖)임.
12세손	수원(壽垣)	호(號)가 농암(聾菴)으로 『우서(迂書)』 5권을 지음.

7) 염리(廉吏)로 기록되신 분들

세(世)	휘자(諱字)	내용(内容)
8세손	성오(誠吾)	자(字)는 근부(近夫), 숭정(崇禎) 계유(癸酉)년에 진사(進士), 익위사(翊衛司) 위솔(衛率)을 역임(歷任). 증(贈) 영의정(領議政)
9세손	상운(尙運)	자(字)는 유구(悠久), 호(號)는 약제(約齋). 현종(顯宗) 경자(庚子)년에 진사(進士), 병오(丙午)년에 별시(別試), 기미(己未)년 문신(文臣) 정시(庭試)에 으뜸. 두 차례 평양감사, 전라도 감사, 육조참판(六曹參判), 호조판서(戶曹判書)・이조판서(吏曹判書), 제학(提學) 영의정(領議政). 숙종조(肅宗朝) 부음(訃音)을 듣고 도망시(悼亡詩)를 지으심. 조선 숙종(肅宗) 조정(朝廷)에서 뽑힘, 기사(耆社)에 듦.
10세손	봉휘(鳳輝)	자(字)는 계창(季昌). 숙종(肅宗) 갑자(甲子)년 진사(進士), 무인(戊寅)년에 3번을 지어 으뜸, 제학(提學), 이조판서(吏曹判書), 좌상(左相)에 이름.

8) 거유(巨儒)로써 배향(配享)되신 분들

세(世)	휘자(諱字)	중요사항(重要事項)
7세손	몽정(夢井)	호(號)는 청계(淸溪), 남원부사(南原府使), 광주목사(光州牧使)를 역임. 송산사(松山祠)에 배향(配享)됨.
8세손	렴(濂)	호(號)가 죽봉(竹峰), 정유재란(丁酉再亂) 때 창의(倡義)하여 선무원종훈(宣武原從勳)에 기록됨. 송산사(松山祠) 및 금산(錦山) 금곡사(金谷祠)에 배향(配享)됨.
8세손	준(浚)	호(號)는 사교당(四矯堂), 병자호란(丙子胡亂) 때 창의(倡義)함.
8세손	호(許)	호(號)는 지우재(止隅齋), 임진왜란(壬辰倭亂) 때 창의(倡義)함.

8세손	공신(公信)	호(號)가 송계(松溪), 선조(宣祖) 때 효(孝)로써 정려(旌閭), 인조(仁祖) 때 원종훈(原從勳)에 기록됨. 영강사(榮江祠)에 배향(配享)됨.
8세손	공량(公亮)	호(號)가 하담(荷潭), 인목대비(仁穆大妃)를 폐(廢)하자는 의론에 상소(上疏)로 항거(抗拒)함. 문평군(文平君)
9세손	무(懋)	호(號)는 휴계(休溪), 문집(文集)이 있고, 연산(連山) 향현사(鄕賢祠)에 배향(配享)됨.
10세손	상운(尙運)	평양감사(平壤監司)를 두 번 하셨고, 서쪽 땅에 사당(祠堂)을 세우니 평양사(平壤祠)에서 봄가을로 사향(祀享)함.
10세손	형원(馨遠)	도학(道學)이 고명(高明)하셨고, 70여 권의 책을 지음. 사액(賜額)인 천안(天安) 반계서원(磻溪書院)에 배향(配享)됨.
10세손	문원(文遠)	호(號)는 삼우당(三友堂), 향년(享年) 80, 행의(行誼)가 있어 향인(鄕人)이 여러 차례 천거(薦擧)함. 숙종(肅宗) 때 반계서원(磻溪書院)에 배향(配享)되고, 복호(復戶)를 받음.

9) 문과(文科) 급제(及第)한 사람

문과 급제한 후손 중 당상관(堂上官)에 오르신 분만 기록함.

세(世)	휘자(諱子)	연대(年代)	시별(試別)	과별(科別) 등위	관직(官職)	계파(系派)
맏 아들	맹문(孟聞)	태종 1년(1401) 신사(辛巳)	증광(增廣) 별시(別試)	병과(丙科) 6등	의정부(議政府) 우참판(右叅判)	참판공(參判公)
넷째 아들	계문(季聞)	태종 8년(1408) 무자(戊子)	식년시(式年試)	진사과(進士科) 12등	형조판서(刑曹判書)	안숙공(安肅公)
손자	삼(朕)	세종 16년(1434) 갑인(甲寅)	알성시(謁聖試)	을과(乙科) 3등15명 중 10등(等)	부제학(副提學)	맹문(孟聞)의 둘째 아들
손자	권(睠)	세조 2년(1456) 병자(丙子)	식년시(式年試)	정과(丁科) 23명 중 12등	병조(兵曹)참판(叅判)	계문(季聞)의 맏아들
현손	희저(希渚)	연산군(燕山君) 2년(1496) 병진(丙辰)	식년시(式年試)	갑과(甲科) 3명 중 2등 탐화(探花)	부제학(副提學), 대도호부사(大都護府使)	맹문(孟聞)의 증손(曾孫)
7세손	몽정(夢鼎)	선조 7년(1574) 갑술(甲戌)	별시(別試)	병과(丙科) 12명 중 4등	승지(承旨)	맹문(孟聞)의 6세손(世孫)

10세손	상운 (尙運)	광해군 7년 (1666) 병오(丙午)	별시 (別試)	병과(丙科) 7명 중 4등	영의정(領議政) 을 두 번 역임함	참판공(參判 公). 몽익(夢 翼) 증손(曾 孫), 속(洬)의 손자. 성오(誠 吾)의 아들
10세손	상재 (尙載)	숙종 9년(1683) 계해(癸亥)	증광(增廣) 별시(別試)	을과(乙科) 7명 중 3등	부제학 (副提學)	
10세손	담후 (譚厚)	현종 6년(1665) 을사(乙巳) 10월	별시(別試)	을과(乙科) 3명 중 1등	좌승지(左承旨)	참판공(參判 公) 희정(希汀)의 5대손, 공량(公 亮)의 손자
10세손	봉징 (鳳徵)	숙종 8년(1682) 임술(壬戌) 11월	증광(增廣) 별시(別試)	병과(丙科) 25명 중 8등	승지(承旨), 좌윤(左尹)	안숙공(安肅 公). 옥(沃)의 증손(曾孫)
11세손	봉휘 (鳳輝)	숙종 23년(1697) 정축(丁丑)	정시 (庭試)	병과(丙科) 11명 중 4등	의정부(議政府) 좌의정(左議政)	참판공(參判公). 상운(尙運) 의 아들
		숙종 25년(1699) 기묘(己卯)	식년시 (式年試)	을과(乙科) 7명 중 3등		

10) 음사(蔭仕)로 당상관(堂上官)에 오르신 분들

음사(蔭仕) 후손 중 종3품 이상에 오르신 분만 기록함-

세(世)	휘자(諱字)	중요사항(重要事項)
증손	담년(聃年)	병조판서(兵曹判書)를 역임, 시호(諡號)는 양무(襄武)
7세손	몽두(夢斗)	맹문(孟聞)의 6대손. 내금위장(內禁衛將)(종2품)을 역임(歷任)함.
7세손	비(斐)	계문(季聞)의 6대손. 팔도부원수(八道副元帥)를 역임(歷任)함.
7세손	옥(沃)	인동부사(仁同府使)를 역임(歷任)함.
8세손	승서(承瑞)	남병사(南兵使)를 역임(歷任)함.
8세손	정익(廷益)	삼도수군통제사(三道水軍統制使)를 역임(歷任)함.
10세손	한명(漢明)	남재(南齋) 몽삼(夢參)의 현손(玄孫). 회녕(會寧), 장단(長湍), 제주 (濟州), 강계(江界) 병수사(兵水使)

후손은 문과(文科)에 37명이 급제, 무과(武科)에 79명이 급제, 10명
의 충신(忠臣), 효자(孝子) 및 열녀(烈女), 거유(巨儒), 절의(節義)가 많
으나 지면 관계로 약(略)한다.

5. 묘소 오시는 길(교통정보)

강하면 소재지에서 광주군 방향으로 88번 도로를 타고 1.5km를 가면 왼편으로 동오리로 들어오는 길이 나온다. 이 길을 따라 2km 가면 동오 1리 간촌마을이 나온다. 간촌마을 오른쪽 샛길로 400m 떨어진 야산에 류관 묘가 위치한다.

※ 연락처 : 경기도 양평군 문화관광과 031-770-2473

○ 88고속도로 경유(經遊)할 때(권장코스)

　서울 → 88도로 → 미사리 → 팔당 → 양수리 → 국수 → 양평 → 양근대교 → 강하면

○ 구리 경유(經遊)할 때

　서울 → 88도로 → 팔당 → 양수리 → 국수 → 양평 → 양근대교 → 강하면

○ 중부고속도로 경유(經遊)할 때

　① 서울 → 중부고속도로 → 경안I.C → 퇴촌 → 양평 → 양근대교 → 강하면

　② 서울 → 중부고속도로 → 곤지암I.C → 양평 → 양근대교 → 강하면

○ 영동고속도로 경유(經遊)할 때

　남부지방 → 중부고속도로 → 영동고속도로 → 이천I.C → 이천 → 이포대교 → 양평 → 영동고속도로 → 여주I.C → 여주 → 천서리 → 양평 → 강하면

○ 내비게이션 이용고객 : 경기도 양평군 강하면 동오1리 산157번지

참고문헌

『하정선생유적(夏亭先生行蹟)』, 필사본(筆寫本).

『하정선생전집(夏亭先生全集)』

표제/책임표시사항 : 夏亭先生全集/류관(柳寬) 저(著)

판사항 : 목활자본(木活字本)

발행사항 : [刊寫地未詳] : [刊寫者未詳], [刊寫年未詳] 서기 1800년?

형태사항 : 1冊(43張) : 四周單邊, 半郭 23.0×17.5cm. 有界. 10行 19字, 注雙行.
　　　　　內向 二葉花紋魚尾 : 31.0×20.2cm

국립중앙도서관 고전운영실(보존) 청구기호 : 古3648-59-74.

『夏亭先生全集(하정선생전집)』, 공(公)의 세손인 한림(翰林) 상재(尙載)가 비장
　　(秘藏)한 실록(實錄)을 고증(考證)하여 편집(編輯)하였으며, 조선 정조
　　(正祖) 24년(서기 1800) 후손(後孫) 류순(柳洵)이 간행(刊行)하고, 甲午
　　(갑오) 서기 1894년 3월 上旬(상순) 完山(완산) 李建昌(이건창) 謹書(근
　　서) 集錄(집록)序(서) 己未(기미)(서기 1899년) 孟秋(맹추) 上澣(상한)
　　不肖孫(불초손) 明垣(명원) 謹識(근식), 조선 고종(高宗) 31년(1894)에
　　류명원(柳明垣)이 집록(集錄)하고 도유사(都有司)는 류병준(柳秉俊)이
　　하였다. 서기 1894년.

『夏亭先生遺集(하정선생유집)』

표제/책임표시사항 : 夏亭先生遺集/柳寬 著

판사항 : 石板本

발행사항 : [刊寫地未詳] : [刊寫者未詳], 1915

형태사항 : 60張 : 30.0×18.8cm

주기사항

序 : 公歿後三百六十八年庚申(1800)......李基讓 庚申(경신)(서기 1800)년 孟夏(맹
　　하) 外孫(외손) 前(전) 參判(참판) 廣陵(광릉) 李基讓(이기양) 序文(서문)
　　撰[지음]

庚申(경신)(서기 1800)년 孟夏(맹하) 外孫(외손) 前(전)承旨 (승지) 朴奎淳(박규
　　순) 序文 (서문) 撰[지음]

庚申(경신)(서기 1800)년 孟夏(맹하) 資憲大夫(자헌대부) 五衛都摠府(오위도총
　　부) 都摠管(도총관) 驪州(여주) 李家煥(이가환) 序文(서문) 撰[지음]

跋 : 公歿後四百八十二年甲寅(1915)......崔定鉉

甲寅(갑인) 1914년 6월 上澣(상한) 海州崔氏(해주최씨) 崔定鉉(최정현) 跋文(발문)

국립중앙도서관 고전운영실(보존) 청구기호 : 古3648-59-4.

『夏亭先生遺集(하정선생유집)』, 문화류씨하정공파고양공종중, 번역인 : 류종현, 교정인 : 류재성, 도서출판 回想社, 서기 1995년 乙亥(을해) 12월, 240쪽.

『류관』, 한국위인전기 8, 권용철 엮음, 신은균 그림, 아이템풀.

「柳觀, 辛克敬, 鄭津 朝鮮 開國功臣錄券 연구」, 457~527쪽, 南權熙(남권희), 모두 546쪽, 『嶺南學』, 제15호, 경북대학 영남문화연구원, 2009년 6월 30일 발행.

『우산각골 청백리』, 전설마당 ① 서울·경기도 편, 4. 우산각골 청백리 42~45쪽, 김미희 글, 이만수 그림, 모두 238쪽, 1994년 11월 15일 1판 1쇄, 펴낸 곳 : 능인.

『文簡公墓祭儀節』, 필사본(筆寫本), 附(부) 誠孝錄(성효록), 복사본.

『文化柳氏』, 乙酉譜(을유보), 필사본(筆寫本).

『文化柳氏世譜(문화류씨세보) 嘉靖版(가정판)』, 柳穎(류영), 영인본(影印本), 모두 498쪽, 발행소 : 文化柳氏宗親會, 1979년 6월 30일.

『文化柳氏世譜總目(문화류씨세보총목)』, 丙寅(병인)(1926년) 陽月(양월) 10월 3일 대승공(大丞公) 31세 通政大夫(통정대부) 秘書院丞(비서원승) 겸 掌禮院(장예원) 掌禮(장례) 寅哲(인철) 發行(발행), 서기 1926년.

『文化柳氏世譜文獻錄(문화류씨세보문헌록)』, 丙寅(병인)(1926년) 陽月(양월) 10월 3일 대승공(大丞公) 31세 通政大夫(통정대부) 秘書院丞(비서원승) 겸 掌禮院(장예원) 掌禮(장례) 寅哲(인철) 發行(발행), 서기 1926.

『국역조선왕조실록(朝鮮王朝實錄)』 보급판CD롬 2장. 서울시스템주식회사/동방미디어주식회사.

『文化柳氏夏亭公派譜』, 전3권, 2003년[병인(병인)년] 1월 발행, 발행소 : 文化會館, 발행처 : 도서출판 回想社(회상사).

『車柳大宗史』, 모두 280쪽, 부록 38쪽, 정오표 3쪽, 車行七(차행칠) 발행, 柳化烈(류화렬) 編輯(편집), 1966년 11월 18일 初版(초판) 完了(완료), 車柳大宗會(차류대종사) 全南道本部(전남도본부) 車柳大宗史(차류대종사) 編纂委員會(편찬위원회).

『車柳大宗史』, 모두 280쪽, 부록 38쪽, 정오표 3쪽, 車行七(차행칠) 발행, 柳化烈(류화렬) 編輯(편집), 1986년 6월 28일, 延安車氏大宗會(연안차씨대종회) 重刊(중간).

『韓國人名大辭典(한국인명대사전)』, 新丘文化社.

『國朝人物志(국조인물지)』, 전3권, 서울대학교출판부.

『典故大方(전고대방)』, 서기 1928년 8월 20일 7판 발행/서기 1981년 9월 30
일 25판 발행, 세창서관.

『贈補典故大方』, 大邱鄕校總務掌議 殷鍾泰 모, 乙亥(을해) 서기 1995년, 婚禮・喪
禮・祭禮/83쪽, 人物/160쪽, 典故大方/433쪽.

『韓國族譜三十年史』, 서기 1984년 12월 13일 7판 발행, 回想社(회상사).

『國朝榜目』, 319쪽, 官廳別號表(관청별호표) 22쪽, 內鮮歷代對照年表(내선역대대
조연표) 8쪽, 昭和(소화) 14년(서기 1939년) 9월 10일 발행, 朝鮮總督
府中樞院(조선총독부중추원).

『族譜式(족보식) 榜目列記(방목열기)』, 石隅(석우) 林幾禎(임기정) 編著(편저),
1270쪽, 2000년 10월 30일 발행, 東光出版社(동광출판사).

『國史大事典』, 李弘稙, 知文閣, 1965.

『韓國故事大典』, 924쪽, 金舜東(김순동) 編, 1996년 10월 20일, 回想社.

『儒學槪論(유학개론)』, 梁大淵(양대연).

『세종대왕』, 洪以燮, 世宗大王記念事業會, 1971.

『朝鮮初期 兩班硏究』, 李成茂, 424쪽, 一潮閣. 1980년 1월 30일 발행.

『논문작성법』, 인문・사회 편, 임인재 편저, 108쪽, 1993년 11월 25일 초판
제1쇄 발행, 서울대학교출판부.

『韓國性理學의 脈』, 崔完基 著, 311쪽, 느티나무 1989년 6월 25일 초판발행.

『서울의 街路名 沿革』, 모두 435쪽, 東大門區篇(동대문구편) 91 하정로(夏亭路)
199~201쪽, 발행 서울特別市, 1986년 1월 발행.

≪동아일보≫ 1972년 11월 27일자.

『洞名沿革考』, 48쪽, 7. 東大門區篇(동대문구편), 1982년, 서울특별시사편찬위원
회.

『朝鮮古今名賢傳(조선고금명현전)』, 479쪽, 京城 : 朝鮮弘文社, 大正 11(1922),
일본어와 한문 혼용(混用).

『朝鮮古今名賢傳(조선고금명현전)』, 133쪽, 柳寬(류관), 모두 [總] 479쪽, 朝鮮
(조선), 弘文社(홍문사) 編纂(편찬), 大正(대정) 11년(서기 1922) 7월
18일 초판 발행/大正(대정) 11년(서기 1922) 11월 30일 3판 발행, 朝
鮮(조선) 弘文社(홍문사) 出版(출판).

『芝峰類說(지봉유설)』, 芝峯 李睟光 저, 440쪽, 南晩星(남만성) 역주, 모두 563
쪽, 을유문화사. 2000년 3월 5일 발행. 제14부 性行(성행) 제2장 廉潔
(염결) 1. 유관(柳寬)의 청렴 283~284쪽.

『지봉유설 精選』, 440쪽, 芝峯 李睟光 저, 丁海廉 역주, 모두 563쪽, 2000년 3월 5일 발행, 現代實學社. 제14부 性行(성행) 제2장 廉潔(염결) 1. 유관(柳寬)의 청렴 283~284쪽.

『韓國名賢史話全集 3』, 文獻編纂會編, 모두 318쪽, 檀紀 4293년 7월 5일, 柳寬(유관) 124~131쪽.

『慵齋叢話(용재총화)』, 卷之四, 成俔(성현), 415쪽, 41. 『성호사설Ⅴ』, 人事門(인사문), 재단법인 민족문화추진회, 1977년 12월 20일 초판 발행/1985년 2월 28일 중판 발행, 모두 336쪽, 111쪽 인용(引用).

한국정신문화연구원, 『古文書集成二』-扶安 扶安金氏篇-.

『韓國名人言行選(한국명인언행선)』, <淸白(청백)> 雨傘 없는 집 걱정한 柳政丞, 『筆苑雜記(필원잡기)』, 132~133쪽 成樂秀(성락수)・閔丙秀(민병수) 編著(편저), 1974년 1월 25일 초판 발행, 모두 385쪽, 進明文化社(진명문화사).

『韓民族의 上古史』, 龍庵(용암) 尹熙炳(윤희병) 著[지음], 서기 1985년 3월 31일, 447쪽, 부록 94쪽, 白山學會(백산학회).

『한 권으로 읽는 한국 명가의 가훈』, 98쪽 류관(1346~1433), 모두 342쪽, 박성숙 엮음, 초판 1쇄 발행 1998년 12월 5일, 석일사.

『慵齋叢話(용재총화)』, 제4권 93쪽, 지은이 성현成俔, 302쪽, 엮은 곳 민족문화추진회, 1판 1쇄 1997년 3월 15일 발행, 솔.

『조선건국기 재상열전』, 유관/민족사관을 정립한 늦깎이재상 180~185쪽, 김진섭 지음, 지성사, 1998년 3월 초판 1쇄 펴냄.

『다큐멘터리 서울定都 六百年』, 제4권・歷史의 事件現場/34. 동대문(東大門) 밖 우산각골 299~304쪽, 모두 346쪽, 1993년 4월 20일 초판발행, 펴낸곳・서울신문社.

『600년 서울 땅이름 이야기』, 제5장 서울의 가로명/255쪽 91. 하정로(夏亭路), 김기빈 지음, 모두 345쪽, 살림터.

『이규태의 600년 서울』, 동대문 밖 우산각・비새는 방에서 우산 쓰고 산 청백리집/129~131쪽, 저자 이규태, 모두 391쪽, 조선일보사 출판국 1993년 1월 6일 초판 발행.

『옛날 옛적 서울에』, 비 새는 집 안에서 우산을 받친 우산각 골유 정승・101~108쪽, 모두 352쪽, 1994년 12월 15일 발행, 발행처/서울시립대학교 부설 서울학연구소, 편집 기획/소학사.

『한국인의 주거문화 2』, 이규태(조선일보 논설위원) 지음, (주)신원문화사.

『선비의 의식구조』, 이규태(李圭泰)(조선일보 논설위원) 지음, 모두 372쪽, 신원문화사, 초판 발행일 1984년 5월 10일. 淸貧性向, 庇雨思想과 그 人脈, 208~213쪽.

『선비의 의식구조』, 이규태(李圭泰)(조선일보 논설위원) 지음, 신원문화사, 초판 11쇄 발행일 1993년 3월 30일, 淸貧 性向, 庇雨思想과 그 人脈, 232~235쪽.

『신바람 韓國學』, 이규태 코너 ⑦, 모두 391쪽, 기린원, 1988년 7월 25일 초판 1쇄 발행. 雨傘 韓國史1(57~158쪽).

『양평탐구』, 양평의 인물, 모두 187쪽, 2009년 2월 28일 발행, 경기도양평교육청교육장 김갑수 발행, 유관(柳寬) 106쪽.『양평탐구』, 문화유적, 양평군 유적과 유훈, 36~37쪽.

대동기문 1,『조선왕조 오백년의 선비정신』, 방 안에서 우산을 써야 했던 청백리 유관/52쪽, 강효석 편저, 권영대·이정섭·조명근 역, 모두 359쪽, 1995년 9월 15일 초판 발행, 화산문화.

한국고전문학 7,『詩話와 漫錄』, 5. 靑坡劇談[032] 61~62쪽, 車柱環 校註(교주), 모두 447쪽, 1978년 11월 5일 발행, 普成文化社.

『문화류씨하정공파 대호군파송화현감공계열보』, 모두 168쪽, 韓國族譜學會 編, 서기 2004년 甲申 9월 10일 발행.

『황해도지』(명승고적 편), 김용국 저, 서기 1970년 7월 15일, 황해도 발행.

『信川郡誌』, 信川郡誌編纂委員會, 504쪽, 1984년 9월 30일, 信川郡民會.

『黃海墨跡』, 李壽德 著, 臻見舍, 모두 488쪽, 1994年 6月 1日 發行. 412~413쪽 인용(引用).

『補遺高麗史列傳』, 社團法人 高麗崇義會 編, 모두 976쪽, 1997年 7月 1日. 801~802쪽 인용(引用).

『大東韻府群玉人名輯覽』, 權虎基(권호기) 輯(집), 1991년 7월 5일 발행, 197쪽, 亞細亞文化社.

『우산각골·부군당 역사고증』, 윤여준(尹汝濬) 책임고증, 모두 29쪽.

『夏亭柳寬略事』, 문화류씨하정공파종중, 모두 23쪽, 서기 1986년 11월 12일.

『庇雨堂考證』, 문화류씨하정공파고양공종중 拱, <庇雨堂考> 金龍國(김용국) 모두 27쪽.

『우반동, 우반동 사람들 ⑭』, 문화관광부 한국향토사연구전국협의회, 227쪽, 1998년 8월 발행.

『吏道의 등불』, 任文錫(임문석) 편저, 모두 417쪽, 1981년 9월 5일 발행, 冠文社(관문사).

『車柳宗史五千年(차류종사오천년)』, 柳宗鉉(류종현) 편집 주간, 감수 : 차류대종회중앙총본부 명예회장 차익교, 사무총장 류원식, 582쪽, 2003년 2월 25일 초판 발행, 차류공보사.

『溪西野譚』, 李羲準 編著, 『한국문헌설화전집 1』, 동국대학교 부설 한국문학연구소 編 1981.

『靑野謾輯』, 권1. 李喜謙 編著, 『한국문헌설화전집 9』, 동국대학교 부설 한국문학연구소 編 1981.

『거문고에 귀신이 붙었다고 야단』, 성현·어숙권(지은이), 김찬순·홍기문(옮긴이), 보리, 2006-07-25, 양장본, 568쪽, 223×152mm(A5신), ISBN(13) : 9788984282407.

『韓國易學總覽(한국역학총람)』, <歷代名賢傳(역대명현전)> 45쪽, 韓國易學總覽編纂委員會, 1973년 6월 20일, 새마을社.

『산림』, 통권 196호, 산림조합중앙회, 1971.

『關友』, 9권 12호, 관우회.

『구보-동대문구』, 제1367호, 동대문구.

『서울 경우』, 통권 21 재향경우회 서울특별시지부, 2004.

『서울시보』, 제2582호, 서울특별시, 2004.

『열매』, 통권 제61호, 저축추진중앙위원회, 1980.

『地方行政』, 통권 468호, 대한지방행정공제회, 1992.

『地方行政』, 35권 11호, 대한지방행정공제회, 1986.

『(신금)한마음』, 통권25호, 전국상호신용금고연합회, 1996년 4월 3일(제25호) 발행.

『漢京識略(한경식략)』(제1판), 서울시사편찬위원회, 1956년 6월 30일 발행, (영인본).

『漢京識略(한경식략)』(제2판), 서울시사편찬위원회, 322쪽, 2000년 8월 31일 발행, 영인본.

『漢京識略』, 柳本藝(류본예) 著(저), 權泰益(권태익) 譯(역), 探求堂(탐구당), 1974.

「서울사료총서」, 제1집 활자본, 『東國輿地備考』, 4289년(1956) 5월 15일 발행, 第宅/北部, 東門外 柳寬第, 56쪽.

『譜學과 朝鮮史 상식』, 河栽逵 편저, 모두 381쪽, 화이트 발행, 2004년 2월 20일 발행.

『우리 선비』, 정옥자 지음, 펴낸 곳 : (주)현암사, 초판 발행 : 2002년 12월 10일, 5쇄 발행/2004년 1월 5일, 31~32쪽.

『儒州世德錄』 上卷, 先蹟圖鑑, 編輯處 : 儒州世德錄編纂會, 모두 332쪽, 西紀 2002年 4月 10日 發行, 柳寬 39~42쪽.

『儒州世德錄』 中卷, 宗史寶鑑, 編輯處 : 儒州世德錄編纂會, 모두 640쪽, 西紀 2002
　　年 4月 10日 發行, 柳寬/259〜262쪽.

『古佛孟思誠傳記』, 孟輻在(맹온재) 지음, 187쪽, 牙山郡, 牙山郡守 發行, 1988년
　　4월 20일 發行.

『청백리의 표상 고불 맹사성』, 모두 187쪽, 발행인 : 홍병선, 편집인 : 이내무,
　　발행처 : 한국예총 아산지부, 2003년 2월 28일 발행.

『尨村黃喜先生文集』, 長水黃氏大宗會, 2001.

『청백리의 표상 고불 맹사성』, 한국예총 아산지부, 이내무 편집, 모두 187쪽,
　　2003년 2월 28일 발행.

『한국의 파벌』, 이이화 지음, 모두 215쪽, 여강출판사, 1991년 3월 30일 초판
　　발행.

『韓國氏族說話研究』, 許慶會 著, 모두 222쪽, 全南大學校出版部, 1990년 10월 20
　　일 發行.

『韓人의 傳統家庭教育思想』, 李啓鶴·柳蕙玲·孫直鉄·李烘雨 共著, 모두 285쪽,
　　한국정신문화연구원, 1994년 11월 30일 초판 2쇄 발행.

『羅末麗初의 豪族과 社會變動研究』, 金甲童 著, 모두 321쪽, 高麗大學校 民族文化
　　研究所, 1990년 4월 30일 初版發行.

『조선조의 정치사상』, 박충석(朴忠錫)·유근호(柳根鎬) 공저, 모두 220쪽, 평
　　화출판사, 1980년 5월 10일 초판 발행.

『세종 시대의 국토방위』, 이해철 지음, 228쪽, 1985년 12월 31일 초판 발행
　　/1994년 5월 31일 재판 발행, 세종대왕기념사업회.

『세종대왕의 어린 시절』, 이태극 지음, 156쪽, 1984년 12월 29일 초판발행,
　　1986년 4월 25일 재판발행, 1993년 8월 31일 삼판발행, 세종대왕기
　　념사업회.

『韓國人物事典』, 恩光社辭書部 編, 모두 299쪽, 圖書出版恩光社, 1983년 3월 5일 發行.

『韓國家族研究』, 崔在錫 著, 701쪽/색인 4쪽/A STUY OF KOREAN FAMILY
　　50쪽, 株式會社 民衆書舘, 一九六六年 七月 三〇日 初版/一九七〇年 五月
　　二五日 再版/一九七七年 一〇月 一〇日 四版發行.

『朝鮮初期社會構造研究』, 李載壑 著, 288쪽, 1984년 10월 10일 初版發行/1995년
　　1월 5일 重版 發行, 一潮閣.

『李朝初葉名賢集選』, 813쪽, 成均館大學校 大東文化研究院, 檀紀四二九二(1959)年
　　十二月 一五日 發行.

『月刊野談』, 제6권 10호 : 慕古堂, 癸酉社出版部, 1939.10. 국립중앙도서관/전자
　　저널디지털도서관/유형 : 모체관계 : (1939/10/), 故事類選, 48쪽, 柳寬

의 沈着性.

『한국사연표』, 한국정신문화연구원 지음, 펴낸 곳 : 동방미디어[주], 모두 805
쪽, 제1판 제1쇄 발행·2004년 8월 15일.

『'언론'이 조선왕조 500년을 일구었다』, 김정수 지음, 312쪽, 도서출판 가람
기획, 초판 1쇄 펴낸 날/2000.11.25, 302쪽에서 인용(引用).

『朝鮮名人典』, 尹甲植(윤갑식), 923쪽, 文豪社(문호사), 一九六五年 二月 二五日
初版發行/西紀 一九六八年 增補版發行/一九八一年 五月 五日 修正版 發行,
897쪽, 하드커버.

『朝鮮名人典』 再修正版, 尹甲植 編著, 923쪽, 24cm, 明文堂 1990년 월 일.

『名世叢攷』, 필사본(筆寫本)(稿本), 간사지미상(刊寫地未詳), 간사자미상(刊寫者未
詳), 간사년미상(刊寫年未詳), 국립중앙도서관 고전운영실(6층) 청구기
호 : 한古朝 57-가517.

『名世叢攷』 上, (韓國學資料 : 第6輯), 영인판, 韓國圖書館硏究會 編, 520쪽, 서울
: 韓國圖書館硏究會, 1975년.

『名世叢攷』 下, (韓國學資料 : 第6輯), 영인판, 韓國圖書館硏究會 編, 962쪽, 1976
년. 11월 8일 발행

『名世叢攷』 上·下(2册), 韓國圖書館硏究會 編, 26cm 서울 : 景仁文化社, 1975년.

『淸選攷』, 성남 : 한국정신문화연구원, 1981.

『淸選考』(藏書閣貴重本叢書 : 第2輯) 上-下, 文化財管理局 編, 3책 : 26cm, 서울 :
探求堂, 1972.

『大東掌攷』, 필사본(筆寫本), 洪敬謨(朝鮮) 編, 37.6×22.7cm-全956-v.1-13.

『高麗時代 蔭敍制와 科擧制 硏究』(朴龍雲, 一志社, 1990[911.042 박65 ㄱ]).

『高麗史』.

『高麗史節要』.

『國譯(국역) 경국대전연구』, 윤국일 지음, 도서출판 신서원, 홍기문·김석형
監修(감수), 587쪽, 1986년 1월 15일 초판 발행/1990년 6월 5일 중판
발행.

『譯註(역주) 經國大典(경국대전)』, 여강·윤국일 譯註(역주), 홍기문·김석형 監修(감
수), 536쪽, 초판 발행 1991년 7월 30일/개정판 발행 2000년 4월 30일.

『조선왕조사』―제1권 건국에서 현종까지―, 이성무 지음, 622쪽, 펴낸 곳·
동방미디어(주), 제1판 제1쇄 발행·1998년 10월 20일/제2판 제1쇄
발행·1999년 3월 20일.

『牧隱 李穡의 學問과 學脈』, 申千湜(신천식) 著(저), 495쪽, (株)一潮閣(일조각),
1998년 4월 30일 第1版 1刷 發行.

『朝鮮朝 性理哲學의 構造的 探究』, 최근덕・송항룡・송하경・서경요・이기동・
　　　성균관대학교출판부, 1판 1쇄 발행 2001년 1월 26일.
『韓國學』, 제22집 1980 봄호<磻溪特輯>, 45쪽/자료편 東國輿地志抄 96쪽, 韓
　　　國學硏究所, 1980년 5월 19일.
『이도 세종대왕』, 이상각 지음, 374쪽, 추수밭, 1판 3쇄 발행 2008년 2월 20일.
『한국대표 야사전』, 김길형 엮음, 아이템북스, 초판 1쇄 발행 2007년 6월 10
　　　일/초판 2쇄 발행 2010년 11월 20일.
『한 권으로 읽는 세종대왕실록』, 박영규 지음, 534쪽, 웅진지식하우스, 초반
　　　1쇄 발행 2008년 2월 12일.
『晦齋先生의 生涯와 學問』, 著者 李源鈞, 95쪽, 19cm, 1966年 4月 發行, 洗心會 發刊.
『世宗大王傳記』, 敎養文庫刊行會 第一輯, 金道泰 著, 188쪽/새김 8쪽, 檀紀 四二八
　　　九年(1956) 十一月 三十日 發行.
『朝鮮野史全集』, 第壹卷, 朝鮮史刊行會, 尹白南(윤백남) 編輯(편집), 386쪽, 白林
　　　社, 檀紀 四二八二年(1949) 十一月 二十日.
『朝鮮偉人傳』, 내등팔십팔(內藤八十八) 編輯(편집), 485쪽, 朝鮮事業(조선사업) 及
　　　(급) 經濟社(경제사) 發行(발행), 昭和(소화) 五年(오년)(1930) 三月(삼월)
　　　一日(일일).
『李朝名人列傳』, 李家源(이가원) 著(저), 932쪽/색인 16쪽, 乙酉文化社(을유문화
　　　사), 一九五〇年 十一月(십일월) 一日(일일).
『純宗實紀附名臣史傳』, 李覺鍾(이각종) 謹纂(근찬), 312쪽, 京城(경성) 新民社(신민
　　　사) 藏版(장판), 昭和(소화) 二年(이년)(1927) 四月(사월) 十四日(십사일).
동양문화총서 3, 『사람답기 위하여』, 海東小學, 전통문화연구회, 성백효 역주,
　　　370쪽, 1995년 5월 10일 초판 인쇄.
『海東續小學』, 진계(進溪) 박재형(朴在馨) 저(著), 만화 정(萬和亭) 장판(藏版), 128매
　　　(枚), 西紀 一九七九年 十一月 二十日 發行, 흐름사 제책(製冊).
『韓中牧隱李穡硏究』, 牧隱硏究會(목은연구회), 336쪽, 예문서원, 초판 1쇄 2000년
　　　11월 1일.
『高麗儒學史』, 金忠烈(김충열) 著(저), 高麗大學校(고려대학교) 出版部(출판부), 421쪽,
　　　1984년 7월 30일 初版 發行/1987년 3월 25일 3판 發行(增補)/1988년 9월
　　　1일 4版 發行.
『淸江珂語』, 淸江集(청강집) 刊行(간행)委員(위원) 委員長(위원장) 江魯(강로), 委
　　　員(위원) 鍾乾(종건)・鍾惠(종덕)・鍾潾(종린)・天浩(천호)/幹事(간사) 哲浩
　　　(철호), 195쪽, 全義李氏淸江公派花樹會(전의이씨청강공파화수회).
『敬庵許穪硏究論文集』, 河陽許氏文敬公派宗親會, 465쪽/자료편 원문192쪽, 西紀

2003年 11月 30日 發行.

『敬庵許稠研究論文集 Ⅱ』, 河陽許氏文敬公派宗親會, 294쪽/자료 원문 83쪽, 西紀 2005年 51月 20日 發行.

『牧隱集(목은집)』, 韓國名著大全集, 李穡(이색) 著(저)/李奭求(이석구) 譯(역), 461쪽. 서울 大洋書籍(대양서적), 1975년 9월 15일 초판 발행/1982년 월 일 중판발행.

『益齋集(익재집) 1』, 고전국역총서 197, 李齊賢(이제현), 254쪽/원문 82쪽, 서울 : 민족문화추진위원회, 1979년 12월 30일 초판발행/1984년 2월 20일 중판발행.

『益齋集(익재집) 2』, 고전국역총서 198, 李齊賢(이제현), 282쪽/원문 74쪽, 서울 : 민족문화추진위원회, 1981년 월 일.

『三隱合稿』, 田愚(전우) 조선(朝鮮) 편(編), 서울 : 국립중앙도서관, 2000년 월 일, 마이크로필림 출력.

<埜隱 田綠生의 義理思想과 經世論> 대등표제 : Yaeun(埜隱) Jeon Nok Saeng (田祿生)'s Idea of Justice and Theory of Governing, 정성식, 서울동양고 전학회, 2009.06.30, 단행자료, 전자자료(Application) PDF 25쪽.

『埜隱先生逸稿』, 田祿生 著 : 田萬英 編, 筆寫本(稿本), [刊寫地未詳] : [刊寫者未詳], [刊寫年未詳], 2冊 : 揷圖, 四周單邊; 32.5x22.4cm.

『三隱合稿 1-2』, 田祿生・田貴生・田祖生 共著, 木活字本, 恩津 : 墨花齋, 高宗 27[1890].

『埜隱先生文集』, 저자 : 田壽錦, 251쪽, 서울 : 신일북스, 2010.

『(국역) 삼은합고』, 田慶鎭 編輯, 418쪽 : 삽도, 도판; 27cm, 서울 : 潭陽田氏大宗會, 2005년.

『潭陽田氏大同譜』, 首卷/田虎一 編, 서울 : 國立中央圖書館, 1987년 丁卯 五月 發行, 潭陽田氏大宗會.

『潭陽田氏大同譜』, 卷之一/田虎一 編, 서울 : 國立中央圖書館, 1987년 丁卯 五月 發行, 潭陽田氏大宗會.

『埜隱逸稿』, 影印標點 韓國文集叢刊 3, 田祿生, 編輯兼 發行人 財團法人 民族文化推進會, 1991. 4. 20 發行, 379~436쪽.

『국역 목은집』, 1~12권, 민족문화추진회.

『韓山李氏韓平君派世譜』 卷之一, 韓山李氏韓平君派世譜所, 西紀 二〇〇〇(庚辰)年 六月 三十日 發行.

『이조건국(李朝建國)의 연구(研究)』, 이상백, 을유문화사, 1949.

『한국민족문화대백과』, 2010, 한국학중앙연구원.

『두산백과사전』.

『한국현대문학대사전』, 권영민 편, 1959쪽, 서울 : 서울대학교출판부, 2004년.

『한국사연표』, 한국정신문화연구원 지음, 805쪽, 펴낸 곳 : 동방미디어(주), 제1판 제1쇄 발행, 2004년 8월 15일.

『인물한국사』, 글 표정훈/출판평론가, 그림 장선환/화가, 일러스트레이터.

『동문선(東文選)』, 한국고전문학선 8, 전영진 저, 318쪽, 홍신문화사, 1995.10.01.

『朝鮮時代 人物의 再發見』, 鄭斗熙(정두희) 著(저), 175쪽, 一潮閣(일조각), 1979년 2월 20일 발행.

『姓의 起源』, 金學天(김학천) 著(저), 淸文閣(청문각), 278쪽, 제1판 1쇄 2000년 3월 15일 발행.

『朝鮮의 姓』, 朝鮮總督府(조선총독부), 424쪽, 大海堂印 刷株式會社, 昭和(소화) 九年(구년)(1934) 三月(삼월) 卅 一日(삼십일) 發行.

『朝鮮의 姓氏와 同族部落』, 井上民族政策研究所研究叢書 第3輯, 젠쇼 에이스케(善生永助) 著, 東京 : 刀江書院, 昭和18[1943], 1冊; 23cm.

『李朝世宗時代의 戶口』, 젠쇼 에이스케(善生永助) 著, 朝鮮總督府, 1927.10.

『朝鮮儒教淵源』, 삼성문화문고 59, 上編, 張志淵 著/柳正東 譯, 쪽, 韓國美術文化財團, 1971년 12월 월 일 발행.

『朝鮮儒教淵源』, 삼성문화문고 134, 中篇, 張志淵 著/柳正東 譯, 쪽, 韓國美術文化財團, 1971년 12월 월 일 발행.

『朝鮮儒教淵源』, 삼성문화문고 135, 下篇, 張志淵 著/柳正東 譯, 쪽, 韓國美術文化財團, 1971년 12월 월 일 발행.

『韓國名人列傳』, 삼성문화문고 140, 李民樹 編譯, 254쪽, 韓國美術文化財團, 1971년 12월 월 일 발행.

『宰相列傳(재상열전)』, 조선을 이끈 사람들, 이성무(학술기관단체인) 저, 479쪽, 청아출판사, 초판 1쇄 2010.7.25.

『명재상 이야기』, 놀라운 우리 겨레, 박윤규(작가) 저, 310쪽, 판형 A5, 148*210mm, 미래아이(미래M&B) , 제1판 1쇄 발행/1998.11.20.

『세종과 재상 그들의 리더십』, 정윤재, 한국학중앙연구원 세종국가영영연구소 저, 서해문집, 2010.06.20.

『재상 한국편』, 박윤규 저, 476쪽, 이가서, 2005.12.17.

『꿈과 반역의 실학자 유수원』, 지은이 한영우, 295쪽, 펴낸 곳 : (주)지식산업사, 초판 제1쇄 발행 2007.9.20.

『江華學派 學人들의 발자취』, 李鎔奎(이용규) 編著(편저), 修書院(수서원), 모두 496쪽, 2007년 11월 25일 발행.

『한국유교의 이해』, 종교사회총서 2, 금장태 지음, 모두 251쪽, 민족문화사, 펴낸 날 : 1989년 9월 15일.

『筆苑雜記』, 乙酉文庫 237, 徐居正(서거정) 著(저)/徐光日(서광일) 譯(역), 196쪽, 1981年 11月 30日 初版發行.

『鄕土서울』, 第30號, 서울特別市史編纂委員會, 89쪽, 朝鮮王朝實錄 漢城鈔存(ⅹ ⅹ ⅹ ⅴⅢ), 1967年 8月 31日 發行, <庇雨堂考> 金龍國(김용국) 1~23쪽.

『韓國典考』, 尹甲植(윤갑식) 編著(편저), 863쪽, 大韓公報社(대한공보사), 一九七七年 三月 二五日 增補版發行.

『韓國의 科擧制度』, 李成茂(이성무) 著(저), 集文堂(집문당), 308쪽, 1994년 7월 15일 1판 1쇄 발행.

『韓國官吏登用制度史研究』, 鄭求先(정구선) 著(저), 초록배 매직스, 306쪽, 처음 찍는날 : 1999년 11월 16일.

『朝鮮時代薦擧制度研究』, 鄭求先(정구선) 著(저), 388쪽, 펴낸 곳 : 초록배, 처음 펴낸 날 : 1995년 9월 25일 1쇄/다시 펴낸 날·1996년 9월 15일 개정판 1쇄.

『高麗科擧制度史研究』, 許興植(허흥식) 著(저), 346쪽, 一潮閣(일조각), 1981년 1월 25일 初版(초판) 發行(발행).

『高麗時代 性理學受容研究』, 李源明(이원명) 著, 모두 337쪽, 國學資料院, 1997年 4月 30日 發行.

「漢陽遷都 背景에 關한 研究」, 『鄕土서울』 42, 1984년.

『朝鮮前期社會思想研究』, 韓永愚 著, 모두 338쪽, 知識産業社, 1983年 8월 10일 초판발행/1987년 9월 1일 2판 발행.

『李朝相臣史』, 尹甲植 編著, 861쪽, 明文堂, 初版 發行 1975年 10月 25日 重版 發行, 1988年 12月 15日.

『韓國 古今名賢人名錄』, 金驥煥 編著, 모두 559쪽, 우현출판사, 1987년 11月 5日 發行.

『명신이야기』, 이호일 엮음, 126쪽, 초판발행 1985년 7월 15일/중판발행 1993년 4월 20일, 펴낸 곳 : (주)민문고, 재단법인 민족문화추진회.

『황희정승』, 위인전기 15, 김한룡 엮음, 211쪽, 펴낸 곳 : 대일출판사, 1판 1쇄 발행일/1994년 2월 10일.

『韓國史辭典』, 東亞出版社工務部 編著, 모두 432쪽, 東亞出版社, 4292年(서기 1959년) 5月 25日 發行.

『국역 조선왕조실록 CD-ROM 특별보급판』, 초·중·고등학교 공급용, 발행 : 서울시스템주식회사/동방미디어주식회사.

2013년 4월의 청백리 하정(夏亭) 류관(柳寬) PPT자료

청렴문화체험교육(전남장성군)http://blog.naver.com/lso8.

청백리(淸白吏)에 관한 문헌

『淸白吏精神과 列傳』, 조선사회사 총서 9, 李鉉淙 著, 261쪽, 亞細亞文化社, 1977
　　년 9월 25일 발행. 8. 청백리열전 9. 柳寬, 93~96쪽.

『歷代淸白吏像』, 유관(柳寬), 124~126쪽, 金元泰(김원태) 著[지음], 모두 761쪽,
　　서기 1980년 3월 1일 초판발행, 學友書籍公社(학우서적공사).

『朝鮮朝淸白吏誌』, 呂增東 編, 모두 259쪽, 景仁文化社, 1983년 5월 25일 발행.

『民族精神과 淸白吏像(민족정신과 청백리상)』, 저자 : 독립동지회, 총 페이지 :
　　750페이지, 발행일 : 1985.3.15.

『淸白吏手記』, 第5回 受賞者 趙賢濟 沈春燮 鄭泰彦 洪義植, 248쪽, 總務處, 發行日
　　1987년 12월.

『淸白吏精神과 公職倫理』, 柳寬 <出海東名臣錄, 靑坡劇談>, 279쪽, 李瑞行 저,
　　1991년 2월 28일 2쇄 발행, 모두 476쪽, 도서출판 인간사랑.

『청백리 열전』, 유관柳寬, 109~114쪽, 윤종호 지음, 모두 267쪽, 1993년 6월
　　30일 초판 1쇄 발행, 도서출판 동숭동.

『(歷代正統)淸白吏列傳』, 任龍淳(임용순) 編著(편저), 모두 455쪽, 도서출판 문
　　학창조사, 1993년 8월 30일 초판발행.

『누울 땅 한 평이면 부러울 게 없더라(청백리이야기)』, 이추원, 1993년 발행,
　　고려원.

黃喜政丞의 淸白吏精神再照明綜合學術大會 : 文化體育部 選定「2月의 文化人物」/文
　　化體育部, 民族史 바로찾기 國民會議 [編] 서울 : 民族史 바로찾기 國民
　　會議, 1994. 일시 및 장소 : 1994.2.16, 世宗文化會館. 한국문화예술진
　　흥원의 문예진흥기금으로 간행.

충·효·청백리 시리즈/『청백리이야기』 둘, 김원각 엮음, 모두 191쪽, 1994
　　년 12월 30일 초판 1쇄 발행. 펴낸 곳 : 천재교육.

꾸러기효행/『선인들의 충·효 청백리이야기』, 김정우·글/정철·그림, 모두
　　301쪽, 대한노인복지후원회 문화사업국, 1997년 4월 30일 발행.

지혜를 주는 우리 겨레 위인이야기 ①『겨레를 빛낸 청백리들』, 윤승운, 웅진
　　출판, 1998년 월 일 발행.

김선 장편소설『황희정승과 청백리 (전3권)』, 김선, 빛샘, 1997년 1월 18일.

『지혜를 주는 우리 겨레 위인이야기 ①』, 글·그림 윤승운, 모두 148쪽, 웅진
　　출판주식회사, 1998년 10월 7일 1판 1쇄 펴냄.

초등학교 교육동화 45『청백리 위인들』, 강태희 엮음, 모두 95쪽, 도서출판
　　대영, 발행, 1999년 7월 10일.

『청백동 사람들』, 한국청백리교육연구회 엮음, 356쪽, 문예미학사 펴냄.

제7회 학술회의 발표논문집 『조선시대 청백리정신의 현대적 조명』, 발행인 : 남선우, 132쪽, 발행 : 2002년 9월 6일, 발행처 : 성원 (부설) 향토문화 연구소.

EQ논술 휴먼교육동화 : 『선비 정신에 빛나는 청백리들』, 김영훈 글, 김완기 그림, 103쪽, 삼성교육미디어, 2003년 발행.

『조선의 청백리』, 이영춘 외 지음, 비새는 초가집에서 산 정승, 유관柳寬 1346(충목왕 2)~1433(세종 15)/81~91쪽, 초판 1쇄 펴낸 날 2003.7.31 도서출판 가람기획.

『淸白吏』增補版, 淸白吏 柳寬의 逸話 61~62쪽, 모두 162쪽, 發行日 : 2004년 3월 10일, 사단법인 한국도덕운동협의회.

솔로몬 교육 창작 5 : 『선비 정신에 빛나는 청백리들』, 글 김영훈, 그림 김완기, 모두 99쪽, 파크랜드, 2005년.

『공직윤리와 청백리사상』, 金澤(김택) 著(저), 모두 쪽, 파주 : 한국학술정보, 2007년.

『선인들의 충효 청백리이야기』 꾸러기 효행, 김정우, 모두 쪽, 노인복지. 새생활.

『나도 청백리가 될래요』, 열린원 저, 모두 쪽, 년 월 일 발행.

『청백리 아침편지』(비매품), 발행처 : 관세청 감사관실, 엮은 곳 : 한국세무역개발원, 모두 198쪽, 발행일 : 2007년 11월 14일.

『벼슬길의 푸르고 맑은 바람이여』, 최승범 지음, 시간의 물레, 출간일 : 2007년 01월 11일 | ISBN : 8991425364.

『도둑맞은 은덩이(천년을 빛낸 역사 이야기 청백리)』, 글 김원각, 그림 국지승, 모두 152쪽, 부록 16쪽, 2007년 월 일 발행, 천재교육, 분류 : 아동, 초등학습참고서.

최진규 칼럼에세이 『청백리가 그리운 시대』, 에세이작가 100인 총서 38, 최진규, 모두 232쪽, 고양 : 에세이, 2006년 월 일 발행.

『나도 청백리가 될래요』, 83명의 청백리 이야기/207쪽, 열린원 글씀; 최준식 그림 열린원. 서울 : 대교출판, 1993년 월 일.

최승범에세이 『벼슬길의 푸르고 맑은 바람이여』, 최승범 지음 294쪽, 시간의 물레.

『淸白吏千字文』, 柳志萬(류지만) 지음[著], 모두 112쪽, 도서출판 얼과알, 초판 1쇄 펴낸 날 : 2000년 5월 17일 발행.

구자청 편저, 『청백리 재상·충렬공 具致寬전기』, 민서출판.

『(청백리의 표상)고불 맹사성』, 한국 예총 아산지부, 한국예총 아산지부.

『청백리 열전』, 이용선 지음, 상하(上下) 2권 : 가진 것 없어도 바르게 산 조
　　　선시대 청백리들, 서울 : 매일경제신문사.

『(淸白吏)莪谷朴先生實記』, 朴來昱 編, 光州 : 密城朴氏 貞惠公派譜, 1985년.

『錦城羅氏淸白吏公甕津派家乘譜』, 羅德炯 編, 45장(張), 서울 : 羅承彦, 1985년 월
　　　일 발행.

<공직윤리와 청백리 사상에 관한 연구=Ethics and confucian thought in korean
　　　public affairs : 역대 정부를 중심으로>, 김택, 『한국부패학회보』, 한국
　　　부패학회. 제9권 2호(2004년 6월), 87-118쪽, 9 : 2<87(011001)KSE-
　　　199700939, 1226-7597, 저자 : 김택, 한국정신문화연구원 연구교수.

「雪峯 姜栢年의 哲學과 淸白吏精神」, 송인창, 『人文科學論文集』, 大田大學校 人文
　　　科學硏究所, 제34집(2002년 8월), 35~48쪽, 34<35(011001)KSE199-
　　　500710, 1225-5157, 저자 : 송인창, 인문학부 영상철학과 교수.

「반부패의식과 제도로서 청백리의 규범문화=Traditional culture and counter
　　　measures in korea : with focus on public servants' norm approach」, 이
　　　서행, 『한국부패학회보』, 한국부패학회, 제7호(2002년 10월), pp.81~
　　　102, 7<81(011001)KSE199700939, 1226-7597, 저자 : 이서행, 한국정
　　　신문화연구원 교수.

「청백리 정신의 현대 행정윤리적 의의」, 이광종, 『사회과학논총』, 청주대학교 사회
　　　과학연구소, 24집 2호(2002년), pp.25~56, 24:2<25(011001)KSE199500707,
　　　1225-2069, 저자 : 이광종, 청주대학교 사회과학대학 행정·도시계획
　　　학부 행정학전공 교수.

「전통적인 선비사상과 청백리의 공직윤리=(The)traditional Chong Baeg Li`s
　　　Thoughts and Public Ethics」, 이서행, 『韓國行政史學誌』, 韓國行政史學
　　　會, 10號(2001), 83~106쪽, 10<83(011001)KSE199500822, 1229-7518,
　　　저자 : 이서행, 한국정신문화연구원 교수.

「韓國淸白吏像硏究=(The)study of "Chung Baek Li"(the uncorrupted publiservant)
　　　in Lee-dynasty : 李朝의 代表的 淸白史를 中心으로」, 韓鍾萬, 『論文集-원광대
　　　학교』, 11집(1977년), 원광대학교, 11~45쪽, 11<11(011001)KSE200101566.
　　　저자 : 한종만, 원광대학교 문리대학교 철학박사.

『貧郊先生文集』, 李炯大 編, 인천 : 李春在, 274쪽, 2003년 월 일. 판권기표제 :
　　　淸白吏貧郊先生文集.

『공직자 [청백리] 수상록』(공직자 청백리 총서; 제1권), 전직공노회 편, 서울
　　　799쪽 : 삽화, 도표, 양식, 초상; 27cm.

『공직자 [청백리] 편람』(공직자 청백리 총서; 제2권), 서울 전직공노회 편,

846쪽 : 삽화, 도표, 양식; 27cm.

『조선의 청백리 222』, 조성린 편저, 413쪽/참고문헌 : 412~413쪽 : 삽화, 초
상; 23cm 서울 : 조은출판사, 초판 1쇄 발행:2012년 9월 10일.
『청백리 최만리 행적 연구 논총』 : 역사 인물 재조명. 1 /해동공자 최충선생
기념사업회 편, 531쪽; 25cm 서울 : 해동공자 최충선생기념사업회,
<최만리 연보> 수록, 권말부록 : 최만리 신도비문; 최만리 유고(遺稿)
2011년 월 일.
『청백리의 사랑 : 고죽 최경창』, 최승일 譯著, 422쪽 : 삽화; 26cm, 부천 : 보
학, 2011년 월 일.
『청백리 송흠』, 글 · 그림 : 김세곤, 223쪽/참고문헌 : 220~221쪽 : 천연색 삽
화; 22cm 서울 : 온새미로, 2011년 월 일.
『공직윤리와 청백리사상 연구』(행정윤리철학 총서 1), 김택 지음, 335쪽 : 도
표; 26cm, 참고문헌(pp.329~334)과 색인수록, 권말부록 : 청백리열
전; 공직자윤리법, 파주 : 한국학술정보, 2011년 월 일.
『全義李氏 北兵使 父子淸白吏 事蹟 : 李邦佐, 李潤慶』, 서울 : 이한국(李漢國) 編著,
52장(張); 26cm. 2009년 월 일.
『공직윤리와 청백리사상』(행정학 연구총서), 金澤 著, 312쪽 : 도표; 23cm, 파
주 : 한국학술정보, 2007년 월 일. 권말부록으로 <청백리열전> 수
록, 참고문헌 : 213~220쪽, 색인수록. 2002년도 한국학술진흥재단의
지원에 의하여 연구되었음.
『어린이를 위한 청백리 이야기』, 글쓴이 : 임영진, 그린이 : 지영이, 서울 : 어
린이, 171쪽 : 천연색삽화 ; 23cm 2007년 월 일.
『청백리 李秉泰의 정치철학과 공직윤리=(A)cleanhanded government officer, Yi
Byong-tae's political philosophy and public career morals』, 池教憲, 『한국철학논집』,
한국철학사연구회, 11집(2002년), 73~100쪽, 11<73(011001)KSE200200482,
1598-5024, 저자 : 지교헌, 한국정신문화연구원 명예교수.
『황희(黃喜) : 청백리의 명재상』, 글 : 김해린, 그림 : 홍우정, 28 [2] p. (접지) :
천연색삽화, 초상; 28cm, (세계인물이야기) 마에스트로=Maestro; 30-바른
길로 이끄는 삶을 보여준 사람들), 권말에 <황희생활사 박물관>, <인물
이야기 속 세계로의 초대>, <황희의 생애> 수록, 감수 : 김동철 · 박홍남 ·
이대효 · 정승천 · 정필섭 · 조평섭, 하남 : 한국슈바이처, 2007년 월 일.
『(신념과 열정으로 쓴) 복사골 목민심서 : 청백리 홍건표 부천시장 공직 외길
40년 이야기』, 홍건표 지음, p.271 : 삽화, 초상; 22cm, <홍건표 연
보> 수록, 서울 : 넥스필, 2010년 월 일. 공직자(公職者) 정치 에세이.

『청백리류경창유집淸白吏柳慶昌遺集』, 류기송 편, ii, 150쪽 : 삽화, 계보; 25cm
　　용인 : 전주류씨연구회, 2010년 월 일.

『나는 대한민국 공직자(公職者)다 : 淸白吏』, 서생현 지음, 285쪽 : 삽화;
　　23cm, 서울 : 쌤앤파커스, 2012년 월 일.

『청백리와 탐관오리대등표제 : Corrupt and incorrupt government officials』, 송
　　기호, 서울 대한토목학회 20110601 단행자료, 전자자료(Application)
　　PDF 8쪽.

『청백리정신과 감사인』, 서울 감사교육원 편집, 텍스트파일 JPG 229쪽;
　　23cm.

『淸白吏 재상 孟思誠』, 한국고전의 세계-단행자료, 金文基, 전자자료(Vendor)
　　HWP 7쪽.

『(교육행정인의 아름다운 삶) 청백동 사람들 : 두 번째 이야기』, 한국청백리
　　교육행정연구회 펴냄, 308쪽 : 삽화, 초상; 25cm, 구리 : 교육행정,
　　2008년 월 일.

맹씨행단(맹사성고택)_'공자의 이야기에 학문의 뜻을 품다', 지역정보> 테마
　　기획 > 이름난 그곳, 2011-02-23.

「목민심서를 통해본 지방 행정책임자의 윤리에 관한 연구=(A)study on the
　　moral of chief local administrators in the book of Mokminsimseo」, 장동
　　희, 『한국행정논집』, 한국정부학회, 15권 4호(2003년 12월), 791∼
　　808쪽, 15:4<791(011001)KSE199600470, 1229-4756, 저자 : 장동희,
　　단국대 행정학과.

『행정의 윤리』 제2개정판, 유종해, 김택, xiii, 445쪽. 26cm, 권말부록으로
　　<빈도분석표> 등 수록, 참고문헌 : 427∼442쪽, 색인수록, 서울 : 博
　　英社, 2006년 월 일.

이 전기(傳記)를 쓰기 위하여서 참고(參考)한 문헌(文獻)

『宰臣 '安文凱' 研究』, 安涌鎭(안용진) 著(저), 302쪽, 交文出版社, 2009년 4월
　　25일 發行.

『忠貞公 鄭雷卿 傳記』, 256쪽/雲溪先生文集 150쪽, 廣州 文化院, 2007년 4월 30일.

『조선조 영의정 박원종 연구』, 박상진 著(저), 366쪽, 국학자료원, 발행일 초
　　판 1쇄 2001년 8월 15일.

『聾啞堂 朴弘長의 生涯와 壬亂救國活動』, 張東翼(장동익) 著, 262쪽/東槎錄(동사
　　록) 28쪽, 慶北大學校(경북대학교) 退溪研究所(퇴계연구소), 2002년 6

월 20일 發行(발행).

『충장공(忠莊公) 허완(許完)』, 저자 許銅(허동), 322쪽, 도서출판 春人堂(춘인당), 2008년 8월 25일 초판 발행.

『宣武功臣申點公의 生涯와 業績』, 平山申氏(평산신씨) 忠景公宗中(충경공종중), 337쪽, 1997年 6月 10日 發行.

『晚全堂 洪可臣研究』, 저자 朴乙洙(박을수), 618쪽/정오표 4쪽, 발행 : 한국예총 아산지부, 글 익는 들, 초판 1쇄 발행 2006년 3월 20일.

『元均正論』, 李在範(이재범) 著(저), 295쪽, 啓明社(계명사), 1983년 10월 1일 發行.

『順菴 安鼎福(순암안정복)』, 김시업 편저, 114쪽, 廣州文化院(광주문화원), 발행 : 1997년 12월 30일.

『趙憲研究(조헌연구)』, 李錫麟(이석린) 著(저), 210쪽, 新丘學園(신구학원) 新丘文化社(신구문화사), 1993년 3월 20일 初版 1刷 發行.

『朝鮮時代 人物의 再發見』, 鄭斗熙(정두희) 著(저), 175쪽, 一潮閣(일조각), 1997년 월 일 발행.

『高麗時代史』 上(상), 朴龍雲(박용운) 著(저), 396쪽, 一志社(일지사), 1985年 7月 20日 一刷發行/1985年 9月 15日 二刷發行/1986年 7月 25日 三刷發行/1987年 7月 5日 四刷發行/1988年 8月 20日 五刷發行/1989年 3月 10日 六刷發行/1990年 9月 5日 七刷發行/1992年 3月 5日 八刷發行/1994年 2月 10日 九刷發行.

『晦齋先生과 玉山書院』, 玉山書院淸芬閣建立委員會發刊, 258쪽, 1972년 9월 10일.

『忠武公金時敏將軍史料集』, 忠武公金時敏將軍祠堂建立推進委員會, 學術分科委員 共同 (黃瑞奎・任明淳・金駿冀), 208쪽/원문 381쪽, 2000년 9월 3일 초판 발행.

『桑村 金自粹와 그 後裔』, 桑村思想研究會, 448쪽, 2003년 9월 일 발간.

『晦齋 李彦迪의 哲學과 政治思想』, 묵민記念事業會, 446쪽, 博英社, 2000年 1月 10日 初版發行.

『내고장의 脈』, 413쪽, 京仁日報社, 1984年 4月 10日 初版發行.

『東洋哲學의 基礎的研究』, 柳正東 著, 成均館大學校出版部, 1986年 12月 30日 發行.

『民族文化』 제5집 特輯・文峯書院과 高陽八賢, 漢城大學校民族文化研究所, 1991년 2월 28일 발행.

『龜溪遺稿』, 157쪽, 1992년 10월 10일 發行/1995년 4월 5일 재판/1997년 9월 1일 삼판/1997년 10월 1일 사판발행.

『潢脈叢輯』, 崔鍾價 著, 389쪽, 圖書出版 金鈴, 1989年 12月 20日 發行.

『韓國人의 家訓』 2, 孫仁銖 著, 667쪽, 文音社, 初版 發行 1986.6.30.

『韓國傳統思想의 理解』, 沈佑燮 著, 螢雪出版社, 1990年 2月 15日 初版發行/1994

年 8月 20日 四版發行.

『退溪의 生涯와 思想』, 瑞文文庫 083, 李相殷 著, 쪽, 1973年 10月 5日 初版發行
/1974年 10月 10日 再版發行.

『栗谷의 生涯와 思想』, 瑞文文庫 093, 李丙燾 著, 266쪽, 1973年 10月 5日 初版發
行/1974年 10月 10日 再版發行.

『仁顯王后傳』, 乙酉文庫 70, 李相寶 校註, 349쪽, 乙酉文化社, 1971年 7月 20日
初版發行/1974年 12月 1日 四版 發行.

『金玉均傳記』, 乙酉文庫 10, 閔泰瑗 著.

『角干先生實記』, 乙酉文庫 86, 朴斗抱 譯.

『李太白評傳』, 乙酉文庫 80, 張基槿 著.

『聖雄李舜臣』, 乙酉文庫 37, 崔仁旭 作.

『朝鮮의 儒學者 8人』, 新丘文庫 15, 李滉・李珥・宋時烈 外 朴鍾鴻・李乙浩・韓沽
劤・權五惇・柳承國・申奭鎬 筆者, 237쪽, 新丘文化社.

『朝鮮初期의 學者 9人』, 新丘文庫 14, 金富軾・鄭夢周・成三問 外.

『金奎植의 生涯』, 新丘文庫 13, 李庭植 著.

『朝鮮實學의 開拓者 10人』, 新丘文庫 16, 柳馨遠・朴趾源・丁若鏞 外.

『忠武公의 生涯와 思想』, 三星文化文庫 63, 李殷相 著.

『梅軒 尹奉吉 評傳』, 金學俊(김학준) 지음, 510쪽, (주)民音社(민음사), 1992년 4월
25일 펴냄.

『李恒老先生의 生涯와 思想』, 張三鉉(장삼현) 編著(편저), 113쪽, 檀紀(단기) 4321년
戊辰(무진) 9월 15일, 경원공업전문대학도서관 1988년 10월 25일 발행.

『행촌 이암의 생애와 사상』, 한영우・윤경진・염정섭 공저, 265쪽, 일지사,
2002년 11월 20일 1쇄 발행.

『忠武公精神(충무공정신)』, 엮은이 이재왕, 현충사참배기념, 명지출판사, 1980
년 12월 30일.

『안응칠역사』, 안중근의사기념사업회 편, 연표 정리・구성 : 신운용, 166쪽/
뒤쪽 악보(樂譜) 8쪽, 발행 : 2009년 1월.

『豹隱先生遺集(표은선생유집)』, 사단법인 전통문화연구회, 293쪽/표은선생유집
원본 영인 46쪽, 2006년 5월 10일 초판 발행.

『竹亭先生逸稿(죽정선생일고)』, 교정(校正) 및 발행인 : 장태홍(張泰弘), 발행일
檀紀(단기) 4326년 12월.

『齊靖公實記(제정공실기)』, 298쪽, 발행소 : 평산신씨제정공파종중, 서기 1993년
癸酉(계유) 8월 30일.

『月南李商在一代記』, 正音文庫 142, 金乙漢(김을한) 編著(편저), 정음사, 모두

211쪽, 1985년 10월 15일 중판 펴냄.

『孤山 李惟樟의 삶과 思想』, 韓國孔子學會 孤山李惟樟研究所 편, 도서출판 글벗
들, 모두 261쪽, 초판 발행 2005년 9월 5일.

『朴泰輔傳研究』, 閔泳大(민영대) 著(저), 234쪽, 漢南大學校出版部(한남대학교출
판부), 1997년 10월 30일 발행.

『韓國名人列傳』, 三星文化文庫(삼성문화문고), 李民樹(이민수) 譯(역), 254쪽, 發
行處 三星美術文化財團, 1980年 5月 25日 初版發行.

『임재일기(臨齋日記)』, 일기자료총서 2, 서찬규 지음, 780쪽, 한국국학진흥원,
발행 2010년 12월 일.

『拙灘先生實記』, 贈領議政 忠簡公 金權(증영의정 충간공 김권), 저자 : 번역 : 김
상수, 김희동, 淸風金氏 忠簡公宗中, 372쪽, [1]장(접지) : 천연색삽화,
계보; 26cm "拙灘公年譜" 수록, 권말부록 : 가헌공(휘 덕무) 문헌 등,
2009년 11월 일 발행.

『周時經傳』, 正音文庫 36, 金世漢 著, 215쪽, 正音社, 1974年 9月 30日 發行.

『三淵金昌翕研究』, 李勝洙(이승수) 著(저), 542쪽, 安東 金氏三淵公派宗中(안동김
씨삼연공파종중), 1998年 6月 25日 發行.

探求新書 303 『梧里大監 李元翼 小傳』, 姜周鎭 著, 171쪽, 探求堂, 1980년 8월 25
일 발행.

<안향(安珦)>(민병하, 『한국의 인간상』 4. 신구문화사, 1973).

<안향(安珦)>(이병도, 『조선명인전』, 조광사, 1948).

<李益齋의 在元生涯에 대하여>(金庠基, 大東文化研究 1, 1964).

<李齊賢>(高柄翊, 『人物韓國史 Ⅱ』, 1965).

<李益齋의 在元生涯에 대하여>(金庠基, 大東文化研究 1, 1964).

<李齊賢>(高柄翊, 『人物韓國史 Ⅱ』, 1965).

<益齋 李齊賢의 史學에 대하여>(金哲埈, 『東方學志 8』, 1967).

<整治都監의 設置經緯>(閔賢九, 『國民大學論文集 11』, 1977).

<益齋 李齊賢의 政治活動>(閔賢九, 『震檀學報 51』, 1981).

<李齊賢의 歷史意識>(鄭求福, 『震檀學報 51』, 1981).

<益齋小樂府와 高麗歌謠>(徐首生, 『東洋文化研究 11』, 1984).

<익재(益齋) 소락부(小樂府)와 고려가요(高麗歌謠)>(서수생, 『동양문화연구』 11,
1984).

<익재(益齋) 이제현(李齊賢)의 정치활동(政治活動)>(민현구, 『진단학보 51』, 1981).

<이제현(李齊賢)의 역사의식(歷史意識)>(정구복, 『진단학보 51』, 1981).

<정치도감(整治都監)의 설치경위(設置經緯)>(민현구, 『국민대학논문집 11』 1977).

<익재(益齋) 이제현(李齊賢)의 사학(史學)에 대하여>(김철준, 『동방학지 8』, 1967).
<이제현(李齊賢)>(고병익, 『인물한국사』Ⅱ, 1965).
<이익재(李益齋)의 재원생애(在元生涯)에 대하여>(김상기, 『대동문화연구 1』, 1964).
<목은(牧隱) 이색(李穡)과 그의 정치사상(政治思想)에 관한 연구(研究)>(박주, 『효성여자대학논문집 25』, 1982).
<목은연구(牧隱研究)>(손낙범, 『국제대학인문과학연구소 논문집 3』, 1975).
<이색(李穡)>(이상은, 『고려·조선초기의 학자 9인』, 1974).
<이색(李穡)의 불교관(佛敎觀)>(안계현, 『조명기박사화갑기념불교사학논총』, 1965).
<이색연구(李穡研究)>(이은순, 『이대사원(梨大史苑) 4』, 1962).
<益齋 李齊賢의 史學에 대하여>(金哲埈, 『東方學志 8』, 1967).
<整治都監의 設置經緯>(閔賢九, 『國民大學論文集 11』, 1977).
<益齋 李齊賢의 政治活動>(閔賢九, 『震檀學報 51』, 1981).
<李齊賢의 歷史意識>(鄭求福, 『震檀學報 51』, 1981).
<益齋小樂府와 高麗歌謠>(徐首生, 『東洋文化研究 11』, 1984).
뿌리를 찾아서(http://www.rootsinfo.co.kr).
傳統族譜文化社(http://www.genealogy.co.kr).
네이버사전 http://dic.naver.com.
위키백과한국어판 ko.wikipedia.org.
네이트한국학 http://koreandb.nate.com.
다음사전 http://dic.daum.net/index.do.
『世德姓譜(세덕성보)』, 上·中·下, 昭和(소화) 16년 6월 20일, 著作 兼 發行者 李起鳳(이기봉).

편집후기

　관직에 있는 동안 유교(儒敎)의 토착화에 힘썼고, 국리민복(國利民福)을 위해 제도 및 법률 개혁을 앞장서 주장했고 실천하였다. 한양 천도의 당위성과 그 불가피성을 주장하거나 불교의 종단을 정리토록 한 것과 3월 3일 삼짇날과 9월 9일 중양절(重陽節)을 영절(令節)로 삼아 관(官), 민(民)이 경치 좋은 곳을 찾아 즐겁게 놀고 혼연일체(渾然一體)가 되어 태평성대(太平聖代)를 이루자는 것, 『고려사』 교정과 『태조실록』 편찬 참여는 공(公)의 대표적 활동 가운데 하나였다. 공(公)은 조선왕조 건국과 그 안정에 크게 기여한 인물이라고 할 수 있으며, 우의정(右議政)이라는 고관을 지내기까지 55여 년간의 관직생활을 청렴으로 일관하였다. 야사류에 실린 숱한 실화(實話)에 실려 있는 검소(儉素), 근면(勤勉), 실천(實踐)은 당대 또는 후대인에게 공직자의 귀감(龜鑑)이 되었음을 반증하여주고 있다. 실학자 이수광(李睟光) 선생도 우산각(雨傘閣)을 이어 비우당(庇雨堂)이라는 기념관을 지어 그의 유업을 계승하고 훗날의 본보기로 삼았다.

　이수광 선생 비우당의 건립 이후 류관(柳寬)을 기념하는 건물이나 표식은 없는 실정이다. 요즈음은 어느 때보다도 청렴한 공직자상이 요구되는 시점이다. 공금횡령이 만연되어 있는 공직사회의 기강을 확립하는 일환으로 장안근린공원에 류관(柳寬)의 기념비를 세우고 교과서에도 반영하여 학생들로 하여금 장차 공직자가 되었을 때, 어떠한 마음가짐을 가져야 할 것인가를 일깨워 주는 것이 바람직하다 생각되며, 공직자들의 희망과 가치관의 확립에 결정적인 역할을 하고 공직생활에 새로운 이정표가 되고 변화하는 세상의 주역이 되기를 빌며 희망의 불씨가 우리에게 있다는 사실을 기억할 수 있었으면 좋겠다.

누구의 지도(指導)와 도움을 받을 수도 없어 자료를 구하기 위하여 국립중앙도서관에 수시로 찾아가서 자료를 습득하고 고서점 전국을 두루 편답(遍踏)하여 관련된 서적을 매입하는 등(等) 하정(夏亭) 선조(先祖)에 관한 문헌 등이 있는 곳이면 어디든지 찾아가 자료를 모으고 정리하여 역사적인 자료들을 하나하나 비교하고 대조하면서『하정류관전기』를 남기려고 최대한 노력과 정성을 다한 결과 세상에 빛을 보게 되었다. 문장이 중복된 부분과 미흡한 점이 발견되더라도 넓은 마음으로 양해(諒解)하여 주길 앙망(仰望)하고, 후손들에게 선조(先祖)의 올바른 역사를 알게 하기 위해 집필하게 되었으며, 서기 2009년 서울특별시에서 '하정청백리상'이 제정되었으나, 서기 1985년 乙亥(을해)년『夏亭先生遺集(하정선생유집)』이 있고 서기 1986년 11월 12일에 후손 수인(修仁) 류재성(柳在成)께서 편집한『夏亭柳寬略事』를 문화류씨하정공파종중에서 발행한 것뿐이고, 전기(傳記)나 평전(評傳)이 없는 가운데 하정(夏亭) 선생을 연구하는 데 귀중한 자료가 되리라 사료(思料)되며, 미력이나마 편집할 수 있어 개인으로 큰 보람을 느낀다.

한꺼번에 만족할 만한 내용과 형식을 갖추지는 못하였으나, 앞으로의 더욱 큰 발전에 기대를 걸며 부끄러움을 대신한다.

2014년 4월 16일

류정수

현) 문화류씨 하정공파종중회 『하정종보夏亭宗報』 편집 위원

2011~2012년 문화류씨 하정공파종중회 『하정종보夏亭宗報』 제2~5호 편집 위원

2007년 문화류씨 하정공파 고양공종중회 주간(主幹)

2006년 덕화동양학자료연구원 개설

2005년 차류대종회 중앙총본부 문화부장

2004년 다음 카페 예언서전자도서관(cafe.daum.net/MYOMYODAN)카페지기

2003년 문화류씨 하정공파 고양공종중회 연간(年刊) 제1~3호『우산각(雨傘閣)』주간

1989년 도서출판 동서문화사 편집부 근무

『六神通變과 十二運星』(1985)

『陰符經』(2001)

『천부경과 신교총화』(2006)

『한국의 예언』(2007)

조선건국의 기틀을 세운 역사인물

조선의 청백리 류관 柳寬

초판인쇄 2014년 6월 20일

초판발행 2014년 6월 20일

엮은이 류정수

펴낸이 채종준

펴낸곳 한국학술정보㈜

주소 경기도 파주시 회동길 230(문발동)

전화 031) 908-3181(대표)

팩스 031) 908-3189

홈페이지 http://ebook.kstudy.com

전자우편 출판사업부 publish@kstudy.com

등록 제일산-115호(2000. 6. 19)

ISBN 978-89-268-6251-3 93990